Springer-Lehrbuch

Springer-Verlag Berlin Heidelberg GmbH

Heinrich J. Rommelfanger
Susanne H. Eickemeier

Entscheidungstheorie

Klassische Konzepte
und Fuzzy-Erweiterungen

Mit 79 Abbildungen
und 109 Tabellen

Prof. Dr. Heinrich J. Rommelfanger
Dr. rer. pol. Susanne H. Eickemeier
Universität Frankfurt
Mertonstraße 17–23
D-60054 Frankfurt
Rommelfanger@wiwi.uni-frankfurt.de
Eickemeier@wiwi.uni-frankfurt.de

ISBN 978-3-540-42465-9

Die Deutsche Bibliothek – CIP-Einheitsaufnahme
Rommelfanger, Heinrich: Entscheidungstheorie: klassische Konzepte und Fuzzy-Erweiterungen / Heinrich J. Rommelfanger; Susanne H. Eickemeier. – Berlin; Heidelberg; New York; Barcelona; Hongkong; London; Mailand; Paris; Tokio: Springer, 2002
 (Springer-Lehrbuch)
 ISBN 978-3-540-42465-9   ISBN 978-3-642-56252-5 (eBook)
 DOI 10.1007/978-3-642-56252-5

Dieses Werk ist urheberrechtlich geschützt. Die dadurch begründeten Rechte, insbesondere die der Übersetzung, des Nachdrucks, des Vortrags, der Entnahme von Abbildungen und Tabellen, der Funksendung, der Mikroverfilmung oder der Vervielfältigung auf anderen Wegen und der Speicherung in Datenverarbeitungsanlagen, bleiben, auch bei nur auszugsweiser Verwertung, vorbehalten. Eine Vervielfältigung dieses Werkes oder von Teilen dieses Werkes ist auch im Einzelfall nur in den Grenzen der gesetzlichen Bestimmungen des Urheberrechtsgesetzes der Bundesrepublik Deutschland vom 9. September 1965 in der jeweils geltenden Fassung zulässig. Sie ist grundsätzlich vergütungspflichtig. Zuwiderhandlungen unterliegen den Strafbestimmungen des Urheberrechtsgesetzes.

http://www.springer.de

© Springer-Verlag Berlin Heidelberg 2002
Ursprünglich erschienen bei Springer-Verlag Berlin Heidelberg New York 2002

Die Wiedergabe von Gebrauchsnamen, Handelsnamen, Warenbezeichnungen usw. in diesem Werk berechtigt auch ohne besondere Kennzeichnung nicht zu der Annahme, dass solche Namen im Sinne der Warenzeichen- und Markenschutz-Gesetzgebung als frei zu betrachten wären und daher von jedermann benutzt werden dürften.

SPIN 10849252   42/2202-5 4 3 2 1 0 – Gedruckt auf säurefreiem Papier

Vorwort

Die Entscheidungstheorie hat das Ziel, Einzelpersonen oder Gruppen in komplexen Entscheidungssituationen zu unterstützen und entspricht daher der zentralen Aufgabe der in betriebswirtschaftlichen Organisationen tätigen Menschen. Folgerichtig hat sich die Entscheidungstheorie in den letzten 30 Jahren als eines der zentralen Denkmodelle der Betriebswirtschaftslehre etabliert. Die Kenntnis der wichtigsten Entscheidungsmodelle gehört mittlerweile zum Pflichtprogramm für alle Studenten der Betriebswirtschaftslehre.

Der Weg der deskriptiven Entscheidungstheorie, die in der Praxis getroffenen Entscheidungen zu analysieren und dann daraus allgemeine Handlungsempfehlungen für zukünftige Entscheidungen abzuleiten, war bisher wenig erfolgreich. Deswegen wird auch in diesem Buch im wesentlichen die präskriptive Entscheidungslehre behandelt, die aufzeigt, wie Entscheidungen getroffen werden sollten. Neben dem klassischen Einzielentscheidungsmodell bei Risiko oder vollkommener Unsicherheit, liegen weitere Schwerpunkte auf Mehrziel- und Gruppenentscheidungen, die für die Praxis immer wichtiger werden.

Mit dem wachsenden Einfluß von entscheidungstheoretischem Gedankengut auf die Betriebswirtschaftslehre war zu erwarten, daß auch die betriebliche Praxis sich zunehmend des entscheidungstheoretischen Instrumentariums bedient. Dies ist aber nicht der Fall, wie empirische Untersuchungen belegen; in den letzten Jahren ist sogar ein Abwenden von formalen Modellen zu beobachten. Diese Mißachtung wissenschaftlicher Erkenntnisse durch die Praxis läßt sich im wesentlichen damit erklären, daß die Modelle der präskriptiven Entscheidungstheorie von Voraussetzungen ausgehen, die in realen Problemen nicht erfüllt werden können.

Da aber eine effektive Unterstützung von Personen im Entscheidungsprozeß und damit überzeugende Instrumente zur Alternativenauswahl benötigt werden, ist es dringend notwendig, die präskriptive Entscheidungstheorie in einer realistischere Form zu bringen. Ein geeigneter Weg dazu ist unserer Ansicht nach die Integration eines adaptiven Problemlösungsprozesses und einer stärkeren Berücksichtigung des beschränkt rationalen Verhaltens von Entscheidungsträgern in präskriptiven Modellen.

Einerseits ist damit ein Abrücken von dem klassischen Optimierungsgedanken zugunsten von Satisfizierungsansätzen gemeint. Andererseits bedeutet dies eine realitätsnähere Gestaltung des Suchprozesses für Alternativen und Konsequenzen. Unsere Empfehlung für eine realistischere und damit auch glaubwürdigere präskriptive Entscheidungstheorie besteht daher darin, reale Entscheidungsprobleme zunächst in ein Fuzzy-Modell abzubilden, das den aktuellen Informationsstand möglichst genau widerspiegelt. So wird nicht nur eine Fehlmodellierung vermieden sondern auch die mit einer Abbildung durch ein klassisches Modell verbundene umfangreiche Informationsaufnahme und -verarbeitung reduziert. In Gestalt eines interaktiven, schrittweisen Lösungsprozesses lassen sich zusätzliche Informationen zielgerichtet und unter Abwägung des Kosten/Nutzen-Verhältnisses beschaffen.

In diesem Lehrbuch, das als Grundlage für eine Vorlesung im Vertiefungsstudium konzipiert ist, werden daher neben den klassischen Entscheidungsmodellen auch deren Fuzzy-Erweiterungen und neue Ansätze zur Entscheidungsunterstützung behandelt. Um die Vorlage leichtverständlich zu halten wird auf tiefschürfende Literaturdiskussionen weitgehend verzichtet. Auch die Fuzzy-Mengen-Theorie wird nur soweit wie zum Verständnis notwendig behandelt. Aufgaben mit Lösungshinweisen helfen dem Leser, die Methoden besser zu verstehen und einzuüben. Dieses Buch ist aber nicht nur für Studenten und Wissenschaftler gedacht sondern auch für Praktiker, die hier neue und praktikable Instrumente zur Entscheidungsunterstützung kennenlernen.

Die Realisierung des Buches war nur mit der Unterstützung der Mitarbeiter an der Professur für Wirtschaftsmathematik möglich. Unser Dank geht an Frau Jutta Preußler, welche mit hohem Einsatz und großer Sorgfalt das Skript redaktionell bearbeitet und die Druckvorlage erstellt hat. Herr Dipl. Kfm. Jochen Flach hat den größten Teil der Abbildungen geschaffen und rechnerische Unterstützung geleistet. Frau cand. rer. pol. Ingrid Hellebrandt hat das Stichwortverzeichnis erstellt. Alle Mitarbeiter haben durch kritische Durchsicht des Manuskripts wertvolle Verbesserungsvorschläge geliefert.

Frankfurt am Main, den 14. August 2001

Heinrich Rommelfanger   Susanne Eickemeier

Inhaltsverzeichnis

1. **Eine präskriptive Entscheidungstheorie für die Praxis**   1
   1.1 Präskriptive Entscheidungstheorie   2
   1.2 Deskriptive Entscheidungstheorie   3
   1.3 Notwendigkeit einer präskriptiven Entscheidungstheorie für die Praxis   8
   1.4 Aufbau eines Entscheidungsmodells   9
   1.5 Bestimmung von Zielen und Zielsystemen   15
   1.6 Der Aktionenraum A   18
   1.7 Bewertung der Aktionen   19
   1.8 Der Zustandsraum S   23
   1.9 Klassifikation von Entscheidungsmodellen   25
   Aufgaben   26

2. **Einzielentscheidungen mit einem Szenarium**   27
   2.1 Deterministische Bewertung   28
   2.2 Stochastische Bewertung   30
   2.3 Fuzzy-Bewertung   35
   Aufgaben   45

3. **Einzielentscheidungen mit mehreren Szenarien**   47
   3.1 Entscheidungen bei Ungewißheit   49
        3.1.1 Entscheidungsregeln für Ungewißheitssituationen   51
        3.1.2 Fuzzy-Bewertungen bei Ungewißheitssituationen   56

3.2	Entscheidungen bei Risiko	63
	3.2.1 Der Erwartungswert zur einmaligen Lösung des Entscheidungsproblems	64
	3.2.2 Der Erwartungswert zur mehrmaligen Lösung des Entscheidungsproblems – Orientierung am Durchschnittserfolg	65
	3.2.3 Der Erwartungswert zur mehrmaligen Lösung des Entscheidungsproblems – Orientierung am Gesamterfolg	70
	3.2.4 Das BERNOULLI-Prinzip	72
	3.2.5 Empirische Ermittlung des BERNOULLI-Nutzens	74
	3.2.6 Begründung des BERNOULLI-Prinzips	80
	3.2.7 Diskussion einiger Nutzenfunktionen	84
	3.2.8 Risikoprämien und ARROW-PRATT-Maß für die Risikoaversion	88
	3.2.9 BERNOULLI-Prinzip und Fuzzy-Ergebnisse	91
3.3	Entscheidungen bei Fuzzy-Wahrscheinlichkeitsverteilung	95
3.4	Entscheidungen bei unzuverlässigen Wahrscheinlichkeiten	103
3.5	Verbesserung der Inputdaten durch Beschaffung zusätzlicher Information	107
	3.5.1 Informationssysteme über die Eintrittswahrscheinlichkeiten	107
	3.5.2 Informationsbeschaffung bei vollkommenen Informationssystemen	110
	3.5.3 Informationsbeschaffung bei unvollkommenen Informationssystemen	114
	3.5.4 A posteriori Fuzzy-Erwartungswerte und Wert der Information	118
	3.5.5 Verbesserung der Fuzzy-Daten mittels zusätzlicher Informationen	124
Aufgaben		126

4. Entscheidungen bei mehreren Zielen 133

4.1	Grundprobleme	133
4.2	Entscheidungskriterien für ordinal skalierte Zielgrößen	136
4.3	Nutzenbewertung bei mehreren Zielen	140
	4.3.1 Visualisierung der Nutzenwerte	144
	4.3.2 Zielgewichtung	146
	4.3.3 Goal-Programming-Ansatz	147
4.4	Nutzwertanalyse	149
4.5	Analytic Hierarchy Process (AHP)	153

4.6	Multi-Attributive Nutzentheorie	158
4.7	Nutzwertanalyse mit Fuzzy-Nutzen	161
4.8	Fuzzy-AHP	163
4.9	Fuzzy-Logik basierte Mehrzielentscheidungen	173
	4.9.1 Regelbasierte Aggregation der Unterziele	175
	4.9.2 Beschreibung von verbalen Bewertungen mittels Fuzzy-Mengen	177
	4.9.3 Fuzzy-Inferenz	180
Aufgaben		185

5. Entscheidungen in Gruppen — 191

5.1	Gruppenentscheidungen als Untersuchungsgegenstand	191
5.2	Gruppenentscheidungen mit Hilfe von Abstimmungsregeln	194
5.3	Das Problem einer gerechten Aggregation individueller Präferenzen	198
5.4	Mehrheitsregel auf der Basis von Fuzzy-Mengen	207
5.5	Gruppenentscheidungen mit multiplikativem AHP	212
5.6	Ein Fuzzy-Logik basierter Ansatz zur Lösung von Gruppenentscheidungen	221
	5.6.1 Linguistische Variable zur Formulierung individueller Präferenzen	222
	5.6.2 Aggregation der individuellen Präferenzen	223
	5.6.3 Gruppenpräferenzordnungen	226
Aufgaben		229

Lösungen — 231

Anhang: Grundlagen der Fuzzy-Mengen-Theorie — 241

Literaturverzeichnis — 253

Stichwortverzeichnis — 265

1. Eine präskriptive Entscheidungstheorie für die Praxis

Nur allein der Mensch vermag das Unmögliche:
Er unterscheidet,
Wählet und richtet;
Er kann dem Augenblick
Dauer verleihen.

aus: Das Göttliche
von Johann Wolfgang von Goethe

Nach GOETHE ist es eine der göttlichen Eigenschaften des Menschen, daß er Entscheidungen treffen kann; und man sollte hinzufügen, auch muß. Dies gilt für jedes Individuum, sei es allein oder als Mitglied einer Gruppe, sowohl im Privat- als auch im Berufsleben. Neben Entscheidungen mit geringen Konsequenzen sind auch solche von existentieller Bedeutung zu treffen, welche die Zukunft von Menschen, Unternehmen u. dgl. nachhaltig beeinflussen können. Entscheidungen mit weitreichenden Folgen sollten deshalb sorgfältig vorbereitet werden. Das Formulieren und Lösen von Entscheidungsproblemen ist daher ein zentrales Thema vieler wissenschaftlicher Disziplinen, u. a. der Betriebswirtschaftslehre, der Soziologie, der Psychologie, der Mathematik und der Informatik.

Als Entscheidung bezeichnet man dabei einen Akt, bei dem **bewußt** eine von mehreren Handlungsalternativen zur Erreichung eines Ziels ausgewählt wird. Mit dem Begriff Entscheidung ist die Vorstellung verbunden, daß die ausgesuchte Handlungsalternative auch realisiert wird mit der Konsequenz, daß ein System von einem gegebenen Zustand in einen erstrebten Zustand transformiert wird. Rein zufällige und nicht auf Willensakten des Entscheidungsträgers (ET) beruhende Änderungen der Systemkonfiguration werden dabei ausgegrenzt.

Die zu treffende Entscheidung soll von Bedeutung sein, in dem Sinne, daß sich der Entscheider Informationen über mögliche Handlungsalternativen, die zu verfolgenden Ziele und die möglichen Konsequenzen der Realisierung der verschiedenen Alternativen verschafft und diese sorgfältig verarbeitet. Nicht beschäftigen wollen wir uns daher mit Entscheidungen, bei denen der ET es nicht für notwendig erachtet, das Problems genauer zu strukturieren und durch sorgfältiges Abwägen der Konsequenzen eine Lösung auszuwählen. Solche Entscheidungen von minderer Bedeutung wollen wir als **Quasi-Entscheidungen** bezeichnen. Ein Beispiel dazu ist die „Entscheidung" eines Gastes, der auf die Frage, „Welches Dressing hätten Sie gerne zum Salatteller?" spontan oder nach kurzer Überlegung die Antwort „Französisches Dressing!" gibt.

Um in einer gegebenen Entscheidungssituation die richtige Entscheidung treffen zu können, sollte man analysieren, wie in der Praxis Entscheidungen getroffen werden, oder darüber nachdenken, wie Entscheidungen getroffen werden sollten? Eine Analyse des Entscheidungsverhalten kann daher zum Ziel haben, entweder deskriptive Aussagen oder präskriptive (normative) Aussagen zu gewinnen. Je nach dem welche dieser Intentionen im Vordergrund steht, spricht man von einer deskriptiven oder einer präskriptiven Entscheidungstheorie. Unter Entscheidungstheorie versteht man daher allgemein die logische oder empirische Analyse des rationalen oder intendiert rationalen Entscheidungsverhaltens.

1.1 Präskriptive Entscheidungstheorie

Im Mittelpunkt der präskriptiven oder normativen Entscheidungstheorie steht die Frage, "wie das Entscheidungsverhalten der Menschen sein soll, wenn diese bestimmte Ziele bestmöglich erreichen wollen" [HEINEN 1969, S. 209]. Um dies beurteilen zu können, benötigt man Standards zur Bewertung der Ergebnisse der einzelnen Alternativen, die dem Postulat rationalen Verhaltens entsprechen. Das Entscheidungsverhalten soll sich an einem rational handelnden Entscheider orientieren, der in der klassischen Entscheidungstheorie aus Vereinfachungsgründen als ein **Homo oeconomicus** angesehen wird, der über unbegrenzte Rechen- und Informationsverarbeitungskapazität verfügt und stets den optimalen Zielerreichungsgrad anstrebt. Damit steht der Begriff „Rationalität" im Zentrum der präskriptiven Entscheidungstheorie.

Die Entscheidungstheorie setzt voraus, daß der Entscheider über ein in sich widerspruchsfreies Zielsystem verfügt und daß er sich entsprechend seinem Zielsystem verhält. Man spricht dann von **formaler Rationalität**, da diese Interpretation keine Anforderungen an den substantiellen Inhalt der Ziele stellt, sondern nur die Form des Zielsystems betrifft. Diese Beschränkung ist auch sinnvoll, da durch eine zusätzliche Forderung nach Rationalität in einem **substantiellen** Sinne der Anwendungsbereich auf die damit jeweils bestimmten Gesellschaftssysteme oder Organisationstypen eingeengt würde.

In der praktischen Anwendung der Entscheidungstheorie kann aber die Forderung nach substantieller Rationalität Bedeutung erlangen; dabei zieht man i. allg. die gewählten Ziele als Beurteilungskriterien für die Rationalität heran. So sind beispielsweise die primär an der (privatwirtschaftlichen) Gewinnmaximierung orientierten Entscheidungen eines Spediteurs, den Gütertransport über große Strecken mit LKWs und nicht im kombinierten Verkehr durchzuführen substantiell nicht rational, d. h. sie stehen nicht im Einklang mit dem Ziel der Gesellschaft, Energie zu schonen und Lärm zu vermindern.

In der Literatur unterscheidet man zusätzlich zwischen objektiver und subjektiver Rationalität. Dabei spricht man „von **objektiver Rationalität**, wenn das Situationsbild des Entscheiders mit der Wirklichkeit bzw. mit den Informationen über die Wirklichkeit übereinstimmt, wie sie ein objektiver Beobachter (z. B. ein kompetenter Unternehmensberater) ermitteln kann" [BAMBERG; COENENBERG 2000, S. 4]. Dagegen wird unter dem Postulat der **subjektiven Rationalität** eine Entscheidung schon dann als optimal angesehen, wenn sie mit den subjektiv wahrgenommenen Informationen des Entscheidungsträgers in Übereinstimmung steht.

Auch wenn eine Forderung nach objektiver Rationalität den Vorteil hätte, daß ein objektiver Beobachter aus dem Entscheidungsverhalten auf den verfolgten Zweck schließen oder bei Kenntnis des Zwecks das Entscheidungsverhalten und seine Ergebnisse prognostizieren könnte, kann in praktischen Entscheidungsproblemen keine objektive Rationalität erwartet werden.

Zusammenfassend können wir festhalten, daß die präskriptive Entscheidungstheorie eine Antwort auf die Frage geben will: Wie sind in einer gegebenen Entscheidungssituation Entscheidungen zu treffen, daß sie dem Postulat subjektiver formaler Rationalität genügen?

1.2 Deskriptive Entscheidungstheorie

Im Gegensatz zur normativen versucht die deskriptive Entscheidungstheorie eine Antwort zu geben auf die Frage: "Wie werden Entscheidungen in der Realität getroffen und warum werden sie so und nicht anders getroffen?" [BAMBERG; COENENBERG 2000, S. 4]. Die deskriptive Entscheidungstheorie geht von der empirischen Beobachtung aus und ist bemüht, einen Zusammenhang zwischen den beobachteten Entscheidungen und der vorliegenden Entscheidungssituation zu finden.

Die empirische Forschung wird zumeist als ein Prozeß dargestellt, bei dem die Theorie und die empirische Realität durch zwei Bänder verbunden sind, vgl. Fig. 1.1. Der induktive Pfad geht dabei von der empirischen Beobachtung oder von Experimenten aus und versucht die gewonnenen Erkenntnisse in Form von Hypothesen oder Sätzen zu formulieren. Der deduktive Pfad nimmt die umgekehrte Richtung, er versucht Hypothesen oder Sätze durch empirische Beobachtung oder Experiment zu bestätigen oder zu falsifizieren. Ist die Richtigkeit der Sätze bestätigt, dann können sie für Erklärungen und Vorhersagen verwendet werden.

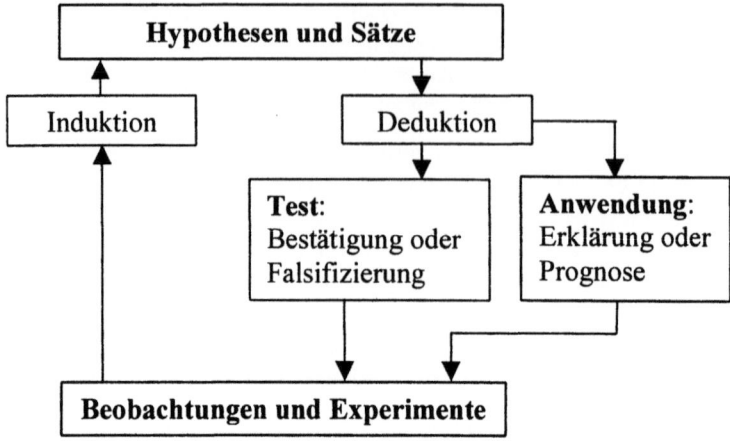

Abb. 1.1: Theorie und die empirische Realität

Der kritische Rationalismus, vgl. z. B. POPPER [1964] und ALBERT [1966], behandelt im wesentlichen den deduktiven Pfad und erörtert, welche Kriterien und Verfahren zum Testen der Hypothesen zu verwenden sind.

Als Beispiel für eine empirische Wissensermittlung betrachten wir die Aufgabe, die im letzten Jahr um 10% gestiegene Nachfrage nach dem Produkt P eines Unternehmens zu erklären (empirische Beobachtung). Als Hypothese (Satz) wäre in diesem Falle denkbar eine (statistisch zu ermittelnde) Nachfragefunktion, welche die Absatzmenge als abhängige Variable der Parameter Preis und Werbeausgaben darstellt, und die empirisch beobachtete Tatsache, daß das Unternehmen den Preis gesenkt und das Werbebudget erhöht hat (Anfangsbedingung).

Die deskriptive Entscheidungstheorie versuchte anfangs, die Modelle der präskriptiven Entscheidungstheorie zur Erklärung von Entscheidungsverhalten heranzuziehen, konnte damit aber auftretende Widersprüche zu empirisch beobachtbarem Verhalten nicht erklären. Auch durch zusätzliche Berücksichtigung von Persönlichkeitsfaktoren des Entscheidungsträgers oder durch Anpassung an die spezielle Entscheidungssituation ließen sich nicht alle Unstimmigkeiten abbauen. Zahlreiche empirische Untersuchungen stützen den Schluß, daß diese klassischen präskriptiven Entscheidungsmodelle sowie deren Erweiterungen kaum geeignet sind, Entscheidungsverhalten in der Realität zu beschreiben, vgl. z. B. [KUPSCH 1973]. Die Literatur sieht die Ursache für dieses Scheitern im Fundament der präskriptiven Entscheidungstheorie, die von gegebenen Tatsachen- und Wertprämissen ausgeht und die Rationalität des Entscheidungsverhaltens postuliert. Eine auf Erklärung und Prognose des Entscheidungsverhaltens ausgerichtete Theorie muß aber das Zustandekommen der Entscheidungsprämissen und empirisch zu beobachtende Abweichungen vom Rationalverhalten in ihre Modellansätze mit einbeziehen:

Das Konzept der Beschränkten Rationalität

Kritik an der Rationalitätsforderung der Entscheidungstheorie, d. h. an den Grundprämissen eines Entscheiders als Homo Oeconomicus, wurde schon frühzeitig von Herbert A. SIMON [1945, 1955, 1957, 1960], vgl. auch [MARCH; SIMON 1958], geäußert. SIMON argumentierte, daß Menschen nur über eine beschränkte Informationsverarbeitungskapazität verfügen und daher

- nicht alle Alternativen a priori kennen,
- nicht alle möglichen Konsequenzen a priori angeben können,
- die Konsequenzen einzelner Aktionen a priori nur unvollständig kennen,
- nicht optimierende sondern satisfizierende Entscheidungen treffen.

Diese Erkenntnis führte zur Formulierung seiner beiden Hauptthesen über „beschränkte Rationalität"

These 1: Im allgemeinen werden keine optimalen Entscheidungen getroffen sondern der Entscheidungsträger begnügt sich mit zufriedenstellenden Lösungen.

These 2: Alternativen und Konsequenzen sind im allgemeinen nicht a priori bekannt, sondern müssen mittels eines Suchprozesses gefunden werden.

SIMON's Satifizierungskonzept - ausgedrückt in These 1 - basiert auf der Anspruchsniveautheorie der Psychologie, wie sie von K. LEWIN; T. DEMBO; FESTINGER; P.S. SEARS [1944] formuliert wurde. Danach versucht ein Individuum in der Zukunft einen Zielerfüllungsgrad zu erreichen, der sich an den Ergebnissen vorangehender Versuche orientiert, vgl. auch [SIEGEL 1960].

In SIMON's These 2 wird ausgesagt, daß eine Entscheidung aus zwei Stufen besteht, da der eigentlichen Alternativenauswahl ein Suchprozeß vorangeht. Diese Unterscheidung in Phasen der Entscheidungsfindung führte in der Literatur zu einer Vielzahl von Phasenmodellen, die neben der Ausführungsphase zumeist 5 Phasen (Anregung, Unorientiertheit, Orientierung, Distanzierung, Entschluß) unterscheiden, und nur in Details variieren, vgl. z. B. WITTE [1968b].

In einer empirischen Studie untersuchte WITTE [1968b] das Phasentheorem von O.G. BRIM; D.C. GLASS, D.E. LAVIN; N. GOODMAN [1962] auf praktische Relevanz und legte dabei folgende Hypothese zu Grunde:

„Wenn ein komplexer, innovativer, multipersonaler Entscheidungsprozeß in mikro-ökonomischen Einheiten abläuft, dann liegt zeitlich

- vor dem Entschluß die Bewertung der Alternativen,
- vor der Bewertung der Alternativen die Erarbeitung der Alternativen,
- vor der Erarbeitung der Alternativen die Gewinnung der Informationen,
- vor der Gewinnung der Informationen das Erkennen des Entscheidungsproblems."

WITTE kam in seiner Studie über die Erstbeschaffung von EDV-Anlagen zu dem Ergebnis, daß die Fünf-Phasen-Hypothese in ihrem sukzessiven Ablauf keine uneingeschränkte Gültigkeit besitzt und auch für Teilentscheidungen nicht zwingend ist. Er konnte zeigen, daß sich die Aktivitäten der einzelnen Phasen unregelmäßig über den gesamten Zeitraum von Start bis Schluß erstrecken. Dies entspricht auch der Erfahrung, daß Entscheidungsprozesse oft Zyklen aufweisen, die insbesondere die Aufnahme und Verarbeitung von zusätzlichen Informationen betreffen, die erst nach Feststellung eines Informationsdefizits besorgt werden.

Mit der Abkehr vom Homo Ökonomicus und damit der Annahme einer beschränkten Rationalität des Entscheidungsträgers hat sich die deskriptive Entscheidungstheorie zu einer interdisziplinären, insbesondere verhaltenswissenschaftlichen Analyse von Entscheidungs- und Problemlösungsprozessen entwickelt. Im deutschsprachigen Schrifttum wird diese verhaltenstheoretische Richtung der deskriptiven Entscheidungstheorie vor allem durch W. KIRSCH [1970, 1971a, 1971b]; E. HEINEN [1971]; E. WITTE [1968a, 1968b, 1971, 1972, 1977]; O. GRÜN [1973]; W. HAMEL [1974]; H. BRANDSTÄTTER, B. GAHLEN [1975]; J. HAUSCHILDT [1977] repräsentiert.

International gesehen ist einer der interessantesten deskriptiven Ansätze die von R.M. CYERT und J.G. MARCH [1963] konzipierte Theorie des Entscheidungsverhaltens in Organisationen ("behavioral theory of the firm"). Ihre Erkenntnis basiert auf der Untersuchung des Entscheidungsverhaltens von großen Mehrproduktunternehmen unter Ungewißheit in einem nicht-perfekten Markt:

Verhaltenstheorie von Unternehmen nach CYERT und MARCH

In Gegensatz zum fiktiven Entscheidungsträger der klassischen Entscheidungstheorie sehen CYERT und MARCH die Unternehmung realistischer als ein Instrument, in dem alle mit dem Unternehmen in direkter Beziehung stehenden Personen ihre individuellen Ziele zufriedenstellend realisieren wollen. Formal bilden sämtliche an der Unternehmung beteiligten Personen eine Koalition, wobei die Beteiligten im allgemeinen unterschiedliche Zielvorstellungen haben. Der Hinweis auf zufriedenstellende Lösungen macht deutlich, daß die Autoren ein beschränkt rationales Verhalten beobachten konnten und daher auch in ihrem Model postulieren.

Wie in der klassischen Entscheidungstheorie unterscheiden CYERT und MARCH Einflußfaktoren (Variablen) und deren Verknüpfungen. Bei den Einflußfaktoren unterscheiden Sie die folgenden 3 Kategorien:
- Variablen, welche die Ziele der Organisation beeinflussen, z. B. Zusammensetzung der Koalition, Organisation des Entscheidungsprozesses, angestrebtes Zielniveau, Zielergebnisse vergleichbarer Unternehmen, realisierte Ergebnisse vorangehender Perioden, Persönlichkeitsfaktoren der beteiligten Personen.

1.2 Deskriptive Entscheidungstheorie

- Variablen, welche einwirken auf die Informationsgewinnung und die Erwartungsbildung, z. B. Art und Lokalisierung des zu lösenden Problems, realisierte und erwartete Ergebnisse, Rahmenbedingungen des Entscheidungsproblems, Erwartungsbildungen über den Erfolg geplanter Maßnahmen.
- Variablen, welche die Auswahl bedingen, z. B. Erfahrungen mit standardisierten Entscheidungsregeln und Auswertungsmethoden, Reihenfolge der Sichtung der Alternativen, Erfahrungen mit Prozeßabläufen.

Nach den Beobachtungen von CYERT und MARCH stehen diese Einflußfaktoren über 4 Konzepte miteinander in Beziehung: die Quasi-Lösung von Konflikten, die Vermeidung von Ungewißheit, die problemorientierte Suche und das organisatorische Lernen.

Da die Koalition aus Personen mit unterschiedlichen Zielen besteht, werden Verfahren benötigt, um diesen **Konflikt zu lösen**. Der klassische Vorschlag der Spieltheorie, über Seitenzahlungen zu einem konsistenten Zielsystem des Unternehmens zu kommen, wird in der Praxis nicht verwendet. Vielmehr vereinfacht man das Entscheidungsproblem, indem man gar nicht versucht, alle Ziele auf einen gemeinsamen Nenner zu bringen, sondern man beschränkt die Verhandlung auf die wesentlichen Ziele. Konflikte werden gelöst durch Verwendung beschränkter Rationalität, Orientierung an befriedigenden Anspruchsniveaus und einer sequentiellen Betrachtung der Ziele. Dabei folgt die sequentielle und nicht simultane Beachtung der Organisationsziele einer Dringlichkeitsordnung.

Ungewißheit soll vermieden werden durch Antizipation von Ereignissen in der nahen Zukunft. Man löst bevorzugt dringende Probleme und verzichtet auf die Entwicklung langfristiger Strategien. Da Organisationen es bevorzugen, Probleme nacheinander zu lösen, werden größere Entscheidungsprobleme in relativ unabhängige Teilentscheidungsprobleme aufgegliedert. Durch Stabilisierung des Umfeldes, z. B. durch längerfristige Absprachen oder Verträge, versucht man Unsicherheiten zu vermeiden. Ist dies nicht möglich und herrscht Ungewißheit über die zukünftigen Ergebnisse von Entscheidungen, so werden Entscheidungen verschoben oder Pläne nicht weiterverfolgt.

Unternehmen suchen befriedigende Anspruchsniveaus für die Ziele und entscheiden sich oft für die erste Alternative, die diese erfüllt. Erfüllt keine Alternative die gesetzten Zielansprüche, so wird nach **zieladäquaten Alternativen** gesucht oder, wenn dieser Weg nicht erfolgversprechend erscheint, werden Anspruchsniveaus gesenkt. Die Suche wird beeinflußt durch Training, Erfahrung und den individuellen Zielen der Teilnehmer; sie ist im allgemeinen einfach strukturiert. Die Suche konzentriert sich auf die Nachbarschaft des Problem-Symptoms und orientiert sich zunächst an bestehenden Problemlösungen. Erst wenn dieses schrittweise Vorgehen erfolglos bleibt, werden neuartige Problemansätze in Betracht gezogen.

Das **organisatorische Lernen** betrifft Bildung der Anspruchsniveaus, die sich im Laufe des Entscheidungsprozesses ändern, die Dringlichkeit der (Teil-)Entscheidungen und das Suchverhalten aufgrund der gewonnenen Erfahrungen.

Insgesamt verkörpert die von CYERT und MARCH aufgestellte Verhaltenstheorie der Unternehmung adaptives Problemlösungsverhalten, das sich als "Strategie der kleinen Schritte" [FRESE, 1971, S. 290] oder als "Strategie des Durchwurstelns" [KIRSCH, 1970, S: 89-96] charakterisieren läßt.

1.3 Notwendigkeit einer präskriptiven Entscheidungstheorie für die Praxis

Die Untersuchungen von CYERT und MARCH haben das für Entscheidungstheoretiker blamable Ergebnis erbracht, daß die von ihnen als Ausdruck eines rationalen Verhaltens angepriesenen Konzepte der normativen Entscheidungstheorie und der Spieltheorie in der Praxis weitgehend ignoriert werden. Diese Beobachtung wurde durch spätere empirische Untersuchungen über die praktische Anwendung von Operations Research Methoden bestätigt, vgl. [KIVIJÄRVI; KORHONEN; WALLENIUS 1986], [LILIEN 1987], [TINGLEY 1987], [MEYER ZU SELHAUSEN 1989].

Diese Mißachtung wissenschaftlicher Erkenntnisse durch die Praxis läßt sich im wesentlichen damit begründen, daß die Modelle der normativen Entscheidungstheorie von Voraussetzungen ausgehen, die in realen Problemen nicht erfüllt werden können. Dennoch besitzt die eigentliche Fragestellung der präskriptiven Entscheidungstheorie für die Praxis zweifellos eine sehr hohe Priorität: Die erfolgreiche Unterstützung von Entscheidungsträgern im Entscheidungsprozeß und ein überzeugendes Instrument zur Alternativenauswahl werden benötigt und sind daher von der präskriptiven Entscheidungstheorie selbst formulierte Anforderungen, denen sie nur in einer realistischeren Form gerecht werden muß.

Der Ausweg aus diesem Dilemma besteht in der Integration eines adaptiven Problemlösungsprozesses und einer stärkeren Berücksichtigung des beschränkt rationalen Verhaltens von Entscheidungsträgern in normativen Modellen.

Einerseits ist damit ein Abrücken von dem klassischen Optimierungsgedanken zugunsten von Satisfizierungsansätzen gemeint. Andererseits bedeutet dies eine realitätsnähere Gestaltung des Suchprozesses für Alternativen und Konsequenzen: Z. B. benötigen alle klassischen Modelle eindeutig bestimmte Inputgrößen. Um eine Fehlmodellierung zu vermeiden, wird daher bei einer Abbildung durch ein klassisches Modell eine umfangreiche Informationsaufnahme und -verarbeitung benötigt. Die Entscheidungsträger sind aber oft - und unserer Ansicht nach auch zu Recht - nicht bereit, derart hohe Vorleistungen in Form von Informationsaufnahme und Problemmodellierung zu erbringen. Darüber hinaus kann auch nicht mit Sicherheit garantiert werden, daß man trotz intensiver Vorarbeit eindeutige reelle Daten erhält. Man denke nur an zukunftsorientierte Werte, die prognostiziert werden müssen, ohne daß ausreichende Erfahrungswerte vorliegen. Abgesehen von der Frage nach geeigneten Prognosemethoden bzw. Rechenalgorithmen ist die Datenbasis oft so gering und so ungenau, daß auch stochastische Verfahren keine ausreichende Grundlage besitzen.

Letztendlich wird man meist einige der Modellparameter nur größenordnungsmäßig angeben können. Es wäre aber nun falsch, diese ungenauen Größen durch „Mittelwerte" zu ersetzen, denn auf diese Weise erhält man leicht ein Modell, welches das Realproblem nicht ausreichend genug widerspiegelt und man läuft Gefahr eine Lösung zu ermitteln, die zwar optimal in Bezug auf das Modell ist, aber nicht im Hinblick auf das reale Problem. Besser ist es, diese vagen Größen in das Modell aufzunehmen und dann zu versuchen, eine Lösung für dieses Modells mit vagen Daten zu ermitteln. Seit der Veröffentlichung der Arbeit "Fuzzy Sets" durch Lotfi A. ZADEH im Jahre 1965 existiert eine Möglichkeit, ungenaue Daten oder verbal formulierte Bewertungen mathematisch zu fassen, und dies so genau, wie ein Entscheider dies sieht und ausdrücken kann.

Unsere Empfehlung für eine realistischere und damit auch überzeugendere präskriptive Entscheidungstheorie besteht daher darin, reale Entscheidungsprobleme zunächst in ein Fuzzy-Modell abzubilden, das den aktuellen Informationsstand möglichst genau widerspiegelt.

Nachdem wir den – wie eben gezeigt – sensiblen Entwicklungsprozeß eines Entscheidungsmodells unter den eben diskutierten Gesichtspunkten näher beleuchtet haben, werden wir in den nachfolgenden Kapiteln zeigen, daß sich fast alle klassischen Entscheidungsmodelle auf Fuzzy-Modelle erweitern und analog lösen lassen. Auf der Basis dieser Information ist dann zu entscheiden, ob zusätzliche Informationen zur Verbesserung der Modellstruktur und der Modelldaten beschafft werden. Wenn ja, ist eine Lösung des verbesserten Modells zu errechnen und so weiter bis eine zufriedenstellende Lösung gefunden ist. Diese interaktive, schrittweise Vorgehensweise bietet - erstmalig - einen praktikablen Weg, zusätzliche Informationen zielgerichtet und unter Abwägung des Kosten/Nutzen-Verhältnisses zu beschaffen. Dabei können insbesondere auch dadurch Informationskosten gespart werden, daß auch bei ungenauer Informationslage i. allg. einige Alternativen frühzeitig ausgemustert werden können und daher keiner genaueren Bewertung bedürfen.

1.4 Aufbau eines Entscheidungsmodells

Um in komplexen Entscheidungssituationen eine sachgerechte Wahl treffen zu können, ist es sinnvoll und üblich, das in der Realität vorliegende Entscheidungsproblem (Realproblem) aus der Sicht des Entscheidungsträgers in ein Entscheidungsmodell abzubilden. Dabei ist nach allgemeiner Meinung in der betriebswirtschaftlichen Entscheidungstheorie, vgl. z. B. [BAMBERG; COENENBERG 2000,

S.12] und [SCHNEEWEIß 1991, S. 8], ein Modell eine **vereinfachende, aber strukturgleiche** zweckorientierte Abbildung eines realen Sachverhaltes.

Die Forderung nach Vereinfachung ist vorrangig pragmatischer Natur, da wegen der Komplexität der Realität erst durch eine Reduktion auf die für die jeweilige Problemstellung wesentlichen Elemente und Relationen die Formulierung des Problems in Form eines mathematischen Systems möglich wird. So kommt es z. B. in Produktionsplanungsmodellen oft nur auf die Deckungsbeiträge der Produkte und nicht auf andere Charakteristika wie Verpackung, Farbe usw. an. Entsprechend werden Produktionsplanungsmodelle vereinfacht, indem die Produkte nur durch das für die Entscheidung relevante Element Deckungsbeitrag repräsentiert werden, während die anderen charakteristischen Elemente eines Produktes im Modell vernachlässigt werden.

Strukturgleichheit oder Strukturähnlichkeit mit dem realen Entscheidungsproblem ist eine zwingende Forderung, da Rückschlüsse von den Ergebnissen der Modellanalyse auf das Realproblem ermöglicht werden sollen. Um Aussagen über den abgebildeten Gegenstandsbereich zu erzielen, müssen daher außer den Elementen und Eigenschaften des Realsystems die zwischen diesen Elementen und Eigenschaften bestehenden Beziehungen im Modell erfaßt werden.

Modelle können unterschiedlichsten Zwecken dienen. Wesentliches Ziel der praktisch-normativen Betriebswirtschaftslehre ist die Formulierung von Entscheidungsmodellen; Beschreibungs-, Erklärungs- und Prognosemodelle sind lediglich Voraussetzungen für die praktische Anwendung der Entscheidungsmodelle. Dabei liefern Beschreibungsmodelle Informationen über die Ausgangssituation und dienen der rechnerischen Erfassung bestimmter Ergebnisse zur Beschreibung von Zielen und Handlungsmöglichkeiten. Erklärungs- bzw. Prognosemodelle ermöglichen Zweck-Mittel-Analysen sowie Prognosen über die Konsequenzen geplanter Handlungsmaßnahmen. Mit Hilfe des **Entscheidungsmodells** werden schließlich die für die Realisierung bestimmter Ziele durchzuführenden Aktionen ausgewählt.

Einem Entscheidungsmodell geht ein aufwendiger Entwicklungsprozess voraus, der maßgeblich die Güte der Lösung für das in der Realität vorliegende Problem bestimmt:

Da ein **Realproblem** von menschlichen Individuen nie in seiner vollen Komplexität erfaß- und beschreibbar ist, besteht der erste Schritt des Entwicklungsprozesses eines Entscheidungsmodells in der Darstellung eines **Modellkonzeptes** dieses Problems, vgl. Abb. 1.2.

Die beschränkte Informationsverarbeitungskapazität des Entscheidungsträgers führt zu einer selektiven und auch subjektiven Wahrnehmung des realen Entscheidungsproblems; thematisiert werden kann nur, was der Entscheider einerseits bereits kennt und erfahren, andererseits aber auch nicht (un)bewußt verdrängt hat. In diesem Stadium werden die bekannten Informationen, quantitativer oder qualitativer Natur, die Kausalbeziehungen ausdrücken oder lediglich Vermutungen dar-

1.4 Aufbau eines Entscheidungsmodells

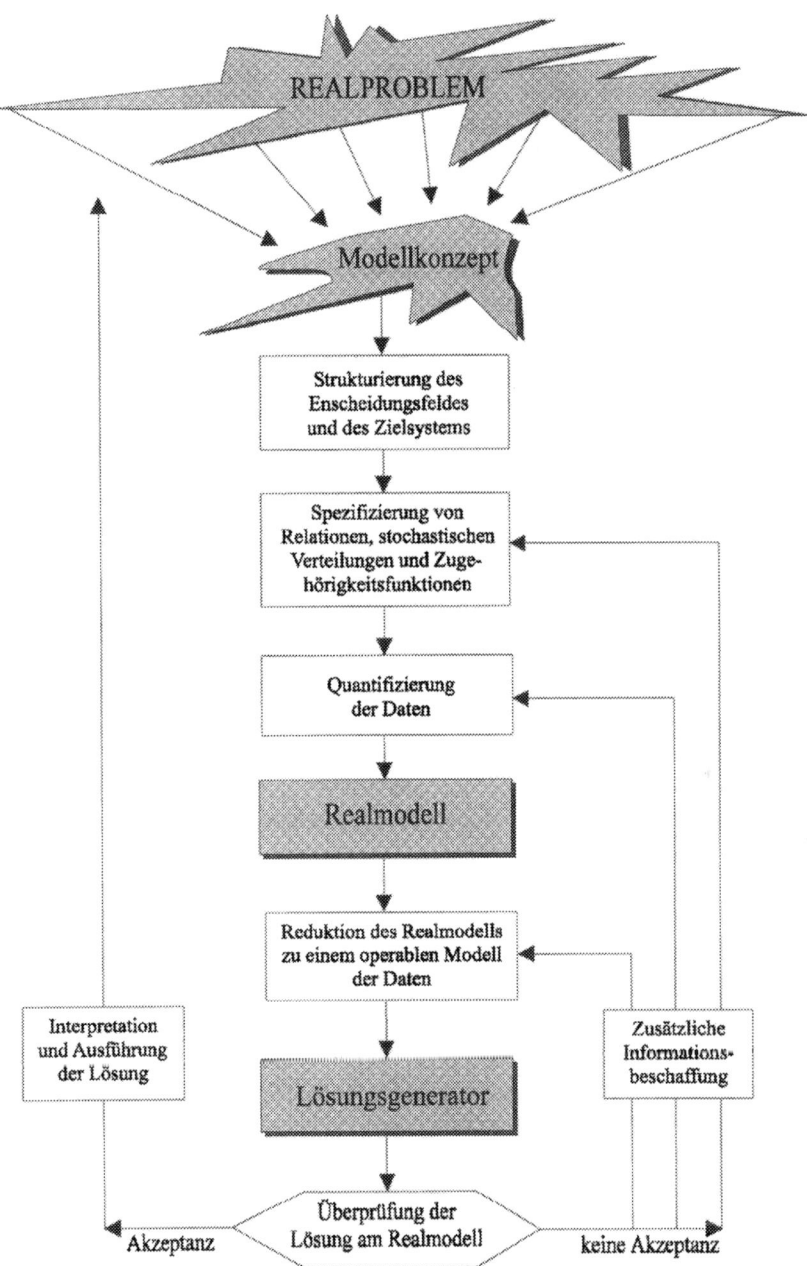

Abb. 1.2 Realsystem, Realmodell, Operables Modell

stellen können, grob strukturiert. Dabei wird im allgemeinen unterschieden zwischen Informationen über das Entscheidungsfeld und über die vom Entscheider verfolgten Ziele, sein Zielsystem.

Das **Entscheidungsfeld** umfaßt

- den **Aktionenraum** A, die Menge der dem Entscheidungsträger zur Verfügung stehenden Aktionen (Alternativen, Entscheidungsvariablen, Strategien), z. B. die Menge an Maschinen, die für ein bestimmtes Investitionsprojekt in Frage kommen.
- den **Zustandsraum** S, wobei jeder Zustand eine spezielle Kombination aller relevanten Umweltdaten repräsentiert. Denkbar sind hier z. B. alternative Absatzentwicklungen der Produkte, die auf einer neu zu beschaffenden Produktionsanlage gefertigt werden sollen.
- eine **Ergebnisfunktion** $g: A \times S \rightarrow E$, die jedem Paar $(a, s) \in A \times S$ eine Konsequenz $g(a, s) \in E$ zuordnet. Bestimmt werden muß in diesem Zusammenhang z. B. welcher Gewinn sich aus der Anschaffung einer Maschine des Typs A bei sehr guter Absatzlage des betrachteten Produktes ergeben wird.

Die Alternativen repräsentieren dabei Variablen, die vom Entscheider direkt oder zumindest indirekt beeinflußbar sind. Dagegen hat er keinen Einfluß auf die Umweltzustände, die ebenfalls auf die Ergebnisse der Alternativen einwirken.

Zu dem damit verbundenen **Zielsystem** gehören nicht nur die Zielgrößen (Zielfunktionen), sondern auch die Präferenzvorstellungen des Entscheidungsträgers bzgl. der Ausprägung jedes einzelnen Zieles und im Vergleich zwischen den Zielen. Beispielsweise muß festgelegt werden, ob ein höherer Gewinn auch als höher gewertet wird. Andererseits muß spezifiziert werden, ob z. B. ein höherer Gewinn für den Entscheider wichtiger ist als eine höherere Kundenzufriedenheit.

Im nächsten Schritt müssen die bisherigen Informationen so konkretisiert werden, daß ein exakteres Bild des Realproblems entsteht, das sogenannte **Realmodell**. Dies beinhaltet im wesentlichen eine (weitere) Präzisierung des Entscheidungsfeldes und des Zielsystems, indem vage Hypothesen konsolidiert, qualitative und verbale Aussagen quantifiziert oder Anspruchsniveaus gesetzt werden.

Im Idealfall ergibt sich als Resultat dieser Bemühungen das Realmodell in Form eines operablen Modells. Darunter verstehen wir eine Modellform, für die mittels eines Algorithmus eine Lösung ermittelt werden kann. Die einfachste Modellvariante dieser Art wäre ein Entscheidungsproblem, das als 1-Ziel-Problem mit quantitativen Zielgrößen strukturiert ist und für dessen Lösung einfache Entscheidungsregeln existieren. Stehen z. B. mehrere Investitionsobjekte zur Auswahl, die in Bezug auf das einzige Zielkriterium Gewinn bewertet wurden, so läßt sich mit dem Auswahlkriterium "Wähle die Alternative, die den höchsten Gewinn liefert!" in der Regel eindeutig eine Entscheidung treffen.

1.4 Aufbau eines Entscheidungsmodells

Gleichermaßen realistisch ist aber der Fall, daß für ein formuliertes Realmodell in dieser Form kein Lösungsalgorithmus existiert. Damit aber dennoch eine Auswahl getroffen werden kann, muß das Entscheidungsproblem auf ein operables Maß reduziert werden. Typisches Beispiel für eine derartige Situation stellen Mehrzielprobleme dar, für die kein allgemein anerkannter Lösungsalgorithmus vorhanden ist. Durch Konzentration auf das wesentliche Ziel und Unterdrückung der restlichen bzw. mit Hilfe von Zielgewichtung läßt sich das Entscheidungsproblem als zu einem 1-Ziel-Problem vereinfachen, für das eine Lösung bestimmt werden kann.

Ganz entscheidend ist in diesem Zusammenhang jedoch die Frage, ob die so bestimmte Alternative des operablen Modells auch eine optimale oder zumindest gute Lösung des Realproblems ist. Denn durch die Vernachlässigung von bekannten Informationen mit dem Ziel der Formulierung eines operablen Modells steigt die Gefahr der Fehlmodellierung, da eventuell lösungsrelevante Daten herausgefiltert werden.

Grundsätzlich ist am Ende eines Entscheidungsprozesses die ermittelte Lösung in Hinblick auf die Realität zu überprüfen. Der Modellierungsprozess mit all seinen Elementen sollte daraufhin untersucht werden, ob die getroffenen Annahmen weiterhin Gültigkeit besitzen.

Bei der bisher unterstellten Vorgehensweise zur Erarbeitung eines Entscheidungsmodells sind wir immer davon ausgegangen, daß es ohne weiteres möglich ist, das Modellkonzept so weit zu konkretisieren, daß sich deterministische Angaben für ein operables Modell einstellen. Das Problem der Beschaffung zuverlässiger und präziser Daten wurde soweit ignoriert, da wir an keiner Stelle hinterfragt haben, woher die detaillierten Informationen kommen bzw. wieviel Aufwand mit deren Beschaffung verbunden ist.

Problematisch bei der Modellformulierung ist einerseits, daß sie auf menschlichen Wahrnehmungen und Einschätzungen basiert, die sich häufig nur verbal, qualitativ und damit vage äußern lassen. In diesem Zusammenhang muß kritisch diskutiert werden, wie derartige Aussagen angemessen in exakte Daten transferiert werden können. Andererseits liegen Daten aus technischen Prozessen oder ökonomischen Sachverhalten vielleicht in quantitativer Form vor, sind aber deswegen noch lange nicht durch reelle Zahlen, sondern z.B. lediglich durch Intervalle beschrieben.

Stellt sich zusätzlich die Aufgabe, bei unsicheren zukünftigen Entwicklungen Größen zu prognostizieren, ist ein Entscheidungsträger in jedem Fall mit einem Quantifizierungsproblem konfrontiert. Offensichtlich ist das Ausmaß dieses Problems abhängig von dem Informationsstand des Entscheiders. Im wesentlichen lassen sich dabei drei Datenkategorien unterscheiden:

1. Exakte/deterministische Daten
2. Stochastische Daten
3. Fuzzy-Daten

Ad 1.

Der Fall, daß deterministische Daten vorliegen, ist gegebenenfalls denkbar für bestimmte technische Anwendungen, bei denen ein hohes Ausmaß an Erfahrung mit den Prozessen vorliegt, der Informationsstand dementsprechend hoch ist und daher die Möglichkeit existiert, exakte und richtige Größen zu benennen. Dann ist das Entscheidungsproblem gemäß den vorangegangenen Ausführungen in ein operables Modell zu überführen und eine eindeutige Alternativenauswahl vorzunehmen.

Ad 2. und 3.

Sind die relevanten Daten stochastisch oder fuzzy, so stellt sich das Problem, daß man sich bei der Modellierung und damit der Bewertung der Alternativen nicht mehr in einer Menge wohlgeordneter Zahlen bewegt und aufgrund fehlender Trennschärfe eventuell die optimale Alternative nicht eindeutig bestimmt werden kann.

In der klassischen Entscheidungstheorie wird dieses Problem derart umgangen, daß mittlere Werte für die Verteilungen bzw. unscharfen Größen angesetzt werden. Besonders fragwürdig ist diese Reduktion auf ein deterministisches Modell, wenn auf die Modellierung der Verteilungen zu wenig Mühe verwendet wird und gleich in Hinblick auf ein operables Modell mittlere Werte bestimmt werden. Der Ansatz unzureichend begründeter mittlerer Werte erhöht ganz entscheidend die Gefahr, daß diese Werte nicht der Realität entsprechen und die optimale Lösung des Modells keine adäquate Lösung des realen Problems ist.

Durch die Beschaffung sehr "guter" Informationen läßt sich natürlich die Gefahr einer Fehlmodellierung verringern, aber dieser Informationsbeschaffungs und –verabeitungsprozeß ist zumeist mit einem sehr hohen Kostenaufwand verbunden. Darüber hinaus ist es oft, z. B. bei Daten, die sich erst in der Zukunft realisieren, trotz extremer Bemühungen nicht möglich zuverlässige deterministische Daten zu identifizieren.

Liegt unscharfes Wissen im Rahmen eines Entscheidungsproblems vor, so ist das nachfolgend beschriebene zweistufige Vorgehen eine intelligente Verfahrensweise: Zuerst ist ein Realmodell zu formulieren, das den aktuellen Wissensstand des Entscheidungsträgers adäquat abbildet; dabei sollten einfach und preiswert zu beschaffende Informationen zusätzlich berücksichtigt werden. Die Fuzzy-Mengen-Theorie liefert ein problemadäquates Instrumentarium, um Daten und Relationen mit exakt der Genauigkeit in das Modell zu integrieren, wie es dem Wissensstand des Entscheiders entspricht. Darüber hinaus bietet diese Theorie das Rüstzeug, klassische Präferenzaussagen und Bewertungen auf Fuzzy-Größen zu erweitern. Die Alternativen lassen sich so in eine Rangordnung bringen, die allerdings nicht zwingend trennscharf ist. Ein maßgeblicher Vorteil dieses ersten Schrittes ist es jedoch, daß es in praktischen Anwendungen zumeist möglich ist, auf Grund des jetzt schon vorliegenden Rankings Alternativen auszusondern, die zur Lösung des

Problems nicht mehr in Frage kommen. Normalerweise führt dieser erste Schritt zu einer erheblichen Reduzierung der Alternativenmenge.

In einem zweiten Schritt können dann für die verbleibenden Alternativen gezielt zusätzliche Informationen aufgenommen werden, um die Unschärfe der Daten zu reduzieren und nach Möglichkeit eine eindeutige Rangordnung oder zumindest die Auswahl der besten Alternativen zu erreichen. Da ein unscharfes Ranking schon vorliegt, kann die Informationsaufnahme gezielt unter Kosten-/Nutzenabwägung erfolgen. So wird man auf zusätzliche Informationen verzichten, wenn deren Kosten höher sind als der festgestellte Unterschied zwischen den besten Alternativen; eine Zufallsauswahl aus diesen Alternativen ist dann vorzuziehen. Diese zweistufige Vorgehensweise führt nicht nur dazu, daß eine Fehlmodellierung des Realproblems vermieden wird, sondern sie geht auch einher mit deutlich geringeren Kosten für Informationsbeschaffung und –verarbeitung.

Da Zielsystem und Entscheidungsfeld zusammen die Grundlage jeglicher Auswahlentscheidung bilden, werden deren Charakteristika im folgenden detailliert erläutert. Begonnen wird mit der Erörterung des Zielsystems, da ohne Festlegung der zu verfolgenden unternehmerischen Ziele die Auswahl der relevanten Alternativen nicht erfolgen kann.

1.5 Bestimmung von Zielen und Zielsystemen

Ziele werden im allgemeinen als Richtlinien bzw. Orientierungsgrößen der unternehmerischen Aktivitäten bezüglich zukünftig angestrebter Zustände verstanden und sind nach Inhalt, Ausmaß und Zeitbezug zu operationalisieren. Von Bedeutung ist dabei die grundsätzliche Entscheidung, *was* überhaupt anzustreben ist, und daran anschließend, in welchem Zusammenhang diese Bestrebungen zueinander stehen, d. h. in welcher Art von Zielsystem die Einzelinhalte zusammengeführt werden können.

Zur Bestimmung der Ziele muß prinzipiell gesagt werden, daß diese nicht unabhängig von den Wertvorstellungen und dem Unternehmenszweck eines Unternehmens gesehen werden können, sondern in diese übergeordneten Wertaussagen eingebettet sein müssen. Die Zielsuche ist ein sehr heikler Teil des Zielbildungsprozesses, der sehr gewissenhaft durchzuführen ist. Einerseits müssen alle entscheidungsrelevanten Zielinhalte berücksichtigt werden, da ein Fehlen wichtiger Inhalte die Nützlichkeit eines Zielsystems in Frage stellt; andererseits sind Ziele, die für eine spätere Alternativenentscheidung ohne Bedeutung sind, von vorne herein zu vernachlässigen. Die wesentlichen Zielinhalte sind für jedes Unternehmen und gegebenenfalls für jede Entscheidung individuell zu definieren bzw. zu überdenken. Bei der Verfolgung sehr unterschiedlicher Unternehmensziele sollte grundsätzlich der Tatsache Rechnung getragen werden, daß ein Unternehmen im marktwirtschaftlichen System nur bestehen und sich weiterentwickeln kann, wenn Wirtschaftlichkeits- und Rentabilitätsüberlegungen eine zentrale Rolle im jeweiligen Zielgefüge einnehmen.

Ist die Zielsuche beendet, muß der Entscheidungsträger einerseits die Konsequenzen angeben, die für die Ziele mit der Ausführung einer Aktion verbunden sind und hat andererseits grundsätzliche Präferenzen bezüglich der unterschiedlichen Ergebnismerkmale zu definieren.

Die ermittelten Konsequenzen sind einer weitergehenden Analyse zu unterziehen, in der die einzelnen Komponenten in Hinblick auf ihre Operationalität beleuchtet werden. Ziele, deren Realisierung sich nicht überprüfen läßt, sind nicht-operational, da sie keinen Maßstab für die Bewertung einer Alternative darstellen und somit die Auswahlentscheidung nicht unterstützen können.

Quantitative Zielinhalte, die über Intervall- oder Verhältnisskalen erfaßt werden können, repräsentieren in jedem Fall operationale Größen. Problematischer gestaltet sich die Bewertung qualitativer Inhalte. Deren Charakterisierung erfolgt entweder näherungsweise mit Hilfe von quantifizierbaren Ersatzkriterien, vgl. [KUHNT 1975, S. 51], [KEIL 1996] oder liegt häufig nur in Form von nominal- bzw. ordinalskalierten Aussagen hinsichtlich der Zielerreichung vor. Damit ist zwar eine Operationalität gegeben, deren Verrechnung zum Zweck des Vergleichs von Handlungsalternativen jedoch Schwierigkeiten bereitet, da sich nominal- und ordinalskalierte Bewertungen aus theoretischer Sicht nicht ohne weiteres durch gewichtete Operatoren zusammenfassen lassen.

Darüber hinaus muß der Entscheider Präferenzrelationen bezüglich bestimmter Ergebnismerkmale formulieren:

Notwendig ist stets eine **Höhenpräferenzrelation,** die eine Vorschrift über das erstrebte Ausmaß der Zielgröße festlegt. Beispiele sind

- die Maximierungsregel (jedes höhere Ergebnis ist jedem niedrigeren vorzuziehen),
- die Minimierungsregel (jedes niedrigere Ergebnis ist jedem höheren vorzuziehen) und
- die anspruchsniveaubezogene Ergebnisbewertung (Ergebnisse ab (bis zu) einer bestimmten Ergebnishöhe gelten als zufriedenstellend, darunter- (darüber-) liegende Ergebnisse als nicht zufriedenstellend).

Eine **Artenpräferenzrelation** wird erforderlich, wenn der Entscheidungsträger gleichzeitig mehrere Zielgrößen anstrebt und diese Zielgrößen zumindest teilweise konfliktär sind. Eine häufig anzutreffende Form der Artenpräferenzrelation stellt die Zielgewichtung dar, bei der eine Zielgröße als Standardmaß des Nutzens gewählt wird und alle übrigen Zielgrößen über eine Nutzenschätzung in Einheiten dieses Standardmaßes umgerechnet werden.

1.5 Bestimmung von Zielen und Zielsystemen

Die **Zeitpräferenz** fixiert eine Vorschrift über die Vorziehenswürdigkeit von Aktionen mit Ergebnissen verschiedener Zeitdimension. Sie wird immer dann erforderlich, wenn die Ergebnisse der verfügbaren Handlungsalternativen nicht alle zu demselben Zeitpunkt anfallen. Eine in Entscheidungsmodellen häufig verwendete, wenngleich nicht allgemein gültige Form der Zeitpräferenz besteht in der Diskontierung der Ergebnisse der verschiedenen Aktionen auf einen gemeinsamen Bezugszeitpunkt; sie beruht auf der Höherschätzung gegenwärtiger Ergebnisse gegenüber künftigen Ergebnissen. Da das Problem der Formulierung von Zeitpräferenzen ausführlich in der Literatur zur Investitionstheorie diskutiert wird, soll hier nicht darauf eingegangen werden. Wegen einer neueren axiomatischen Analyse sei auf [DYCKHOFF 1988] verwiesen.

In den vorangegangenen Ausführungen ist bereits deutlich geworden, daß in Entscheidungssituationen meist mehrere Ziele verfolgt werden, die im allgemeinen nicht unabhängig voneinander zu betrachten sind. Generell lassen sich drei Zielbeziehungstypen unterscheiden: Indifferente, komplementäre und konkurrierende Beziehungen, vgl. [SELCHERT 2002, S. 48f.], [LAUX 1998, S. 65]. **Indifferente Beziehungen** bestehen, wenn zwischen zwei Zielen Neutralität herrscht, d. h. die Verbesserung der einen Zielgröße keinen Einfluß auf die Ausprägung der anderen hat. Zielharmonie ist im Falle **komplementärer Beziehungen** gegeben, die Erfüllung des einen Ziels trägt positiv zur Erfüllung des anderen bei. Besteht eine **Konkurrenz-Beziehung** zwischen zwei Zielen, dann vermindert die Realisation des einen Ziels den Erfüllungsgrad des anderen. Im Extremfall der konfliktären Zielbeziehung schließt das Erreichen des einen Ziels die Erfüllung eines anderen vollständig aus.

Indifferenz, Komplementarität und Konkurrenz müssen selbstverständlich nicht den gesamten Wertebereich der zu analysierenden Zielgrößen umfassen, vielmehr ist es ohne weiteres denkbar, daß zwei Ziele sich in einem bestimmten Ergebnisbereich neutral, in einem anderen komplementär und in wieder einem anderen konkurrierend zueinander verhalten. Man spricht in diesem Fall von partieller Neutralität, Komplementarität bzw. Konkurrenz.

Diese Beziehungstypen erweisen sich als erste Ansatzpunkte eines Ordnungsschemas für die Einzelziele. Grundsätzlich ist bei mehreren, gegebenenfalls auch konkurrierenden Zielen jedoch eine Entscheidungsfindung nur möglich, wenn feststeht, welche Ziele als Haupt- und welche als Nebenziele anzusehen sind und – wie bereits erwähnt – wie bzw. ob die Ziele in einem Mittel-Zweck-Verhältnis zueinander stehen.

Als Resultat der beschriebenen Erwägungen ergibt sich eine Ordnung der für einen Entscheider ermittelten Zielinhalte, welche die Abhängigkeiten untereinander verdeutlicht und so einen Überblick über deren Zusammenwirken vermittelt. Die erkannten Abhängigkeiten werden dabei – wie angedeutet – durch eine horizontale oder auch vertikale Zuordnung systematisiert. Diese Zielstrukturierung kann daher mit einem Prozeß der Bildung einer Zielhierarchie verglichen werden und liefert im Ergebnis ein unternehmerisches Zielsystem, dessen Zielinhalte entscheidungsträgerbedingt, d. h. beispielsweise abhängig von der subjektiven Einstellung des Managements, und entscheidungsfeldbedingt, in Abhängigkeit von der jeweiligen Umfeldsituation, geordnet wurden, vgl. [BECKER 1992, S. 25], [MEFFERT 1982, S. 76].

1.6 Der Aktionenraum A

Wie bereits angedeutet geht es bei einem von uns betrachteten Entscheidungsproblem um eine sogenannte Alternativenentscheidung: Aus einer endlichen Menge von Handlungsalternativen soll die optimale Alternative ausgewählt werden. Dabei stehen dem Entscheidungsträger zu einem bestimmten Zeitpunkt gewisse Alternativen (Aktionen, Handlungsweisen, Strategien) $a_1, a_2, ..., a_m$ zur Auswahl.

Die Menge

$$A = \{ a_1, a_2, ..., a_m \}$$

der zur Verfügung stehenden Aktionen heißt **Aktionenraum** (Aktionsraum, Aktionsfeld, Alternativenmenge, Entscheidungsraum).

Für die Lösung eines Entscheidungsproblems ist es prinzipiell unerheblich, ob es sich bei den verschiedenen betrachteten Aktionen um Einzelmaßnahmen oder jeweils um ganze Bündel von Maßnahmen handelt. Die Emittlung einer Lösung des Entscheidungsproblems, die den angestrebten Zielen entspricht, setzt allerdings voraus, daß die Aktionsmöglichkeiten nach dem **Prinzip der vollkommenen Alternativenstellung** formuliert wurden.

Dieses Prinzip beinhaltet zwei Forderungen; es verlangt, das Entscheidungsproblem so zu stellen, daß der Entscheidende

1. gezwungen ist, eine der betrachteten Alternativen zu ergreifen,   und
2. gleichzeitig nur eine einzige der Alternativen realisieren kann.

Die unter 1. gestellte Forderung besagt, daß das Entscheidungsmodell den gesamten Möglichkeitenraum des Entscheidungsträgers, so wie er sich aufgrund der gegebenen Informationen darstellt, voll ausschöpfen muß. Unterlassungsalternativen gehören also ebenfalls in die Liste der zu betrachtenden Aktionen.

Die unter 2. aufgestellte Forderung verlangt, daß jede Aktion alle anderen ausschließt (Exklusionsprinzip). Die prinzipielle Bedeutung dieser Forderung ist besonders einsichtig bei Betrachtung des Extremfalls, daß keine der Alternativen eine andere ausschließt. In diesem Falle wären alle sich bietenden Möglichkeiten gleichzeitig realisierbar, ein Entscheidungsproblem läge überhaupt nicht vor.

Das folgende Beispiel verdeutlicht das Exklusionsprinzip:

< 1.1 > Ein Entscheidungsträger (ET) möchte 20.000 € anlegen. Die Bank offeriert ihm die folgenden Anlagemöglichkeiten:
I. Anlage auf einem Sparbuch zu 3% p.a., Betrag beliebig;
II. Erwerb **einer** Beteiligung am Unternehmen U, Beteiligungsbetrag 18.000 €;
III. Erwerb festverzinslicher Papiere des Staates S, Stückelung zu 10.000 €;
IV. Erwerb **einer** Beteiligung am Unternehmen V, Beteiligungsbetrag 10.000 €.

Wie viele und welche Aktionen gibt es für den ET nach dem Prinzip vollkommener Alternativenstellung?

Das Prinzip vollkommener Alternativenstellung führt zu folgenden 6 Aktionen:

a_1: Sparkonto 20.000 €

a_2: Beteiligung U 18.000 € und Sparkonto 2.000 €

a_3: festverzinsliche Wertpapiere 20.000 €

a_4: festverzinsliche Wertpapiere 10.000 € und Sparkonto 10.000 €

a_5: festverzinsliche Wertpapiere 10.000 € und Beteiligung V 10.000 €

a_6: Beteiligung V 10.000 € und Sparkonto 10.000 € ♦

1.7 Bewertung der Aktionen

Ist das Zielsystem definiert und sind die relevanten Alternativen zusammengestellt, geht es im nächsten Schritt um eine Bewertung der Aktionen in Hinblick auf die Ziele. Im Fall einer 1-Ziel-Entscheidung kristallisiert sich bereits nach dieser Bewertungsphase die optimale Alternative heraus, da die Bewertungen normalerweise mit Hilfe reeller Zahlen erfolgen und sich daraus eine wohlgeordnete Menge an Alternativen ergibt. Bemühen wir wieder das Beispiel, daß bei einer Investitionsentscheidung mehrere Produktionsanlagen zur Auswahl stehen und diese nun in Hinblick auf ihre zukünftige Rentabilität bewertet wurden, ist offensichtlich die Anlage mit der höchsten Rentabilität optimal.

In der betrieblichen Praxis stellt sich jedoch die Lösung einer Entscheidungssituation weitaus problematischer: Meist sind die Alternativen bezüglich mehrerer Ziele zu beurteilen, deren Bewertungsdimensionen gegebenenfalls stark variieren. Betrachten wir zur Verdeutlichung das folgende einfache Beispiel eines Autokaufes (Die Bewertung von Design, Ausstattung und Werkstatt basiert dabei auf einer Zehnpunkteskala, wobei 10 die beste und 1 die schlechteste Bewertung ist.):

	Preis	Design	Motorleistung	Ausstattung	Werkstatt
A1	50.000 €	9	*120* kW	mittel	3
A2	*25.000 €*	6	55 kW	schlecht	8
A3	30.000 €	5	80 kW	*sehr gut*	5

Tab. 1.1: Zielwerte beim Autokauf

Wie deutlich wird, ist eine Auswahlentscheidung nicht ohne weiteres möglich, da keine Alternative in Bezug auf alle Kriterien den besten Wert aufweist. Für den allgemeinen Fall kann man davon ausgehen, daß die mit einer Aktion verknüpften Konsequenzen derart komplex sind, daß ihre simultane Berücksichtigung den Entscheider schnell überfordert. Eine der Grundaufgaben der Entscheidungstheorie ist es nun, dem Entscheidungsträger ein Instrument an die Hand zu geben, mit dessen Hilfe er in die Lage versetzt wird, die verschiedenen Einzelbewertungen so zusammenzufassen, daß letztendlich jede Alternative nur noch durch **eine** Bewertung charakterisiert wird und eine Reihung der Alternativen wieder erreicht werden kann. Dies bedeutet, daß jeder Alternative ein sogenannter Präferenzwert $\Phi(a_i)$ zugewiesen wird, der dann stellvertretend für die einzelnen Ergebnisausprägungen steht und sich als repräsentatives Auswahlkriterium heranziehen läßt.

Formal läßt sich der Prozess der Aktionenbewertung als eine Abbildung

$$\Phi: A \to \mathbf{R}$$

darstellen, mittels derer jeder Aktion $a \in A$ eine reelle Zahl $\Phi(a) \in \mathbf{R}$ so zugeordnet wird, daß die natürliche Anordnung der den Aktionen zugeordneten Zahlen übereinstimmt mit der (durch den Entscheidungsträger eingeschätzten) Wertrangfolge der Aktionen. D. h. für je zwei Aktionen $a_i, a_r \in A$, $i, r \in \{1, 2, ..., m\}$, muß gelten:

$$a_i \succsim a_r \Leftrightarrow \Phi(a_i) \geq \Phi(a_r)$$
$$a_i \succ a_r \Leftrightarrow \Phi(a_i) > \Phi(a_r)$$
$$a_i \sim a_r \Leftrightarrow \Phi(a_i) = \Phi(a_r),$$

wobei die Symbole $\succsim$, $\succ$ und $\sim$ die schwache Präferenz, die starke Präferenz und die Indifferenz zwischen den Aktionen a_i und a_r ausdrücken. Die Bewertungsfunktion Φ repräsentiert also die Vorstellungen, die der Entscheidungsträger bzgl. der Vorziehenswürdigkeit der Aktionen besitzt (oder besitzen sollte).

Ist die Bewertungsfunktion Φ gegeben und sind die Zahlen $\Phi(a)$ bekannt, so ist die Entscheidungssituation bis auf die Durchführung einer Maximierung formal gelöst:
Jede Aktion $a^* \in A$ mit $\Phi(a^*) = \underset{a \in A}{\text{Max}} \Phi(a)$

erfüllt das Optimalitätskriterium und repräsentiert damit eine optimale Lösung des Entscheidungsproblems, vgl. [BAMBERG/COENENBERG 2000, S. 34f].

1.7 Bewertung der Aktionen

In der Praxis ist es für einen Entscheider allerdings sehr problematisch festzulegen, wie die einzelnen Werte einer Alternative adäquat zu einem Gesamtwert zu aggregieren sind. Zur Orientierung bietet daher die Entscheidungstheorie Bewertungsfunktionen Φ an, die bezüglich ihrer Eigenschaften gründlich analysiert und auf einfache, für den Entscheidungsträger überschaubare Rationalitätspostulate zurückgeführt sind. Am weitesten verbreitet ist dabei in der Literatur der Einsatz der Nutzenfunktion, gefolgt von der Schadensfunktion bzw. den Opportunitätskosten.

Nutzenfunktion

Grundsätzlich ist zu berücksichtigen, daß die Bewertung einer Aktion a_i über die Bewertung der den Aktionen zugeordneten Ergebnisse erfolgen muß. $\Phi(a)$ ist damit eine verkette Funktion

$$\Phi(a_i) = u \circ g(a_i) = u(g(a_i)) ; \qquad (1.1)$$

die sich aus der

Ergebnisfunktion $\quad x_i = (x_i^1, \ldots, x_i^K) = (g^1(a_i), \ldots, g^K(a_i)) \in E^K \quad$ und der

Nutzenfunktion $\quad u(x_i) = u(x_i^1, \ldots x_i^K) \in \mathbf{R} \quad$ zusammensetzt.

Dabei bezeichnet $x_i^k = g^k(a_i)$ das Ergebnis der Alternative a_i in Bezug auf das Ziel k, k = 1, 2, ..., K.

Dies bedeutet inhaltlich lediglich, daß den Zielkriterien zuerst Ergebniswerte zugemessen und diese dann zu einem Gesamtnutzenwert der Alternative zusammengefaßt werden.

Für die Nutzenfunktion muß gelten:

$x_i \succsim x_r \Leftrightarrow u(x_i) \geq u(x_r)$

$x_i \succ x_r \Leftrightarrow u(x_i) > u(x_r)$

$x_i \sim x_r \Leftrightarrow u(x_i) = u(x_r)$.

Unabhängig von der Frage, wie eine solche Nutzenfunktion bestimmt werden kann bzw. bestimmt werden sollte, ist zu beachten, daß nicht jede beliebige, individuelle Präferenzrelation $\succsim$ durch eine Nutzenfunktion u repräsentiert werden kann. Um zu einer sinnvollen Bewertung zu gelangen, muß die Präferenzrelation $\succsim$ notwendigerweise vollständig und transitiv sein.

Im Rahmen der **Vollständigkeit** wird von einem Entscheidungsträger verlangt, sich über seine Ziele und Zielpräferenzen im klaren zu sein, damit er in der Lage ist, seine Präferenz oder Indifferenz zwischen je zwei zu vergleichenden Ergebnissen anzugeben. D. h. er muß je zwei Ergebnisse x_i und x_r bzgl. $\succsim$ miteinander vergleichen können, so daß für diese Ergebnisse x_i und x_r entweder $x_i \succsim x_r$ oder $x_i \precsim x_r$ (oder beides gleichzeitig, d. h. $x_i \sim x_r$) gilt.

Die **Transitivität** von $\succsim$ umfaßt den Anspruch auf eine widerspruchsfreie Reihung der Alternativen, weswegen für je drei Ergebnisse x_i, x_r und x_s gelten muß:

$$x_i \succsim x_r \text{ und } x_r \succsim x_s \Rightarrow x_i \succsim x_s.$$

Die Transitivität wird in der Theorie als logische Grundforderung einer vernünftigen Präferenzrelation betrachtet. Verletzungen der Transitivität kommen in der Realität dennoch gelegentlich vor, insbesondere weil Ergebnisunterschiede oft erst jenseits bestimmter Fühlbarkeitsschwellen empfunden werden. Auch zeigen empirische Untersuchungen, vgl. [MAY 1954], daß Menschen überfordert sind, wenn Sie Ergebnisvektoren mit mehr als drei Komponenten anordnen sollen. Dennoch liefern diese Beobachtungen keine überzeugenden Argumente gegen die Transitivität als normatives Postulat rationalen Verhaltens.

Diese beiden notwendigen Voraussetzungen garantieren allerdings noch nicht, daß die Präferenzrelation $\succsim$ durch eine numerische Funktion u repräsentiert werden kann; wie G. DEBREU [1954] gezeigt hat, sind diese beiden Voraussetzungen aber fast hinreichend. Auch wenn deshalb künftig die Existenz einer Nutzenfunktion u vorausgesetzt wird, heißt das keineswegs, daß Entscheider in der Lage sind, in realen Entscheidungsproblemen Nutzenfunktionen festzulegen.

Wird die Präferenzrelation $\succsim$ durch eine Funktion u beschrieben, so wird die gleiche Präferenzrelation auch durch jede Funktion v repräsentiert, die durch eine (streng) monoton wachsende Transformation aus u hervorgeht. Dies liegt daran, daß die Zuordnung $x_i \to u(x_i)$ nur die einzige Bedingung erfüllen muß, daß eine höhere Präferenz einer höheren Zahl entsprechen soll.

Man bezeichnet eine Nutzenfunktion, an die nur diese Forderung gestellt wird und die infolgedessen nur bis auf (streng) monoton wachsende Transformationen festgelegt ist, als eine **ordinale Nutzenfunktion.** Der Nutzenmessung liegt dann eine Ordinalskala oder Rangskala zugrunde. Bei einer ordinalen Nutzenfunktion u gibt der Größenvergleich zweier Nutzenwerte also nur an ob ein Ergebnis gegenüber einem anderen präferiert wird, nicht jedoch, in welchem Maße dies der Fall ist. Zwischen ordinalen Nutzenwerten sind daher nur Größenvergleiche erlaubt, für die u. a. die Operatoren Maximum oder Minimum benutzt werden dürfen.

Meist ist die Präferenzrelation des Entscheidungsträgers aber nicht so bescheiden strukturiert, daß er die verschiedenen Konsequenzen lediglich in eine Rangfolge bringen kann. Ist der Entscheidungsträger beispielsweise in der Lage, auch die Nutzenunterschiede zwischen je zwei Konsequenzen in eine Rangfolge zu bringen, so läßt sich die Präferenzrelation durch eine Nutzenfunktion u repräsentieren, die bis auf die Auswahl des Nutzennullpunkts und der Nutzeneinheit, d. h. bis auf wachsende lineare Transformationen, eindeutig festgelegt ist; u wird dann als **kardinale Nutzenfunktion** bezeichnet. Der Nutzenmessung liegt dann eine **Intervallskala** zugrunde. Die metrische oder kardinale Meßbarkeit des Nutzens erlaubt die Multiplikation der Nutzenwerte mit einer reellen Zahl und die Addition von Nutzenwerten.[1]

Schadensfunktion und Opportunitätskosten

Bei einigen Anwendungen ist es üblich, Aktionen und deren Ergebnisse mit einer **Schadensfunktion** (oder **Verlustfunktion**) zu bewerten, die zu minimieren ist. In Analogie zur Nutzenfunktion gilt dann für zwei Ergebnisse x_i und x_r :

$$x_i \succsim x_r \Leftrightarrow s(x_i) \leq s(x_r)$$

$$x_i \succ x_r \Leftrightarrow s(x_i) < s(x_r)$$

$$x_i \sim x_r \Leftrightarrow s(x_i) = s(x_r),$$

Eine häufig benutzte Schadensfunktion ist die **Opportunitätskostenfunktion**

$$s(x_i) = \max_i u(x_i) - u(x_i), \tag{1.2}$$

die sich aus einer kardinalen Nutzenfunktion ableiten läßt. Diese Funktion mißt die entgangenen Nutzenwerte im Vergleich zur optimalen Entscheidung.

Bisher haben wir stillschweigend unterstellt, daß die Ergebnisse durch reelle Zahlentupel $x_i = (x_i^1, \ldots x_i^K) \in \mathbf{R}^K$ beschrieben werden. In realen Entscheidungssituationen sind die Ergebnisse aber oft dem Entscheidungsträger nur ungenau bekannt und lassen sich bestenfalls in Form von Wahrscheinlichkeitsverteilungen oder Fuzzy-Sets über $\mathbf{R}^K$ beschreiben. Wie dann verfahren werden kann, werden wir in den nachfolgenden Kapiteln ausführlich diskutieren.

1.8 Der Zustandsraum S

Entscheidungen sind zumeist zukunftsorientiert, d. h. die Konsequenzen der Entscheidung sind erst in späteren Zeitpunkten sichtbar. Im Laufe der Zeit können sich aber die Umweltfaktoren, die das Ergebnis der Aktionen beeinflussen, ohne selbst von den Handlungen des Entscheidungsträgers abhängig zu sein, so stark ändern, daß sehr unterschiedliche Ergebnisse eintreten. Ein Weg diese Änderungen der Umwelt zu berücksichtigen besteht in der Festlegung von **Umweltzuständen** oder **Szenarien**, die denkbare Konstellationen der in einer bestimmten Situation relevanten Umweltfaktoren beschreiben. Solche Umweltzustände können z. B. Aussagen über die Marktstruktur, die konjunkturelle Entwicklung, die Steuergesetzgebung oder mögliche Konkurrenzreaktionen sein.

---

[1] Eine Intervallskala ist die allgemeinste Form einer **Kardinalskala**. Wird zusätzlich verlangt, daß ein natürlicher Nullpunkt existiert, so spricht man von einer **Verhältnisskala**. Ist auch die Meßeinheit natürlich gegeben, so liegt eine **Absolutskala** vor.

Welche Faktoren der Umwelt als relevante Daten in einem Entscheidungsmodell zu erfassen sind, hängt von der jeweiligen Entscheidungssituation ab. Z. B. kommen für eine zu beschließende werbe- und preispolitische Maßnahme zum Zwecke der Gewinnverbesserung das Marktaufnahmevolumen, die Werbewirksamkeit, die Preisreagibilität der Nachfrage sowie die Struktur der Produktionskostenfunktion als relevante Umweltdaten in Betracht.

Die Menge $S = \{s_1, s_2, ..., s_n\}$ aller relevanten Szenarien (Umweltzustände) $s_1, s_2, ..., s_n$ bezeichnet man als **Zustandsraum**.

Je nach Kenntnisstand bezüglich des wahren Umweltzustandes unterscheidet man in der klassischen Entscheidungstheorie folgende drei Fälle:

- **Sicherheitssituation**
  Der wahre Umweltzustand ist bekannt.

- **Risikosituation**
  Der Entscheider kennt (subjektive oder objektive) Wahrscheinlichkeiten für das Eintreten der verschiedenen Umweltzustände.

- **Ungewißheitssituation**
  Dem Entscheidungsträger ist lediglich bekannt, daß irgendeiner der Umweltzustände aus S eintreten wird

In der neueren Literatur findet man inzwischen weitere Informationsstände, die zwischen der Risiko- und der Ungewißheitssituation einzustufen sind:

- **Risikosituation mit Fuzzy-Wahrscheinlichkeiten**
  Der Entscheider kann Wahrscheinlichkeiten für das Eintreten der verschiedenen Zustände nur ungefähr (vage) angeben, vgl. z. B. [ROMMELFANGER 1994].

- **Risikosituation mit Linearer Partieller Information (LPI)**
  Der Entscheidungsträger kann (objektive) Wahrscheinlichkeitsintervalle für das Eintreten der verschiedenen Zustände angeben. Dies ist ein einfacher Spezialfall der Risikosituation mit Fuzzy-Wahrscheinlichkeiten, vgl. z. B. [KOFLER/ MENGES 1976]

- **Risikosituation mit Glaubens- und Plausibilitätsfunktionen**
  im Sinne von SHAFER [1976]. Der Entscheider kennt lediglich Wahrscheinlichkeiten für Teilmengen von S, sogenannte Basiswahrscheinlichkeiten, aus denen er dann Zustandsaussagen für das Eintreten der verschiedenen Zustände ableitet.

- **Risikosituation mit Möglichkeiten (Possibilities)**
  Der Entscheidungsträger kennt die Möglichkeitsmaße für das Eintreten der verschiedenen Zustände, vgl. z. B. [YAGER 1979], [Whalen 1984].

1.9 Klassifikation von Entscheidungsmodellen

Je nach Entscheidungsproblem und damit verbundener Zielsetzung lassen sich Modelle sehr unterschiedlicher Ausprägung formulieren. Um dennoch eine gewisse Übersichtlichkeit und Vergleichbarkeit der Modellösungen zu gewährleisten, werden diese Konzepte nach charakteristischen Eigenschaften klassifiziert.

Die maßgeblichen Unterscheidungsmerkmale mit ihren möglichen Ausprägungen werden im folgenden dargestellt, um eine Vorstellung von dem umfangreichen Einsatzgebiet der Entscheidungstheorie zu vermitteln:

A. **Anzahl der Personen**

    A.1   Der Entscheidungsträger ist ein Individuum.

    A.2   Der Entscheidungsträger ist ein Gremium.
            (**Gruppenentscheidungstheorie**)
            Sind die Präferenzen nicht einheitlich, so liegt ein Entscheidungsproblem mit mehreren Zielsetzungen vor. Für das Entscheidungsgremium stellt sich die Frage, wie es sich auf eine gemeinsame Aktion einigen soll.

    A.3   Anstelle des fiktiven Gegenspielers "Umwelt" ist der Entscheider mit einem oder mehreren rational handelnden Gegenspielern konfrontiert. (**Spieltheorie**)

B. **Anzahl der Ziele**

    B.1   Modelle mit einer Zielsetzung
    B.2   Modelle mit mehreren Zielsetzungen

C. **Informationsstand des Entscheidungsträgers über den wahren Umweltzustand**

    C.1   Sicherheitssituation (**deterministische Entscheidungsmodelle**)

    C.2   Risikosituation mit Wahrscheinlichkeiten
            (**stochastische Entscheidungsmodelle**)

    C.3   Ungewißheitssituation

    C.4   Risikosituation mit Fuzzy-Wahrscheinlichkeiten

    C.5   Risikosituation mit Possibility-Verteilung

D. **Informationsstand des Entscheidungsträgers über die Konsequenzen**

    D.1   Reelle Zahlen oder Zahlentupel (*Deterministische Ergebnisse*)

    D.2   Wahrscheinlichkeitsverteilung über $\mathbf{R}^K$ (**Stochastische Ergebnisse**)

    D.3   Fuzzy-Größen über $\mathbf{R}^K$ (**Fuzzy-Ergebnisse**)

E. Einstufige bzw. mehrstufige Entscheidungsmodelle

E.1 Bei einstufigen oder statischen Entscheidungsmodellen werden Entscheidungen unabhängig von später zu treffenden Folgeentscheidungen getroffen. Dabei ist es natürlich möglich, daß die Ergebnisse der verschiedenen Aktionen nicht zu einem bestimmten sondern zu mehreren hintereinander liegenden Zeitpunkten anfallen.

E.2 Bei mehrstufigen oder dynamischen Entscheidungsmodellen werden Entscheidungen (Entscheidungssequenzen) getroffen, die in Interdependenz stehen und hintereinander zu treffen sind.

Neben der oben angesprochenen Verwendung von Fuzzy-Konsequenzen und Fuzzy-Wahrscheinlichkeiten findet man in der Literatur auch Modelle mit unscharf beschriebenen Aktionen (z. B. kleine, mittlere, große Beschaffungsaktion) und unscharf beschriebenen Umweltzuständen (z. B. schlechte, mittlere, gute Konjunkturlage). Diese weiche Modellierung ist aber im ersten Fall wenig sinnvoll, da hier das Problem der Bestimmung der Konsequenzen kaum lösbar ist. Der zweite Fall ist zwar relevant, er wird aber dadurch „entschärft", daß normalerweise direkt die Wahrscheinlichkeiten für diese unscharf beschriebenen Umweltzustände angegeben werden. Bzgl. genauerer Ausführungen siehe [ROMMELFANGER 1994, Kapitel 4].

Aufgaben

1.1 Erläutern Sie an den nachfolgenden Beispielen jeweils die zueinander inversen Operationen „Erklärung" und „Prognose".

    a. In den vergangenen 2 Monaten stieg die Nachfrage nach „Wäsche Weiß" um 10%. Das Unternehmen „Hektor & Gambit" hat zum 1.9.98 den Preis für „Wäsche Weiß" um 5 % gesenkt und die Werbeausgaben um 20% gesteigert.

    b. Die Kosten pro Pkw konnten ab 1. September 98 um 8% gesenkt werden, nachdem in der Betriebspause im August 98 zusätzliche Roboter in die Fertigstraßen eingebaut (technischer Fortschritt) und gleichzeitig 10% Personal umgesetzt wurden.

1.2 Frau Schmidt hat ein Guthaben auf ihrem Sparkonto in Höhe von 20.000 €. Es bieten sich ihr folgende Anlagemöglichkeiten an:

    I. Erwerb festverzinslicher Staatsanleihen, Nennwert 10.000 €, Ausgabekurs 80%;

    II. Kauf eines Gebrauchtwagens, Kaufpreis 12.000 €;

    III. Erwerb **einer** Beteiligung an dem Unternehmen V, Beteiligungsbetrag 4.000 €.

Wieviele und welche Aktionen gibt es für Frau Schmidt nach dem Prinzip vollkommener Alternativenstellung?

2. Einzielentscheidungen mit einem Szenarium

Wie dargestellt ist das entscheidungstheoretische Modellspektrum breit gefächert. Wir wollen in die Diskussion der grundlegenden Varianten mit dem einfachsten Modelltyp einführen: Zugrunde gelegt wird eine Entscheidungssituation, in der ein Entscheider unter Berücksichtigung nur eines Zieles in einer Sicherheitssituation eine Auswahl aus mehreren Alternativen treffen muß.

Derartig aufgebaute Entscheidungsmodelle entsprechen entweder einem tatsächlich sehr einfach strukturierten realen Entscheidungsproblem oder nehmen drastische Vereinfachungen der Realität vor. Gemessen an einer in der Regel sehr komplexen Realität kann man davon ausgehen, daß – wie bereits erwähnt - im Rahmen der Modellbildung letzteres gegeben ist. Die Vereinfachungen können die Annahme der Sicherheitssituation betreffen, die Betrachtung nur einer Zielgröße oder beide Aspekte gleichzeitig. Für die Lösung eines solchen Einzielmodells mit nur einem solchen Szenarium ist es formal bedeutungslos, wodurch die Vereinfachung begründet wird.

Obwohl den betrieblichen Entscheidungen in der Wirklichkeit meist mehrfache Zielsetzungen zugrunde liegen, ist es gängige Praxis aus der Menge der zielrelevanten Ergebnisse jeweils nur eine Ergebnisart explizit im Modell zu erfassen. So werden aktuell in vielen Unternehmen Entscheidungen getroffen, die entweder auf der Zielsetzung der Gewinnmaximierung oder der Kostenminimierung basieren. Diese Annahme nur einer Zielsetzung widerspricht zwar in den meisten Fällen der Forderung nach Vollständigkeit der Zielformulierung, nach der alle vom Entscheidungsträger verfolgten Zielgrößen explizit im Modell zu erfassen sind, aber selbst ein Rechnen mit vereinfachten Modellen ist besser als der vollständige Verzicht auf eine modellanalytische Fundierung der Entscheidungen.

In einem Einzielmodell unter Sicherheit sind nun die Konsequenzen des Umweltzustandes bezüglich der einen Zielgröße durch reelle Zahlen, einfache Wahrscheinlichkeitsverteilungen oder einfache Fuzzy-Intervalle auf **R** zu beschreiben.

Das entscheidungstheoretische Problem für die Lösung dieser Entscheidungsmodelle besteht in der Formulierung von Präferenzrelationen bezüglich der

Zielgrößen. Wir wollen daher diesen Abschnitt auch nutzen, um grundsätzliche Aussagen über Präferenzordnungen von Wahrscheinlichkeitsverteilungen oder Fuzzy Sets zu diskutieren.

2.1 Deterministische Bewertung

Die Bewertung von Aktionen bei bekanntem Szenarium und nur einer Zielgröße verlangt vom Entscheider lediglich die Angabe der Präferenzvorstellungen bezüglich der Ergebnishöhe, denn unter diesen Annahmen werden keine weiteren Präferenzvorstellungen bezüglich der anderen Ergebnismerkmale benötigt.

Unterstellen wir weiterhin, daß die Ergebnisse in Form reeller Zahlen $x_i = g(a_i)$, $i = 1, ..., m$ vorliegen, so läßt sich eine Reihung der Alternativen und damit eine Auswahl der optimalen Aktion schnell vornehmen.

Möchte man sich – wie in der Literatur oft üblich - einer Nutzenfunktion zur Lösung des Entscheidungsproblems bedienen, so reicht die Existenz einer ordinalen Nutzenfunktion aus. Eine geeignete Nutzenfunktion ergibt sich in

$$u_i = u(x_i) = x_i = g(a_i) \quad \text{bzw.} \quad u_i = u(x_i) = -x_i = -g(a_i)$$

je nachdem ob die Präferenzordnung über der Ergebnismenge $E \subseteq \mathbf{R}$ aufsteigend oder abfallend ist. Da immer eine Nutzenmaximierung angestrebt wird, ist u im Falle der Ergebnismaximierung eine monoton steigende Funktion und im Falle der Ergebnisminimierung eine monoton fallende Funktion des Ergebnisses.

Eine Aktion $a^* \in A$ ist dann optimal, wenn

$$g(a^*) = \underset{i}{\text{Max}}\ g(a_i) = \underset{i}{\text{Max}}\ (x_i) \quad \text{bzw.} \quad g(a^*) = \underset{i}{\text{Min}}\ g(a_i) = \underset{i}{\text{Min}}\ (x_i).$$

Folgendes Beispiel verdeutlicht die gerade beschriebene Vorgehensweise:

< 2.1 > Herr A. Udi möchte seinen PKW verkaufen und plaziert in einer Zeitung eine Chiffre-Anzeige mit dem Hinweis "Verkauf gegen Höchstangebot". Den Zuschlag bekommt dann das Angebot mit dem höchsten Preis. ♦

Wird Beispiel < 2.1 > nun so abgeändert, daß in der Anzeige ein Mindestpreis für den zu verkaufenden Wagen genannt wird, so liegt nun eine sogenannte **anspruchsniveaubezogene Zielformulierung** vor. Sie führt zu einer Zerlegung der Ergebnisse in zwei Klassen, in die Klasse der befriedigenden und in die Klasse der unbefriedigenden Ergebnisse. Die Ergebnisse innerhalb jeder Klasse sind dabei als gleichwertig zu betrachten.

Bezeichnen wir das Anspruchsniveau mit x^*, so sind

- alle Aktionen $a_i \in A$ mit $g(a_i) \geq x^*$ (gleichermaßen) befriedigend und
- alle Aktionen $a_i \in A$ mit $g(a_i) < x^*$ (gleichermaßen) unbefriedigend.

2.1 Deterministische Bewertung

Es kann nun der Fall auftreten, daß keine Aktion $a_i \in A$ existiert, die dem gesetzten Anspruchsniveau genügt. Um dennoch eine Lösung des Entscheidungsproblems zu erhalten, kann man das Anspruchsniveau schrittweise *reduzieren* und zwar soweit, bis (mindestens) eine der zunächst als unbefriedigend gekennzeichneten Alternativen vom Entscheidungsträger akzeptiert wird.

Eine solche Anspruchsniveaureduktion bedeutet demnach, daß die zunächst als unbefriedigend klassifizierten Aktionen anschließend nicht mehr als gleichwertig betrachtet, sondern entsprechend der Höhe ihrer Ergebnisse in Rangklassen geordnet werden. Die zu realisierende Aktion ist dann aus der höchsten Rangklasse zu wählen, die besetzt ist.

< 2.2 > Geht im Autoverkaufbeispiel kein Angebot ein, so wird in der nächsten Ausgabe der Zeitschrift die Verkaufsanzeige nochmals plaziert, diesmal aber mit einem niedrigeren Mindestpreis. Das Verfahren wird so lange fortgesetzt, bis wenigstens ein Angebot eingeht, das über dem geforderten Mindestpreis liegt. Offensichtlich läßt sich die Zahl der Anzeigen reduzieren, wenn die jeweiligen Preisabschläge relativ groß sind. ♦

Andererseits kann der Fall auftreten, daß nicht nur eine sondern mehrere zufriedenstellende Alternativen existieren. Will man nun nicht alle Aktionen als gleichwertig erachten, so kann man das Anspruchsniveau schrittweise solange *erhöhen*, bis nur eine oder wenige Alternativen dem neuen Anspruchsniveau genügen. Auch hier bedeutet die Anspruchsniveauanpassung eine schrittweise Bildung von Rangklassen, wobei wiederum die zu realisierende Aktion aus der höchsten Rangklasse zu wählen ist.

< 2.3 > Das Beispiel < 2.2 > mit Angabe eines Mindestpreises für den zu verkaufenden Wagen habe nun den Effekt, daß viele Personen die Absicht äußern, den Wagen zu dem genannten Preis zu kaufen. Möchte der Verkäufer nicht eine dieser Personen per Zufallsauswahl ermitteln, so könnte er alle Interessenten zusammen rufen und sie fragen, ob sie willig wären, einen um x Euro höheren Preis zu zahlen. Sind dazu mehrere Personen bereit, so könnte der Verkaufspreis nochmals um einen Betrag y angehoben werden. Diese schrittweise Preiserhöhung wird dann so lange durchgeführt, bis nur noch ein Interessent übrig bleibt oder bis der Verkäufer erklärt, nun die Zuteilung per Zufallsauswahl vorzunehmen. ♦

Wie das Beispiel zeigt, ist im allgemeinen eine mehrfache Anspruchsniveauanpassung notwendig. Je weniger Kenntnisse der Entscheidungsträger über den aktuellen Gebrauchtwagenmarkt besitzt, desto schwieriger ist die Angabe eines Mindestpreises und desto langwieriger kann der Prozess der Anpassung sein. Kann er dagegen den Markt gut einschätzen, wird er in der Lage sein, sein Anspruchsniveau recht schnell so zu formulieren, daß sich nur wenige Interessenten melden.

Ein vernünftiges Arbeiten mit Anspruchsniveauvorgabe und Anspruchsniveauanpassung erfordert daher mehr Wissen als die simple Aufforderung "Verkauf gegen

Höchstangebot". Die Vorgabe eines Mindestpreises hat aber den Vorteil, daß umgekehrt ein Interessent genauere Informationen über die Preisvorstellungen des PKW-Verkäufers erhält und sich daher gezielt nicht oder gerade deswegen bewirbt.

Offensichtlich entspricht eine Entscheidungsfindung mittels Anspruchsniveauanpassung mit genügend kleinen Schritten und Fortsetzung bis zur Auswahl einer Alternativen prinzipiell einem unbeschränkten Optimierungsprozeß. Allerdings ist zu beachten, daß der Entscheider die Schrittlänge wählen kann und es auch in seiner Macht steht, den Auswahlprozeß durch Zufallsauswahl aus den verbleibenden Alternativen zu beenden.

Abschließend muß festgehalten werden, daß die Orientierung an einem Anspruchsniveau dann wenig überzeugt, wenn nur ein Ziel verfolgt wird und der Entscheidungsträger einen guten Überblick über mögliche Alternativen besitzt. Es erscheint kaum vorstellbar, daß ein Entscheider aus mehreren zufriedenstellenden Aktionen nicht die optimale auswählt. Sind aber die Alternativen nicht bekannt, so ist eine anspruchsniveaubezogene Zielsetzung ein ausgezeichneter Weg zur Durchführung des Suchprozesses. Die Bedeutung einer anspruchsniveaubasierten Entscheidungsfindung liegt somit weniger in Entscheidungsproblemen mit einer als mit mehreren konfliktären Zielsetzungen.

2.2 Stochastische Bewertung

Die Annahme, daß alle Ergebnisse in Form reeller Zahlen $x_i = g(a_i)$, $i = 1,...,m$ vorliegen, ist in der Praxis kaum gegeben bzw. diese Punktfestlegung würde einen so hohen Informationsaufwand erfordern, daß die dabei entstehenden Zusatzkosten den sich ergebenden Zusatznutzen übersteigen würden. Liegen ausreichende Erfahrungen aus der Vergangenheit vor, so könnten wir unterstellen, daß die Konsequenzen in Form einfacher Wahrscheinlichkeitsverteilungen über R vorliegen.

Eine erste, und in der Praxis wohl auch häufig zutreffende Annahme wäre die Beschreibung der Konsequenzen in Form einer Normalverteilung

$$\omega(x \mid \mu, \sigma) = \frac{1}{\sigma \cdot \sqrt{2\pi}} \exp\left(-\frac{(x-\mu)^2}{2\sigma^2}\right) \qquad (2.1)$$

mit dem Mittelwert μ und der Standardabweichung σ.

Auch hier läßt sich auf einfachem Wege eine Nutzenfunktion einführen als

$u(x_i \mid \mu_i, \sigma_i) = \omega(x_i \mid \mu_i, \sigma_i)$ bzw. $u(x_i \mid \mu_i, \sigma_i) = -\omega(x_i \mid \mu_i, \sigma_i)$

die dann ebenfalls $N(\mu_i, \sigma_i)$ verteilt ist.

2.2 Stochastische Bewertung

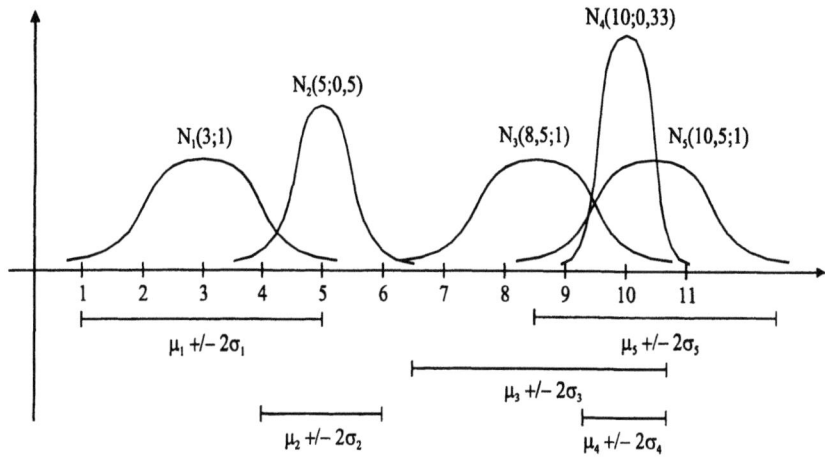

Abb. 2.1: Dichtefunktion normalverteilter Ergebnisse

In Abb. 2.1 sind die normalverteilten Ergebnisse nur angedeutet, denn eigentlich weisen Normalverteilungen für alle reellen Zahlen ein positive Dichte auf. Entsprechend dominiert keine Alternative a_i eine andere in dem Sinn, daß sie stets zu einem höheren Nutzenwert $u(x_i) \in \mathbf{R}$ führt. Es besteht beispielsweise eine, wenn auch verschwindend kleine Wahrscheinlichkeit, daß die Realisation x_1 der Alternativen a_1 größer ist als die Realisation x_5 der Alternativen a_5.

Da Normalverteilungen in der Praxis nur näherungsweise beobachtet werden, macht es Sinn, die Extremwerte abzuschneiden.

Da bei einer Normalverteilung $N(\mu,\sigma)$

- 68,27% der Wahrscheinlichkeitsmasse über dem Intervall $[\mu - \sigma, \mu + \sigma]$,
- 95,45% der Wahrscheinlichkeitsmasse über dem Intervall $[\mu - 2\sigma, \mu + 2\sigma]$,
- 99,73% der Wahrscheinlichkeitsmasse über dem Intervall $[\mu - 3\sigma, \mu + 3\sigma]$

liegen, könnte man einen praktikablen Weg einschlagen und nur die Ergebnisse über den Intervallen $[\mu - 2\sigma, \mu + 2\sigma]$ zur Bewertung der Alternativen heranziehen.

Für das in Abb. 2.1 dargestellte Beispiel würde dann gelten, daß die Alternativen a_1 und a_2 von den übrigen dominiert werden. Eine Entscheidung zwischen a_3, a_4 und a_5 ist aber auf diesem Weg nicht möglich.

Eine Abschwächung der Entscheidungsgrundlage auf die stützenden Intervalle $[\mu - \sigma, \mu + \sigma]$ würde zwar einen Ausschluß von a_3 rechtfertigen, eine Entscheidung zwischen a_4 und a_5 könnte aber weiterhin nicht getroffen werden.

Eine einfache und in der Praxis oft verwendete Vorgehensweise liegt darin, nur die Mittelwerte als Entscheidungsgrundlage zu verwenden. Diese sogenannte µ-**Regel** entspricht der vorstehend behandelten Vorgehensweise im deterministischen Fall, ist aber eine starke Vereinfachung und kann, wie die Abbildung zeigt, zu unbefriedigenden Ergebnissen führen: Nach der µ-Regel wäre die Alternative a_5 optimal; allerdings könnte sich aufgrund der relativ breiten Verteilung in der Realität auch ein schlechterer Wert einstellen. Betrachten wir dagegen Alternative a_4, deren Mittelwert nur geringfügig kleiner ist, die anderen Werte im Durchschnitt jedoch dichter um den Mittelwert gedrängt liegen, so sähe ein auf Sicherheit bedachter Entscheider in a_4 die günstigere Alternative.

Zusammenfassend liegt der Nachteil der µ-Regel darin, daß die Streuung um den Mittelwert vollkommen vernachlässigt wird. Um diesen Informationsverlust zu vermeiden, wird die Verwendung der (µ, σ)-**Regel** empfohlen, nach der der Nutzenmittelwert zu maximieren und gleichzeitig die Streuung zu minimieren ist. Damit liegt aber ein Zweizielproblem vor.

Zur Lösung dieses Zweizielproblems können Indifferenzkurven dienen, vorausgesetzt der Entscheider ist in der Lage, seine Indifferenzkurven anzugeben. In der Literatur werden 3 Grundtypen von Indifferenzkurven unterschieden, die unterschiedliche Risikoeinstellungen widerspiegeln, vgl. Abb. 2.2. Offensichtlich spielt bei Risikoneutralität der σ-Wert keine Rolle, die (µ, σ)-Regel vereinfacht sich zur µ-Regel.

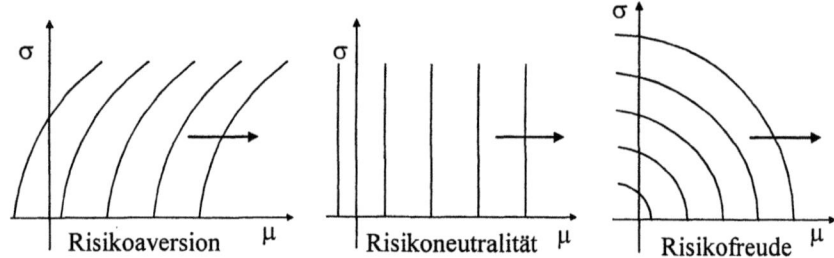

Abb. 2.2: Indifferenzkurven

Das bekannteste Beispiel für die Anwendung der (µ, σ)-Regel ist die Portfolio-Theorie.

< 2.4 > Betrachten wir als Beispiel eine Wertpapiermischung zwischen
- einem festverzinslichen Papier F, dessen Ertrag $N(\mu_F, \sigma_F)$-normalverteilt und
- einem Aktienpaket A, dessen Ertrag $N(\mu_A, \sigma_A)$-normalverteilt ist,

wobei $\mu_F < \mu_A$ und $\sigma_F < \sigma_A$.

2.2 Stochastische Bewertung

Eine Mischung aus x Teilen F, 0 < x < 1, und (1-x) Teilen A ist dann ebenfalls normalverteilt
mit dem Mittelwert $\mu_M = x\mu_F + (1-x)\mu_A$
und der Standardabweichung $\sigma_M = \sqrt{x^2\sigma_F^2 + (1-x)\sigma_A^2 + 2x(1-x)^2\sigma_F\sigma_A\rho_{FA}}$,
wobei ρ_{FA} der Korrelationskoeffizient ist. Im (μ, σ)-Diagramm in Abb. 2.3 bildet die Mischung dann eine streng konvex gekrümmte Kurve. Ein risikoneutraler oder ein risikofreudiger Entscheider wird dann die Aktie kaufen, während ein risikoscheuer Anleger die Mischung wählen wird, an der eine seiner Indifferenzlinien diese Mischungskurve tangiert.

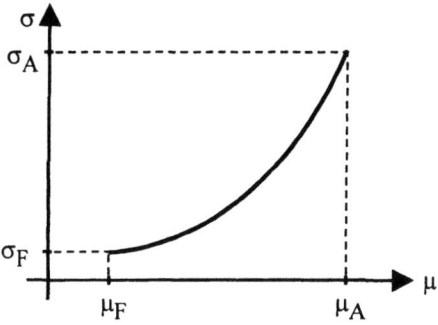

Abb. 2.3: (μ, σ)-*Diagramm eines Portfolios* ◆

Während für normalverteilte Ereignisse, die durch die Parameter μ und σ vollständig beschrieben sind, die (μ, σ)-Regel eine adäquate Entscheidungsregel darstellt, ist dies nicht mehr gültig für andere Verteilungen. Für die in Abb. 2.4 eingezeichneten Ergebnisse würde die Anwendung der (μ, σ)-Regel zu einer falschen Entscheidung führen, da diese Dichtefunktionen nicht symmetrisch sind. Hier müßten weitere Kriterien, wie z. B. die Schiefe, herangezogen werden.

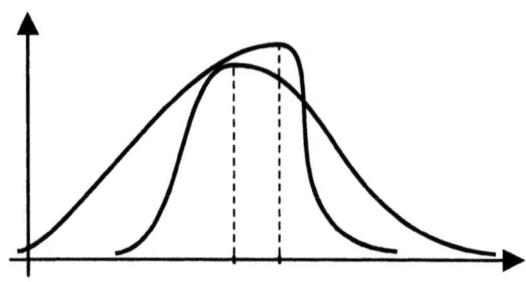

Abb. 2.4: Schiefverteilte Ergebnisse

Völlig versagen würde die (μ, σ)-Regel im Falle von Dichtefunktionen mit mehreren Gipfeln, vgl. Abb. 2.5.

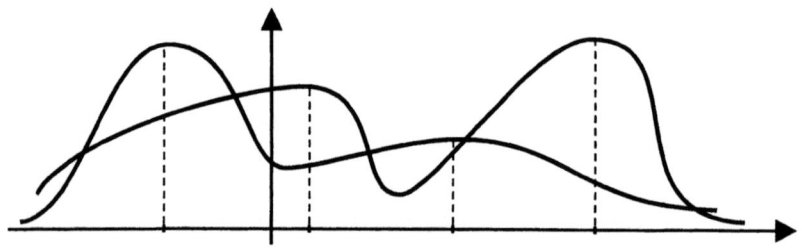

Abbildungen 2.5: Mehrgipfligverteilte Ergebnisse

Hier spricht vieles dafür, daß die sehr unterschiedlichen Ergebnisse auf das Einwirken unterschiedlicher Konstellationen der Umwelt zurückzuführen sind. Ein Weg zur adäquaten Beschreibung dieses Phänomen ist die Einführung von Umweltzuständen oder Szenarien, denen dann direkt zustandsabhängige Ergebnisse zugeordnet werden. In der klassischen Entscheidungstheorie wird dabei unterstellt, daß der Entscheidungsträger diese Ergebnisse $g(a_i, s_j)$ in Form reeller Zahlentupel angeben kann. Dies ist aber in vielen praktischen Anwendungen zu bezweifeln. Eher ist zu erwarten, daß zumindest einige der zustandsabhängigen Ergebnisse nur als stochastische oder Fuzzy-Größen angegeben werden können.

2.3 Fuzzy-Bewertung[1]

Liegen keine umfangreichen Erfahrungen aus der Vergangenheit vor, so können Ergebnisse oft weder in Form reeller Zahlen noch durch einfache Wahrscheinlichkeitsverteilungen über **R** beschrieben werden. Es besteht aber die Möglichkeit, das vage Wissen mit Hilfe von Fuzzy-Größen zu beschreiben.

Zur Einführung dieses Begriffs geht man von der klassischen Definition einer Menge im Sinne von CANTOR aus:

"Unter einer Menge verstehen wir jede Zusammenfassung von bestimmten wohl unterschiedenen Objekten unserer Anschauung oder unseres Denkens zu einem Ganzen".

Die klassische Menge ist scharf abgegrenzt. Für ein beliebiges Objekt a gilt entweder $a \in A$ oder $a \notin A$, ganz im Sinne der zweiwertigen Logik, die nur Wahr-Falsch-Aussagen zuläßt. Diese harte Abgrenzung einer Menge, im Englischen spricht man daher auch von "crisp sets", bereitet bei der Anwendung auf reale Problemstellungen oft große Schwierigkeiten. Betrachten wir hierzu das folgende Beispiel:

< 2.5 > Aus der Menge der bei einem großen Familientreffen anwesenden Personen ist die Teilmenge A "Junge Männer" auszuwählen. Wenn irgendein Anwesender diese Teilmenge A auswählen sollte, so fiele es ihm zumeist nicht schwer, einige Personen direkt als Elemente von A zu benennen und andere als nicht zu dieser Gruppe gehörend auszuschließen. Es blieben aber auch Grenzfälle, deren Zugehörigkeit zu A strittig ist. ♦

Einem Vorschlag von ZADEH [1965] folgend, kann man nun für jedes Element x einer Grundmenge X den Grad der Zugehörigkeit zu einer unscharf beschriebenen Teilmenge $\tilde{A}$ durch die Zuordnung einer reellen Zahl $\mu_A(x)$ ausdrücken. Dabei ist es üblich, den Wertebereich der Bewertungsfunktion μ_A auf das abgeschlossene Intervall [0 , 1] zu beschränken und den Funktionswert 0 den Objekten zuzuordnen, die nach Ansicht des Urteilenden die gewünschte Eigenschaft mit Sicherheit nicht aufweisen.

Fuzzy-Menge

Ist X eine Menge von Objekten, die hinsichtlich einer unscharfen Aussage zu bewerten sind, so heißt

$$\tilde{A} = \{(x, \mu_A(x)) | x \in X\} \quad \text{mit} \quad \mu_A : X \to [0, 1]$$

eine **unscharfe Menge** auf X (**fuzzy set** in X).

---

[1] Die in diesem Abschnitt beschriebenen Ausführungen basieren auf Grundlagen der Fuzzy Mengen-Theorie, die im Anhang ausführlicher dargestellt sind.

$$\tilde{A} = \{(x, \mu_A(x)) | x \in X\} \quad \text{mit} \quad \mu_A : X \to [0, 1]$$

eine **unscharfe Menge** auf X (**fuzzy set** in X).

Die Bewertungsfunktion μ_A wird **Zugehörigkeitsfunktion (membership function)**, **charakteristische Funktion** oder **Kompatibilitätsfunktion** genannt.

Die Verwendung einer numerischen Skala, hier des Intervalls [0 , 1] erlaubt eine einfache und übersichtliche Darstellung der Zugehörigkeitsgrade. Um aber Fehlinterpretationen zu vermeiden, ist zu beachten, daß diese Zugehörigkeitswerte stets Ausdruck der subjektiven Einschätzung von Individuen oder von Gruppen sind. Im Beispiel < 2.5 > wird eine 30-jährige Frau höchstwahrscheinlich andere Zugehörigkeitsgrade festlegen als ein 80-jähriger Mann. Die Zugehörigkeitswerte hängen darüber hinaus auch von der Grundmenge X ab.

Offensichtlich kommt in den Zugehörigkeitswerten eine "Ordnung" der Objekte der Grundmenge X zum Ausdruck. Die unscharfe (Teil-)Menge $\tilde{A}$ wird durch das beschreibende Prädikat induziert.

< **2.6** > Die Abbildung 2.6 zeigt eine Zugehörigkeitsfunktion für die unscharfe Menge "Junge Männer", die von ZIMMERMANN und ZYSNO [1982] durch empirische Beobachtungen ermittelt wurde, vgl. auch [ZIMMERMANN 1987, S. 211].

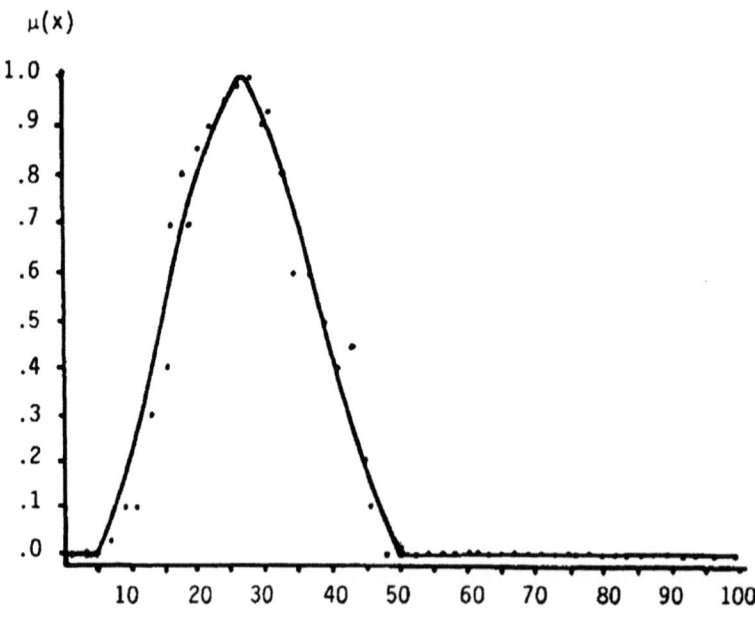

Abb. 2.6: Unscharfe Menge "Junge Männer"

2.3 Fuzzy-Bewertung

< 2.7 > Die unscharfe Menge "ungefähr gleich 8" auf $X = \mathbf{R}$ läßt sich u. a. modellieren durch

$$\widetilde{A} = \{(x, \mu_A(x)) \in \mathbf{R}^2 \mid \mu_A(x) = (1+(x-8)^2)^{-1}\} \quad \text{oder}$$

$$\widetilde{B} = \{(x, \mu_B(x)) \in \mathbf{R}^2\} \quad \text{mit} \quad \mu_B(x) = \begin{cases} \dfrac{x-5{,}5}{2{,}5} & \text{für } 5{,}5 \leq x \leq 8 \\ \dfrac{11-x}{3} & \text{für } 8 < x \leq 11 \\ 0 & \text{sonst} \end{cases}$$

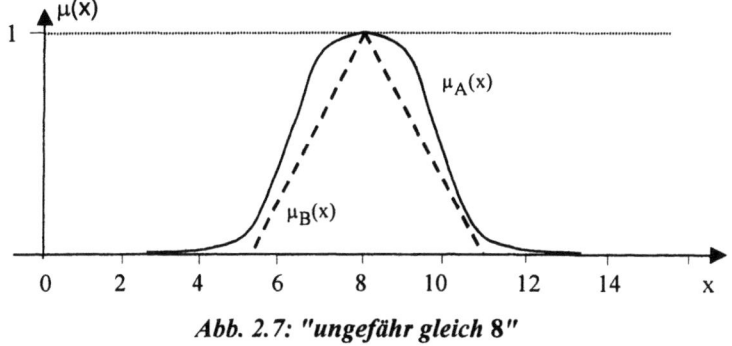

Abb. 2.7: "ungefähr gleich 8" ♦

< 2.8 > Der Finanzexperte P. Rognose gibt die folgende Vorhersage über den LIBOR (London Interbank Offered Rate) im nächsten Jahr ab: "Der LIBOR liegt im nächsten Jahr über 3% und unter 8%, am ehesten aber erwarte ich, daß er im Intervall [5%; 5,5%] liegt."

Diese Prognose läßt sich mit Hilfe der Fuzzy-Mengen-Theorie mathematisch modellieren, z. B. als Fuzzy-Intervall mit der in Abb. 2.8 dargestellten Zugehörigkeitsfunktion μ_C. Die streng monoton steigenden bzw. fallenden Kurvenstücke von μ_C müssen vom Finanzexperten P. Rognose nach eigenen Vorstellungen festgelegt werden.

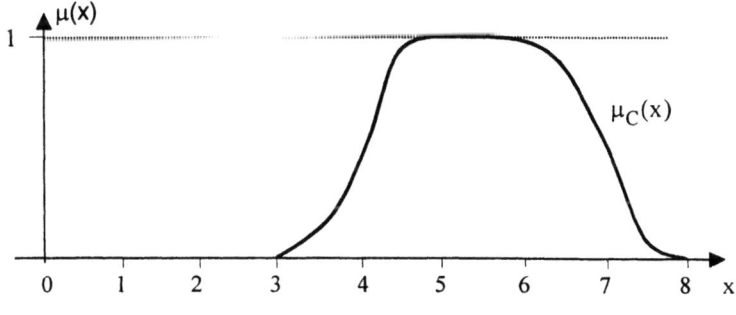

Abb. 2.8: Zugehörigkeitsfunktion μ_C ♦

Wie die Beispiele < 2.6 > bis < 2.8 > illustrieren, bietet die Fuzzy-Mengen-Theorie einen Weg, verbal formulierte Bewertungen und nur größenordnungsmäßig bekannte oder nur stufenweise einschätzbare Zahlenangaben mathematisch zu modellieren. Dies kann mit der Genauigkeit erfolgen wie dies eine Person ausdrücken kann. Die Beschreibung mittels Zugehörigkeitsfunktionen ist somit eine praktikable Form der Wissensmodellierung, die dem Informationsstand des Entscheiders tatsächlich gerecht wird.

Fuzzy-Größen sind eindeutig beschrieben durch die Gesamtheit ihrer α-Niveau-Mengen $A_\alpha = \{x \in X | \mu_A(x) \geq \alpha\}$, d. h. durch klassische Mengen, deren Elemente einen Zugehörigkeitsgrad größer gleich α aufweisen, siehe dazu die genaue Definition im Anhang. Bei praktischen Anwendungen ist jedoch kaum zu erwarten, daß ein Entscheider die Gesamtheit der α-Niveaus und damit den genauen Verlauf der Zugehörigkeitsfunktionen angeben kann. Der Aufwand wäre meistens zu hoch und die Beschreibung müßte fortwährend den durch neue Informationen hervorgerufenen Veränderungen angepaßt werden. In vielen Beispielen beschränkt man sich daher auf die Angabe einiger prominenter Zugehörigkeitswerte, denen eine spezielle Bedeutung zugeordnet werden kann, z. B:

$\alpha = 1 : \mu_{X_i}(u) = 1$ Unproblematisch erscheint die Festlegung einer 1-Niveau-Menge $[\underline{x}_i^1, \overline{x}_i^1]$, welche die Realisationen der Aktion a_i umfaßt, die mit höchster Präferenz zur Menge der wahren Realisationen gehören, d. h. die vom Entscheidungsträger am ehesten als Ergebnis erwartet werden.

(Eine häufig anzutreffende Annahme $\underline{x}_i^1 = \overline{x}_i^1$, d. h. die Modellierung durch sogenannte Fuzzy-Zahlen, scheint allerdings wenig überzeugend.)

$\alpha = \lambda : \mu_{X_i}(u) \geq \lambda$ Der Entscheidungsträger räumt diesen Werten x eine hinreichend hohe Chance ein, als Konsequenz der Aktion a_i einzutreten. Zur Wiedergabe dieser Vorstellung sollte λ einen mittleren Wert, z. B. 0,5 annehmen.

$\alpha = \varepsilon : \mu_{X_i}(u) < \varepsilon$ Die Festlegung der „Fußpunkte" auf der 0-Niveau-Geraden ist äußerst schwierig. Hier muß nämlich entschieden werden, welche Realisationen noch möglich sind und welche nicht mehr. Ein praktikabler Weg ist hier die Beschränkung auf „realistische" Werte, d. h. der Entscheider ist bereit auf Werte zu verzichten, denen er nur eine sehr geringe Realisierungschance zubilligt. Formal kann dies dadurch modelliert werden, daß man eine untere Schranke ε, z. B. $\varepsilon = 0{,}05$, vorgibt und alle Ergebnisse x mit $\mu_{X_i}(x) < \varepsilon$ vernachlässigt.

2.3 Fuzzy-Bewertung

Der Entscheider hat dann ein Intervall $[\underline{x}_i^\varepsilon, \overline{x}_i^\varepsilon]$ festzulegen, das alle dieErgebnisse enthält, die für ihn als Ergebnisse der Aktion a_i in Betracht kommen.

Mit den drei Zugehörigkeitsniveaus $\varepsilon, \lambda, 1$ und den zugehörigen Intervallen läßt sich eine vage Konsequenz X_i näherungsweise beschreiben durch eine stückweise lineare Zugehörigkeitsfunktion (ZGF), vgl. dazu Abb. 2.9. Zur Abkürzung der Schreibweise wollen wir diesen ε-λ-Typ symbolisieren mit

$(\underline{x}_i^\varepsilon, \underline{x}_i^\lambda, \underline{x}_i^1, \overline{x}_i^1, \overline{x}_i^\lambda, \overline{x}_i^\varepsilon)^{\varepsilon,\lambda}$.

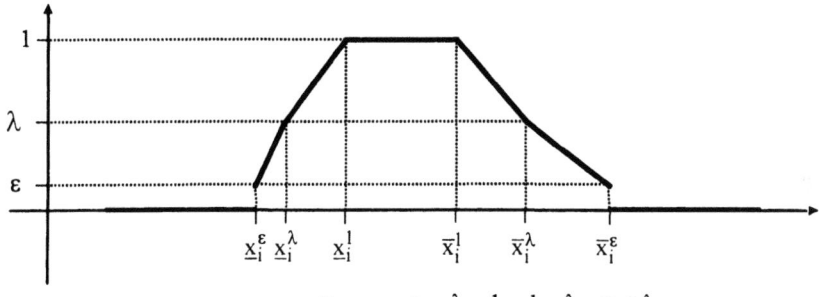

Abb. 2.9: $\widetilde{X}_i = (\underline{x}_i^\varepsilon, \underline{x}_i^\lambda, \underline{x}_i^1, \overline{x}_i^1, \overline{x}_i^\lambda, \overline{x}_i^\varepsilon)^{\varepsilon,\lambda}$

Natürlich ist auch die Festlegung der Intervallgrenzen $\underline{x}_i^\varepsilon, \underline{x}_i^\lambda, \underline{x}_i^1, \overline{x}_i^1, \overline{x}_i^\lambda$ und $\overline{x}_i^\varepsilon$ in der Praxis schwierig. Da aber das Ergebnis hier nicht hart festgelegt wird, sondern nur eine größenordnungsmäßige Beschreibung ohne ein abruptes Abgrenzen vorliegt, sind kleinere Fehler leichter tolerierbar.

Besitzt der Entscheider einen so hohen Informationsstand, daß er weitere Zugehörigkeitsniveaus und passende Niveaus bestimmen kann, so kann er die stückweise lineare Beschreibung der "wahren" Zugehörigkeitsfunktionen verfeinern. Praktische Erfahrungen mit Optimierungsmodellen zeigen aber, daß schon die Berücksichtigung von 3 Niveaus einen Entscheidungsträger überfordern kann.

Wie bei reellen Zahlen und Intervallen besteht auch für deren Fuzzy-Erweiterungen die Möglichkeit, arithmetische Operationen durchzuführen. Die Operationen basieren auf dem Erweiterungsprinzip von ZADEH, vgl. Anhang, und lassen sich für den von uns gewählten Spezialfall eines Fuzzy-Intervalls des ε-λ-Typs besonders einfach berechnen wie für die **erweiterte Addition** exemplarisch gezeigt wird:

$$(\underline{a}^\varepsilon, \underline{a}^\lambda, \underline{a}^1, \overline{a}^1, \overline{a}^\lambda, \overline{a}^\varepsilon)^{\varepsilon,\lambda} \oplus (\underline{b}^\varepsilon, \underline{b}^\lambda, \underline{b}^1, \overline{b}^1, \overline{b}^\lambda, \overline{b}^\varepsilon)^{\varepsilon,\lambda}$$
$$= (\underline{a}^\varepsilon + \underline{b}^\varepsilon, \underline{a}^\lambda + \underline{b}^\lambda, \underline{a}^1 + \underline{b}^1, \overline{a}^1 + \overline{b}^1, \overline{a}^\lambda + \overline{b}^\lambda, \overline{a}^\varepsilon + \overline{b}^\varepsilon)^{\varepsilon,\lambda} \quad (2.2)$$

< **2.9** > Ein Entscheidungsträger gibt die Ergebnisse der Alternativen $a_1,...,a_5$ in Form von Fuzzy-Intervallen des ε-λ-Typs $\tilde{X}_i = (\underline{x}_i^\varepsilon, \underline{x}_i^\lambda, \underline{x}_i^1, \overline{x}_i^1, \overline{x}_i^\lambda, \overline{x}_i^\varepsilon)^{\varepsilon,\lambda}$, i = 1, 2,...,5 vor:

$\tilde{X}_1 = (1; 1{,}5; 2; 2{,}5; 3; 3{,}5)^{\varepsilon,\lambda}$ $\tilde{X}_2 = (3; 3{,}8; 4; 5; 5{,}3; 6)^{\varepsilon,\lambda}$

$\tilde{X}_3 = (6; 7; 8; 9; 10; 11)^{\varepsilon,\lambda}$ $\tilde{X}_4 = (6{,}5; 7{,}3; 8{,}5; 10; 10{,}7; 12)^{\varepsilon,\lambda}$

$\tilde{X}_5 = (8; 8{,}2; 8{,}5; 9; 9{,}5; 10)^{\varepsilon,\lambda}$

Graphisch verdeutlicht werden die Alternativen in Abb. 2.10.

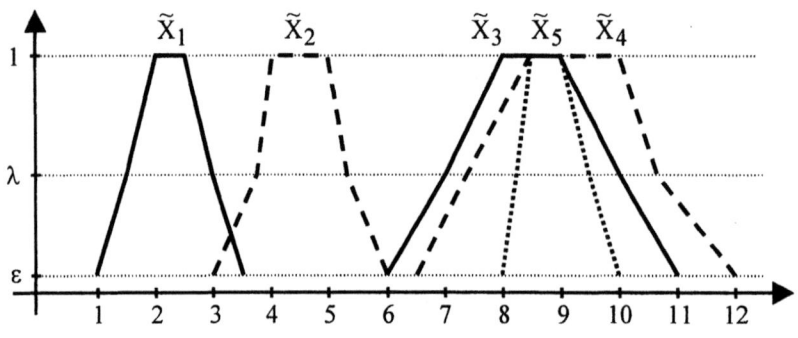

Abb. 2.10: Fuzzy-Ergebnisse

Auch hier läßt sich – je nachdem ob es sich um eine Ergebnismaximierung oder - minimierung handelt - auf einfachem Wege eine Nutzenfunktion einführen als

$\tilde{U}_i = \tilde{U}(a_i) = \tilde{X}_i = (\underline{x}_i^\varepsilon, \underline{x}_i^\lambda, \underline{x}_i^1, \overline{x}_i^1, \overline{x}_i^\lambda, \overline{x}_i^\varepsilon)^{\varepsilon,\lambda}$ bzw.

$\tilde{U}_i = \tilde{U}(a_i) = -\tilde{X}_i = -(\underline{x}_i^\varepsilon, \underline{x}_i^\lambda, \underline{x}_i^1, \overline{x}_i^1, \overline{x}_i^\lambda, \overline{x}_i^\varepsilon)^{\varepsilon,\lambda}$,

deren Nutzenwerte dann ebenfalls Fuzzy-Intervalle des ε-λ-Typs sind.   ♦

Um die Frage nach der nutzenmaximalen Alternative beantworten zu können, müssen die Fuzzy-Größen in eine Rangordnung gebracht werden. In der Literatur findet man eine Fülle unterschiedlicher Vorschläge, vgl. [BORTOLAN; DEGANI 1985] und [ROMMELFANGER 1986]. Hier sollen nur drei dieser Präferenzordnungen betrachtet werden, die so ausgewählt sind, daß sie unterschiedlich restriktiv in ihrer Aussagekraft sind und sich im letzteren Fall besonders gut für Fuzzy-Intervalle des ε-λ-Typs eignen.

ρ-Präferenz

Eine Menge $\tilde{U}(a_k)$ wird einer Menge $\tilde{U}(a_i)$ auf dem Niveau $\rho \in [0,1]$ vorgezogen, und man schreibt $\tilde{U}(a_k) \succ_\rho \tilde{U}(a_i)$, wenn ρ die kleinste reelle Zahl ist, so daß

$$\text{Inf } \tilde{U}(a_k)_\alpha \geq \text{Sup } \tilde{U}(a_i)_\alpha \qquad \text{für alle } \alpha \in [\rho, 1] \qquad (2.3)$$

und für wenigstens ein $\alpha \in [\rho, 1]$ diese Ungleichung im strengen Sinne erfüllt ist. Dabei sind $U(a_i)_\alpha = \{x \in X \mid \mu_{U(a_i)}(x) \geq \alpha\}$ und
$U(a_k)_\alpha = \{x \in X \mid \mu_{U(a_k)}(x) \geq \alpha\}$ die α-Niveau-Mengen von $\tilde{U}(a_i)$ bzw. $\tilde{U}(a_k)$.

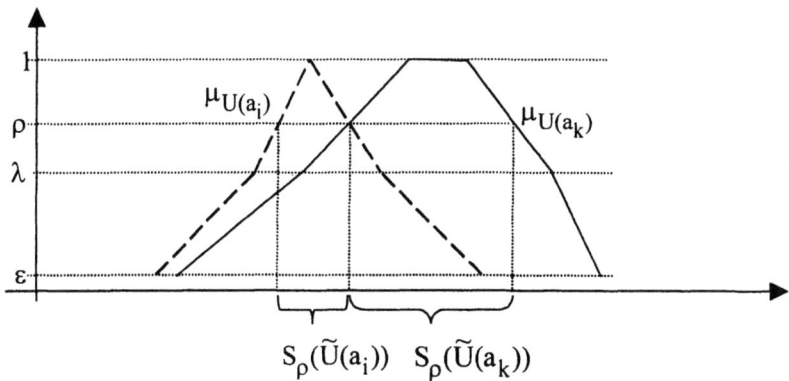

Abb. 2.11: ρ-Präferenz zwischen zwei Fuzzy-Mengen $\tilde{U}(a_k)$ und $\tilde{U}(a_i)$

Für Fuzzy-Intervalle $\tilde{U}(a_k)$ und $\tilde{U}(a_i)$ sind die oben dargestellten Bedingungen genau dann erfüllt, wenn die Ordinate des Schnittpunktes des linken Astes von $\tilde{U}(a_k)$ mit dem rechten Ast von $\tilde{U}(a_i)$ kleiner gleich $\rho°$ ist.

Ob ein Entscheidungsträger ein Präferenzniveau ρ für ausreichend hält, hängt von seiner subjektiven Risikoeinstellung ab. Da Fuzzy-Intervalle des ε-λ-Typs nur für die Niveaus ε, λ und 1 exakt beschrieben sind, wird man auch in erster Linie ρ einen dieser drei Werte zuordnen.

Gilt $\tilde{U}(a_k) \succ_\rho \tilde{U}(a_i)$ für $\rho = \varepsilon$, so sind die Ergebnisse bei Wahl der Alternativen a_k immer besser als die Ergebnisse bei Wahl der Alternativen a_i, wenn man die als unrealistisch angesehenen Ergebnisse nicht beachtet.

Gilt $\tilde{U}(a_k) \succ_\rho \tilde{U}(a_i)$ für $\rho = \lambda$, so sind die Ergebnisse bei Wahl der Alternativen a_k immer besser als die Ergebnisse bei Wahl der Alternativen a_i, wenn man nur die Ergebnisse mit hohen Realisierungschancen beachtet.

Gilt $\tilde{U}(a_k) \succ_\rho \tilde{U}(a_i)$ für $\rho = 1$, so sind die Ergebnisse bei Wahl der Alternativen a_k immer besser als die Ergebnisse bei Wahl der Alternativen a_i, wenn man nur die Ergebnisse mit der höchsten Realisierungschance beachtet.

< 2.10 > Bezogen auf die Fuzzy-Ergebnisse in Abb. 2.10 gelten die nachfolgenden ρ-Präferenzbeziehungen, wobei stets nur die strengsten Beziehungen angegeben werden:
Für $\rho = \varepsilon$ gilt:

$$\tilde{X}_3 \succ_\rho \tilde{X}_1, \ \tilde{X}_4 \succ_\rho \tilde{X}_1, \ \tilde{X}_5 \succ_\rho \tilde{X}_1, \ \tilde{X}_3 \succ_\rho \tilde{X}_2, \ \tilde{X}_4 \succ_\rho \tilde{X}_2, \ \tilde{X}_5 \succ_\rho \tilde{X}_2$$

Für $\rho = \lambda$ gilt zusätzlich: $\tilde{X}_2 \succ_\rho \tilde{X}_1$.

Dagegen läßt sich mit der ρ-Präferenz keine Präferenzbeziehung zwischen den Ergebnissen $\tilde{X}_3$, $\tilde{X}_4$ und $\tilde{X}_5$ feststellen. ♦

In der ρ-Präferenz kommt eine recht pessimistische Grundhaltung zum Ausdruck, da hier nur die negativen und nicht gleichzeitig auch die positiven Aspekte berücksichtigt werden. Ausgewogen und für die Anwendung geeigneter ist nach unserer Meinung die folgende Präferenzrelation, die in der Extremform $\varepsilon = 0$ auf J. RAMIK; J. RIMANEK [1985] zurückgeht.

ε-Präferenz

Eine Fuzzy-Menge $\tilde{U}(a_k)$ wird einer anderen Fuzzy-Menge $\tilde{U}(a_i)$ auf dem Niveau $\varepsilon \in [0,1]$ vorgezogen, und man schreibt $\tilde{U}(a_k) \succ_\varepsilon \tilde{U}(a_i)$, wenn ε die kleinste reelle Zahl ist, so daß

$$\text{Sup } U(a_k)_\alpha \geq \text{Sup } U(a_i)_\alpha \quad \text{und} \quad \text{Inf } U(a_k)_\alpha \geq \text{Inf } U(a_i)_\alpha \tag{2.4}$$

für alle $\alpha \in [\varepsilon, 1]$ und für wenigstens ein $\alpha \in [\varepsilon, 1]$ eine dieser Ungleichungen im strengen Sinne erfüllt ist.

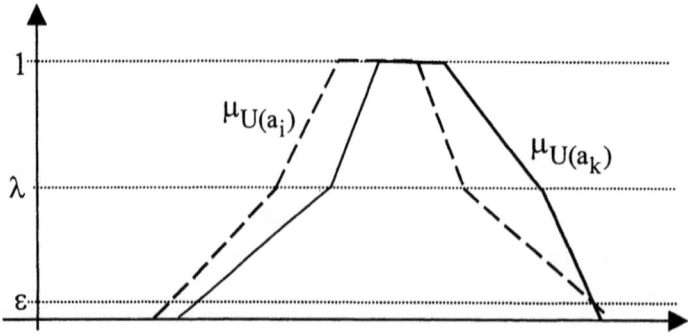

Abb. 2.12: ε-Präferenz zwischen zwei Fuzzy-Mengen $\tilde{U}(a_k)$ und $\tilde{U}(a_i)$

Für Fuzzy-Intervalle $\tilde{X}_i = (\underline{x}_i^\varepsilon, \underline{x}_i^\lambda, \underline{x}_i^1, \overline{x}_i^1, \overline{x}_i^\lambda, \overline{x}_i^\varepsilon)^{\varepsilon,\lambda}$ des ε-λ-Typs lassen sich die Bedingungen (2.4) vereinfachen zu

$$\tilde{X}_k \succ_\varepsilon \tilde{X}_i \Leftrightarrow \underline{x}_k^\alpha > \underline{x}_i^\alpha \text{ und } \overline{x}_k^\alpha > \overline{x}_i^\alpha \quad \text{für } \alpha = \varepsilon, \lambda, 1. \quad (2.5)$$

Offensichtlich ist die ε-Präferenz eine schwächere Ordnungsrelation als die ρ-Präferenz. Daher sollte sie nur mit dem restriktivsten Zugehörigkeitsniveau ε zur Alternativenauswahl verwendet werden.

< **2.11** > Da die ε-Präferenz eine schwächere Bedingung als die ρ-Präferenz ist, gelten die in Abb. 2.10 dargestellten Fuzzy-Ergebnisse auch bei Verwendung der ε-Präferenz.

Es kommt nun die folgende Präferenzaussage hinzu: $\tilde{X}_4 \succ_\varepsilon \tilde{X}_3$. Offen bleiben aber weiterhin die Präferenzbeziehungen zwischen $\tilde{X}_5$ und $\tilde{X}_3$ bzw. $\tilde{X}_5$ und $\tilde{X}_4$. ♦

In der Literatur findet sich eine Fülle von Vorschlägen zur Aufstellung einer Rangordnung zwischen Fuzzy-Größen über eine Teilmenge von **R**. Dazu wird jeder Fuzzy-Größe durch Defuzzifizierung eine reelle Zahl aus dem kleinsten Intervall zugeordnet, das alle stützenden Mengen enthält. Neben den primitiven Verfahren, die nur die 1-Niveau-Menge betrachten gibt es mehrere Methoden, welche die Fläche unter der Zugehörigkeitsfunktion der Defuzzifizierung zugrunde legen, wie die Methode der Flächenhalbierung oder die Schwerpunktmethode. Da aber die Zugehörigkeitsfunktionen im Falle von Fuzzy-Intervallen des ε-λ-Typs nur näherungsweise bekannt sind, empfiehlt es sich, auch nur die wirklich vom Entscheider vorgegebenen Werte zur Berechnung zu benutzen. Ein passendes Verfahren ist das Niveau-Ebenen-Verfahren von ROMMELFANGER, das in einer empirischen Studie von 1986 die empirisch beobachteten Ergebnisse mit am besten prognostizierte.

Für Fuzzy-Intervalle des ε-λ-Typs läßt sich das **Niveau-Ebenen-Verfahren** besonders einfach anwenden und man erhält den defuzzifizierten Wert zu $\tilde{X}_i$ als

$$\hat{x}_i = \frac{\underline{x}_i^\varepsilon + \overline{x}_i^\varepsilon}{6} + \frac{\underline{x}_i^\lambda + \overline{x}_i^\lambda}{6} + \frac{\underline{x}_i^1 + \overline{x}_i^1}{6}. \quad (2.6)$$

< **2.12** > Für die Fuzzy-Ergebnisse in Abb. 2.10 ergeben sich unter Verwendung des Niveau-Ebenen-Verfahrens die Werte

$$\hat{x}_1 = \frac{1 + 1{,}5 + 2 + 2{,}5 + 3 + 3{,}5}{6} = \frac{13{,}5}{6} = 2{,}25$$

$$\hat{x}_2 = \frac{27{,}1}{6} = 4{,}52 \; , \; \hat{x}_3 = \frac{51}{6} = 8{,}5 \; , \; \hat{x}_4 = \frac{55}{6} = 9{,}17 \; , \; \hat{x}_5 = \frac{53{,}2}{6} = 8{,}67 \; .$$

Diese defuzzifizierten Ergebnisse ergeben eine Rangfolge der Alternativen, die in ihrer Ausdruckskraft mit der µ-Regel bei stochastischen Ergebnissen vergleichbar ist. Das Niveau-Ebenen-Verfahren weist daher ebenso die Schwäche auf, Abweichungen vom mittleren Wert nicht zu berücksichtigen.

Um dieses Manko zu beseitigen, wird empfohlen, eine Fuzzy-Rangordnung $R = \{(i, \mu_R(i))\}$ zu bilden, indem diese Werte ins Verhältnis zur Länge des kleinsten Intervalls gesetzt werden, das die stützenden Mengen enthält (zur Definition einer stützenden Menge, vgl. Anhang). Für das Beispiel ist diese Länge $12 - 1 = 11$ und es ergeben sich die Rangzugehörigkeitswerte:

$$\mu_R(1) = \frac{2{,}25}{11} = 0{,}20, \quad \mu_R(2) = \frac{4{,}52}{11} = 0{,}41, \quad \mu_R(3) = \frac{8{,}5}{11} = 0{,}77,$$

$$\mu_R(4) = \frac{9{,}17}{11} = 0{,}83, \quad \mu_R(5) = \frac{8{,}67}{11} = 0{,}79.$$

Eine Rangordnung $a_i \succ a_j$ sollte dann nur gegeben sein, wenn die Differenz $\mu_R(i) - \mu_R(j) > \delta$, wobei δ eine vom Entscheidungsträger vorzugebende Sicherheitsschranke ist. Ist diese Bedingung nicht erfüllt, so muß der Entscheider die Fuzzy-Ergebnisse nochmals genauer miteinander vergleichen. ♦

Wie das Beispiel aus Abb. 2.10 klar erkennen läßt, reicht die Kenntnis von Fuzzy-Ergebnissen zumeist aus, um einige der Alternativen von der weiteren Betrachtung auszuschließen, da sie von anderen dominiert werden. Man sollte sich daher nicht im vorab bemühen, die Konsequenzen aller Alternativen so genau wie möglich zu beschreiben, da sonst unnötige Kosten für Informationsgewinnung und -verarbeitung anfallen. Läßt sich dann keine eindeutige Entscheidung zugunsten einer der Alternativen fällen, so sollten die Konsequenzen der verbliebenen Alternativen durch Aufnahme und Verarbeitung zusätzlicher Informationen genauer beschrieben werden. Da der Entscheidungsträger die unscharf beschriebenen Konsenquenzen kennt und die Kosten für zusätzliche Informationen die Ergebnisse senken, kann er abwägen, ob eine Zufallsauswahl unter den verbliebenen Alternativen nicht besser ist als eine Aufnahme zusätzlicher Informationen.

Fuzzy-Ergebnisse bereiten keine besonderen Schwierigkeiten, wenn eine anspruchsniveaubezogene Zielsetzung vorliegt. Da jede reelle Zahl als Fuzzy-Zahl des speziellen Typs

$$\mu_b(x) = \begin{cases} 1 & \text{für } x = b \\ 0 & \text{sonst} \end{cases}$$

aufgefaßt werden kann, können die obigen Präferenzdefinitionen benutzt werden, um festzustellen, ob Alternativen existieren, die dem gesetzten Anspruchsniveau genügen. Darüber hinaus können auch nur vage in Form von Fuzzy-Zahlen formulierte Anspruchsniveaus berücksichtigt werden. Diese Fuzzy-Anspruchsniveaus $\tilde{A}$ haben dabei die Form

$$\tilde{A} = (\underline{a}^\varepsilon, \underline{a}^\lambda, \underline{a}^1, 0, 0, 0)^{\varepsilon,\lambda} \quad \text{oder} \quad \tilde{A}_i = (0, 0, 0, \bar{a}^1, \bar{a}^\lambda, \bar{a}^\varepsilon)^{\varepsilon,\lambda},$$

je nachdem ob die gesuchten Werte das Anspruchsniveau über- oder unterschreiten sollen.

Aufgaben

2.1 Gegeben sind die normalverteilten Gewinne der Aktionen $a_1, \ldots, a_5$:

$N_1(4;1), N_2(5;\frac{1}{2}), N_3(7;\frac{1}{3}), N_4(8;1), N_5(8,2;\frac{3}{2})$.

a. Welche dieser Alternativen können mit 95,45%-Wahrscheinlichkeit als dominiert ausgesondert werden?

b. Welche Alternative ist nach der µ-Regel die gewinnmaximale?

c. Die µ-σ-Isolinien des ET seien gegeben durch $\mu - \frac{1}{2}(\sigma+1)^2 = C$.

Zeichnen Sie einige dieser Isolinien in ein µ-σ-Koordinatensystem ein. Welche der 5 Aktionen ist gemäß dieser Präferenzordnung des ET die optimale?

2.2 Gegeben sind die Fuzzy-Zahlen

a. $\tilde{A} = (8; 2; 3)_{LR}, \tilde{B} = (6; \frac{3}{2}; 2)_{LR}, \tilde{C} = (2; \frac{1}{2}; 1)_{RL}$;

b. $\tilde{A} = (12; 3; 3)_{LR}, \tilde{B} = (4; 1; 1)_{LR}, \tilde{C} = (3; 1; 2)_{RL}$.

Bilden Sie $\tilde{A} \oplus \tilde{B}$, $-\tilde{B}$, $\tilde{A} \ominus \tilde{C}$, $3 \cdot \tilde{A}$, $-2 \cdot \tilde{B}$, $\tilde{A} \odot \tilde{B}$, $\tilde{A} \oslash \tilde{C}$, $\tilde{B}^{-1}$.
Bei der erweiterten Multiplikation, Division und Inversenbildung sind jeweils beide Formeln zu beachten.

2.3 Gegeben sind die Fuzzy-Intervalle des ε-λ-Typs

a. $\tilde{M} = (4; 4,3; 5; 6; 6,5; 7)^{\varepsilon,\lambda}$ und $\tilde{N} = (10; 11; 12; 14; 16; 18)^{\varepsilon,\lambda}$;

b. $\tilde{M} = (2; 2,5; 3; 3; 4; 5)^{\varepsilon,\lambda}$ und $\tilde{N} = (10; 12; 13; 14; 15; 16)^{\varepsilon,\lambda}$.

Bilden Sie $\tilde{M} \oplus \tilde{N}$, $\tilde{N} \ominus \tilde{M}$, $\tilde{M} \odot \tilde{N}$, $\tilde{N} \oslash \tilde{M}$.

2.4 Gegeben sind die Fuzzy-Ergebnisse der Aktionen $a_1, \ldots, a_5$

$\tilde{E}_1 = (3; 3,2; 3,6; 4; 4,4; 4,7)^{\varepsilon, \lambda}$, $\quad \tilde{E}_2 = (3,8; 4; 4,5; 5; 5,6; 6)^{\varepsilon, \lambda}$,

$\tilde{E}_3 = (7; 7,5; 8; 9; 10; 11)^{\varepsilon, \lambda}$, $\quad \tilde{E}_4 = (8; 10; 12; 14; 16; 18)^{\varepsilon, \lambda}$,

$\tilde{E}_5 = (9; 9,5; 10; 11; 12; 13)^{\varepsilon, \lambda}$.

a. Zeichnen Sie die Zugehörigkeitsfunktionen dieser Fuzzy-Ergebnisse in einer Koordinatenebene.

b. Welche Präferenzaussagen gelten zwischen diesen Ergebnissen bei Verwendung der ρ-Präferenz, der ε-Präferenz und des Niveau-Ebenen-Verfahrens mit den drei Niveaus ε, λ, 1 ?

3. Einzielentscheidungen mit mehreren Szenarien

Bisher haben wir in unseren Betrachtungen den Idealfall unterstellt, daß der Entscheider sicher weiß, welche Umweltentwicklung sich in Bezug auf eine Entscheidungssituation einstellen wird. In der Praxis ist es häufig so, daß der Entscheidungsträger Informationen hat, daß es mehrere mögliche Konstellationen an Umweltfaktoren gibt, die das Ergebnis der Aktionen beeinflussen können und er nicht mit Sicherheit sagen kann, welcher der Umweltzustände sich realisieren wird. Er wird daher versuchen, diese verschiedenen Szenarien oder Umweltzustände zu beschreiben und sich bemühen, die Umweltzustände so auswählen, daß er ihnen Eintrittswahrscheinlichkeiten zuordnen kann.

Im nächsten Schritt muß er versuchen, die Ergebnisse der Handlungsalternativen a_i in Abhängigkeit von den verschiedenen Szenarien zu bewerten. Wird nur eine Zielsetzung vorausgesetzt, dann ist das Ergebnis im Idealfall eine reelle Zahl

$$x_{ij} = g(a_i, s_j) , i = 1, 2,..., m , j = 1, 2,..., n. \qquad (3.1)$$

In der Literatur wird meist davon ausgegangen, daß der Entscheidungsträger so umfangreiche Informationen besitzt, daß er für alle Szenarien sowohl die Wahrscheinlichkeiten als auch die Konsequenzen der Alternativen exakt, d. h. in Form reeller Zahlen angeben kann. In praktischen Situationen ist jedoch nicht zu erwarten, daß der Entscheidungsträger die dazu benötigten Informationen besitzt. Er muß deshalb versuchen, zwischen zwei Extremen die goldene Mitte zu finden:

Einerseits kann er von den möglichen Ergebnissen ausgehen und jeden Ergebnisvektor $(g(a_1), g(a_2),..., g(a_m))$ als ein Szenario ansehen. Dann wird der Entscheider aber nicht mehr in der Lage sein, allen Umweltzuständen Wahrscheinlichkeiten zuzuordnen.

Andererseits kann er die Umweltzustände so beschreiben, daß er ihnen „gesicherte" Wahrscheinlichkeiten zuordnen kann. Dann wird er aber nur selten die zustandsabhängigen Konsequenzen in Form reeller Zahlen $x_{ij} = g(a_i, s_j)$ angeben können, sondern er wird höchstens in der Lage sein, diese größenordnungsmäßig in Form von Fuzzy-Intervallen $\widetilde{X}_{ij} = \widetilde{g}(a_i, s_j)$ zu beschreiben. Da der Entscheidungsträger alle relevanten Umweltzustände beachten muß, bleibt die Annahme „gesicherter" Wahrscheinlichkeiten aber fraglich.

In diesem Kapitel wollen wir die theoretischen Ausführungen durch das nachfolgende numerische Beispiel ergänzen, das auf ROMMELFANGER [1994, S. 93] zurückgeht; es wird hier zunächst um drei Alternativen und dann später durch Fuzzy-Komponenten erweitert.

< 3.1 > Es liegt die folgende Entscheidungssituation vor:
- Der Entscheider steht vor dem Problem, welche Menge von einem bestimmten Erzeugnis produziert werden soll. Dabei stehen sechs alternative Produktionsmengen (Alternative a_1 bis a_6) zur Auswahl.
- Der Gewinn, der bei einer bestimmten Produktionsmenge erzielt wird, hängt von der noch nicht mit Sicherheit bekannten Nachfrage nach diesem Erzeugnis ab. Der Entscheidungsträger rechnet bei seinem bisherigen Informationsstand damit, daß entweder eine "große" (Zustand s_1), "mittlere" (Zustand s_2) oder "niedrige" Nachfrage (Zustand s_3) besteht.
- Die Gewinnmatrix in Tab. 4.1 gibt an, welche Gewinne, in 1.000 € gemessen, den alternativen Konstellationen aus Produktionsmenge und Nachfrage entsprechen:

	s_1	s_2	s_3
a_1	210	100	-80
a_2	170	105	-60
a_3	150	140	-10
a_4	105	102	0
a_5	50	50	50
a_6	130	135	-10

Tab. 3.1: A priori-Gewinnmatrix des Entscheidungsträgers

Die Spalten dieser Gewinnmatrix entsprechen den relevanten Umweltzuständen und die Zeilen beschreiben die den einzelnen Alternativen zugeordneten Konsequenzen. ♦

3.1 Entscheidungen bei Ungewißheit

Eine **Ungewißheitssituation** ist dadurch charakterisiert, daß die Wahrscheinlichkeiten für das Eintreten der relevanten Umweltzustände unbekannt sind. Eine solche Situation ist sicherlich nicht bei Glücksspielen gegeben, da hier die Wahrscheinlichkeiten i. allg. aus der Spielbeschreibung abgeleitet werden können. Es sind aber diverse Managerentscheidungen denkbar, bei denen wegen des Fehlens geeigneter Daten, wenn es sich z. B. um eine erstmalige Produkteinführung handelt, keine Eintrittswahrscheinlichkeiten geschätzt werden können. Der Abschluß eines Versicherungsvertrages für den neuentwickelten doppelstöckigen Großraum-Jet A3XX der Airbus-Industrie mit 600 bis 1000 Sitzplätzen, über dessen Schadenshäufigkeit noch keinerlei Erfahrungswerte vorliegen und zu dem es auch kein vergleichbares Flugzeug gibt, stellt z. B. ein derartiges Beispiel dar.

Ein anderes Beispiel, für das die Ungewißheitssituation unvermeidbar erscheint, findet sich in BAMBERG; COENENBERG [2000, S.144]:

"Aufgrund von Erfolgen der Konkurrenz beabsichtigt eine Unternehmung, ihr bisheriges Produktionsprogramm zu modifizieren und zu ergänzen. Verschiedene Alternativpläne - in unserem Sprachgebrauch: verschiedene Aktionen - wurden zu diesem Zweck entwickelt. Unbekannt sind die Marktchancen. Deshalb stellt die Entscheidungssituation bei dem derzeitigen Informationsstand noch eine Ungewißheitssituation dar. Eine Informationsbeschaffung ist nun auf vielfältige Art und Weise möglich. So konnte man sich voll auf die eigene Marketing-Abteilung verlassen oder zusätzlich ein Marktforschungsinstitut beauftragen; im letzteren Fall könnten etwa ein Auftrag über € 100.000 (der genaue Resultate erbringt) oder ein Auftrag über € 50.000 (der ungenauere Resultate erbringt) zur Debatte stehen usw.. Diese Informationsentscheidungen stellen aber Entscheidungen unter Ungewißheit dar, denn die Marktgegebenheiten, über die man sich gerade informieren will, sind im Zeitpunkt der Entscheidung voraussetzungsgemäß noch unbekannt. Ungewißheitssituationen können also auch durch die Einbeziehung von Informationsbeschaffungsmaßnahmen nicht völlig vermieden werden."

Steht ein Entscheider vor einer derartigen Entscheidungssituation, so ist die Auswahl einer optimalen Alternative für ihn problematisch, da er den wahren Umweltzustand nicht kennt und die Aktionen dadurch in der Regel schwer zu vergleichen sind.

Ein erster plausibler Schritt in Richtung Entscheidungsfindung besteht nun darin, Alternativen auszusondern, die in mindestens einem Fall schlechter oder sonst gleich gut sind wie eine andere Alternative: Man sagt dann, eine Aktion a_i **dominiert** eine Aktion a_q, wenn

$$x_{ij} = g(a_i, s_j) \geq x_{iq} = g(a_q, s_j) \quad \text{für alle Zustände } j = 1, 2, ..., n \tag{3.2}$$

und für mindestens einen Zustand das strenge Größerzeichen gilt.

Aktionen, die von keiner anderen Aktion dominiert werden, heißen **undominiert** oder werden als **effizient** bezeichnet.

Unter Anwendung dieser Vorgehensweise, dem sogenannten **Dominanzprinzip**, wird das Entscheidungsproblem auf die undominierten bzw. effizienten Alternativen beschränkt. Das Dominanzprinzip alleine liefert allerdings selten eine eindeutige Entscheidung, da meist mehrere effiziente Alternativen existieren.

< 3.2 > In der Tab. 3.1 ist lediglich die Alternative a_6 nicht effizient, sie wird von der Alternative a_3 dominiert und daher von der weiteren Betrachtung ausgeschlossen.

Auch wenn wir dieser Tabelle entnehmen können, daß die Aktion a_1 optimal ist, falls s_1 der wahre Umweltzustand ist und a_3 (bzw. a_5) optimal, falls s_2 (bzw. s_3) der wahre Umweltzustand ist, müssen wir die fünf Aktionen a_1, a_2, a_3, a_4, a_5 zunächst als unvergleichbar ansehen. Eine Rangfolge ist nicht angebbar, da wir definitionsgemäß keine Information darüber besitzen, welches der wahre Umweltzustand ist. ♦

Auch die Definition einer gleichmäßig besten bzw. dominanten Aktion in der Alternativenmenge A hilft in der Praxis selten weiter, da eine solche Alternative - wie im obigen Beispiel - zumeist nicht existiert. Eine Alternative, die in allen Zuständen genauso gut ist wie alle anderen möglichen Alternativen, aber in mindestens einem Umweltzustand besser abschneidet wird jedoch ohne Zweifel als optimal zu bezeichnen sein.

Man sagt nun, eine Aktion a_i ist eine **dominante Aktion** in A, wenn

$$x_{ij} = g(a_i, s_j) \geq x_{iq} = g(a_q, s_j) \quad \text{für alle Zustände } j = 1, 2, ..., n$$
$$\text{und alle } a_q \in A.$$

Zusammenfassend bedeutet dies, daß bei Vorliegen einer dominanten Aktion diese selbstverständlich auszuwählen ist, ansonsten aber eine Beschränkung auf dieses Lösungskonzept der Praxis überwiegend ungelöste Probleme überlassen würde.

Im folgenden sollen daher alternative Ansätze diskutiert werden, bei denen die Ansprüche, die an eine "optimale" Aktion zu stellen sind, notwendigerweise reduziert werden, aber eine eindeutige Auswahl ermöglicht wird.

Den weiteren Erläuterungen liegt eine Nutzenmatrix (u_{ij}) zugrunde, wobei bei der hier unterstellten Beschränkung auf ein Ziel die Nutzenwerte berechnet werden können als

3.1 Entscheidungen bei Ungewißheit

$$u_{ij} = u(x_{ij}) = x_{ij} \quad \text{bzw.} \quad u_{ij} = u(x_{ij}) = -x_{ij} \tag{3.3}$$

je nachdem ob die Präferenzordnung über der Ergebnismenge $E \subseteq \mathbf{R}$ aufsteigend oder abfallend ist (Siehe tiefer gehende Ausführungen zum Nutzenbegriff auf S. 21 - 22 und 74 - 88).

3.1.1 Entscheidungsregeln für Ungewißheitssituationen

Der prinzipielle Ansatz von Entscheidungsregeln für Ungewißheitssituationen besteht darin, eine vollständige Vergleichbarkeit aller Aktionen zu erreichen, indem den mit einer Aktion a_i verknüpften Nutzenwerten u_{i1}, ..., u_{in} eine einzige reelle Zahl $\Phi(a_i)$ als Gütemaß zugeordnet wird.

Ist der Modus für die Aggregation der einzelnen Nutzenwerte einer Alternative zu einem reellen Präferenzwert $\Phi(a_i)$ fixiert, d. h. die Entscheidungsregel ausgewählt, stellt die Bestimmung der optimalen Alternative keine Schwierigkeit dar. Das Ungewißheitsproblem ist dann formal auf ein Optimierungsproblem unter Sicherheit zurückgeführt, auch wenn mit der Wahl der Entscheidungsregel eine gewisse Willkür verbunden ist und die meisten Entscheidungsregeln einen kardinalen Nutzen[1] voraussetzen.

Maximin-Regel (WALD-Regel)

Bei der Maximin-Regel, die nach A. WALD[2] auch WALD-Regel genannt wird, orientiert sich der Präferenzwert nur am schlechtesten möglichen Ergebnis bzw. Nutzenwert der Alternative. Ausgewählt wird die Alternative, die den höchsten Präferenzwert aufweist.

Optimal ist demnach eine Aktion a_k mit

$$\Phi(a_k) = \max_i \min_j u_{ij} . \tag{3.4}$$

Diese Entscheidungsregel benötigt nur eine ordinale Nutzenfunktion und läßt sich leicht kritisieren, da sie einen extremen Pessimismus des Entscheidungsträgers unterstellt. Zur Verdeutlichung betrachten wir folgende Entscheidungsmatrix, vgl. W. KRELLE [1968, S. 185]:

---

[1] Für die Definitionen von dominanten bzw. effizienten Aktionen benötigt man dagegen nur Größenvergleiche, also lediglich eine ordinale Nutzenmessung.

[2] A. WALD [z. B. 1945, 1950] benutzte diese Entscheidungsregel bei seiner Fundierung der statistischen Entscheidungstheorie. Vorher wurde diese Entscheidungsregel von J. v NEUMANN [1928] und J. v: NEUMANN, O. MORGENSTERN [1944] in ihrer Fundierung der Spieltheorie benutzt.

	z_1	z_2	z_3	z_4	z_5	z_6
a_1	0,99	10	10	10	10	10
a_2	1	1	1	1	1	1

Tab. 3.2 Nutzen u_{ij}

Nach der Maximin-Regel ist a_2 die optimale Aktion, obwohl in einer tatsächlichen Entscheidungssituation eine solche Auswahl sicher nicht bestätigt würde.

Werden die Handlungskonsequenzen anstelle der Nutzenmatrix durch eine Schadensmatrix oder Verlustmatrix bewertet, geht die Maximin-Regel in die Minimax-Regel über, denn dann ist diejenige Aktion zu bestimmen, die das Minimum der Maximalverluste garantiert.

Maximax-Regel

Richtet sich der Präferenzwert einer Alternative nach dem höchsten erzielbaren Wert, ergibt sich die Maximax-Regel mit

$$\Phi(a_k) = \max_i \max_j u_{ij}, \tag{3.5}$$

die bei Verwendung einer Schadensmatrix in die Minimin-Regel übergeht.

Da nur jeweils die günstigste aller möglichen Konsequenzen einer Aktion berücksichtigt wird, impliziert diese Regel eine extrem optimistische Einstellung des Entscheiders. Auch hier reicht eine ordinale Nutzenfunktion aus.

HURWICZ-Regel

Für den Fall, daß sich ein Entscheider weder extrem pessimistisch noch übertrieben optimistisch einschätzt, liefert die HURWICZ-Regel einen möglichen Kompromiß, vgl. [HURWICZ 1951].

Der Entscheider muß dabei einen sogenannten Optimismusparameter λ zwischen 0 und 1 individuell bestimmen und wählt dann die Alternative, die den größten gewichteten Durchschnitt aus bestem und schlechtestem Ergebnis aufweist. Formal ergibt sich für die optimale Alternative

$$\Phi(a_k) = \max_i \ (\lambda \cdot \max_j u_{ij} + (1-\lambda) \cdot \min_j u_{ij}) \ . \tag{3.6}$$

Je nach Festlegung von λ werden unterschiedliche Alternativen als optimal bestimmt. Für $\lambda = 1$ stimmt die HURWICZ-Regel mit der Maximax-Regel und für $\lambda = 0$ mit der Maximin-Regel überein.

3.1 Entscheidungen bei Ungewißheit

Aufgrund der Durchschnittsbildung und der Addition kommt man mit einer ordinalen Nutzenmessung nicht länger aus. Deutlich wird dies, wenn man folgendes Beispiel betrachtet:

< 3.3 > Sei $\lambda = \frac{1}{2}$.

Geht man von der Nutzenmatrix $\begin{pmatrix} 1 & 0 \\ -2 & 2 \end{pmatrix}$ mittels einer monoton wachsenden Transformation (die bei einer ordinalen Nutzenmessung ja erlaubt ist) zur Nutzenmatrix $\begin{pmatrix} 1 & 0 \\ -4 & 10 \end{pmatrix}$ über, so verändert sich die nach der HURWICZ-Regel optimale Aktion (zuerst ist a_1 optimal, danach aber a_2). Die Verwendung einer HURWICZ-Regel mit $0 < \lambda < 1$ ist demnach erst sinnvoll, wenn ein kardinal gemessener Nutzen vorliegt. ♦

Das Hurwicz-Kriterium ist jedoch selbst dann mit Skepsis zu betrachten, wenn die Forderung nach kardinalen Nutzenwerten erfüllt ist. Die Konzentration auf die beiden Extremwerte einer Alternative vernachlässigt die restlichen Konsequenzen und führt bei unkritischer Anwendung zu nicht akzeptablen Lösungen, wie die folgende Ungewißheitssituation illustriert:

	z_1	z_2	z_3	z_4	z_5	z_6
a_1	1	0	0	0	0	0
a_2	0	1	1	1	1	1

Tab. 3.3 Nutzen u_{ij}

Nach Hurwicz sind für ein beliebiges λ die beiden Alternativen gleichwertig. Diese Auswahl ließe sich durch eine empirische Befragung vermutlich nicht fundieren, da sie dem gesunden Menschenverstand entgegen läuft. Scheinbar werden Ungewißheitssituationen gedanklich in Risikosituationen umgewandelt, bei der jeder Zustand z_j die gleiche Wahrscheinlichkeit zugeordnet bekommt.

LAPLACE-Regel

Die LAPLACE-Regel[1] berücksichtigt den eben beschriebenen Umstand und transformiert die Ungewißheit in eine Risikosituation, indem sie nach dem Prinzip des unzureichenden Grundes alle Umweltzustände als gleich wahrscheinlich ansetzt.

Die LAPLACE-Regel versucht daher die Nutzensumme zu maximieren -

$$\Phi(a_k) = \max_i \sum_{j=1}^n u_{ij} \quad . \tag{3.7}$$

Offensichtlich ist die LAPLACE-Regel erst dann sinnvoll anwendbar, wenn ein kardinal gemessener Nutzen zugrunde liegt. (Sie unterscheidet sich lediglich durch den Faktor $\frac{1}{n}$ von dem Kriterium des Nutzenerwartungswertes, vgl. S. 73.)

Bei der LAPLACE-Regel ist zu bedenken, daß sich die Höhe der Wahrscheinlichkeiten, die einem Umweltzustand zugeordnet werden, durch die Abgrenzung der betrachteten Umweltzustände ergibt und nicht inhaltlich begründet ist. Infolgedessen kann sich die Rangfolge der Aktionen durch Einfügen einer identischen Spalte in die Entscheidungsmatrix beeinflussen lassen:

So wird in der Entscheidungsmatrix $\begin{pmatrix} 5 & 2 \\ -1 & 6 \end{pmatrix}$ die Aktion a_1,

aber in der Entscheidungsmatrix $\begin{pmatrix} 5 & 2 & 2 \\ -1 & 6 & 6 \end{pmatrix}$ die Aktion a_2 vorgezogen.

Da die im Modell zu erfassenden Zustände vom Entscheidungsträger zu erarbeiten sind, können solche Erscheinungen in der Praxis nicht ausgeschlossen werden.

Savage-Niehans-Regel

Einen ganz anderen Ansatz wählt die SAVAGE-NIEHANS-Regel[2]. Hier wird zunächst auf Basis der Entscheidungsmatrix eine Opportunitätskostenmatrix (K_{ij}) gemäß

$$K_{ij} = \max_r u_{rj} - u_{ij} \tag{3.8}$$

---

[1] Nach P.S. DE LAPLACE [1749-1827] benannt, oft auch als „Prinzip vom unzureichenden Grunde" bezeichnet.
[2] Unabhängig voneinander von L.J. SAVAGE [1951] und J. NIEHANS [1948] vorgeschlagen; oft wird die Entscheidungsregel auch als „Prinzip des kleinsten Bedauerns" oder auch als „Minimax-Regret-Prinzip" bezeichnet.

3.1 Entscheidungen bei Ungewißheit

bestimmt; K_{ij} gibt den entgangenen Nutzen an, der daraus resultiert, daß der Umweltzustand s_j eintritt und man anstelle der optimalen Aktion (optimal in der durch $S = \{s_j\}$ definierten Sicherheitssituation) die Aktion a_i realisiert hat. Je größer K_{ij}, desto größer ist infolgedessen der Nutzenentgang bzw. das Bedauern (regret). Auf die Opportunitätskostenmatrix wendet man die Minimax-Regel an, da offensichtlich versucht wird, den maximalen Nutzenentgang möglichst gering zu halten.

Die optimale Alternative ergibt sich formal über den folgenden Term

$$\Phi(a_k) = \min_i \max_j (\max_r u_{rj} - u_{ij}). \tag{3.9}$$

Selbstverständlich benötigt man auch für die SAVAGE-NIEHANS-Regel eine kardinale Nutzenmessung. Wie die anderen Entscheidungsregeln liefert auch dieses Kriterium zum Teil Bewertungen, die wenig überzeugen. Transformieren wir z. B. die in Tab. 3.4 beschriebene Ungewißheitssituation in Opportunitätskosten K_{ij}, so bedeutet dies lediglich eine Vertauschung der Nullen und Einsen; da $\Phi(a_1) = 1 = \Phi(a_2)$ gilt, sind die beiden Aktionen a_1 und a_2 wiederum gleichwertig, was schon bei Hurwicz hinreichend kritisiert wurde.

< 3.4 > Für die Alternativen aus Beispiel < 3.1 > ergeben sich bei Anwendung der dargestellten Entscheidungsregeln folgende Werte (die optimalen Alternativen sind jeweils markiert):

	Maximin	Maximax	Hurwicz $\lambda=0{,}5$	Laplace	Savage-Niehans
a_1	-80	210	65	76,67	130
a_2	-60	170	55	71,67	110
a_3	-10	150	70	93,33	60
a_4	0	105	52,5	69	105
a_5	50	50	50	50	160

Tab. 3.4: Optimale Alternativen bei verschiedenen Entscheidungsregeln

Die Entscheidungsregeln für Ungewißheitssituationen sind alle mit Nachteilen verbunden. Einerseits berücksichtigt ein großer Teil der Regeln lediglich speziell ausgewählte Handlungskonsequenzen und vernachlässigt dabei vorhandene Informationen. Andererseits hat ein Entscheider fast immer aufgrund seiner Erfahrungen oder durch Informationen gewisse Glaubwürdigkeitsvorstellungen über die Umweltzustände. Selbst wenn keine Informationen vorliegen, ist die Unterstellung von Gleichwahrscheinlichkeit wenig sinnvoll, da bestimmte Umweltentwicklungen unwahrscheinlicher sind als andere. Abschnitt 3.2 diskutiert daher den für reale Entscheidungssituationen relevanteren Fall, Entscheidungen unter Risiko zu lösen.

3.1.2 Fuzzy-Bewertungen bei Ungewißheitssituationen

Betrachten wir nun den realistischeren Fall, daß nicht alle zustandsbezogenen Ergebnisse exakt bekannt sind und daß einige der Ergebnisse vom Entscheidungsträger nur durch Fuzzy-Intervalle beschrieben werden können. Vgl. dazu Tab. 3.5, die ein "fuzzifizierte" Tableau zu Tab. 3.1 darstellt.

	s_1	s_2	s_3
a_1	(170; 180; 200; 220; 225; 230)	(70; 83; 90; 100; 110; 120)	(-110; -97; -90; -77; -60, -50)
a_2	(140; 155; 165; 175; 180; 190)	(85; 93; 100; 110; 115; 125)	(-85; -80; -70; -58; -50; -40)
a_3	(120; 135; 145; 150; 160; 170)	(115; 130; 135; 140; 145; 150)	(-30; -20; -10; 0; 5; 10)
a_4	(85; 90; 100; 110; 115; 125)	(85; 93; 100; 105; 108; 115)	(-15; -10; -5; 5; 10; 15)
a_5	(45; 48; 50; 53; 58; 60)	(40; 45; 50; 50; 53; 55)	(35; 40; 45; 50; 55; 60)
a_6	(105; 110; 125; 135; 145; 150)	(100; 110; 125; 135; 140; 145)	(-40; -30; -20; -10; 0; 10)

Tab. 3.5: Umweltabhängige Fuzzy-Ergebnisse

Sowohl das Dominanzprinzip als auch die anderen Entscheidungsregeln lassen sich auf unscharfe Ergebnisse übertragen.

Allerdings ist bei der Übertragung der Maximum- und Minimumbildung nicht der "erweiterte" Minimum- bzw. der "erweiterte" Maximumoperator zu verwenden, sondern es ist das beste bzw. schlechteste Ergebnis unter den relevanten Ergebnissen in Abhängigkeit von der gewählten Präferenzrelation zu betrachten. In erster Linie sollte dabei die ε-Präferenz benutzt werden, da sie nicht so pessimistisch ist wie die ρ-Präferenz und im Gegensatz zum Niveau-Ebenen-Verfahren das Gesamtbild der Zugehörigkeitsfunktionen berücksichtigt. Nur wenn durch Anwendung der ε-Präferenz keine Präferenzentscheidung getroffen werden kann, sollte das Niveau-Ebenen-Verfahren eingesetzt werden.

3.1 Entscheidungen bei Ungewißheit

Daß die Verwendung der erweiterten Minimum- oder Maximumbildung zu unpassenden Ergebnissen führen kann, zeigt das folgende einfache Beispiel.

< 3.5 > Gegeben seien die Fuzzy-Intervalle

$\tilde{A} = (3; 5; 7; 9; 10; 11)^{\varepsilon,\lambda}$ und $\tilde{B} = (4; 4,5; 6,5; 9; 11; 12)^{\varepsilon,\lambda}$.

Dann gilt nach dem Erweiterungsprinzip

$\widetilde{Min}(\tilde{A},\tilde{B}) = (3; 4,5; 6,5; 9; 10; 11)^{\varepsilon,\lambda}$ und $\widetilde{Max}(\tilde{A},\tilde{B}) = (4; 5; 7; 9; 11; 12)^{\varepsilon,\lambda}$,

d. h. bei Verwendung der erweiterten $\widetilde{Min}$- und $\widetilde{Max}$-Operatoren können sich Ergebnisse einstellen, die real nicht vorliegen, sondern in Teilbereichen schlechter bzw. besser als die vorgegebenen Werte sind. ♦

Anstelle der Minimum- und Maximum-Bildung sollten daher in den Entscheidungsregeln die Operatoren "$R-\widetilde{Min}$" und "$R-\widetilde{Max}$" verwendet werden, die wie folgt definiert sind.

$\tilde{A}_q = R-\widetilde{Min}(\tilde{A}_1,...,\tilde{A}_n) \Leftrightarrow \tilde{A}_q \precsim \tilde{A}_j$ für alle $j = 1,..., n$ (3.10)

$\tilde{A}_p = R-\widetilde{Max}(\tilde{A}_1,...,\tilde{A}_n) \Leftrightarrow \tilde{A}_p \succsim \tilde{A}_j$ für alle $j = 1,..., n$. (3.11)

Die Präferenzordnung drückt dabei die subjektiven Präferenzvorstellungen des Entscheidungsträgers aus.

< 3.6 > Für Beispiel < 3.5 > gilt

$R-\widetilde{Min}(\tilde{A},\tilde{B}) = \tilde{A} = (3; 5; 7; 9; 10; 11)^{\varepsilon,\lambda}$ und

$R-\widetilde{Max}(\tilde{A},\tilde{B}) = \tilde{B} = (4; 4,5; 6,5; 9; 11; 12)^{\varepsilon,\lambda}$ ♦

Für die Fuzzy Ergebnisse

$\tilde{C} = (5; 6; 7; 10; 11; 13)$ und $\overline{D} = (6,5; 8; 9; 9,5; 10; 11)$

ist es objektiv nicht möglich, eine Rangfolge festzulegen. Ein optimistisch orientierter Entscheider wird $\tilde{C}$ bevorzugen, während ein pessimistischer Mensch sich für $\overline{D}$ entscheiden würde

< 3.7 > Bezogen auf die umweltabhängigen Fuzzy-Ergebnisse in Tab. 3.5 läßt sich zunächst feststellen, daß die Alternative a_6 durch die Alternative a_3 dominiert wird und daher von der weiteren Betrachtung auszuschließen ist. ♦

Den Erläuterungen liegt nun eine Nutzenmatrix ($\tilde{U}_{ij}$) zugrunde, wobei wir hier unterstellen, daß die Nutzenwerte Fuzzy-Intervalle vom ε-λ-Typ sind, d. h.

$\tilde{U}_{ij} = \tilde{U}(a_i, s_j) = (\underline{u}_{ij}^{\varepsilon}, \underline{u}_{ij}^{\lambda}, \underline{u}_{ij}^{l}, \overline{u}_{ij}^{l}, \overline{u}_{ij}^{\lambda}, \overline{u}_{ij}^{\varepsilon})^{\varepsilon,\lambda}$.

Einer Aktion a_i bzw. dem zugehörigen Nutzen-n-Tupel $(u_{i1}, u_{i2}, ..., u_{in})$ wird dann durch die jeweilige Entscheidungsregel ebenfalls ein Fuzzy-Intervall $\Phi(a_i)$ des ε-λ-Typs als Gütemaß zugeordnet.

Nach der **Maximin-Regel** ist diejenige Aktion a_k optimal, für die gilt:

$$\widetilde{\Phi}(a_k) = R - \underset{i}{\widetilde{\text{Max}}}\ (R - \underset{j}{\widetilde{\text{Min}}}\widetilde{U}_{ij}) \tag{3.12}$$

Bei der Orientierung an der jeweils günstigsten Konsequenz ist nach der **Maximax-Regel** diejenige Aktion a_k optimal, für die gilt:

$$\widetilde{\Phi}(a_k) = R - \underset{i}{\widetilde{\text{Max}}}\ (R - \underset{j}{\widetilde{\text{Max}}}\widetilde{U}_{ij}) \tag{3.13}$$

Gemäß der **HURWICZ-Regel** ist diejenige Aktion a_k optimal, für die gilt:

$$\widetilde{\Phi}(a_k) = R - \underset{i}{\widetilde{\text{Max}}}\ [\lambda \cdot R - \underset{j}{\widetilde{\text{Max}}}\widetilde{U}_{ij} + (1-\lambda) \cdot R - \underset{j}{\widetilde{\text{Min}}}\widetilde{U}_{ij}] \tag{3.14}$$

wobei λ ein vom Entscheidungsträger zu fixierender Parameter zwischen 0 und 1 ist.

< 3.8 > Für die Fuzzy-Ergebnisse aus Tab. 3.5 ergeben sich bei Anwendung dieser 3 Entscheidungsregeln, die in Tab. 3.6 durch Grautönung markierten optimalen Alternativen.

	Maximin	Maximax	Hurwicz λ=0,5
a_1	(-110; -97; -90; -77; -60; -50)	(170; 180; 200; 220; 225; 230)	(30; 41,5; 55; 71,5; 82,5; 90)
a_2	(-85; -80; -70; -58; -50; -40)	(140; 155; 165; 175; 180; 190)	(27,5; 37,5; 47,5; 58,5; 65; 75)
a_3	(-30; -20; -10; 0; 5; 10)	(120; 135; 145; 150; 160; 170)	(45; 57,5; 67,5; 75; 82,5; 90)
a_4	(-15; -10; -5; 5; 10; 15)	(85; 90; 100; 110; 115; 125)	(35; 40; 47,5; 57,5; 62,5; 70)
a_5	(35; 40; 45; 50; 55; 60)	(45; 48; 50; 53; 58; 60)	(40; 44; 47,5; 51,5; 56,5; 60)

Tab. 3.6: Optimale Alternativen ♦

3.1 Entscheidungen bei Ungewißheit

Auch die **LAPLACE-Regel** läßt sich einfach auf Fuzzy-Ergebnisse erweitern. Es wird diejenige Aktion a_k als optimal ausgewählt, für die gilt:

$$\widetilde{\Phi}(a_k) = R - \widetilde{\text{Max}}_i \frac{1}{n} \sum_j \widetilde{U}_{ij} \qquad (3.15)$$

< 3.9 > Für die Fuzzy Ergebnisse aus Tab. 3.5 ist nach der LAPLACE-Regel a_3 die optimale Alternative.

	LAPLACE
a_1	(43,33; 55,33; 66,67; 81; 91,67; 100)
a_2	(46,67; 56; 65; 75,67; 81,67; 91,67)
a_3	(68,33; 81,67; 90; 96,67; 103,33; 110)
a_4	(51,67; 57,67; 65; 73,33; 77,67; 85)
a_5	(40; 44,33; 48,33; 51; 55,33; 58,33)

Tab. 3.7: Optimale Alternative nach LAPLACE ♦

Etwas schwieriger ist die Erweiterung der **SAVAGE-NIEHANS-Regel**, da die Bestimmung der Opportunitätskosten $K_{ij} = \max_r u_{rj} - u_{ij}$ aus unscharfen Nutzenwerten Probleme bereiten kann.

Zunächst ist zu überdenken, ob die dann unscharfen Opportunitätskosten durch direkte Fuzzifizierung der gegebenen Formel erfolgen soll, d. h.

$$\widetilde{K}_{ij} = R - \widetilde{\text{Max}}_r \widetilde{U}_{rj} \ominus \widetilde{U}_{ij}.$$

Betrachten wir dazu in Tab. 3.5 die erste Spalte und die Aktion a_5:

Mittels erweiterter Subtraktion

$$(\underline{a}^\varepsilon, \underline{a}^\lambda, \underline{a}^1, \overline{a}^1, \overline{a}^\lambda, \overline{a}^\varepsilon)^{\varepsilon,\lambda} \ominus (\underline{b}^\varepsilon, \underline{b}^\lambda, \underline{b}^1, \overline{b}^1, \overline{b}^\lambda, \overline{b}^\varepsilon)^{\varepsilon,\lambda}$$
$$= (\underline{a}^\varepsilon - \overline{b}^\varepsilon, \underline{a}^\lambda - \overline{b}^\lambda, \underline{a}^1 - \overline{b}^1, \overline{a}^1 - \underline{b}^1, \overline{a}^\lambda - \underline{b}^\lambda, \overline{a}^\varepsilon - \underline{b}^\varepsilon)^{\varepsilon,\lambda} \qquad (3.16)$$

ergibt sich bei Eintritt des Umweltzustand s_1 ein Nutzenentgang,

$$\widetilde{K}_{51} = (170; 180; 200; 220; 225; 230)^{\varepsilon,\lambda} \ominus (45; 48; 50; 53; 58; 60)^{\varepsilon,\lambda}$$
$$= (110; 122; 147; 170; 177; 185)^{\varepsilon,\lambda}.$$

Dieser Fuzzy-Wert ist unserer Ansicht nach aber keine adäquate Wiedergabe des Nutzenentgangs, bei dem der Entscheider bedauert, daß er nicht den höchsten Nutzen $(170; 180; 200; 220; 225; 230)^{\varepsilon,\lambda}$ sondern nur $(45; 48; 50; 53; 58; 60)^{\varepsilon,\lambda}$ erzielt hat. Dies ist darin begründet, daß die erweiterte Subtraktion keine Umkehrung der erweiterten Addition darstellt. Um den höchsten Nutzen zu erreichen müßte der Entscheidungsträger nämlich den Wert C_{51} mehr erhalten, wobei sich C_{51} aus der Gleichung

$$(45; 48; 50; 53; 58; 60)^{\varepsilon,\lambda} \oplus \widetilde{C}_{51} = (170; 180; 200; 220; 225; 230)^{\varepsilon,\lambda}.$$

errechnen läßt als $\widetilde{C}_{51} = (125; 132; 150; 167; 167; 170)^{\varepsilon,\lambda}$.

Bei Verwendung von Fuzzy-Intervallen des ε-λ-Typs läßt sich die erweiterte Addition auch formal auffassen als "Addition der Tupel"

$(45; 48; 50; 53; 58; 60) + (125; 138; 150; 167; 167; 170)$
$= (170; 180; 200; 220; 225; 230)$

und die Berechnung von $\widetilde{C}_{51}$ als "Subtraktion der Tupel"

$(170; 180; 200; 220; 225; 230) - (45; 48; 50; 53; 58; 60)$
$= (125; 138; 150; 167; 167; 170)$.

Daß eine Berechnung einer Fuzzy-Größe $\widetilde{C}$ aus einer Gleichung $\widetilde{A} \oplus \widetilde{C} = \widetilde{B}$ nicht immer einfach ist, selbst wenn es sich um Fuzzy-Intervalle des ε-λ-Typs handelt, zeigt die Berechnung von C_{21} aus der Gleichung

$$(140; 155; 165; 175; 180; 190)^{\varepsilon,\lambda} \oplus \widetilde{C}_{21} = (170; 180; 200; 220; 225; 230)^{\varepsilon,\lambda}.$$

Das Ergebnis $\widetilde{C}_{21} = (30; 25; 35; 55; 45; 40)^{\varepsilon,\lambda}$ macht offensichtlich keinen Sinn, da die Zahlen keine schwach aufsteigende Reihenfolge aufweisen.

Es kann somit nicht erwartet werden, daß stets eine Fuzzy-Größe $\widetilde{C}$ bestimmbar ist, die einer Gleichung $\widetilde{A} \oplus \widetilde{C} = \widetilde{B}$ mit vorgegebenen Größen $\widetilde{A}$ und $\widetilde{B}$ genügt.

Wir beschränken unsere Betrachtungen auf den Fall $\widetilde{A} \prec_\varepsilon \widetilde{B}$:

Gesucht ist nun das gemäß der $\prec_\varepsilon$-Präferenz ranghöchste $\widetilde{C}$, das der Präferenzbeziehung $A \oplus C \prec_\varepsilon B$ genügt.

Für ε-λ-Fuzzy-Intervalle bedeutet dies, daß $\widetilde{C} = (\underline{c}^\varepsilon, \underline{c}^\lambda, \underline{c}^1, \overline{c}^1, \overline{c}^\lambda, \overline{c}^\varepsilon)^{\varepsilon,\lambda}$ durch das größte Tupel $(\underline{c}^\varepsilon, \underline{c}^\lambda, \underline{c}^1, \overline{c}^1, \overline{c}^\lambda, \overline{c}^\varepsilon)$ mit $\underline{c}^\varepsilon \leq \underline{c}^\lambda \leq \underline{c}^1 \leq \overline{c}^1 \leq \overline{c}^\lambda \leq \overline{c}^\varepsilon$ beschrieben wird, daß der folgenden Vektorenungleichung genügt:

$$(\underline{a}^\varepsilon, \underline{a}^\lambda, \underline{a}^1, \overline{a}^1, \overline{a}^\lambda, \overline{a}^\varepsilon) + (\underline{c}^\varepsilon, \underline{c}^\lambda, \underline{c}^1, \overline{c}^1, \overline{c}^\lambda, \overline{c}^\varepsilon) \leq (\underline{b}^\varepsilon, \underline{b}^\lambda, \underline{b}^1, \overline{b}^1, \overline{b}^\lambda, \overline{b}^\varepsilon)$$

3.1 Entscheidungen bei Ungewißheit

Offensichtlich ist dies dann erfüllt, wenn gilt

$\bar{c}^\varepsilon = \bar{b}^\varepsilon - \underline{a}^\varepsilon$

$\bar{c}^\lambda = \text{Max } \{c \in \mathbb{R} | c \leq \bar{b}^\lambda - \underline{a}^\lambda \quad \text{und} \quad c \leq \bar{c}^\varepsilon \}$

$\bar{c}^1 = \text{Max } \{c \in \mathbb{R} | c \leq \bar{b}^1 - \underline{a}^1 \quad \text{und} \quad c \leq \bar{c}^\lambda \}$

$\underline{c}^1 = \text{Max } \{c \in \mathbb{R} | c \leq \underline{b}^1 - \underline{a}^1 \quad \text{und} \quad c \leq \bar{c}^1 \}$

$\underline{c}^\lambda = \text{Max } \{c \in \mathbb{R} | c \leq \underline{b}^\lambda - \underline{a}^\lambda \quad \text{und} \quad c \leq \underline{c}^1 \}$

$\underline{c}^\varepsilon = \text{Max } \{c \in \mathbb{R} | c \leq \underline{b}^\varepsilon - \underline{a}^\varepsilon \quad \text{und} \quad c \leq \underline{c}^\lambda \}$

Mit dieser Berechnungsformel läßt sich $\widetilde{C}_{21}$ aus

$(140; 155; 165; 175; 180; 190)^{\varepsilon,\lambda} \oplus \widetilde{C}_{21} = (170; 180; 200; 220; 225; 230)^{\varepsilon,\lambda}$

berechnen als $\widetilde{C}_{21} = (25; 25; 35; 40; 40; 40)^{\varepsilon,\lambda}$.

Bemerkung

Anstatt sich an $\bar{c}^\varepsilon$ zu orientieren hätte man auch den Wert $\bar{c}^1$ als Orientierungspunkt wählen können. Dies hätte den Vorteil, daß dem 1-Niveau ein höheres Gewicht zugeordnet wird, was ja auch richtig ist. Man würde aber in Kauf nehmen, daß die $\prec_\varepsilon$-Präferenz verletzt würde. Die Berechnungsformeln hätten dann die Gestalt:

$\bar{c}^1 = \bar{b}^1 - \underline{a}^1$

$\underline{c}^1 = \text{Max } \{c \in \mathbb{R} | c \leq \underline{b}^1 - \underline{a}^1 \quad \text{und} \quad c \leq \bar{c}^1 \}$

$\underline{c}^\lambda = \text{Max } \{c \in \mathbb{R} | c \leq \underline{b}^\lambda - \underline{a}^\lambda \quad \text{und} \quad c \leq \underline{c}^1 \}$

$\underline{c}^\varepsilon = \text{Max } \{c \in \mathbb{R} | c \leq \underline{b}^\varepsilon - \underline{a}^\varepsilon \quad \text{und} \quad c \leq \underline{c}^\lambda \}$

$\bar{c}^\lambda = \text{Min } \{c \in \mathbb{R} | c \geq \bar{b}^\lambda - \underline{a}^\lambda \quad \text{und} \quad c \geq \bar{c}^1 \}$

$\bar{c}^\varepsilon = \text{Min } \{c \in \mathbb{R} | c \geq \bar{b}^\varepsilon - \underline{a}^\varepsilon \quad \text{und} \quad c \geq \bar{c}^\lambda \}$

Mit dieser Formel läßt sich $\widetilde{C}_{21}$ aus

$(140; 155; 165; 175; 180; 190)^{\varepsilon,\lambda} \oplus \widetilde{C}_{21} = (170; 180; 200; 220; 225; 230)^{\varepsilon,\lambda}$.

berechnen als $\widetilde{C}_{21} = (25; 25; 35; 55; 55; 55)^{\varepsilon,\lambda}$.

< 3.10 > Orientieren wir uns an der $\prec_\varepsilon$-Präferenz, so bestimmt sich die Opportunitätskostenmatrix zur Nutzenmatrix in Tab. 3.5 zu:

	s_1	s_2	s_3
a_1	(0; 0; 0; 0; 0; 0)	(30; 30; 30; 30; 30; 30)	(110; 110; 110; 110; 110; 110)
a_2	(25; 25; 35; 40; 40; 40)	(25; 25; 25; 25; 25; 25)	(100; 100; 100; 100; 100; 100)
a_3	(45; 45; 55; 60; 60; 60)	(0; 0; 0; 0; 0; 0)	(50; 50; 50; 50; 50; 50)
a_4	(85; 90; 100; 105; 105; 105)	(30; 35; 35; 35; 35; 35)	(45; 45; 45; 45; 45; 45)
a_5	(125; 138; 150; 167; 167; 170)	(75; 85; 85; 90; 92; 95)	(0; 0; 0; 0; 0; 0)

Tab. 3.8: Opportunitätskostenmatrix $\widetilde{C}_{ij}$

Nach der SAVAGE-NIEHANS-Regel ist die Alternative a_3 die optimale. ♦

Gemäß der SAVAGE-NIEHANS-Regel ist diejenige Aktion a_k optimal, für die gilt:

$$\widetilde{\Phi}(a_k) = R - \widetilde{\text{Min}}_i [R - \widetilde{\text{Max}}_j \widetilde{C}_{ij}] \tag{3.17}$$

Bemerkung:
Denkbar ist auch der Fall, daß zwischen zwei Fuzzy-Intervallen $\widetilde{A}$ und $\widetilde{B}$ keine $\prec_\varepsilon$-Präferenz vorliegt, sondern nur eine Präferenz im Sinne des Niveau-Ebenen-Verfahren mit $\hat{a} < \hat{b}$. Möchte man als "Lösung" der Gleichung $\widetilde{A} \oplus \widetilde{C} = \widetilde{B}$ eine von Null verschiedene Größe angeben, so bietet sich der Spezialfall $\widetilde{C} = \hat{b} - \hat{a}$ an.

< 3.11 > Für die Fuzzy-Ergebnisse aus Beispiel < 2.9 >,

$\widetilde{X}_4 = (6{,}5;\ 7{,}3;\ 8{,}5;\ 10;\ 10{,}7;\ 12)^{\varepsilon, \lambda}$ und $\widetilde{X}_5 = (8;\ 8{,}2;\ 8{,}5;\ 9;\ 9{,}5;\ 10)^{\varepsilon, \lambda}$, erhalten

wir $\hat{x}_4 = \dfrac{55}{6} = 9{,}17$ und $\hat{x}_5 = \dfrac{53{,}2}{6} = 8{,}67$.

Als Lösung der Gleichung $\widetilde{X}_4 \oplus \widetilde{C} = \widetilde{X}_5$ ist dann $\widetilde{C} = \hat{x}_5 - \hat{x}_4 = 9{,}14 - 8{,}67 = 0{,}47$ zu wählen. ♦

Die vorstehenden Beobachtungen zusammenfassend, kommt man zu dem Ergebnis, daß es zur Anwendung der Entscheidungsregeln für Ungewißheitssituationen nicht nötig ist, die nur vage bekannten Ergebnisse künstlich zu reellen Zahlen zu verdichten. Wenn dies auf der Basis zusätzlicher Informationen geschieht, so ist der Erwerb und die Verarbeitung dieser Informationen normalerweise mit Kosten verbunden, die vom Gesamtergebnis abzuziehen sind. Zumindest ein Teil dieser Kosten könnte eingespart werden, wenn man zunächst die Fuzzy-Ergebnisse betrachtet, die ohne die Aufnahme zusätzlicher Informationen vorliegen. Dann könnten i. allg. ein großer Teil der Aktionen schon ausgesondert werden. Für die übrigen ist zu überlegen, ob die Kosten für zusätzliche Informationen nicht teurer sind als die Differenz zwischen den Ergebnissen der verbliebenen Alternativen. Wenn ja, dann wäre eine Zufallsauswahl die bessere Vorgehensweise.

3.2 Entscheidungen bei Risiko

Die **Risikosituation** ist dadurch geprägt, daß der Entscheidungsträger in der Lage ist, (subjektive oder objektive) Wahrscheinlichkeiten für das Eintreten der möglichen Umweltzustände zu benennen.

Denkbare Beispiele für Entscheidungssituationen mit objektiv bestimmbaren Wahrscheinlichkeiten sind, vgl. BAMBERG/COENENBERG [2000, S. 66]:

- Die Teilnahme an einem Glücksspiel, an einer staatlichen Lotterie usw.; die Wahrscheinlichkeiten können aufgrund kombinatorischer Überlegungen exakt berechnet werden.
- Der Abschluß eines Versicherungsvertrages; die Wahrscheinlichkeiten für die verschiedenen Schadensfälle können aufgrund des umfangreichen versicherungsstatistischen Datenmaterials relativ gut geschätzt werden.
- Der Kauf eines Neu- oder Gebrauchtwagens; aufgrund von längerfristigen Kfz-Statistiken lassen sich die Wahrscheinlichkeitsverteilungen für die Lebensdauer und für die jährlichen Reparaturkosten schätzen. Analoge Situationen treten natürlich auch bei anderen Investitionen auf.
- Dispositionen bzgl. der Lagerhaltung; die Wahrscheinlichkeitsverteilungen für die pro Periode nachgefragte Menge der verschiedenen Güter können aus Zeitreihen früherer Perioden geschätzt werden.

Wie bereits erörtert existieren darüber hinaus Entscheidungssituationen, für die sich aufgrund fehlender Erfahrungs- und damit Referenzwerte nur schwer Aussagen in Bezug auf das Eintreten von Umweltzuständen formulieren lassen. Dennoch kann man für die Praxis davon ausgehen, daß Entscheidungsträger Vorstellungen haben, wie sie persönlich die relevanten Eintrittswahrscheinlichkeiten einschätzen. Bestimmte Umweltentwicklungen sind grundsätzlich wahrscheinlicher als andere und wir setzen voraus, daß Entscheider zumindest derartige Klassifizierungen vornehmen können. Diese subjektiven Wahrscheinlichkeitsaussagen beruhen meist auf Intuition oder nur ungenauer, unbewußter Information und lassen sich objektiv schwer überprüfen, beeinflussen aber die Entscheidungen ebenso wie die objektiven Wahrscheinlichkeiten. Aus diesem Grund soll im folgenden zwischen subjektiver und objektiver Wahrscheinlichkeit nicht weiter unterschieden werden, da die Begründung der Wahrscheinlichkeitsurteile nicht Gegenstand unserer Diskussion ist.

< 3.12 > Auch in diesem Kapitel wollen wir die theoretischen Ausführungen durch das einfache numerische Beispiel < 3.1 > unterstützen. Dazu nehmen wir an, daß der Entscheider den Umweltzuständen die folgenden a priori-Wahrscheinlichkeiten zuordnet:

$p(s_1) = 0,5, \quad p(s_2) = 0,3, \quad p(s_3) = 0,2.$ ♦

Da auch im Risikofall das Entscheidungsproblem gelöst ist, wenn eine **dominante Aktion** in der Alternativenmenge A existiert, wird generell unterstellt, daß keine solche Alternative in A vorliegt. Darüber hinaus besitzt das Dominanzprinzip weiterhin Gültigkeit, weswegen im weiteren nur die Alternativen $a_1 - a_5$ betrachtet werden.

3.2.1 Der Erwartungswert zur einmaligen Lösung des Entscheidungsproblems

Analog dem Vorgehen im Einszenarienfall mit stochastischer Ergebnisverteilung ist die Orientierung an Erwartungswerten auch hier eine naheliegende und oft benutzte Entscheidungshilfe.

Wenn es um die Beurteilung der Vorteilhaftigkeit des Erwartungswertkriteriums geht, muß man einmalige Entscheidungen und Entscheidungssituationen mit mehrmaliger Wiederholung unterscheiden:
Bei einem Problem mit einmaliger Wiederholung ist es stark zu bezweifeln, ob sich ein Entscheider bei Auswahl der optimalen Alternative an den Erwartungswerten orientieren wird.

< 3.13 > Betrachten wir dazu die Tab. 3.9.

	s_1	s_2	s_3	$\mu_i = E(a_i)$
a_1	210	100	-80	119
a_2	170	105	-60	104,5
a_3	150	140	-10	115
a_4	105	102	0	83,1
a_5	50	50	50	50
$p(s_i)$	0,5	0,3	0,2	

Tab. 3.9: A priori-Gewinnmatrix und Erwartungswerte

Nach dem μ-Kriterium müßte sich der Entscheidungsträger für a_1 entscheiden. Er könnte dann neben dem mittleren Wert 100 den insgesamt höchsten Gewinn 210, aber auch den höchsten Verlust -80 erzielen. Der Erwartungswert selbst ist aber nie Ergebnis der Entscheidung.

Für den Entscheider kann es jedoch überzeugende Argumente geben, die nach dem µ-Kriterium optimale Alternative a_1 abzulehnen. Dazu brauchen wir uns nur vorzustellen, daß die Beträge in der Tab. 3.1 in der Dimension [1 Million DM] angegeben sind. Die Entscheidung für a_1 könnte daher zu einem Verlust in Höhe von 80 Millionen DM führen, was möglicherweise die Liquidität und den Bestand des Unternehmens stark gefährden würde. Aus diesen gewichtigen Gründen spricht vieles dafür, daß sich ein Unternehmer eher für die Alternative a_3 mit einem verkraftbaren Verlust von 10 Millionen DM oder gar für die Alternative a_4 entscheiden würde. Im Falle einer einmaligen Entscheidung macht es auch wenig Sinn, die Standardabweichung für a_1

$$\sigma_1 = \sqrt{(210-119)^2 \cdot 0,5 + (100-119)^2 \cdot 0,3 + (-80-119)^2 \cdot 0,2} = 110,31$$

als weitere Entscheidungsgröße heranzuziehen, da nur drei Ergebniswerte eintreten können. ♦

3.2.2 Der Erwartungswert zur mehrmaligen Lösung des Entscheidungsproblems - Orientierung am Durchschnittserfolg

Ganz anders sieht die Lage aus, wenn die Entscheidung nicht nur einmal, sondern wiederholt getroffen werden soll.

< 3.14 > Betrachten wir dazu die "durchschnittliche Gewinnverteilung" einer Aktion a_7 mit der in Tab. 3.9 gegebenen Gewinnverteilung bei 1, 4 und 6 Wiederholungen.

	s_1	s_2	s_3	$\mu_7 = E(a_7)$
a_7	210	95	-85	116,5
$p(s_i)$	0,5	0,3	0,3	

Tab. 3.10: Gewinnverteilung der Alternativen a_7

Wie man anhand der Abb. 3.1 a-c gut erkennen kann, konvergiert die Verteilung der "durchschnittlichen Gewinne" mit wachsender Anzahl der Wiederholungen n gegen eine Normalverteilung, die wie alle Durchschnittsgewinne $G^{(n)}$ den stets gleichen Mittelwert $\mu_7 = E(a_7) = 116,5$ aufweist.

Daß der mittlere durchschnittliche Gewinn stets gleich bleibt ist damit zu begründen, daß jede einzelne Entscheidung die gleiche, in Tab. 3.9 dargestellte Verteilung besitzt und die Verteilungen unabhängig voneinander sind.

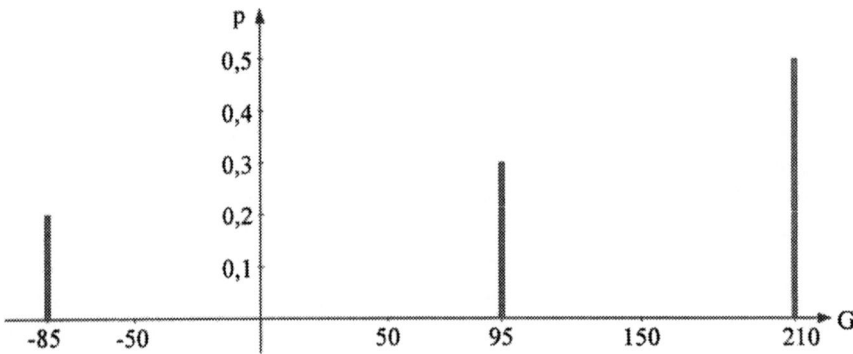

Abb. 3.1a: Verteilung des „durchschnittlichen Gewinns" bei 1 Wiederholung

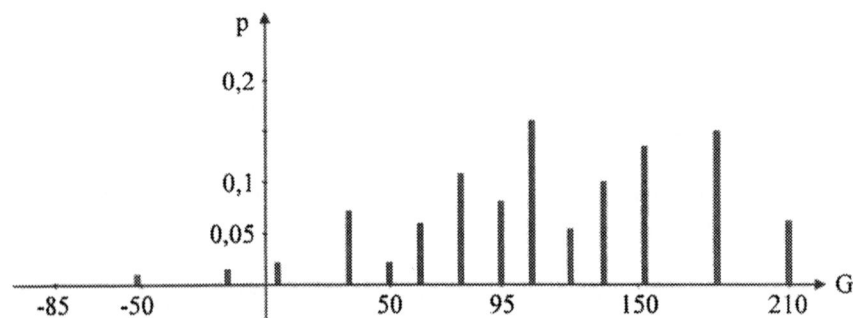

Abb. 3.1b: Verteilung des „durchschnittlichen Gewinns" bei 4 Wiederholungen

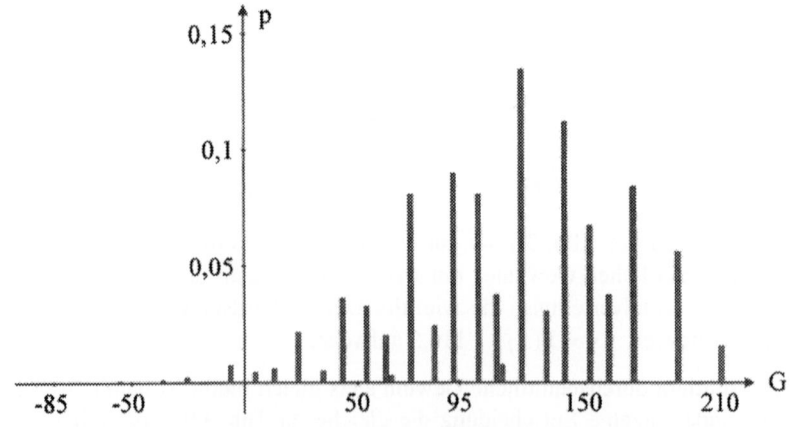

Abb. 3.1c: Verteilung des „durchschnittlichen Gewinns" bei 6 Wiederholungen ♦

3.2 Entscheidungen bei Risiko

Der Erwartungswert eines Durchschnittsgewinns $G^{(n)}$ ist dann

$$E(G^{(n)}) = E(\frac{1}{n}[G(1)+G(2)+\cdots+G(n)])$$
$$= \frac{1}{n}[G(1)+G(2)+\cdots+G(n)]) = \frac{1}{n}[n\cdot\mu] = \mu, \quad (3.18)$$

wenn mit G(r) die Verteilung des Gewinns der r-ten Entscheidung und mit µ der Erwartungswert der Verteilung G(r) bezeichnet wird. Der Erwartungswert des durchschnittlichen Gewinns stimmt also überein mit dem Gewinnerwartungswert bei einmaliger Realisation.

Ist also die Entscheidung nicht nur einmal sondern genügend häufig zu treffen, d. h. mit mindestens 20 Wiederholungen, so kann eine Normalverteilung unterstellt werden, die durch den Mittelwert µ und die Standardabweichung σ hinreichend genau beschrieben wird. Als geeignetes Entscheidungskriterium kommt dann das µ-σ-Kriterium in Betracht, da es die vorliegenden Informationen über die durchschnittliche Gewinnverteilung vollständig berücksichtigt. Bedenken lassen sich höchstens äußern hinsichtlich der Fähigkeit eines Entscheidungsträgers, die µ-σ-Isoquanten festzulegen.

Da weiterhin gilt

$$\sigma^2(G^{(n)}) = E(G^{(n)}-\mu)^2 = E(\sum_{r=1}^{n}\frac{1}{n}G(r)-\mu)^2 = E(\frac{1}{n^2}(\sum_{r=1}^{n}G(r)-n\cdot\mu)^2)$$
$$= E(\frac{1}{n^2}\sum_{r=1}^{n}(G(r)-\mu)^2) = \frac{1}{n^2}\cdot\sum_{r=1}^{n}\sigma^2 = \frac{1}{n}\sigma^2, \quad (3.19)$$

wobei σ die Standardabweichung von G(r) ist, so schrumpft mit wachsender Anzahl der Entscheidungen die Standardabweichung von $G^{(n)}$ und µ wird immer dominierender; d. h. das µ-σ-Kriterium vereinfacht sich im Grenzwert sogar zum µ-Kriterium.

Dennoch wird Kritik am µ-σ-Kriterium geäußert, z. B. schreibt LAUX [1998, S. 156]: "Die Einfachheit des µ-σ-Prinzips hat jedoch ihren Preis: Seine Anwendung kann zu problematischen Entscheidungen führen. Insbesondere steht es nicht im Einklang mit dem Dominanzprinzip". Dies ist darauf zurückzuführen, daß bei nicht normalverteiltem Erfolg das µ-σ Kriterium nicht alle Verteilungsparameter berücksichtigt und dann natürlich zu fehlerhaften Entscheidungen führen kann. Dies wurde auch schon in Abb. 2.4 für schiefverteilte Ergebnisse demonstriert.

Das Nicht-Vorliegen einer Normalverteilung ist auch der Grund für den Konflikt zwischen µ-σ-Prinzip und Dominanzprinzip bei dem von LAUX [1998, S. 156ff] diskutierten Glücksspiel.

< 3.15 > Glücksradspiel:

Ein risikoscheuer Entscheidungsträger könne beliebig viele Lose erwerben, wobei ihm keinerlei Kosten entstehen. Ob die Lose gewinnen, bestimmt ein Glücksrad:

Eine Scheibe mit einem blauen und einem roten Feld und einem feststehenden Zeiger wird gedreht, vgl. Abb. 3.2.

- Kommt die Scheibe so zum Stehen, daß der Zeiger im blauen Feld ist, so gewinnt der Entscheider pro Los 100 €, d. h. bei K Losen K·100 €.

- Bleibt aber die Scheibe bei "rot" stehen, so geht der Entscheider leer aus.

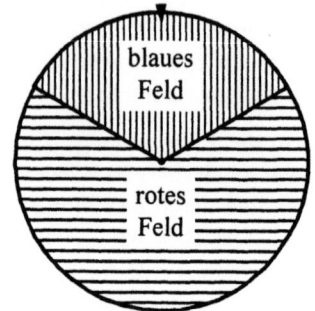

Abb. 3.2: Glücksrad

Die Gewinnwahrscheinlichkeit p ist gleich dem Verhältnis von Fläche des blauen Feldes zur Gesamtfläche der Scheibe und kann durch Änderung der Farbaufteilung beliebig zwischen 0 und 1 variiert werden.

	Blaues Feld	Rotes Feld
0 Lose	0 DM	0 DM
1 Los	100 DM	0 DM
2 Lose	200 DM	0 DM
3 Lose	300 DM	0 DM
...	...	...
K Lose	K·100 DM	0 DM

Tab. 3.11: Gewinne beim Glücksradspiel

Betrachten wir die zugehörige Entscheidungsmatrix in Tab. 3.11, so ist klar zu erkennen, daß jede Anzahl K > 0 jede kleinere Zahl an Losen dominiert. Nach dem Dominanzprinzip sollte ein Entscheider also so viel Lose wie möglich kaufen.

Zu einer anderen Empfehlung führt jedoch das μ-σ-Prinzip:

Zur Verdeutlichung wird vereinfachend angenommen, der Entscheider verfüge über eine *sichere* Vermögensposition V*. Der Gewinn wird mit G^K bezeichnet. G^K ist eine Zufallsgröße, die den Wert K·100 aufweist, wenn das Glücksrad bei „blau" stehen bleibt, oder den Wert null, wenn das Rad im roten Feld zum Stehen kommt.

3.2 Entscheidungen bei Risiko

Der Erwartungswert des Gewinns beträgt

$$\mu(G^K) = E(G^K) = p \cdot K \cdot 100 + (1-p) \cdot 0 = p \cdot K \cdot 100$$

Die Standardabweichung des Gewinns beträgt

$$\sigma(G^K) = \sqrt{p \cdot [K \cdot 100 - \mu^K]^2 + (1-p) \cdot [0 - \mu^K]^2}$$
$$= \sqrt{p \cdot [K \cdot 100 - p \cdot K \cdot 100]^2 + (1-p) \cdot [0 - p \cdot K \cdot 100]^2}$$
$$= K \cdot 100 \cdot \sqrt{p \cdot [1 - 2p + p^2] + [p^2 - p^3]} = K \cdot 100 \cdot \sqrt{p - p^2}$$

Da der Quotient $\dfrac{\sigma(G^K)}{\mu(G^K)} = \dfrac{K \cdot 100 \cdot \sqrt{p-p^2}}{K \cdot p \cdot 100} = \dfrac{\sqrt{p-p^2}}{p} = \sqrt{\dfrac{p-p^2}{p^2}} = \sqrt{\dfrac{1}{p}-1}$

unabhängig von der Anzahl der erworbenen Lose ist, liegen die den alternativen K-Werten entsprechenden $(\mu(K^K), \sigma(K^K))$-Kombinationen hinsichtlich der gesamten Vermögensposition des Entscheiders auf einem Fahrstrahl im (μ, σ)-Diagramm, der im Punkt V* auf der Abszisse (dem sicheren Vermögen bei Verzicht auf Loserwerb) beginnt und die Steigung $\sqrt{\dfrac{1}{p}-1}$ aufweist. Dieser Fahrstrahl wird im folgenden als (μ, σ)-Strahl bezeichnet. Geht p gegen 0 (bzw. gegen 1), so geht seine Steigung gegen ∞ (bzw. gegen 0).

Nun können, wie auch immer die Indifferenzkurven des risikoscheuen Entscheiders verlaufen, p-Werte fixiert werden (und zwar durch entsprechende Festlegung des blauen Gewinnfeldes), bei denen nach dem (μ, σ)-Prinzip ein Verstoß gegen das Dominanzprinzip als vorteilhaft erscheint, vgl. Abb. 3.3.

Aus Abb. 3.3 ist ersichtlich, daß stets p-Werte so bestimmt werden können, daß der σ-μ-Fahrstrahl eine der Indifferenzkurven tangiert, gleichgültig, wie der risikoscheue Entscheidungsträger seine Indifferenzkurven vorgibt. Damit existiert aber nach dem μ-σ-Prinzip ein endlicher optimaler Wert K, während nach dem Dominanzprinzip K unendlich groß zu wählen ist.

Eine Erklärung dieses Verstoßes gegen das Dominanzprinzip ist, daß hier bei diesem Glücksrad-Modell die Gewinne nicht normalverteilt sind, sondern lediglich eine 0-1-Verteilung aufweisen.

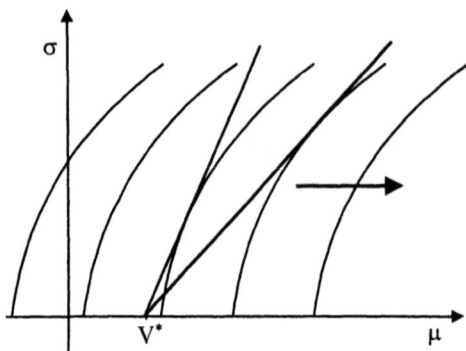

Abb. 3.3: µ-σ-Indifferenzkurven ♦

3.2.3 Der Erwartungswert zur mehrmaligen Lösung des Entscheidungsproblems - Orientierung am Gesamterfolg

Orientiert sich ein Entscheidungsträger bei mehrfach wiederholter Entscheidung nicht an dem "durchschnittlichen Erfolg" sondern an dem Gesamterfolg, dann gilt

$$E([G(1)+G(2)+\cdots+G(n)]) = G(1)+G(2)+\cdots+G(n) = n \cdot \mu \quad (3.20)$$

und

$$\sigma^2([G(1)+G(2)+\cdots+G(n)]) = E(\sum_{r=1}^{n} G(r)-n\mu)^2 = \sum_{r=1}^{n}\sigma^2 = n \cdot \sigma^2. \quad (3.21)$$

Das µ-σ-Prinzip ist auch bei der Orientierung am Gesamterfolg eine adäquate Entscheidungsregel, wenn normalverteilte Ergebnisse vorliegen.

Wegen $\sigma([G(1)+G(2)+\cdots+G(n)]) = \sqrt{n}\cdot\sigma$ ist aber selbst bei einer hohen Anzahl an Wiederholungen eine Orientierung am µ-Wert nicht gerechtfertigt, da $\sigma([G(1)+G(2)+\cdots+G(n)])$ mit n wächst, auch wenn das Wachstum fortwährend kleiner wird; es bleibt aber stets positiv, wie die Ableitung

$$\frac{\partial \sigma[G(1)+\cdots+G(n)]}{\partial n} = \frac{\sigma}{2\sqrt{n}} \quad \text{zeigt.}$$

Im Lichte dieser Erkenntnis ist auch das St. Petersburger Spiel (St. Petersburger Paradoxon) zu sehen, aus dem Daniel BERNOULLI schließt, daß das µ-Kriterium selbst im Fall beliebiger Wiederholbarkeit **kein** adäquates Entscheidungskriterium sein muß.

< 3.16 > Sankt Petersburger Spiel

Eine Münze wird solange geworfen, bis zum erstenmal „Zahl" erscheint. Ist dies beim n-ten Wurf der Fall, so erhält der Spieler einen Gewinn von 2^n € ausgezahlt. Welchen Betrag ist ein Spieler bereit für eine Partie dieses Spiels zu riskieren?

Da der Gewinnerwartungswert $2 \cdot \frac{1}{2} + 4 \cdot \frac{1}{4} + ... = \infty$ ist, so müßte - bei alleiniger Orientierung am Erwartungswert - jeder noch so hohe Einsatz gerechtfertigt sein. In der Realität dürfte es jedoch schwierig werden, Personen zu finden, die bereit wären mehr als 10 € zu setzen. ♦

Daniel BERNOULLI [1738] zog aufgrund seiner Beobachtungen das Fazit, daß der Erwartungswert der Auszahlungen selbst bei einem Glücksspiel durch eine andere Beurteilungsgröße ersetzt werden müsse, wenn man das empirisch beobachtete Spielverhalten erklären wolle. BERNOULLI schlug vor, neben den Wahrscheinlichkeiten und den Auszahlungen noch ein weiteres Charakteristikum einzuführen, nämlich die subjektive Nutzenbewertung der möglichen Auszahlungen durch den Entscheidungsträger. Eine Erklärung für das St. Petersburger Paradoxon sah er darin, daß die Geldskala aus subjektiver Sicht eines Entscheiders nur bedingt, d. h. in einzelnen Bereichen kardinal meßbar ist. Zwischen unterschiedlichen Bereichen sind aber Differenzbeträge nicht gleich zu bewerten. Seiner Auffassung nach führt eine Steigerung eines Gewinns von 1.000 € auf 2.000 € zu einem stärkeren Nutzenanstieg als eine geldbetragsmäßig gleiche Erhöhung von 1 Million auf 1.001.000 €. Daher sollten nicht die Auszahlungen selbst mit den Wahrscheinlichkeiten gewichtet werden, sondern erst die Zahlen, die sich durch Einsetzen der Auszahlungen in die Nutzenfunktion ergeben. BERNOULLI gab der Nutzenfunktion die Form $u(G) = \ln G$.

Diese Form der Nutzenfunktion stimmt mit dem 1. GOSSENschen Gesetz überein

$$\frac{du}{dG} \geq 0 \quad \text{und} \quad \frac{d^2u}{dG^2} \leq 0 \quad , \tag{3.22}$$

das besagt, daß der Nutzen mit wachsendem G steigt, der Anstieg aber immer schwächer wird ("Abnehmender Grenznutzen").

Mit diesem Nutzenansatz läßt sich aber nicht erklären, warum ein Entscheider bereit ist, für eine Feuerversicherung mit einer Versicherungshöhe von 1 Million € und einer Jahreseintrittswahrscheinlichkeit von 0,0001 eine Jahresprämie von 250 € zu zahlen, die bedeutend höher als der Erwartungswert 100 € ist. Der Entscheider hält es damit für besser, mit Sicherheit 250 € zu zahlen, als mit einer Wahrscheinlichkeit von 10^{-4} den Verlust in Höhe von 1 Million € in Kauf zu nehmen.

Ein analoger empirischer Befund ergibt sich beim staatlichen Zahlenlotto. Woche für Woche gibt es Millionen Personen, die sich für die Teilnahme am Zahlenlotto entscheiden, obwohl die Teilnahme zu einem kleineren Erwartungswert (nur ca. 50%) als die Nichtteilnahme führt.

Daraus läßt sich der Schluß ziehen, daß der Erwartungswert der mit den Aktionen verknüpften Auszahlungen keine generell verwendbare Beurteilungsgröße darstellt.

3.2.4 Das Bernoulli-Prinzip

Die vorstehenden Ausführungen lassen den Schluß zu, daß man i. allg. allein aus der Kenntnis der monetären Auszahlungen und der zugehörigen Wahrscheinlichkeiten das Verhalten eines Entscheiders noch nicht prognostizieren kann. Oder anders ausgedrückt, verschiedene Entscheidungsträger beurteilen zufallsabhängige Auszahlungen häufig verschieden. Daher muß eine adäquate Theorie über das Entscheidungsverhalten auf Daten zurückgreifen, die für den einzelnen Entscheider typisch sind.

Wie bereits bei der Darstellung des Sankt Petersburger Spiels diskutiert wurde, schlug BERNOULLI vor, den Erwartungswert der Auszahlungen durch die subjektive Nutzenbewertung der möglichen Auszahlungen zu ersetzen. BERNOULLIs Lösungsvorschlag, der auch als „BERNOULLI-Prinzip" bezeichnet wird, wurde erst von John VON NEUMANN und Oskar MORGENSTERN [1944] axiomatisch begründet und auf die heutige Form gebracht.

Der Grundgedanke des BERNOULLI-Prinzips basiert auf der Annahme, daß ein Entscheidungsträger eine (auf der Menge aller Auszahlungen definierte und bis auf eine wachsende lineare Transformation eindeutige) Nutzenfunktion u angeben kann, die Ergebniswerte seiner subjektiven Einschätzung entsprechend in Nutzenwerte umwandelt. Durch diese Transformation lassen sich für alle Alternativen Nutzenerwartungswerte in Form von wohlgeordneten reellen Zahl berechnen und die Alternative mit dem höchsten Nutzenerwartungswert als optimal bestimmen.

Formal gilt, wenn X_a die mit der Aktion a verknüpfte zufallsabhängige Auszahlung, entsprechend X_b die mit der Aktion b verknüpfte zufallsabhängige Auszahlung und weiterhin E den Erwartungswert bezeichne, so besagt das BERNOULLI-Prinzip:

$$a \succeq b \quad \Leftrightarrow \quad E[u(Xa)] \geq E[u(Xb)].$$

Dabei ist $E[u(X)] = \sum_i u(x_i) \cdot p_i$ mit $p_i = P(X = x_i)$ bei diskret verteiltem X

und $E[u(X)] = \int_{-\infty}^{\infty} u(x) f(x) dx$ bei kontinuierlich verteiltem X

mit der Wahrscheinlichkeitsdichte f(x).

3.2 Entscheidungen bei Risiko

Die dem BERNOULLI-Prinzip zugrunde gelegte Nutzenfunktion u wird auch als **Utility-Funktion**, als **BERNOULLI-Nutzen(-funktion)**, als **Risiko-Nutzen(-funktion)**, als **V. NEUMANN-MORGENSTERN-Nutzen(-funktion)** oder **Risikopräferenzfunktion** bezeichnet. Die bislang verwendete Bewertungsfunktion Φ nimmt in diesem Zusammenhang die spezielle Gestalt $\Phi(a) = E[u(X_a)]$ an.

Bernoulli unterstellt eine kardinale Nutzenfunktion, die bis auf lineare Transformationen eindeutig festgelegt ist. D. h. gibt eine Nutzenfunktion u gemäß dem BERNOULLI-Prinzip die Präferenzordnung der zur Debatte stehenden Aktionen an, so leistet dies auch eine Nutzenfunktion $\hat{u}$, die durch eine wachsende lineare Transformation aus u hervorgeht: $\hat{u} = au + \beta$, mit $a > 0$ und β beliebig.

Durch Einsetzen dieser Beziehung erkennt man, daß,
wegen $E[\hat{u}(X)] = a \cdot E[u(X)] + \beta$
$E[\hat{u}(X_a)] \geq E[\hat{u}(X_b)]$ dann und nur dann gilt, wenn $E[u(X_a)] \geq E[u(X_b)]$ ist.

Inhaltlich bedeutet dies, daß für die Nutzentransformation das Verhältnis von Nutzendifferenzen numerisch eindeutig fixiert sein muß. Die Nutzenfunktion selbst wird erst dadurch numerisch eindeutig festgelegt, daß für zwei (verschiedene) Konsequenzen x und y die Nutzenwerte willkürlich bestimmt werden. Bei monetären Auszahlungen findet man in der Literatur häufig die Normierung $u(0) = 0$ und $u(1) = 1$. Damit impliziert die Forderung nach einer kardinalen Nutzenfunktion weder, daß jedem Ergebnis x ein numerisch eindeutig festgelegter Nutzenwert $u(x)$ zugeordnet ist (denn die Skaleneinheit ist noch beliebig wählbar), noch, daß für je zwei Ergebnisse x und y das Nutzenverhältnis numerisch exakt festliegen müsse (denn der Nutzennullpunkt ist noch beliebig wählbar).

Prinzipiell ist davon auszugehen, daß für jedes Entscheidungsproblem eine situations- und personenabhängige Nutzenfunktion formuliert werden muß, um den individuellen Gegebenheiten tatsächlich gerecht werden zu können. Denkbar ist allerdings, daß einmal erstellte Nutzenfunktionen in ähnlichen Situationen wieder Verwendung finden.

Akzeptiert man BERNOULLI's Annahme, daß ein Entscheider in der Lage ist, die benötigte kardinale Nutzenfunktion zu benennen, stellt dieses Konzept eine überzeugende Weiterentwicklung dar. Gleichzeitig haben natürlich die gegenüber dem reinen Erwartungswertkonzept geäußerten Bedenken auch hier Gültigkeit. Beachtet man darüber hinaus, daß sich dieser Ansatz prinzipiell nicht auf Risikositutionen mit monetären Auszahlungen beschränkt, sondern die Handlungskonsequenzen in beliebiger Form bewertet sein können, beispielsweise auch einen Prestigeverlust, eine Verbesserung des Betriebsklimas und ähnliches beinhalten, verwundert es nicht, daß das BERNOULLI-Prinzip in der Literatur so starke Verbreitung erfahren hat.

3.2.5 Empirische Ermittlung des BERNOULLI-Nutzens

Bisher sind wir davon ausgegangen, daß ein Entscheider die zur adäquaten Lösung seines Entscheidungsproblems benötigte Nutzenfunktion angeben kann. In Hinblick auf eine mögliche praktische Anwendung des Bernoulli-Prinzips wird allerdings offensichtlich, daß diese Annahme für einen Entscheider ein gewaltiges Problem in der Realität darstellt. Aus diesem Grund soll im folgenden eine auf F.P. RAMSEY [1931] zurückgehende Idee zur empirischen Ermittlung von Risiko-Nutzenfunktionen veranschaulicht werden.

RAMSEY's grundsätzlicher Ansatz besteht darin, den Entscheidungsträger zunächst mit relativ einfach strukturierten, hypothetischen Indifferenzsituationen, die völlig unabhängig von dem eigentlich zu lösenden Problem sind, zu konfrontieren.

Es werden lediglich 2 Alternativen a_1 und a_2 betrachtet, wobei a_1 eine sichere Auszahlung x, a_2 dahingegen eine zufallsabhängige Auszahlung mit den möglichen Ergebnissen c und d (Lotterie) repräsentiert. Wir nehmen an, daß die beiden Konsequenzen c und d fest vorgegeben, dem Entscheidungsträger nicht gleichwertig sind und $c \precsim x \precsim d^1$ gilt.

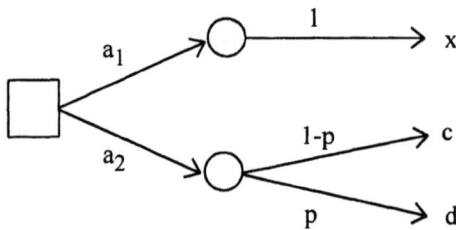

Abb. 3.4: Entscheidungsbaum 1

Die Wahrscheinlichkeit p für den Eintritt des maximalen Ergebnisses wird nun so lange variiert, bis für den Entscheider beide Alternativen gleichwertig sind, er also indifferent zwischen a_1 und a_2 ist und ihm damit beide Alternativen den gleichen Nutzen stiften. Man sagt dann auch, daß x das **Sicherheitsäquivalent** (SÄ) der zufallsabhängigen Auszahlung a_2 ist.

Werden derartige hypothetische Indifferenzsituationen wiederholt konstruiert, lassen sich Ergebnis- in Nutzenwerte transformieren und aus dem registrierten Verhalten des Entscheidungsträgers die Nutzenfunktion u ableiten.

---

[1] Prinzipiell sind auch die Fälle $x \precsim c \precsim d$ und $c \precsim d \precsim x$ denkbar. Unterstellt man, daß sich die Lotterie jeweils aus dem kleinsten und dem größten Wert zusammensetzt, bleibt die Vorgehensweise zur Ermittlung des gesuchten Nutzenwertes allerdings gleich. Die zu lösende Gleichung ergibt sich immer aus der Übereinstimmung der Nutzenerwartungswerte der beiden Alternativen, vgl. die folgenden Ausführungen.

3.2 Entscheidungen bei Risiko

Die genaue Durchführung dieses Prozesses zur Bestimmung von empirischen Nutzenwerten soll nun verdeutlicht werden:

- Zur Bestimmung der gesuchten Nutzenwerte bietet sich eine Normierung auf der Menge aller Auszahlungen derart an, daß $u(x_{min}) = 0$ und $u(x_{max}) = 1$.

- Im nächsten Schritt sind die hypothetischen Indifferenzsituationen zu konstruieren: Ein weiterer Ergebniswert x wird für die sichere Alternative a_1 angesetzt; die zufallsabhängige Alternative a_2 wird durch den größten Wert der Ergebnismatrix, der sich mit einer Wahrscheinlichkeit von p realisiert und den kleinsten Wert, der mit der Gegenwahrscheinlichkeit eintritt, beschrieben.

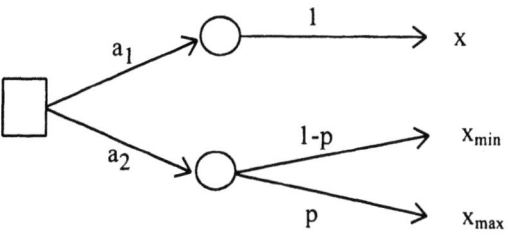

Abb. 3.5: Entscheidungsbaum 2

Ist $p = 1$, so hat a_2 mit Sicherheit die attraktive Konsequenz x_{max} zur Folge, so daß a_2 gegenüber a_1 vorgezogen wird. Ist dagegen $p = 0$, so wird a_1 vorgezogen. Der Entscheider muß nun nach subjektivem Ermessen die Wahrscheinlichkeit $p(x_{max})$ benennen, mit der das beste Ergebnis der Lotterie eintreten müßte, damit er indifferent zwischen beiden Alternativen ist. Für diese Wahrscheinlichkeit $p(x_{max})$ stimmen dann nach dem Bernoulli-Prinzip die Nutzenerwartungswerte von a_1 und a_2 überein.

Mit Hilfe der entsprechenden Gleichung

$$u(x) = u(x_{max}) \cdot p + u(x_{min})(1 - p)$$

und unter Beachtung der vorgenommenen Normierung, ergibt sich

$$u(x) = p ,$$

d. h. der Nutzenwert des Sicherheitsäquivalents entspricht der subjektiven Indifferenzwahrscheinlichkeit.

Eine Orientierungshilfe zur Bestimmung der gesuchten Indifferenzwahrscheinlichkeit bietet dem Entscheider seine grundsätzliche Risikoeinstellung. Je nachdem, ob er sich in der jeweiligen Situation für risikoneutral, -freudig oder -scheu hält, gilt für ihn ein spezielles Verhältnis von Sicherheitsäquivalent und Erwartungswert der zufallsabhängigen Alternative a_2.

Z. B. orientiert sich ein **risikoneutraler** Entscheider nur am Erwartungswert der Auszahlungen und berücksichtigt bei seiner Entscheidung nicht, wie sehr die möglichen Auszahlungen um diesen Erwartungswert streuen. Für diesen Entscheider muß daher das Sicherheitsäquivalent mit dem Erwartungswert übereinstimmen, damit eine Indifferenzsituation vorliegt.

Für einen **risikofreudigen** Entscheider muß, damit er indifferent ist, das Sicherheitsäquivalent prinzipiell höher ausfallen als der Erwartungswert. Indifferenz wird für einen "Spielertyp" dadurch erreicht, daß die sichere Alternative höher liegt als die "reizvollere" Alternative, die mit Risiko verbunden ist.

Ein **risikoscheuer** Entscheider verhält sich gerade umgekehrt, da zur Indifferenz ein höherer Erwartungswert das potentielle Risiko gegenüber dem sichereren Wert kompensieren muß.

- Variiert man nun x und bezeichnet die Indifferenzwahrscheinlichkeit, die a_1 und a_2 gleichwertig macht, mit p(x), so kann mit

  $u(x) = p(x)$

  der Verlauf der Nutzenfunktion u für alle Konsequenzen x ermittelt werden.

- Sind für alle relevanten Ergebniswerte Nutzenwerte bzw. ist die Nutzenfunktion bestimmt, liefert der Erwartungsnutzen der Aktionen die Beurteilungsgröße für die optimale Handlungsalternative des ursprünglichen Entscheidungsproblems.

< 3.17 > Gegeben sei eine Entscheidungssituation bei Risiko, die durch die folgende Ergebnismatrix charakterisiert wird. Die vorliegenden Ergebniswerte sollen mit Hilfe der oben beschriebenen Vorgehensweise in Nutzenwerte umgewandelt werden, die für den zugrunde gelegten Entscheider passend sind und dann eine Auswahl auf Basis des Nutzenerwartungswerts getroffen werden.

	S_1	S_2	S_3	E(A)
A_1	60.000	-50.000	100.000	52.500
A_2	60.000	20.000	20.000	**80.500**
$P(S_j)$	0,25	0,25	0,5	

Tab. 3.12: Ergebnismatrix 1

Sei $u(x_{min}) = u(-50.000) = 0$ und $u(x_{max}) = u(100.000) = 1$.

Für x = 20.000:

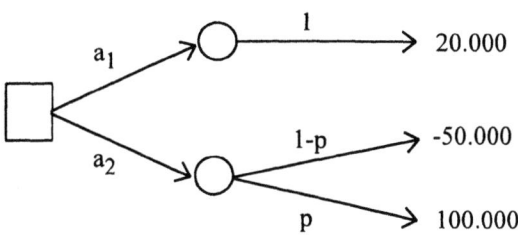

Abb. 3.6: Entscheidungsbaum 3

Der Entscheidungsträger gibt an bei p = 0,5 indifferent zu sein zwischen a_1 und a_2:

u(20.000) = u(100.000) · 0,5 + u(-50.000) · 0,5
u(20.000) = 1 · 0,5 + 0 · 0,4 = 0,5

Für **x = 60.000** bestimmt der Entscheider seine subjektive Indifferenzwahrscheinlichkeit mit p = 0,8:

u(60.000) = u(100.000) · 0,8 + u(-50.000) · 0,2 = 0,8

Die Entscheidungsmatrix auf Basis der ermittelten Nutzenwerte sieht damit wie folgt aus:

	S_1	S_2	S_3	E(u(A))
A_1	0,8	0	1	**0,7**
A_2	0,8	0,5	0,5	0,575
$P(S_j)$	0,25	0,25	0,5	

Tab. 3.13: Ergebnismatrix 2

Der Entscheider würde - entgegen dem normalen Erwartungswertkonzept - Alternative A_1 auswählen, da diese den höheren Nutzenerwartungswert aufweist. ♦

In der wirtschaftswissenschaftlichen Literatur findet sich eine Reihe von Arbeiten, die nach dieser oder modifizierten Methoden durchgeführte experimentelle Nutzenmessungen untersuchen bzw. Erkenntnisse, die aufgrund empirischer Daten hinsichtlich des approximativen Verlaufs von Nutzenfunktionen gewonnen wurden, zum Inhalt haben; vgl. z. B. [FRIEDMAN, SAVAGE 1948]; [MOSTELLER, NOGEE 1951]; [DAVIDSON, SIEGEL, SUPPES 1957]; [BECKER, de GROOT, MARSCHAK 1963]; [KAHNEMANN, TVERSKY 1979]; [HERSHEY, KUNREUTHER, SCHOEMAKER 1982]; [SCHAUENBERG 1990].

Empirisch orientierte Arbeiten, die sich kritisch über die Tragfähigkeit des BERNOULLI-Prinzips zur Erklärung des Verhaltens in Risikosituationen äußert, stammen z. B. [ALLAIS 1953] und [KAHNEMAN, TVERSKY 1979]. Darüber hinaus werden verschiedene Nutzenbegriffe und (ordinale oder kardinale) Nutzenmessungen sehr ausführlich diskutiert. Der bisher dargestellte BERNOULLI-Nutzen ist dabei eindeutig festgelegt, denn er impliziert immer eine Risikosituation und zieht seine inhaltliche Rechtfertigung aus der Anwendung des Bernoulli-Prinzips. Mit der Transformation von Ergebnis- in Nutzenwerte verleiht der Entscheider simultan seiner Risiko- und seiner Höhenpräferenz Ausdruck, weswegen es für Risikosituationen im Grunde keines anderen kardinalen Nutzenbegriffs bedarf.

Eine andere Möglichkeit repräsentiert z. B. der zweistufige Ansatz von W. KRELLE [1968]. Im ersten Schritt werden auch hier die Ergebniswerte in (kardinal gemessene) Nutzenwerte umgewandelt, wobei allerdings in diesem Nutzenbegriff nur die individuelle Höhenpräferenz enthalten ist. Erst daran anschließend wird dem Verhalten eines Entscheiders zum Risiko selbst mit Hilfe einer Unsicherheitspräferenzfunktion φ Rechnung getragen. KRELLE benutzt damit das zu maximierende Gütemaß.

Kombiniert man die Krelle-Nutzenwerte mit dem Erwartungsprinzip, so ist die Alternative a_k auszuwählen, für die gilt:

$$\Phi(a_k) = \max_i \sum_{j=1}^{n} \varphi(u_{ij}) \cdot p_j \,. \tag{3.23}$$

W. KRELLE [1968, S. 147] bemerkt hierzu: „Bei Entscheidungen in Risikosituationen spielt nicht nur der Nutzen beim Eintritt gewisser nicht mit Sicherheit vorhersehbarer Ereignisse eine Rolle, sondern das Verhalten zum Risiko selbst. Zwei Personen, die in ihren Nutzeneinschätzungen bezüglich hypothetischer Ereignisse (wenn sie einmal eingetreten sind) völlig übereinstimmen, können sich doch in bezug auf ihre Risikowilligkeit völlig unterscheiden: der eine spekuliert auf das Eintreten eines glücklichen, wenn auch wenig wahrscheinlichen Ereignisses, der andere sieht nur auf die ebenso möglichen katastrophalen Fehlschläge."

Die empirische Ermittlung der benötigten Funktionen basiert auf einer dem BERNOULLI-Prinzip vergleichbaren Vorgehensweise, bei der der Entscheider jeweils hypothetische Entscheidungssituationen in die jeweiligen Indifferenzsituationen umsetzen muß.

< 3.18 > Wendet man auf das Beispiel < 3.1 > die risikoneutrale Nutzenfunktion $u(x) = \frac{x+80}{290}$ an, so erhält man die Nutzenwerte:

3.2 Entscheidungen bei Risiko

	s_1	s_2	s_3
a_1	1	0,621	0
a_2	0,862	0,638	0,069
a_3	0,793	0,759	0,241
a_4	0,638	0,628	0,276
a_5	0,448	0,448	0,448

Tab. 3.14: Risikoneutrale Nutzenbewertung

Wählt man dann weiter als Unsicherheitspräferenzfunktion die konkave Funktion $\omega(u) = \sqrt{3u+1} - 1$, so ergeben sich aus den Werten der Tab. 3.14 die Krelle-Nutzenwerte in Tab. 3.15:

	s_1	s_2	s_3
a_1	1	0,692	0
a_2	0,894	0,707	0,099
a_3	0,838	0,810	0,313
a_4	0,707	0,698	0,352
a_5	0,531	0,531	0,531

Tab. 3.15: KRELLE-Nutzenwerte

Alternativ zur zweistufigen KRELLE-Methode können wir BERNOULLI-Nutzenwerte auch direkt berechnen. Als Beispiel benutzen wir hier die konkave Nutzenfunktion eines risikoscheuen Entscheiders

$$u_B(x) = \frac{(x+80)}{290}\left[2 - \frac{(x+80)}{290}\right].$$

	s_1	s_2	s_3
a_1	1	0,856	0
a_2	0,981	0,869	0,133
a_3	0,957	0,942	0,424
a_4	0,869	0,861	0,476
a_5	0,696	0,696	0,696

Tab. 3.16: BERNOULLI-Nutzenwerte

Die Anwendung des Prinzips der Maximierung des Erwartungsnutzen führt dann zu den in der Tab. 3.15 fett markierten Erwartungswerte der optimalen Alternativen, wobei die folgenden a priori-Wahrscheinlichkeiten angenommen werden:

$p(s_1) = 0,5$, $p(s_2) = 0,3$, $p(s_3) = 0,2$.

	Risiko-neutralität	KRELLE-Nutzen	BERNOULLI-Nutzen
a_1	**0,686**	0,706	0,757
a_2	0,636	0,679	0,778
a_3	0,672	**0,725**	**0,846**
a_4	0,562	0,633	0,788
a_5	0,448	0,531	0,696

Tab. 3.17: Optimale Alternativen

Tab 3.17 illustriert den Einfluß der Nutzenfunktion auf die Auswahl der optimalen Alternative. Die risikoscheue Einstellung des Entscheidungsträgers in den Nutzenfunktionen nach KRELLE und BERNOULLI führen zur Auswahl der Alternativen a_3. Da die Nutzenfunktion $u_B(x)$ einen risikoscheueren Entscheidungsträger beschreibt, wird hier die Abwertung der hohen Ergebniswerte noch deutlicher als bei Verwendung des Krelle-Ansatzes. ♦

3.2.6 Begründung des BERNOULLI-Prinzips

Faßt man das BERNOULLI-Prinzip deskriptiv, d. h. als Hypothese über das reale Verhalten von Entscheidungsträgern in Risikosituationen auf, so kann man unter einer Begründung eigentlich nur eine empirische Bestätigung dieser Hypothese verstehen.

Diese Hypothese beinhaltet die All-Aussage: "Der Entscheidungsträger besitzt eine Nutzenfunktion u, so daß er in **allen** Risikosituationen seine Aktionen anhand des zugehörigen Nutzenerwartungswertes beurteilt."

Da aber Verifikationen von Allaussagen im allgemeinen unmöglich sind, kann eine empirische Bestätigung des BERNOULLI-Prinzips nicht erwartet werden. BAMBERG und COENEBERG [2000, S. 100] äußern sogar die Vermutung, daß "man bei hinreichend umfangreichen Untersuchungen sogar zu einer Falsifikation gelangen wird". Wie schon im Zusammenhang mit einer deskriptiven Entscheidungstheorie diskutiert, existiert keine Theorie, die das tatsächliche Verhalten in Risikosituationen mit Sicherheit zu prognostizieren gestattet. Andererseits ist es für Anwendungen bereits wertvoll, über eine Theorie zu verfügen, die das tatsächliche Verhalten „relativ häufig" richtig prognostiziert. Aber auch hierzu gibt es bisher keine empi-

3.2 Entscheidungen bei Risiko

rische Überprüfung; man weiß nur aus Umfragen, daß Entscheidungsmodelle und damit auch das BERNOULLI-Prinzip in der Praxis selten benutzt werden.

In großen Teilen der Literatur wird der Ratschlag „Entscheide in Risikosituationen gemäß dem BERNOULLI-Prinzip!" als eine rationale Handlungsempfehlung angesehen. Diese Einschätzung wird damit begründet, daß sich das BERNOULLI-Prinzip aus einem System einfacherer Forderungen, die besser beurteilt und leichter als rational akzeptiert werden können, ableiten läßt. Ein solches System von Rationalitätspostulaten oder „Nutzenaxiomen" wurde nach Vorarbeiten von F.P. RAMSEY [1931] und B. DE FINETTI [1934] erstmals von J. v. NEUMANN und O. MORGENSTERN [1944] angegeben (die Beweise wurden in der zweiten Auflage 1947 nachgeliefert). Weitere Axiomensysteme stammen u.a. von J. MARSCHAK [1950], M. FRIEDMAN und L.J. SAVAGE [1952], P.A. SAMUELSON [1952], J.N. HERSTEIN und J.W. MILNOR [1953], L.J. SAVAGE [1954], R.D. LUCE und H. RAIFFA [1957], H.M. MARKOWITZ [1959], P.C. FISHBURN [1964, 1967]; alle Axiomensysteme sind relativ ähnlich. Eine vergleichende Untersuchung wurde von H. SCHNEEWEIß [1963] durchgeführt.

Wir folgen hier der Darstellung von H. SCHNEEWEIß [1967], der gezeigt hat, daß zumindest für endliche diskrete Wahrscheinlichkeitsverteilungen das BERNOULLI-Prinzip aus der Gültigkeit

1. des Ordinalen Prinzips,
2. des Stetigkeitsaxioms   und
3. des Substitutionsaxioms

gefolgert werden kann.

Der Einfachheit halber setzen wir bei unserer Betrachtung voraus, daß die Handlungskonsequenzen $x_{ij} = g(a_i, s_j)$ monetäre Größen sind und daß die Präferenzeinstellung des Entscheiders zu den Verteilungen $X_i = \{(x_{ij}, p_j), j = 1,...,n\}$ dem Präferenzverhalten zwischen den Aktionen entspricht.

Unser Ziel besteht darin, für jede Verteilung X_i eine geeignete Beurteilungsgröße in Form einer reellen Zahl $\Phi(X_i)$ zu finden, so daß Präferenzen zwischen den Zufallsvariablen bzw. den Aktionen durch die natürliche Anordnung der Φ-Werte wiedergegeben werden:

$$a_k \succsim a_{ji} \iff X_k \succsim X_i \iff \Phi(X_k) \geq \Phi(X_i) \quad .$$

Insbesondere wollen wir erreichen, daß eine (bis auf positiv lineare Transformationen eindeutige) Nutzenfunktion u existiert, so daß $\Phi(X_i)$ mit dem Erwartungswert von $u(X_i)$ übereinstimmt. Denn dies ist gerade die Aussage des BERNOULLI-Prinzips.

Um dieses Ziel zu erreichen, soll die zugrunde gelegte Präferenzrelation $\succeq$ den drei oben genannten Forderungen genügen, die nachfolgend formuliert und diskutiert werden:

(1) Das ordinale Prinzip:

Die Präferenzrelation $\succeq$ ist transitiv und vollständig, d. h.

a) Für je drei Zufallsvariablen X, Y, V gilt:

$\quad$ X $\succeq$ Y $\quad$ und $\quad$ Y $\succeq$ V $\quad \Rightarrow \quad$ X $\succeq$ V $\qquad$ **Transitivität**

b) Für je zwei Zufallsvariablen X und Y gilt:

$\quad$ X $\succeq$ Y $\quad$ oder $\quad$ Y $\succeq$ X $\qquad$ **Vollständigkeit**

Diese notwendigen Forderungen an eine zumindest ordinale Nutzenfunktion wurden schon in Abschnitt 2.4 als unverzichtbar erklärt, wenn man eine sinnvolle Bewertung erreichen möchte.

(2) Das Stetigkeitsaxiom:

Stehen die drei Auszahlungen x, y und v in der Beziehung $y \prec x \prec v$, so existiert ein $p \in]0, 1[$, so daß die feste Auszahlung x der Zweipunktverteilung y p v gleichwertig wird:

$\quad$ x ~ y p v

Das Stetigkeitsaxiom ist die Grundlage für die in Abschnitt 3.2.4 beschriebene Lotterie zur Bestimmung einer Nutzenfunktion. Es ist auch davon auszugehen, daß stets eine Wahrscheinlichkeit $p \in]0, 1[$ existiert, so daß die Äquivalenzbeziehung x ~ y p v erfüllt wird. Bedenklich ist nur, daß sich Entscheidungsträger in praktischen Entscheidungssituationen so gut wie nie auf diese Art der Bestimmung von Nutzenfunktionen einlassen.

Auch das Stetigkeitsaxiom ist eine notwendige Voraussetzung für das BERNOULLI-Prinzip, denn bei Gültigkeit des BERNOULLI-Prinzips folgt aus der Indifferenz x ~ y p v die Gleichung

$\quad$ u(x) = p u(y) + (1 - p) u(v).

Durch Auflösen nach p ergibt dann die Wahrscheinlichkeit

$$p = \frac{u(v) - u(x)}{u(v) - u(y)},$$

die wegen u(y) < u(x) < u(v) eine Zahl zwischen 0 und 1 ist.

Bezeichnen wir nun analog zu y p v mit Y p V eine zufallsabhängige Auszahlung, die mit der Wahrscheinlichkeit p mit der zufallsabhängigen Auszahlung Y und mit der Gegenwahrscheinlichkeit 1 - p mit der zufallsabhängigen Auszahlung V übereinstimmt.

(3) Das Substitutionsaxiom:

Ist V eine beliebige zufallsabhängige Auszahlung und $p \in [0, 1]$ eine beliebige Wahrscheinlichkeit, so gilt

$$X \succeq Y \Leftrightarrow X p V \succeq Y p V. \qquad (3.24)$$

Auch das Substitutionsaxiom ist offenbar eine notwendige Bedingung für das BERNOULLI-Prinzip, denn die geforderte Äquivalenz besagt für die Nutzenerwartungswerte

$$E[u(X)] \geq E[u(Y)]$$
$$\Leftrightarrow p\,E[u(X)] + (1-p)\,E[u(V)] \geq p\,E[u(Y)] + (1-p)\,E[u(V)] \qquad (3.25)$$

was wegen der vorausgesetzten Nichtnegativität von p richtig ist.

Die Bezeichnung „Substitutionsaxiom" rührt daher, daß es gestattet, von einer zusammengesetzten zufallsabhängigen Auszahlung Y p V zu einer gleichwertigen oder präferierten zufallsabhängigen Auszahlung X p V zu gelangen, indem man Y durch das gleichwertige oder präferierte X substituiert. Dieses Axiom ist einleuchtend, wenn man sich die Bedeutung von X p V und Y p V vor Augen hält.

Obwohl das Substitutionsaxiom plausibel ist, wurde es besonders heftig diskutiert und kritisiert. Es war auch nicht in dieser Form im V. NEUMANN-MORGENSTERN-schen Axiomensystem enthalten, sondern wurde dort durch andere Axiome ersetzt.

Auch im Axiomensystem von LUCE und RAIFFA [1957] wird das Substitutionsaxiom durch 4 andere Axiome ersetzt:

(3*) Das Substitutionsaxiom nach LUCE/RAIFFA

Wird in einer Wahrscheinlichkeitsverteilung ein Ergebnis x durch die äquivalente Lotterie y p v ersetzt, so ergibt sich eine Wahrscheinlichkeitsverteilung, die der ursprünglichen Verteilung gleichwertig ist.

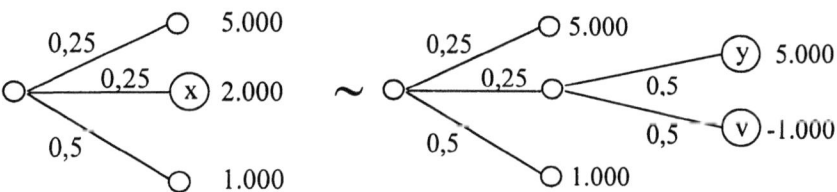

Abb. 3.7: Nach dem Substitutionsprinzip von LUCE/RAIFFA äquivalente Wahrscheinlichkeitsverteilungen

(4) Das Reduktionsprinzip

Eine "zusammengesetzte" Wahrscheinlichkeitsverteilung über den Ergebnissen ist äquivalent einer "einfachen" Wahrscheinlichkeitsverteilung, sofern jedes Ergebnis bei beiden Verteilungen dieselbe Eintrittswahrscheinlichkeit aufweist.

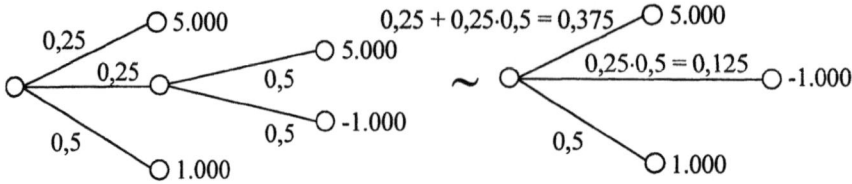

Abb. 3.8: Nach dem Reduktionsprinzip von LUCE/RAIFFA äquivalente Wahrscheinlichkeitsverteilungen

(5) Das Monotonieprinzip

Sei X das günstigste und Y das ungünstigste Ergebnis, so gilt die Äquivalenzbeziehung

$$p_1 \succeq p_2 \Leftrightarrow X p_1 Y \succeq Y p_2 Y$$

(6) Das Transitivitätsprinzip bezüglich der Handlungsalternativen

Die Präferenzrelation $\succeq$ über die Alternativen ist transitiv, d. h. für je drei Alternativen a_1, a_2, a_3 gilt:

$a_1 \geq a_2$ und $a_2 \geq a_3 \Rightarrow a_1 \geq a_3$ **Transitivität**

In LAUX [1998, S. 173-177] wird anhand eines numerischen Beispiels demonstriert, daß die schrittweise Anwendung dieser 6 Axiome von LUCE/RAIFFA zur gleichen Lösung führt wie das BERNOULLI-Prinzip.

3.2.7 Diskussion einiger Nutzenfunktionen

In der Literatur finden meist vier charakteristische Risiko-Nutzen-Funktionen nähere Erörterung:

- Lineare Nutzenfunktion
- Konvexe Nutzenfunktion
- Konkave Nutzenfunktion
- Nutzenfunktion mit konvexen und konkaven Stücken

Um die Diskussion der Charakterisika zu vereinfachen und zu veranschaulichen, unterstellen wir monetäre Auszahlungen als Bewertungsdimension der Ergebnisse. Aufgrund einer Normierung $u(0) = 0$ und $u(1) = 1$ verlaufen alle betrachteten

Nutzenfunktionen durch die Punkte (0, 0) und (1, 1) und sind sicherlich monoton steigend, da überflüssige Geldbeträge weggeworfen werden könnten.

Lineare Nutzenfunktion

Ein Entscheidungsträger mit einer linearen Nutzenfunktion bewertet seine Aktionen allein aufgrund des Erwartungswertes der Auszahlungen, der für diesen Fall mit dem Nutzenerwartungswert übereinstimmt. Wegen der angenommenen Normierung ist $u(x) = x$.

< 3.19 >

	s_1	s_2	$E(a)$
a_1	300	300	300
a_2	100	600	350

Tab. 3.18: Ergebnismatrix

Z. B. ist in Tab. 3.18 eine fifty-fifty-Chance auf 100 oder 600 € der sicheren Auszahlung von 350 € gleichwertig und der sicheren Auszahlung von 300 € bei Alternative a_1 vorzuziehen.

Ein anderes Beispiel stellt ein Entscheidungsträger mit linearer Nutzenfunktion dar, der Versicherungsabschlüssen gegenüber indifferent sein wird, wenn die Prämie mit dem Schadenserwartungswert übereinstimmt. Der Entscheidungsträger orientiert sich nur am Erwartungswert der Auszahlungen und nimmt bei seiner Entscheidung keine Notiz davon, wie sehr die möglichen Auszahlungen um diesen Erwartungswert streuen. ♦

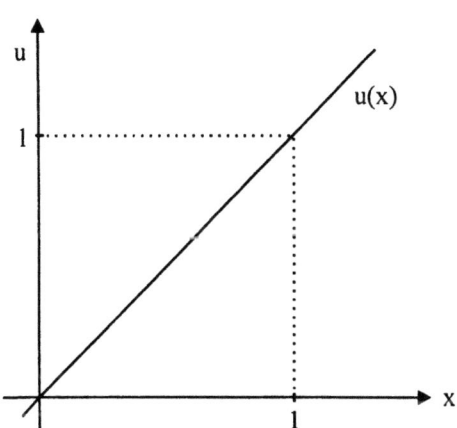

Abb. 3.9: Lineare Nutzenfunktion

Ein Verhalten, das einer linearen Nutzenfunktion entspricht, wird üblicherweise mit Risikoneutralität bezeichnet; ein Entscheidungsträger, dessen Sicherheitsäquivalent mit dem Erwartungswert übereinstimmt, ist – wie bereits ausgeführt - dementsprechend risikoneutral.

Konvexe Nutzenfunktion

Abb. 3.10 zeigt den typischen Verlauf einer konvexen Nutzenfunktion, bei der der Grenzrisikonutzen mit steigender Auszahlung anwächst, d. h. große Auszahlungen durch u besonders hoch bewertet werden.

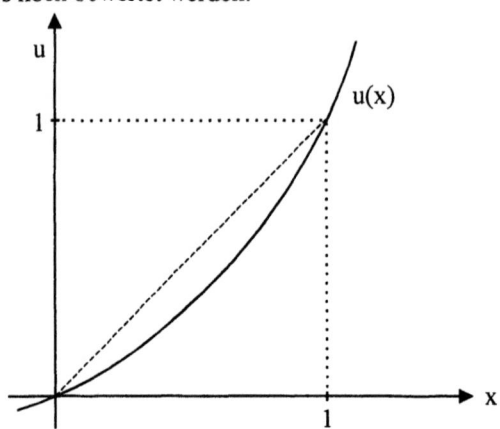

Abb. 3.10: Konvexe Nutzenfunktion

Weiterhin ist aus dem konvexen Verlauf von u abzuleiten, daß der Nutzenerwartungswert $\sum_i u(x_i)p_i$ der zufallsabhängigen Auszahlung X dem Nutzenerwartungswert $u(\sum_i x_i p_i)$ der sicheren Auszahlung $E[X] = \sum_i x_i p_i$ vorgezogen wird:

$$u(\sum_i x_i p_i) \leq \sum_i u(x_i)p_i \qquad \text{JENSENsche Ungleichung}^1 \qquad (3.26)$$

Damit eine sichere Auszahlung gleichwertig mit der Verteilung X wird, muß sie größer als E[X] sein; d. h. das Sicherheitsäquivalent von X ist größer als der Erwartungswert E[X]. Ein derartiges Verhalten drückt eine **Risikosympathie** aus. Einen Entscheidungsträger bezeichnet man dann als **risikofreudig**.

Risikosympathie beobachtet man z. B. bei Glücksspielern, aber auch bei Prämiensparern, denen die Chance auf eine Prämie auch dann noch sympathischer als die Zahlung des festen Zinses ist, wenn der Prämienerwartungswert unter dem Zins liegt. Weiterhin beobachtet man Risikosympathie bei riskanten Vorstößen in neue Marktlücken, bei Spekulationen an der Börse, beim Entschluß von Angestellten, lieber auf Provisionsbasis zu arbeiten oder sich selbständig zu machen usw..

---

[1] vgl. z. B. [De GROOT 1970, S. 97]. Dabei gilt das Gleichheitszeichen nur dann, wenn u lineare Stücke enthält oder ein $w_i = 1$ ist.

Konkave Nutzenfunktion

Abb. 3.11 illustriert einen typischen Verlauf einer konkaven Nutzenfunktion, deren Grenznutzen mit steigender Auszahlung fällt, da große Verluste überproportional, große Gewinne dagegen unterproportional hoch bewertet werden.

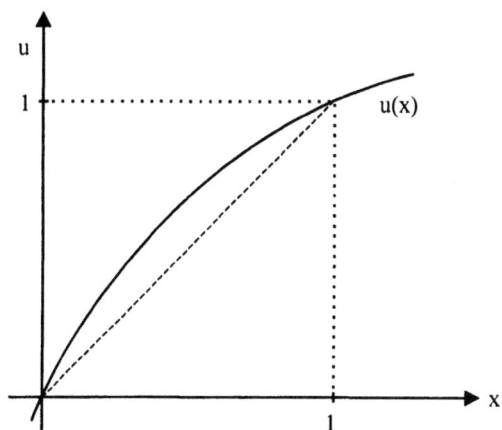

Abb. 3.11: Konkave Nutzenfunktion

Die Überlegungen der konvexen Nutzenfunktion gelten genau mit den umgekehrten Ungleichheitszeichen. Das Sicherheitsäquivalent einer zufallsabhängigen Auszahlung X ist kleiner als der Erwartungswert E[X]. Konvexe Nutzenfunktionen charakterisieren ein Verhalten das von **Risikoaversion** geprägt ist und das einen **risikoscheuen** Entscheidungsträger beschreibt.

Risikoaversion beobachtet man u.a. wenn ein Entscheidungsträger z. B. auch dann an Versicherungsabschlüssen interessiert ist, wenn die Prämie höher als der Schadenserwartungswert ist, bei konservativer Investitionspolitik, bei Abschlüssen am Waren- oder Devisenterminmarkt zur Absicherung von Geschäften, bei Absatzsicherung, usw.

Nutzenfunktion mit konvexen und konkaven Stücken

In der Realität legen viele Entscheidungsträger in gewissen Situationen risikofreudiges, in anderen Fällen risikoscheues Entscheidungsverhalten an den Tag. Um diesen Beobachtungen Rechnung zu tragen, scheint eine Nutzenfunktion angemessener, die sowohl konkave als auch konvexe Stücke enthält. Da zur Vermeidung von Paradoxien eine Nutzenfunktion nach K. MENGER [1934] beschränkt sein muß, ist eine Nutzenfunktion zu befürworten, die von M. FRIEDMAN und L.J. SAVAGE [1948] vorgeschlagen und empirisch getestet wurde, vgl. Abb. 4.12.

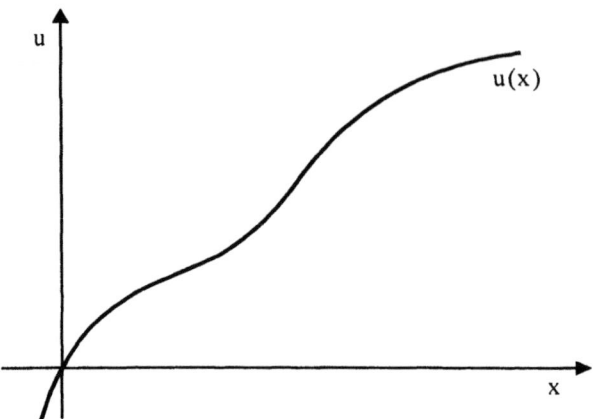

Abb. 3.12: Nutzenfunktion vom **Friedman-Savage-***Typ*

Der (für negative x) stark abfallende konkave Ast der Nutzenfunktion begründet die Abschlüsse von Versicherungsverträgen, der (in positiver x-Richtung) daran anschließende konvexe Teil die Teilnahme an Lotterien und ähnlichen Glücksspielen; das schließliche Abflachen erklärt beispielsweise, warum eine Lotterie (etwa gegenüber den üblichen staatlichen Lotterien) durch die Einführung eines riesigen, aber entsprechend unwahrscheinlichen Gewinns nicht beliebig attraktiv gemacht werden kann.

3.2.8 Risikoprämien und ARROW-PRATT-Maß für die Risikoaversion

In der wirtschaftlichen Realität zeigt sich, daß die Mehrheit der Entscheidungsträger eher risikoavers als risikofreudig agiert. Modelle der Portfolio-Selektion und der betriebswirtschaftlichen Kapitaltheorie unterstellen beispielsweise grundsätzlich einen risikoaversen Entscheidungsträger; vgl. z. B. [MARKOWITZ 1959]; [RUDOLPH 1979], [COLSON; ZELENY 1980], [GÖPPL 1980], [FRANKE; HAX 1988]. Bei Risikoaversion ist - wie bereits ausgeführt - das Sicherheitsäquivalent kleiner als der Erwartungswert. Der vom Erwartungswert vorzunehmende Abschlag, der gerade die Indifferenz herbeiführt, wird als *Risikoprämie* bezeichnet und mit π symbolisiert. Sie ist demnach definiert als

$$\pi = E(X) - SÄ. \tag{3.27}$$

Wird das Anfangsvermögen mitberücksichtigt, dann sind sowohl SÄ als auch π Funktionen des Anfangsvermögens v des Entscheidungsträgers und der Zufallszahlung X. Entsprechend ist die Risikoprämie mit $\pi(v, X)$ zu symbolisieren. Aus der Bedingung

$$SÄ \sim v + X \sim E(v + X) - \pi(v, X) \quad \text{folgt dann}$$

$$\pi(v, X) = E(v + X) - SÄ. \tag{3.28}$$

3.2 Entscheidungen bei Risiko

Das Entscheidungsverhalten von Individuen haben wir bisher in drei Kategorien unterschieden: Risikoneutralität, -symapthie und –aversion. Da diese Einteilung für viele Zwecke zu grob ist, versuchten K.J. ARROW und J.W. PRATT [1964] aus dem BERNOULLI-Nutzen u(x) eine Maßzahl zu entwickeln.

Wie J.W. PRATT [1964] darlegt, eignen sich weder die Steigung, d. h. die erste Ableitung u'(x), noch die Krümmung der Nutzenkurve. d. h. die zweite Ableitung u"(x), separat als Risikoaversionsmaße.

< 3.20 > Z. B. werden bei der BERNOULLI-Nutzenfunktion

$$u(x) = 1 - e^{-ax} \quad (a > 0)$$

die Steigung und die konkave Krümmung mit wachsendem x zunehmend kleiner, das Risikoverhalten bleibt aber gleich. Insbesondere ist die Risikoprämie für eine feste Zufallszahlung X stets konstant, d. h. unabhängig vom Anfangsvermögen v, wie man folgendermaßen direkt verifiziert:

Aus $\quad v + X \sim E(v + X) - \pi(v, X)$

folgt nach dem BERNOULLI-Prinzip

$$E[u(v + X)] = u[E(v + X) - \pi(v, X)].$$

Für unser spezielles u(x) ergibt sich dann:

$$E[1 - e^{-a(x+X)}] = 1 - e^{-a[E(v+X) - \pi(v,X)]}.$$

Aus $\quad 1 - e^{-av} \cdot E[e^{-aX}] = 1 - e^{-av} \cdot e^{-a[E(X) - \pi(v,X)]}$

$\Leftrightarrow \qquad E[e^{-aX}] = e^{-a[E(X) - \pi(v,X)]}$

$\Leftrightarrow \qquad \ln E[e^{-aX}] = -a[E(X) - \pi(v,X)]$

folgt $\qquad \pi(v, X) = \frac{1}{a}[\ln E(e^{-aX}) + aE(X)]$.

Diese „konstante Risikoeinstellung" wird adäquat durch das nachstehend definierte ARROW-PRATT-Maß wiedergespiegelt, denn

$$r(x) = -\frac{-a^2 e^{-ax}}{ae^{-ax}} = a$$

. ♦

ARROW und PRATT schlagen als Risikomaß die Verwendung der Formel

$$r(x) = -\frac{u''(x)}{u'(x)}$$

vor, die sie sie **lokale** (*absolute*) **Risikoaversion** an der Stelle x ∈ R nennen[1].

---

[1] Für die Interpretation als Risikoaversionsmaß muß ferner vorausgesetzt werden, daß Normalverhalten vorliegt, d. h. daß u(x) streng monoton wachsend ist (u'(x) > 0). Wegen einer ausführlichen Diskussion von r(x) sei auf [PRATT 1964], [ARROW 1970, S. 90-120] oder [YAARI 1969] verwiesen.

Daß sich r(x) als Risikoaversionsmaß eignet, zeigt auch der von J.W. PRATT [1964] bewiesene

Satz:
Sind $r_i(x)$ und $\pi_i(v, X)$ die Risikoaversion und die Risikoprämie zweier Entscheider (i = 1, 2), so gilt

$r_1(x) \geq r_2(x)$ für alle x ∈ **R** genau dann, wenn

$\pi_1(v, X) > \pi_2(v, X)$ für alle v ∈ R und beliebige Zufallszahlung X gilt.

D. h., der im Sinne des ARROW-PRATT-Maßes r(x) risikoaversere Entscheidungsträger verlangt eine höhere Risikoprämie und ist bereit, für eine Versicherung die jeweils höhere Versicherungsprämie $\pi(v, X) - E(X)$ zu zahlen.

Formal sind die Risikoprämien π und die Risikoaversion r(x) auch für einen risikofreudigen Entscheidungsträger definiert; sie werden dann allerdings negativ. Zusammenfassend erhalten wir damit folgende Tabelle:

Verlauf des BERNOULLI-Nutzens u(x)	Relation zw. E(X) und Sicherheitsäquivalent SÄ	Einstellung zum Risiko	Risikoprämie	ARROW-PRATT-Maß r(x)
linear	s = E(X)	risikoneutral	$\pi = 0$	$r(x) = 0$
streng konkav	s < E(X)	risikoavers	$\pi > 0$	$r(x) > 0$
streng konvex	s > E(X)	risikofreudig	$\pi < 0$	$r(x) < 0$

Tab. 3.19: Risikoprämie und Risikoaversion

3.2.9 Bernoulli-Prinzip und Fuzzy-Ergebnisse

Betrachten wir nun den realistischeren Fall, daß nicht alle zustandsbezogenen Ergebnisse durch reelle Zahlen beschrieben werden und nehmen an, daß der Entscheidungsträger zumindest einige Ergebnisse lediglich in Form von Fuzzy-Intervallen des ε-λ-Typs beschreiben kann.

< 3.21 > Zur Erläuterung der theoretischen Ausführungen benutzen wir wiederum das "fuzzifizierte" Tableau zum Beispiel < 3.1 >, d. h. die Tab. 3.5, die aber schon um die dominierte Alternative a_6 bereinigt ist.

	s_1	s_2	s_3
a_1	(170; 180; 200; 220; 225; 230)	(70; 83; 90; 100; 110; 120)	(-110; -97; -90; -77; -60, -50)
a_2	(140; 155; 165; 175; 180; 190)	(85; 93; 100; 110; 115; 125)	(-85; -80; -70; -58; -50; -40)
a_3	(120; 135; 145; 150; 160; 170)	(115; 130; 135; 140; 145; 150)	(-30; -20; -10; 0; 5; 10)
a_4	(85; 90; 100; 110; 115; 125)	(85; 93; 100; 105; 108; 115)	(-15; -10; -5; 5; 10; 15)
a_5	(45; 48; 50; 53; 58; 60)	(40; 45; 50; 50; 53; 55)	(35; 40; 45; 50; 55; 60)

Tab. 3.5: Umweltabhängige Fuzzy-Ergebnisse

Unterstellen wir weiter, daß für die Zustände die diskrete Wahrscheinlichkeitsverteilung $p(s_1) = 0{,}5$, $p(s_2) = 0{,}3$, $p(s_3) = 0{,}2$ gilt, so lassen sich bei Verwendung des BERNOULLI-Prinzips und bei Annahme von Risikoneutralität die Alternativen nach den Gewinnerwartungswerten ordnen.

	Erwartete Gewinne
a_1	(84 ; 95,5 ; 109 ; 124,6 ; 133,5 ; 141)
a_2	(78,5 ; 89,4 ; 98,5 ; 108,9 ; 114,5 ; 124,5)
a_3	(88,5 ; 102,5 ; 111 ; 117 ; 124,5 ; 132)
a_4	(65 ; 70,9 ; 79 ; 87,5 ; 91,9 ; 100)
a_5	(41,5 ; 45,5 ; 49 ; 51,5 , 55,9 ; 58,5)

Tab. 3.20: Matrix der erwarteten Gewinne $\widetilde{E}[\widetilde{X}_i]$

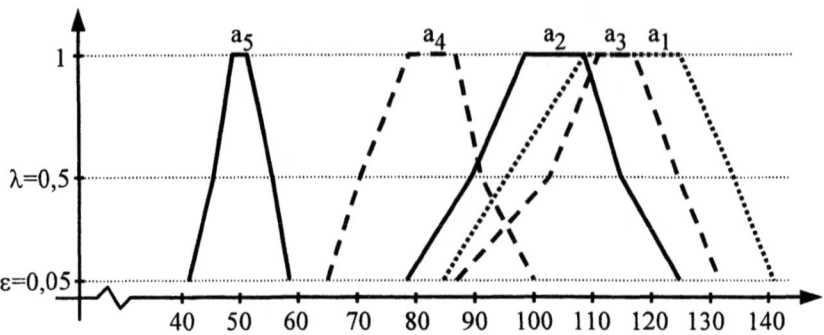

Abb. 3.13: Zugehörigkeitsfunktionen der erwarteten Gewinne $\tilde{E}[\tilde{X}_i]$

Betrachten wir die Zugehörigkeitsfunktionen der erwarteten Gewinne in Abb. 3.13, so erkennt man sofort, daß der Erwartungswert zur Alternative a_5 von den anderen Erwartungswerten gemäß der Präferenzordnung $\succ_\rho$ mit $\rho = \varepsilon$ dominiert wird. Weiterhin gelten, basierend auf den Gewinnerwartungswerten, die Präferenzaussagen

$$a_2 \succ_\varepsilon a_4,\ a_3 \succ_\varepsilon a_4,\ a_1 \succ_\varepsilon a_4,\ a_3 \succ_\varepsilon a_2,\ a_1 \succ_\varepsilon a_2,$$

so daß lediglich noch eine Entscheidung zwischen a_1 und a_3 zu fällen ist.

Möchte man das Niveau-Ebenen-Verfahren als zusätzliche Entscheidungshilfe heranziehen, so zeigt die Berechnung

$$\hat{E}_1 = \frac{84 + 95{,}5 + 109 + 124{,}6 + 133{,}5 + 141}{6} = 114{,}6$$

$$\hat{E}_3 = \frac{88{,}5 + 102{,}5 + 111 + 117 + 124{,}5 + 132}{6} = 112{,}58$$

auf, daß die Alternative a_1 einen geringfügig höheren "Mittelwert" besitzt. Aus der Abb. 3.13 ist gleichzeitig zu erkennen, daß die erwarteten Gewinne stärker um den Mittelwert streuen als dies bei der Alternative a_3 gegeben ist. Dennoch wird ein risikoneutraler Entscheidungsträger wohl zugunsten der Alternativen a_1 entscheiden. ♦

< 3.22 > Nach dem Spezialfall der Risikoneutralität betrachten wir nun den Fall eines risikoscheuen Entscheiders mit der Nutzenfunktion

$$u(x) = -\frac{(x+110)^2}{340} + 2(x+110)\ . \tag{3.29}$$

Die Fuzzy-Gewinne $X_{ij} = G(a_i, s_j)$ sind dann zunächst in Fuzzy-Nutzenwerte $\tilde{U}_{ij}$ umzurechnen, die ebenfalls Fuzzy-Intervalle des ε-λ-Typs sind:

3.2 Entscheidungen bei Risiko

	s_1	s_2	s_3
a_1	(329; 333; 337; 340; 340; 340)	(265; 276; 282; 290; 298; 304)	(0; 26; 39; 63; 93; 109)
a_2	(316; 323; 328; 331; 333; 335)	(278; 285; 290; 298; 301; 308)	(48; 57; 75; 96; 109; 126)
a_3	(304; 313; 319; 321; 326; 329)	(301; 311; 313; 316; 319; 321)	(141; 156; 171; 184; 191; 198)
a_4	(278; 282; 290; 298; 301; 308)	(278; 285; 290; 294; 296; 301)	(163; 171; 178; 191; 198; 204)
a_5	(239; 243; 245; 248; 253; 255)	(234; 239; 245; 245; 248; 250)	(228; 234; 239; 245; 250; 255)

Tab. 3.21: Matrix der Fuzzy-Nutzenwerte $\widetilde{U}_{ij}$

Die aus den Fuzzy-Nutzenwerten $\widetilde{U}_{ij}$ und der Wahrscheinlichkeitsverteilung

$p(s_1) = 0{,}5$, $p(s_2) = 0{,}3$, $p(s_3) = 0{,}2$ berechneten Nutzenerwartungswerte

$\widetilde{E}_{ij} = \widetilde{E}[\widetilde{U}_{ij}] = \sum_j \widetilde{U}_{ij} \cdot p_j$ sind ebenfalls Fuzzy-Intervalle des ε-λ-Typs:

a_1	(244; 254; 261; 270; 278; 283)
a_2	(251; 259; 266; 274; 279; 285)
a_3	(271; 281; 288; 292; 297; 301)
a_4	(255; 261; 268; 275; 279; 285)
a_5	(235; 240; 244; 246; 251; 253)

Tab. 3.22: Matrix der Fuzzy-Nutzenerwartungswerte $\widetilde{E}_{ij}$

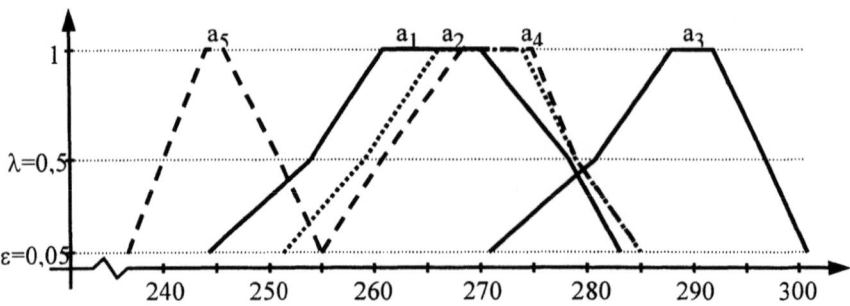

Abb. 3.14:: Zugehörigkeitsfunktionen der Nutzenerwartungswerte $\tilde{E}_i$

Bei Verwendung dieser risikoaversen Nutzenfunktion ergibt sich eine klare Entscheidung zugunsten der Alternativen a_3, die bezogen auf die $\succ_\varepsilon$-Präferenz alle anderen Alternativen deutlich dominiert. Sie ist sogar bzgl. der $\succ_\rho$-Präferenz mit $\rho = \lambda$ besser als alle anderen Alternativen. ♦

Die numerischen Beispiele lassen erkennen, daß es zur Anwendung des BERNOULLI-Prinzips keinesfalls notwendig ist, daß die Ergebnisse in Form reeller Zahlen vorliegen. Auch wenn der Entscheider Ergebnisse lediglich durch Fuzzy-Intervalle beschreiben kann, läßt sich ein großer Teil der Alternativen als für die Entscheidung nicht relevant ausschließen. Diese erste Entscheidungsrunde kann daher mit dem Wissen erfolgen, das der Entscheidungsträger besitzt. Im Gegensatz dazu mußten bei der Modellierung des Entscheidungsproblems in klassischer Form die Ergebnisse möglichst genau durch eindeutige reelle Werte ausgedrückt werden, was häufig nur durch eine aufwendige und kostenintensive Informationssuche und -verarbeitung möglich ist. Bei einer Fuzzy-Modellierung kann der Entscheider aufgrund der nun vorliegenden Informationslage entscheiden, ob zusätzliche Informationen über die Konsequenzen der noch "im Rennen" befindlichen Alternativen besorgt werden sollen und ob sich dies bei vorliegender Kosten-Nutzenabwägung lohnen könnte. Diese Vorgehensweise ist zwar etwas rechenintensiver, führt aber zu einer hohen Einsparung von Informationskosten.

3.3 Entscheidungen bei Fuzzy-Wahrscheinlichkeitsverteilung

Wie bereits erörtert kann in vielen praktischen Problemstellungen nicht davon ausgegangen werden, daß sich objektive Wahrscheinlichkeitsverteilungen aus vorhanden Daten oder mittels kombinatorischer Schlußfolgerungen ableiten lassen. Weiterhin ist anzunehmen, daß subjektive Wahrscheinlichkeitsschätzungen selten zu punktgenauen Werten führen als vielmehr zur Festlegung von Fuzzy-Wahrscheinlichkeitsintervallen. Darin sind die Spezialfälle reeller Zahlen und reeller Intervalle eingeschlossen, die aber bei praktischen Problemstellungen wenig realistisch sind, da der erste Fall einen zu hohen und der zweite einen zu geringen Informationsstand des Entscheidungsträgers unterstellt.

Wir wollen nun davon ausgehen, daß der Entscheider alle Eintrittswahrscheinlichkeiten für die Umweltzustände in Form von Fuzzy-Intervallen des ε-λ-Typs festlegen kann, d. h. in der Form

$$\widetilde{P}(s_j) = (\underline{p}_j^{\varepsilon}; \underline{p}_j^{\lambda}; \underline{p}_j^{l}; \overline{p}_j^{l}; \overline{p}_j^{\lambda}; \overline{p}_j^{\varepsilon})^{\varepsilon,\lambda}, j = 1, 2, ..., n.$$

< 3.23 > Für das Beispiel < 3.1 > nehmen wir die Fuzzy-Wahrscheinlichkeiten aus Tab. 3.23 an.

s_j	$\widetilde{P}(s_j) = (\underline{p}_j^{\varepsilon}; \underline{p}_j^{\lambda}; \underline{p}_j^{l}; \overline{p}_j^{l}; \overline{p}_j^{\lambda}; \overline{p}_j^{\varepsilon})^{\varepsilon,\lambda}$
s_1	$\widetilde{P}(s_1) = (0{,}45; 0{,}48; 0{,}49; 0{,}51; 0{,}53; 0{,}55)^{\varepsilon,\lambda}$
s_2	$\widetilde{P}(s_2) = (0{,}26; 0{,}28; 0{,}29; 0{,}3; 0{,}31; 0{,}33)^{\varepsilon,\lambda}$
s_3	$\widetilde{P}(s_3) = (0{,}17; 0{,}18; 0{,}2; 0{,}2; 0{,}21; 0{,}23)^{\varepsilon,\lambda}$

Tab. 3.23: Fuzzy-Wahrscheinlichkeiten $\widetilde{P}(s_j)$ ◆

Eine sehr einfach durchzuführende Berechnung der Fuzzy-Nutzenerwartungswerte bietet die Verwendung der Formel

$$(\underline{a}^{\varepsilon}, \underline{a}^{\lambda}, \underline{a}^{l}, \overline{a}^{l}, \overline{a}^{\lambda}, \overline{a}^{\varepsilon})^{\varepsilon,\lambda} \otimes (\underline{b}^{\varepsilon}, \underline{b}^{\lambda}, \underline{b}^{l}, \overline{b}^{l}, \overline{b}^{\lambda}, \overline{b}^{\varepsilon})^{\varepsilon,\lambda} \quad (3.30)$$
$$= (\underline{a}^{\varepsilon} \cdot \underline{b}^{\varepsilon}, \underline{a}^{\lambda} \cdot \underline{b}^{\lambda}, \underline{a}^{l} \cdot \underline{b}^{l}, \overline{a}^{l} \cdot \overline{b}^{l}, \overline{a}^{\lambda} \cdot \overline{b}^{\lambda}, \overline{a}^{\varepsilon} \cdot \overline{b}^{\varepsilon})^{\varepsilon,\lambda}$$

Sind daher die Nutzenwerte $\widetilde{U}_{ij} = (\underline{u}_{ij}^{\varepsilon}; \underline{u}_{ij}^{\lambda}; \underline{u}_{ij}; \overline{u}_{ij}^{l}; \overline{u}_{ij}^{\lambda}; \overline{u}_{ij}^{\varepsilon})^{\varepsilon,\lambda}$ und die Wahrscheinlichkeiten $\widetilde{P}(s_j)$ Fuzzy-Intervalle des ε-λ-Typs, so gilt:

$$\widetilde{E}_i^A = (\underline{E}_i^{\varepsilon}; \underline{E}_i^{\lambda}; \underline{E}_i^{l}; \overline{E}_i^{l}; \overline{E}_i^{\lambda}; \overline{E}_i^{\varepsilon})^{\varepsilon,\lambda} = \widetilde{U}_{i1} \cdot \widetilde{P}(s_1) \oplus ... \oplus \widetilde{U}_{in} \cdot P(s_n), \quad (3.31)$$

wobei $\underline{E}_i^1 = \sum_{j=1}^{n} \underline{u}_{ij} \cdot \underline{p}_j$ $\underline{E}_i^\lambda = \sum_{j=1}^{n} \underline{u}_{ij}^\lambda \cdot \underline{p}_j^\lambda$ $\underline{E}_i^\varepsilon = \sum_{j=1}^{n} \underline{u}_{ij}^\varepsilon \cdot \underline{p}_j^\varepsilon$

$\overline{E}_i^1 = \sum_{j=1}^{n} \overline{u}_{ij} \cdot \overline{p}_j$ $\overline{E}_i^\lambda = \sum_{j=1}^{n} \overline{u}_{ij}^\lambda \cdot \overline{p}_j^\lambda$ $\overline{E}_i^\varepsilon = \sum_{j=1}^{n} \overline{u}_{ij}^\varepsilon \cdot \overline{p}_j^\varepsilon$.

In diesen Formeln ist auch der Spezialfall enthalten, daß lediglich die Wahrscheinlichkeiten unscharf sind, während reellwertige Nutzen u_{ij} vorliegen.

< 3.24 > Der Einfachheit halber wollen wir zunächst auch nur diesen Spezialfall untersuchen, wobei wir zusätzlich einen risikoneutralen Entscheidungsträger annehmen. Dann reicht es aus, anstelle der Nutzenerwartungswerte die Gewinnerwartungswerte zu vergleichen:

	$\widetilde{E}_i^A = (\underline{E}_i^\varepsilon ; \underline{E}_i^\lambda ; \underline{E}_i^1 ; \overline{E}_i^1 ; \overline{E}_i^\lambda ; \overline{E}_i^\varepsilon)^{\varepsilon,\lambda}$
a_1	(106,9 ; 114,4 ; 115,9 ; 121,1 ; 125,5 ; 130,1)
a_2	(93,6 ; 100,2 ; 101,75 ; 106,2 ; 110,05 ; 114,35)
a_3	(102,2 ; 109,4 ; 112,1 ; 116,5 ; 120,8 ; 126,4)
a_4	(73,77 ; 78,96 ; 81,03 ; 84,15 ; 87,27 ; 91,41)
a_5	(44 ; 47 ; 49 ; 50,5 ; 52,5 ; 55,5)

Tab. 3.24: Matrix der Fuzzy-Gewinnerwartungswerte $\widetilde{E}_i^A$

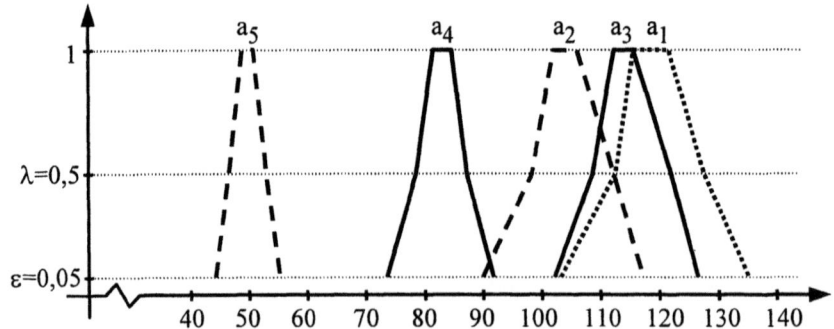

Abb. 3.15: Zugehörigkeitsfunktionen der Gewinnerwartungswerte $\widetilde{E}_i^A$

Aus Abb. 3.15 ist ersichtlich, daß aufgrund der $\succ_\varepsilon$-Präferenz die Alternative a_1 die beste Alternative ist. Auch bzgl. der $\succ_\rho$-Präferenz ist a_1 besser als a_5 und a_4 auf dem Niveau $\rho = \varepsilon$ und besser als a_2 auf dem Niveau $\rho = \lambda$. ♦

3.3 Entscheidungen bei Fuzzy-Wahrscheinlichkeitsverteilung

Bisher haben wir für die Berechnung der Gewinnerwartungswerte die vom Entscheider formulierten Fuzzy-Eintrittswahrscheinlichkeiten benutzt. Ein genauerer Blick auf die in Tab. 3.23 formulierten Wahrscheinlichkeiten verdeutlicht allerdings die damit verbundene Problematik: Das Erwartungswertkonzept geht von der Annahme aus, daß die Summe der Eintrittswahrscheinlichkeiten 1 ergibt; bei Verwendung der von einem Entscheider subjektiv benannten Fuzzy-Wahrscheinlichkeiten ist jedoch keineswegs garantiert, daß sich die Summe der Wahrscheinlichkeiten auf den einzelnen Niveaus zu 1 addiert. Auf den unteren ε- bzw. λ-Niveaus sind Summen kleiner 1 die Folge, auf dem 1-Niveau Summen, die recht nah an 1 liegen und auf den oberen ε- bzw. λ-Niveaus wird eine zu große Wahrscheinlichkeitsmasse für die Berechnung verwendet. Als Resultat ergeben sich Fuzzy-Erwartungswerte $\widetilde{E}_i^A$, die zwar unkompliziert zu berechnen sind, aber nur eine Näherungslösung darstellen können, da sie im Vergleich zu einem Erwartungswertkonzept zu weite Spannweiten aufweisen.

Um dem Erwartungswertgedanken im Rahmen von Fuzzy-Konzepten besser gerecht zu werden, soll nun die zugunsten der einfachen Berechnung bisher vernachlässigte Bedingung

$$\sum_{j=1}^{n} p_j^{\alpha} = 1$$

berücksichtigt werden.

Dem zu diesem Zweck entwickelten Ansatz liegt folgender Gedanke zugrunde: Bei Angabe eines Fuzzy-Intervalls mit ε-, λ- und 1-Niveau beschreiben die α-Schnitte jeweils ein Intervall möglicher Ergebniswerte auf dem entsprechenden Niveau. Zur Berechnung von Fuzzy-Erwartungswerten sollen nun Werte für jedes Niveau so gewählt werden, daß die Summe 1 ergibt.

Die exakte Berechnung der Nutzenerwartungswerte

$$\widetilde{E}_i^P = (\underline{E}_i^{\varepsilon}; \underline{E}_i^{\lambda}; \underline{E}_i^{1}; \overline{E}_i^{1}; \overline{E}_i^{\lambda}; \overline{E}_i^{\varepsilon})^{\varepsilon,\lambda}$$

erfolgt entsprechend der nachstehenden Formeln:

$$\underline{E}_i^{\varepsilon} = \text{Min}\{\sum_{J=1}^{n} \underline{u}_{ij}^{\varepsilon} \cdot p_j \mid p_j \in [\underline{p}_j^{\varepsilon}, \overline{p}_j^{\varepsilon}] \text{ und } \sum_{j=1}^{n} p_j = 1\}$$

$$\underline{E}_i^{\lambda} = \text{Min}\{\sum_{J=1}^{n} \underline{u}_{ij}^{\lambda} \cdot p_j \mid p_j \in [\underline{p}_j^{\lambda}, \overline{p}_j^{\lambda}] \text{ und } \sum_{j=1}^{n} p_j = 1\}$$

$$\underline{E}_i^{1} = \text{Min}\{\sum_{J=1}^{n} \underline{u}_{ij}^{1} \cdot p_j \mid p_j \in [\underline{p}_j^{1}, \overline{p}_j^{1}] \text{ und } \sum_{j=1}^{n} p_j = 1\}$$

$$\overline{E}_i^{1} = \text{Max}\{\sum_{J=1}^{n} \overline{u}_{ij}^{1} \cdot p_j \mid p_j \in [\underline{p}_j^{1}, \overline{p}_j^{1}] \text{ und } \sum_{j=1}^{n} p_j = 1\}$$

$$\overline{E}_i^\lambda = \text{Max}\{\sum_{J=1}^n \overline{u}_{ij}^\lambda \cdot p_j | p_j \in [\underline{p}_j^\lambda, \overline{p}_j^\lambda] \text{ und } \sum_{j=1}^n p_j = 1\}$$

$$\overline{E}_i^\varepsilon = \text{Max}\{\sum_{J=1}^n \overline{u}_{ij}^\varepsilon \cdot p_j | p_j \in [\underline{p}_j^\varepsilon, \overline{p}_j^\varepsilon] \text{ und } \sum_{j=1}^n p_j = 1\}.$$

Diese Fuzzy-Gewinnerwartungswerte lassen sich relativ einfach kalkulieren, wenn man dem folgenden Rechenalgorithmus folgt. Er basiert auf der Überlegung, daß zur Berechnung der Nutzenerwartungswerte $\underline{E}_i^\varepsilon; \underline{E}_i^\lambda; \underline{E}_i^1$ die Wahrscheinlichkeitsmasse vergrößert werden muß und daher nach dem Vorsichtsprinzip den kleinsten Ergebniswerten die höchsten Eintrittswahrscheinlichkeiten zuzuordnen sind. Analog liegt die Wahrscheinlichkeitsmasse bei Bestimmung der Gewinnerwartungswerte $\overline{E}_i^1; \overline{E}_i^\lambda; \overline{E}_i^\varepsilon$ ursprünglich über 1, so daß jetzt den hohen Nutzenwerten auch die höchsten Wahrscheinlichkeiten zugeordnet werden.

RECHENALGORITHMUS

Berechnung der $\underline{\underline{p}}_j^\alpha(i)$ zur Kalkulation der Erwartungswerte $\underline{E}_i^\varepsilon; \underline{E}_i^\lambda; \underline{E}_i^1$

- Zunächst setzt man alle Eintrittswahrscheinlichkeiten auf den kleinsten Wert, d. h. $\underline{\underline{p}}_j^\alpha(i) = \underline{p}_j^\alpha$.

- Dann erhöht man die Wahrscheinlichkeit für den Umweltzustand mit dem **niedrigsten** Nutzenwert so weit wie möglich. Sei (ohne Beschränkung der Allgemeinheit) s_n dieser Zustand, so gilt

$$\underline{\underline{p}}_n^\alpha(i) = \text{Max}\{p \in [\underline{p}_n^\alpha, \overline{p}_n^\alpha] | \sum_{j=1}^{n-1} \underline{p}_j^\alpha + p \leq 1\} \quad (3.32)$$

- Gilt in der vorstehenden Bedingung das Ungleichheitszeichen im strengen Sinne, dann ist im nächsten Schritt die Wahrscheinlichkeit für den Zustand mit dem zweitniedrigsten Nutzen zu berechnen. Dies sei (ohne Beschränkung der Allgemeinheit) s_{n-1}.

$$\underline{p}_{n-1}^\alpha(i) = \text{Max}\{p \in [\underline{p}_{n-1}^\alpha, \overline{p}_{n-1}^\alpha] | \sum_{j=1}^{n-2} \underline{p}_j^\alpha + p + p_n^\alpha \leq 1\} \quad (3.33)$$

- Dieses Verfahren ist bei analoger Vorgehensweise solange fortzusetzen, bis die Ungleichung als Gleichung erfüllt ist

3.3 Entscheidungen bei Fuzzy-Wahrscheinlichkeitsverteilung

Berechnung der $\overline{\overline{p}}_j^\alpha(i)$ zur Kalkulation der Erwartungswerte $\overline{E}_i^1; \overline{E}_i^\lambda; \overline{E}_i^\varepsilon$:

- Zunächst setzt man alle Eintrittswahrscheinlichkeiten auf den kleinsten Wert, d. h. $\overline{\overline{p}}_j^\alpha(i) = \underline{p}_j^\alpha$.

- Dann erhöht man die Wahrscheinlichkeit für den Umweltzustand mit dem **höchsten** Nutzenwert so weit wie möglich. Sei (ohne Beschränkung der Allgemeinheit) s_1 dieser Zustand, so gilt

$$\overline{\overline{p}}_1^\alpha(i) = \text{Max}\{p \in [\underline{p}_1^\alpha, \overline{p}_1^\alpha] \mid \sum_{j=2}^{n} \underline{p}_j^\alpha + p \leq 1\} \tag{3.34}$$

- Gilt in der vorstehenden Bedingung das Ungleichheitszeichen im strengen Sinne, dann ist im nächsten Schritt die Wahrscheinlichkeit für den Zustand mit dem zweithöchsten Nutzen zu berechnen. Dies sei (ohne Beschränkung der Allgemeinheit) s_2.

$$\overline{\overline{p}}_2^\alpha(i) = \text{Max}\{p \in [\underline{p}_2^\alpha, \overline{p}_2^\alpha] \mid p_1^\alpha + p + \sum_{j=3}^{n} \underline{p}_j^\alpha \leq 1\} \tag{3.35}$$

- Dieses Verfahren ist bei analoger Vorgehensweise solange fortzusetzen, bis die Ungleichung als Gleichung erfüllt ist

Wägt man die Fuzzy-Gewinnerwartungswerte $\widetilde{E}_i^A$ des Näherungsverfahrens gegenüber den $\widetilde{E}_i^P$ der aufwendigeren Berechnung ab, so kann man zunächst den einfachen Ansatz wählen, um all diejenigen Alternativen auszuschließen, die nach der $\succ_\rho$-Präferenz mit $\rho = \varepsilon$ dominiert werden. Diese Aussagen bleiben nämlich auch gültig, wenn anstelle der Näherungswerte $\widetilde{E}_i^A$ die exakt berechneten Werte $\widetilde{E}_i^P$ verwendet werden, da zu deren Berechnung lediglich eine zusätzliche Bedingung hinzukommt und stets gilt

$$\widetilde{E}_i^P \subseteq \widetilde{E}_i^A \Leftrightarrow \mu_{E_i^P}(u) \leq \mu_{E_i^A}(u) \quad . \tag{3.36}$$

Die exakte Berechnung muß dann nur für die Alternativen erfolgen, die noch "im Rennen" sind.

< **3.25** > Um die Unterschiede in den Resultaten der näherungsweisen und der exakten Berechnung der Gewinnerwartungswerte bei Fuzzy-Wahrscheinlichkeiten zu illustrieren, gehen wir zunächst wieder von den reellwertigen, nicht fuzzifizierten Gewinnen der Tab. 3.1 aus. Durch Anwendung des vorstehenden Rechenalgorithmus erhält man dann die in Tab. 3.25 angegebenen Wahrscheinlich-

keitswerte $\overline{\overline{p}}_j^\alpha(i)$ und $\underline{\underline{p}}_j^\alpha(i)$, die in diesem speziellen Fall von den Alternativen unabhängig sind. Für die Gewinnwerte in Tab. 3.1 gilt, daß dem Umweltzustand s_1 unabhängig von der Alternative immer die höchsten, s_2 immer die mittleren und s_3 immer die niedrigsten Ergebniswerte zugeordnet werden, d. h. $x_{i1} \geq x_{i2} \geq x_{i3}$ für alle $i = 1, 2,...,5$.

	ε	λ	1		1	λ	ε
$\underline{\underline{p}}_1^\alpha$	0,45	0,48	0,5	$\overline{\overline{p}}_1^\alpha$	0,51	0,53	0,55
$\underline{\underline{p}}_2^\alpha$	0,32	0,31	0,3	$\overline{\overline{p}}_2^\alpha$	0,29	0,29	0,28
$\underline{\underline{p}}_3^\alpha$	0,23	0,21	0,2	$\overline{\overline{p}}_3^\alpha$	0,2	0,18	0,17

Tab. 3.25: Matrix der Fuzzy-Wahrscheinlichkeiten $\overline{\overline{p}}_j^\alpha(i)$ und $\underline{\underline{p}}_j^\alpha(i)$

Wichtig festzuhalten bleibt, daß es sich bei den in Tab. 3.25 bestimmten Werten nicht um Wahrscheinlichkeiten in Form von Fuzzy-Intervallen handelt, sondern lediglich rechnerische Größen bestimmt wurden, um Fuzzy-Gewinn**erwartungswerte** berechnen zu können. Eine aufsteigende Ordnung der Wahrscheinlichkeitswerte ist deshalb nicht zwingend notwendig.

Mit diesen Fuzzy-Wahrscheinlichkeiten $\overline{\overline{p}}_j^\alpha$ und $\underline{\underline{p}}_j^\alpha$ lassen sich die Fuzzy-Gewinnerwartungswerte $\widetilde{E}_i^P$ berechnen:

	$\widetilde{E}_i^P = (\underline{E}_i^\varepsilon; \underline{E}_i^\lambda; \underline{E}_i^1; \overline{E}_i^1; \overline{E}_i^\lambda; \overline{E}_i^\varepsilon)^{\varepsilon,\lambda}$
a_1	(108,1 ; 115 ; 119 ; 120,1 ; 125,9 ; 129,9)
a_2	(96,3 ; 101,6 ; 104,5 ; 105,2 ; 109,8 ; 112,7)
a_3	(110 ; 113,3 ; 115 ; 115,1 ; 118,3 ; 120)
a_4	(79,9 ; 82 ; 83,1 ; 83,1 ; 85,2 ; 86,3)
a_5	(50 ; 50 ; 50 ; 50 ; 50 ; 50)

Tab. 3.26: Matrix der Fuzzy-Gewinnerwartungswerte $\widetilde{E}_i^P$

3.3 Entscheidungen bei Fuzzy-Wahrscheinlichkeitsverteilung 101

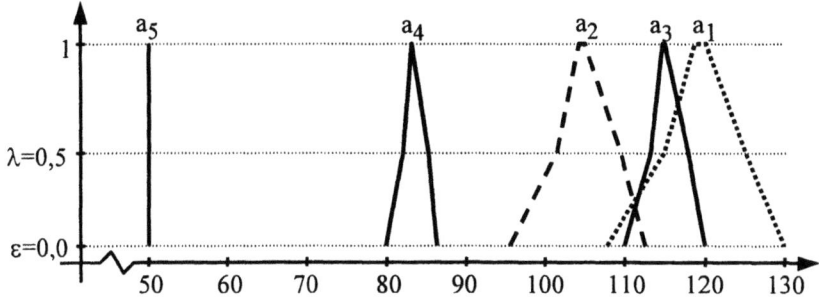

Abb. 3.16: Zugehörigkeitsfunktionen der Fuzzy-Gewinnerwartungswerte $\widetilde{E}_i^P$

Ein Vergleich der Zugehörigkeitsfunktionen der Fuzzy-Gewinnerwartungswerte $\widetilde{E}_i^P$ in Abb. 3.16 mit den Funktionen von $\widetilde{E}_i^A$ in Abb. 3.15 läßt deutlich erkennen, daß die Fuzzy-Werte $\widetilde{E}_i^P$ weniger fuzzy sind als die entsprechenden Näherungswerte $\widetilde{E}_i^A$. Die dort beobachteten ρ-Präferenzaussagen werden somit verschärft.
Obwohl dies i. allg. auch für die ε-Präferenzaussagen gilt, zeigt dieses Beispiel, daß dies nicht immer sein muß. Während nach Abb. 3.15 aufgrund der ε-Präferenz a_1 besser als a_3 ist, ist dies nach Abb. 3.16 nicht mehr gesichert. ♦

Bemerkung:
Ein Spezialfall dieser Entscheidungsmodelle mit reellwertigen Ergebnissen $x_{ij} = g(a_i,s_j)$ bzw. Nutzen $u_{ij} = u(x_{ij}) = u \circ g(a_i,s_j)$ und Fuzzy-Eintrittswahrscheinlichkeiten $\widetilde{P}(s_j) = (\underline{p}_j^\varepsilon; \underline{p}_j^\lambda; \underline{p}_j; \overline{p}_j^1; \overline{p}_j^\lambda; \overline{p}_j^\varepsilon)^{\varepsilon,\lambda}$ ist das LPI-Modell von E. KOFLER und G. MENGES [1976]. Dieses Modell mit linearer partieller Information (LPI) läßt sich so interpretieren, daß für alle $\widetilde{P}(s_j)$ konstante Zugehörigkeitsfunktionen gewählt werden, d. h. man verwendet crispe Wahrscheinlichkeitsintervalle, die durch $\underline{p}_j^\varepsilon = \underline{p}_j^\lambda = \underline{p}_j^1$ und $\overline{p}_j^1 = \overline{p}_j^\lambda = \overline{p}_j^\varepsilon$ beschrieben werden.

Diese Annahme, daß sich die Eintrittswahrscheinlichkeiten in fest vorgegebenen Intervallen bewegen, halte ich für wenig praxisrelevant. Einerseits wird ein Entscheidungsträger kaum in der Lage sein, eine scharfe obere und untere Grenze des Wahrscheinlichkeitsintervalls inhaltlich begründet vorzugeben, so daß hier nur eine willkürliche Bestimmung erfolgen kann. Zum anderen ist davon auszugehen, daß der Entscheider nicht alle Wahrscheinlichkeiten in einem Intervall als gleich zutreffend ansieht. Der Ansatz von $\underline{p}_j^\varepsilon = \underline{p}_j^\lambda = \underline{p}_j^1$ und $\overline{p}_j^1 = \overline{p}_j^\lambda = \overline{p}_j^\varepsilon$ macht daher wenig Sinn.

< 3.26 > Abschließend sollen noch die Fuzzy-Gewinnerwartungswerte $\widetilde{E}_i^P$ bei Vorgabe der Fuzzy-Gewinne aus Tab. 3.5 und der Fuzzy-Eintrittswahrscheinlichkeiten aus Tab. 3.23 berechnet werden. Dabei ist zu beachten, daß in drei Fällen die Ordnung $x_{i1} \geq x_{i2} \geq x_{i3}$ nicht gegeben ist und mit Wahrscheinlichkeiten zu rechnen ist, die von denen in Tab. 3.23 abweichen:

	λ		λ	ε
$\underline{\underline{p}}_1^\lambda(4)$	0,51	$\overline{\overline{p}}_1^\alpha(5)$	0,53	0,55
$\underline{\underline{p}}_2^\lambda(4)$	0,28	$\overline{\overline{p}}_2^\alpha(5)$	0,28	0,26
$\underline{\underline{p}}_3^\lambda(4)$	0,21	$\overline{\overline{p}}_3^\alpha(5)$	0,19	0,19

Tab. 3.27: Matrix der Fuzzy-Wahrscheinlichkeiten $\underline{\underline{p}}_j^\lambda(4), \overline{\overline{p}}_j^\lambda(5)$ und $\overline{\overline{p}}_j^\varepsilon(5)$

	$\widetilde{E}_i^P = (\underline{E}_i^\varepsilon; \underline{E}_i^\lambda; \underline{E}_i^1; \overline{E}_i^1; \overline{E}_i^\lambda; \overline{E}_i^\varepsilon)^{\varepsilon,\lambda}$
a_1	(73,6 ; 91,8 ; 109 ; 125,8 ; 140,4 ; 151,6)
a_2	(70,7 ; 86,4 ; 98,5 ; 109,6 ; 119,8 ; 132,7)
a_3	(83,9 ; 100,9 ; 111 ; 117,1 ; 127,8 ; 137,2)
a_4	(62 ; 69,8 ; 79 ; 87,6 ; 94,1 ; 103,5)
a_5	(41,1 ; 45,4 ; 49 ; 51,5 ; 56 ; 58,7)

Tab. 3.28: Matrix der Fuzzy-Gewinnerwartungswerte $\widetilde{E}_i^P$ bei Vorgabe von Fuzzy-Gewinnen des ε-λ-Typs

3.3 Entscheidungen bei Fuzzy-Wahrscheinlichkeitsverteilung

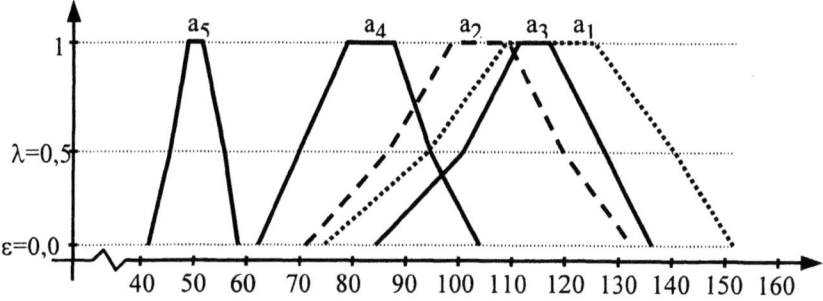

Abb. 3.17:: Zugehörigkeitsfunktionen der Fuzzy-Gewinnerwartungswerte $\tilde{E}_i^P$ bei Vorgabe von Fuzzy-Gewinnen des ε-λ-Typs

Abb. 3.17 offenbart, daß selbst im Entscheidungsfall mit Fuzzy-Ergebnissen (Fuzzy-Nutzen) und Fuzzy-Eintrittswahrscheinlichkeiten erste Entscheidungen getroffen werden können. Nach der $\succ_\varepsilon$-Präferenz werden die Alternativen a_5, a_4, und a_2 von den beiden anderen Alternativen a_3 und a_1 dominiert. Die weitere Untersuchung kann sich dann auf die Wahl zwischen a_1 und a_3 konzentrieren. ♦

3.4 Entscheidungen bei unzuverlässigen Wahrscheinlichkeiten

Betrachten wir den Fall, daß dem Entscheidungsträger die Wahrscheinlichkeitsverteilung ($p_1, p_2, ..., p_n$) für das Eintreten der relevanten Umweltzustände s_j vorliegt. Diese Wahrscheinlichkeiten werden einerseits als so zuverlässig angesehen, daß es nicht sinnvoll scheint, diese zu vernachlässigen, andererseits unterstellen wir den Fall, daß sich der Entscheider mit einer ausschließlichen Orientierung am Nutzenerwartungswert schwer tut.

Unter diesen Umständen stellt sich die **HODGES-LEHMANN-Regel** als potentielles Entscheidungskriterium dar, vgl. [HODGES; LEHMANN 1952].

HODGES-LEHMANN-Regel I

Diese Entscheidungsregel berechnet die optimale Alternative nach folgender Formel

$$\Phi(a_k) = \max_i (\lambda \sum_j u_{ij} p_j + (1-\lambda) \min_j u_{ij} \qquad (3.37)$$

und repräsentiert damit eine Kombination zwischen einer Regel bei Risiko, dem Nutzenerwartungswert, und dem Maximin-Kriterium, das unter Ungewißheit Anwendung findet:

Für λ = **1** beurteilt die HODGES-LEHMANN-Regel I die verschiedenen Aktionen a_i aufgrund des Nutzenerwartungswertes $\sum_j u_{ij} p_j$ und präsentiert damit die BERNOULLI-Aktion für die gegebene Wahrscheinlichkeitsverteilung.

Für λ = **0** werden die verschiedenen Aktionen a_i ausschließlich aufgrund des ungünstigsten Nutzenwertes $\min_j u_{ij}$ bewertet und die Auswahl der optimalen Alternative stimmt daher mit der Maximin-Regel überein.

Die Gewichtung der zwei Komponenten dieser Entscheidungsregel ist vom Entscheidungsträger individuell festzulegen. λ ist zwischen 0 und 1 zu wählen und mit höherem λ-Wert wird steigendes Vertrauen in die Wahrscheinlichkeitsaussagen ausgedrückt. λ wird daher auch als Vertrauensparameter bezeichnet, wobei offen bleibt, wie ein Entscheidungsträger den Parameter λ, d. h. sein Vertrauen in die Verteilung der Umweltzustände bestimmen kann.

< **3.27** > Betrachten wir das Beispiel < 3.1 > und ergänzen die Tab. 3.1 um die Spalte $\lambda \sum_j u_{ij} p_j + (1-\lambda) \min_j u_{ij}$, wobei wir der Einfachheit halber λ = 0,5 setzen

	s_1	s_2	s_3	$\mu_i = E(a_i)$	$\frac{1}{2} \cdot \sum_j u_{ij} p_j + \frac{1}{2} \cdot \min_j u_{ij}$
a_1	210	100	-80	**119**	19,5
a_2	170	105	-60	104,5	22,25
a_3	150	140	-10	115	**52,5**
a_4	105	102	0	83,1	41,55
a_5	50	50	50	50	50

Tab. 3.29: Gewinnmatrix und **HODGES-LEHMANN-***Werte*
$p(s_1) = 0{,}5, \ p(s_2) = 0{,}3, \ p(s_3) = 0{,}2; \ \lambda = 0{,}5$

Aus der Tab. 3.29 folgt, daß bei Befolgung der HODGES-LEHMANN-Regel I und Festlegung des Vertrauensparameters auf λ = 0,5 die Alternative a_3 die optimale ist. ♦

Die **HODGES-LEHMANN-Regel I** ist auch direkt auf Entscheidungsprobleme **mit Fuzzy-Nutzenwerten** erweiterbar. Entsprechend der bereits dargestellten Erweiterungen für Fuzzy-(Nutzen)Erwartungswerte und das fuzzifizierte Maximin-Prinzip läßt sich folgendes Auswahlkriterium formulieren

$$\Phi(a_k) = R - \widetilde{\text{Max}}_i \, [\lambda \cdot \sum_j \widetilde{U}_{ij} \cdot p_j + (1-\lambda) \cdot R - \widetilde{\text{Min}}_i \, \widetilde{U}_{ij}] \qquad (3.38)$$

3.4 Entscheidungen bei unzuverlässigen Wahrscheinlichkeiten

< **3.28** > Betrachten wir die Werte aus den Tab. 3.6 und 3.20 und wählen wieder der Einfachheit halber $\lambda = 0,5$, so läßt sich aus der Tab. 3.30 ablesen, daß bei Nutzenneutralität die Alternative a_5 die optimale ist.

	Maximin	BERNOULLI	HODGES-LEHMANN I
a_1	(-110; -97; -90; -77; -60, -50)	(84; 95,5; 109; 124,6; 133,5; 141)	(-13; -0,8; 9,5; 23,8; 36,8; 45,5)
a_2	(-85; -80; -70; -58; -50; -40)	(78,5; 89,4; 98,5; 108,9; 114,5; 124,5)	(-3,3; 4,7; 14,3; 25,5; 32,3; 42,3)
a_3	(-30; -20; -10; 0; 5; 10)	(88,5; 102,5; 111; 117; 124,5; 132)	(29,3; 41,3; 50,5; 58,5; 64,8; 71)
a_4	(-15; -10; -5; 5; 10; 15)	(65; 70,9; 79; 87,5; 91,9; 100)	(25; 30,5; 37; 46,3; 51,0; 57,5)
a_5	(35; 40; 45; 50; 55; 60)	(41,5; 45,5; 49; 51,5; 55,9; 58,5)	(38,3; 42,8; 47; 50,8; 55,5; 59,3)

Tab. 3.30: Gewinnmatrix und HODGES-LEHMANN-*Werte*
$p(s_1) = 0,5$, $p(s_2) = 0,3$, $p(s_3) = 0,2$; $\lambda = 0,5$ ◆

HODGES und LEHMANN [1952] haben darüber hinaus ihren bisherigen Ansatz der Kombination von BAYES- und Maximin-Regel insofern ergänzt, als sie zusätzlich eine Risikogrenze[1] in die Betrachtung miteinbeziehen und damit ein zweistufiges Vorgehen propagieren:

HODGES-LEHMANN-Regel II

1. **Schritt:** Der Entscheider hat für sich und die vorliegende Entscheidungssituation ein zu erzielendes Mindestnutzenniveau u_0 zu benennen, das die auszuwählende Alternative in jedem Fall garantieren muß. Die Obergrenze dieser Minimalforderung u_0 wird konsequenterweise durch den höchsten realisierbaren Nutzen, das Maximum der schlechtesten Werte aller Alternativen - $\max_i \min_j u_{ij}$ - determiniert.

---

[1] Risikobegrenzungen spielen für betriebliche Entscheidungen eine bedeutsame Rolle und werden deshalb in der betriebswirtschaftlichen Literatur vielfach als ein charakteristisches Merkmal rationaler Entscheidungsregeln betrachtet. Z. B. engt D. SCHNEIDER [1979, S. 100-102], mittels eines Axioms der Beschränkung der BERNOULLI-Nutzenfunktion "die Gültigkeit der Theorie des Risikonutzens auf jene Wahlmöglichkeiten ein, die keine Existenzgefährdung bringen und riesenhafte Einkommenschancen nicht übersteigen". Auf dem Prinzip der Risikobegrenzung beruht ferner die von H. KOCH [1960] entwickelte Theorie der Sekundäranpassung. Vgl. dazu [MELLWIG 1972] und [SCHNEIDER 1995]

Wird u_0 minimal, d. h. $u_0 = \min_i \min_j u_{ij}$ vorgegeben, also keine echte Nebenbedingung gefordert, so ist jede BERNOULLI-Aktion bzgl. der Wahrscheinlichkeitsverteilung $(p_1, p_2, ..., p_n)$ optimal.

2. **Schritt:** Auf die Menge der Alternativen, die der formulierten Risikogrenze gerecht werden, wird das Erwartungswertkriterium angewendet. Die optimale Alternative a_k besitzt demnach die Eigenschaften

$$\min_j u_{kj} \geq u_0 \quad \text{und}$$

$$\sum_j u_{kj} p_j \geq \sum_j u_{ij} p_j \quad \text{für alle i, die} \quad \min_j u_{ij} \geq u_0 \quad \text{erfüllen.}$$

< 3.29 > Wählen wir wiederum das Beispiel < 3.1 > und setzen wir $u_0 = -10$, so folgt aus der Tab. 3.29, daß a_3 wiederum die optimale Aktion ist. ♦

Auch die **HODGES-LEHMANN-Regel II** läßt sich leicht auf **Fuzzy-Nutzenwerte** erweitern, indem man die Alternative a_k als optimal auswählt, für die gilt:

$$\Phi(a_k) = R - \widetilde{\text{Max}}_i \{\sum_j \widetilde{U}_{ij} \cdot p_j \mid R - \widetilde{\text{Min}}_j \widetilde{U}_{ij} \geq u_0 \quad (3.39)$$

< 3.30 > Setzen wir auch für diesen Fall eine scharfe Grenze $u_0 = -10$, so genügt nach Tab. 3.29 nur die Alternative a_5 der unteren Schranke. Dies hängt damit zusammen, daß bei einer reellwertigen unteren Schranke u_0 die $\succ_\varepsilon$-Präferenz der $\succ_\rho$-Präferenz mit $\rho = \varepsilon$ entspricht. Es kann daher sinnvoll sein, eine unscharfe Schranke der Form

$$\widetilde{U}_0 = (\underline{u}_0^\varepsilon, \underline{u}_0^\lambda, \underline{u}_0^1, \overline{u}_0^1, \overline{u}_0^\lambda, \overline{u}_0^\varepsilon)^{\varepsilon,\lambda} \quad \text{mit} \quad \underline{u}_0^1 = \overline{u}_0^1 = \overline{u}_0^\lambda = \overline{u}_0^\varepsilon \quad \text{einzuführen.}$$

Wählen wir nun $\widetilde{U}_0 = (-35,-20,-10,-10,-10,-10)^{\varepsilon,\lambda}$ so ist nach Tab. 3.5 und Tab. 3.30 die Alternative a_3 optimal.

3.5 Verbesserung der Inputdaten durch Beschaffung zusätzlicher Information

Setzen wir voraus, daß für die von uns betrachteten Entscheidungsmodelle die Menge der Alternativen und die Menge der Umweltzustände festgelegt sind, so unterscheiden sich die Systeme nur im Informationsstand über die Eintrittswahrscheinlichkeiten der Umweltzustände und der Konsequenzen (Nutzenwerte). In der klassischen Entscheidungstheorie wird unterstellt, daß die Konsequenzen in Gestalt reeller Zahlen $x_{ij} = g(a_i, s_j)$ bekannt sind. Unsicherheiten werden dort nur bezüglich der Eintrittswahrscheinlichkeiten in Betracht gezogen. Folgerichtig wird lediglich die Frage erörtert, wie Informationen zur Verbesserung des Kenntnisstandes über die Wahrscheinlichkeitsverteilung der Umweltzustände beschafft und verarbeitet werden können.

3.5.1 Informationssysteme über die Eintrittswahrscheinlichkeiten

Eintrittswahrscheinlichkeiten der Umweltzustände sind charakterisiert durch eine Menge $Y = \{y_1, \ldots, y_r, \ldots, y_R\}$ potentieller Nachrichten y_r über die möglichen Zustände $s_j \in S$ sowie durch eine Struktur. Jede Nachricht y_r entspricht einer Konstellation gegenwärtig beobachtbarer Indikatoren.

Die Struktur des Informationssystems wird durch die bedingten Wahrscheinlichkeiten $P(y_r | s_j)$ beschrieben, welche die Wahrscheinlichkeit ausdrücken, daß die Nachricht y_r empfangen wird, wenn der Zustand s_j vorliegt (oder eintreten wird). Allgemein läßt sich ein Informationssystem durch das in Tab. 3.31 dargestellte Schema veranschaulichen:

Zustände	Nachrichten				
	y_1	...	y_r	...	y_R
s_1	$p(y_1|s_1)$	...	$p(y_r|s_1)$	...	$p(y_R|s_1)$
.	.		.		.
.	.		.		.
.	.		.		.
s_j	$p(y_1|s_j)$	...	$p(y_r|s_j)$	...	$p(y_R|s_j)$
.	.		.		.
.	.		.		.
.	.		.		.
s_n	$p(y_1|s_n)$	...	$p(y_r|s_n)$	...	$p(y_R|s_n)$

Tab. 3.31: Informationssystem über Eintrittswahrscheinlichkeiten $p(y_r | s_j)$

Zweckmäßigerweise definiert man die Nachrichten so, daß sie sich gegenseitig ausschließen und den gesamten Ereignisraum ausfüllen; d. h. es gilt die Normierung

$$\sum_{r=1}^{R} p(y_r|s_j) = 1 \quad \text{für } j = 1,...,n,$$

die wir in unseren Betrachtungen voraussetzen wollen.

Es lassen sich höchst unterschiedliche Sonderfälle dieses Informationssystems spezifizieren, die in der Realität zumeist miteinander vermischt auftreten. Einige davon wollen wir hier diskutieren:

Vollkommenes Informationssystem

Ein vollkommenes Informationssystem liegt vor, wenn jeder Nachricht mit der Wahrscheinlichkeit 1 genau ein Zustand zugeordnet ist. Aus einer empfangenen Nachricht kann also mit Sicherheit auf den wahren Umweltzustand geschlossen werden. **Vollkommene Information** ist dadurch gekennzeichnet, daß es ebenso viele Nachrichten wie Zustände gibt und daß die bedingten Wahrscheinlichkeiten, die den Zusammenhang zwischen Nachrichten und Zuständen herstellen, alle entweder den Wert 0 oder den Wert 1 besitzen.

Zustände	Nachrichten			
	y_1	y_2	y_3	y_4
s_1	1	0	0	0
s_2	0	1	0	0
s_3	0	0	1	0
s_4	0	0	0	1

Tab. 3.32: Vollkommenes Informationssystem $p(y_r|s_j)$

Im Gegensatz dazu spricht man von einem **unvollkommenen Informationssystem**, wenn mindestens eine dieser Bedingungen verletzt ist.

Unvollkommenes Informationssystem A

Es existieren zwar ausschließlich bedingte Wahrscheinlichkeiten von 0 oder 1, es gibt aber weniger Nachrichten als Zustände, so daß der einzelnen Nachricht, wie in Tab. 3.33 dargestellt, mehr als ein Zustand entspricht:

3.5 Verbesserung der Inputdaten durch Beschaffung zusätzlicher Information

Zustände	Nachrichten			
	y_1	y_2	y_3	y_4
s_1	1	0	0	0
s_2	0	1	0	0
s_3	0	1	0	0
s_4	0	1	0	0
s_5	0	0	1	0
s_6	0	0	1	0
s_7	0	0	0	1
s_8	0	0	0	1
s_9	0	0	0	1

Tab. 3.33: Unvollkommenes Informationssystem A: $p(y_r \mid s_j)$

Hier ist die durch das Informationssystem ermöglichte Zerlegung des Zustandsraumes zu grob und als Folge die verfügbaren Informationen zu unbestimmt. Wird z. B. die Nachricht y_4 empfangen, so weiß der Entscheidungsträger zwar mit Sicherheit, daß ein Zustand aus der Menge der Zustände $\{s_7, s_8, s_9\}$ eintreten wird. Es bleibt aber offen, mit **welchem** dieser Zustände zu rechnen ist. Auch gibt es keinerlei Information darüber, ob mit dem Eintreffen eines dieser Zustände eher zu rechnen ist als mit dem Eintreffen eines der anderen. Dieses Informationssystem grenzt zwar Teilmengen denkbarer Zustände eindeutig ab, es liefert aber keine Aussagen darüber, welche Eintrittswahrscheinlichkeiten den einzelnen Zuständen aus der abgegrenzten Menge zuzurechnen ist.

Unvollkommenes Informationssystem B

Ein in der Literatur häufiger diskutiertes Beispiel für ein unvollkommenes Informationssystem liegt vor, wenn von 0 und 1 abweichende bedingte Wahrscheinlichkeiten vorkommen, vgl. Tab. 3.35. Auch in diesem Fall kann aus der empfangenen Nachricht nicht mit Sicherheit auf den vorliegenden Umweltzustand geschlossen werden.

$p(y_r \mid s_j)$	Nachrichten		
	y_1	y_2	y_3
s_1	0,75	0,2	0,05
s_2	0,3	0,6	0,1
s_3	0,1	0,2	0,7

Tab. 3.34: Unvollkommenes Informationssystem B: $p(y_r \mid s_j)$

Die Unvollkommenheit des Informationssystems B läßt sich noch steigern, wenn zusätzlich angenommen würde, daß die Wahrscheinlichkeiten in Tab. 3.34 nicht reelle Zahlen sondern Fuzzy-Intervalle wären.

Betrachten wir die Konsequenzen des Einsatzes von Informationssystemen, so ist leicht zu erkennen, daß

- der Einsatz eines vollkommenen Informationssystems in jedem Fall zu einer Sicherheitssituation führt, vgl. Abschnitt 3.5.2;
- der Einsatz eines unvollkommenen Informationssystems ausgehend von einer Ungewißheitssituation wieder zu einer Ungewißheitssituation führt;
- der Einsatz eines unvollkommenen Informationssystems ausgehend von einer Risikosituation wieder zu einer Risikosituation führt, vgl. Abschnitt 3.5.3.

Im folgenden wollen wir nun die verschiedenen Informationssysteme genauer erörtern, indem wir deren Wert zu quantifizieren versuchen und die bislang vernachlässigten Kosten der Informationsaufnahme gegenüberstellen.

3.5.2 Informationsbeschaffung bei vollkommenen Informationssystemen

Ist eine Entscheidungssituation gekennzeichnet durch vollkommene Information, so kann bei Vorliegen einer Nachricht der wahre Umweltzustand mit Sicherheit benannt werden.

Denkbar ist, daß solche Nachrichten das Resultat von

- Gutachten von Experten,
- Spionage bei der Konkurrenz,
- statistischen Totalerhebungen aller potentiellen Kunden eines Produktes,
- Datenbankabfragen   etc. sind.

Bei Existenz unterschiedlicher Informationsbeschaffungsmaßnahmen ist es im Fall vollkommener Information sinnvoll, auf jeden Fall nur die (oder eine) kostengünstigste in Betracht zu ziehen[1]. Eine derartige Informationsbeschaffungsaktion sei im folgenden mit dem Symbol a_0 gekennzeichnet und wird als zusätzliche Handlungsalternative in der Matrix mit berücksichtigt. Entschieden werden muß nun darüber, ob Information beschafft, d. h. die Alternative a_0 ausgeführt werden soll oder eine der Alternativen ohne zusätzliche Information zu realisieren ist.

---

[1] Falls die Kosten der Informationsbeschaffung vom wahren Umweltzustand abhängen, kann es vorkommen, daß keine (gleichmäßig) kostengünstigste Informationsbeschaffungsaktion existiert. Wir wollen deshalb unterstellen, daß - wie es meist in der Praxis der Fall ist - die Kosten nicht vom wahren Umweltzustand abhängen.

3.5 Verbesserung der Inputdaten durch Beschaffung zusätzlicher Information   111

< **3.31** > Betrachten wir der Anschaulichkeit halber wieder die Tab. 3.1, die schon um die dominante Alternative a_6 bereinigt ist und analysieren zunächst die Ungewißheitssituation :

	s_1	s_2	s_3
a_1	210	100	-80
a_2	170	105	-60
a_3	150	140	-10
a_4	105	102	0
a_5	50	50	50

Tab. 3.1: Entscheidungsfeld

Eine Analyse der Matrix zeigt, daß fünf undominierte Alternativen gegeben sind. a_5 repräsentiert die Maximin-Aktion, wobei mit dieser keine Möglichkeit besteht, die maximale Konsequenz in Höhe von 210 zu realisieren.

Nun wird zusätzlich eine Informationsbeschaffungsaktion a_0 in Betracht gezogen, die Kosten in Höhe von 30 Einheiten verursacht. Bei Einsatz von a_0 und der jeweils (bzgl. des dann bekannten wahren s) optimalen Aktion a erhält man

	s_1	s_2	s_3
a_0 Auszahlung - 30	210 - 30 = 180	140 - 30 = 110	50 - 30 = 20

Tab. 3.35: Informationsbeschaffungsaktion a_0

Interpretiert man diese Werte als Handlungskonsequenzen von a_0, so kann die ursprüngliche Ungewißheitssituation mit A = { a_1, a_2, a_3, a_4, a_5 } zusammen mit ihrem vollkommenen Informationssystem in die Ungewißheitssituation mit A* = {a_0, a_1, a_2, a_3, a_4, a_5} überführt werden:

	s_1	s_2	s_3	Maximin	$\mu_i = E(a_i)$
a_0	180	110	20	20	**127**
a_1	210	100	-80	-80	119
a_2	170	105	-60	-60	104,5
a_3	150	140	-10	-10	115
a_4	105	102	0	0	83,1
a_5	50	50	50	**50**	50
$p(s_j)$	0,5	0,3	0,2		

Tab. 3.36: Entscheidungsfeld zu A*

Gegeben ist damit weiterhin eine Entscheidungssituation, die nicht ohne weiteres zu lösen ist, da a_0 zwar a_2 dominiert, trotzdem jedoch 5 unvergleichbare Alternativen übrig bleiben.

Ohne Unterstützung durch eine Entscheidungsregel liegt es im Rahmen dieser Ungewißheitssituation nahe bei der Auswahl zu der Alternative a_0 zu tendieren: Der Betrag von 30 für die vollkommene Information scheint gut angelegt, da so die Schwankungen in den Auszahlungen, die bei Ungewißheit zwischen -80 und 210 liegen, deutlich reduziert werden und sich darüber hinaus negative Werte vermeiden lassen.

Unter Zuhilfenahme einer Entscheidungsregel läßt sich die Entscheidungssituation auch rational begründet lösen, vgl. Tab. 3.36:

- Bzgl. der Maximin-Regel ist es optimal, auf eine Informationsbeschaffung zu verzichten und die Aktion a_5 zu wählen.

- Ist der Entscheidungsträger der Meinung, daß eine a priori Verteilung $p(s_1) = 0{,}5$, $p(s_2) = 0{,}3$, $p(s_3) = 0{,}2$ richtig ist, so ist gemäß des BERNOULLI-Prinzips die Informationsbeschaffungsaktion a_0 einzusetzen, da a_0 mit 127 zu dem höchsten Erwartungswert führt. ♦

Erwarteter Wert der vollkommenen Information

Ist eine Verteilung $(p_1, \ldots, p_n)$ gegeben, so kann man den erwarteten Wert der vollkommenen Information (EWVI)[1] einführen.

Dieser ist im Falle der Gleichheit von Nutzen- und Geldeinheit[2], d. h. bei $u(x) = x$, definiert als Differenz

- des Auszahlungserwartungswertes bei vollkommener Information (und jeweils nachfolgender Realisierung der optimalen Alternative) und

- des Auszahlungserwartungswertes bei Einsatz einer BERNOULLI-Aktion.

Es ist also

$$\text{EWVI} = \sum_{j=1}^{n} p_j \cdot \max_{i} u_{ij} - \max_{i} \sum_{j=1}^{n} p_j \cdot u_{ij} . \tag{3.40}$$

---

[1] Im amerikanischen Schrifttum meist mit EVPI (expected value of perfect information) abgekürzt; vgl. z. B. H. RAIFFA, R. SCHLAIFER [1961]; H. BIERMANN, C.P. BONINI, W. HAUSMAN [1969].

[2] Bei nichtlinearem u tritt an die Stelle der hier gegebenen Definition eine komplizierte, implizite Definition. Vgl. z. B. M. BITZ, F. WENZEL [1974], G. BAMBERG, A.G. COENENBERG, R. KLEINE-DOEPKE [1976].

3.5 Verbesserung der Inputdaten durch Beschaffung zusätzlicher Information

< **3.32** > Berechnen wir den EWVI für das vorangegangene Beispiel, vgl. Tab. 3.36: Die Auszahlung, die bei vollkommener Information zu erwarten wäre, ist

$$\frac{5}{10} \cdot 210 + \frac{3}{10} \cdot 140 + \frac{2}{10} \cdot 50 = 157.$$

Die Aktion a_1 ist eine BERNOULLI-Aktion bzgl. der gegebenen a priori Verteilung; der Auszahlungserwartungswert von a_1 ist

$$\frac{5}{10} \cdot 210 + \frac{3}{10} \cdot 100 + \frac{2}{10} \cdot (-80) = 119.$$

Demnach gilt für unser Beispiel
EWVI = 157 – 119 = 38.

Dieser Betrag von 38 Einheiten gibt den Preis an, den der Entscheidungsträger für die Gewinnung vollkommener Information höchstens bezahlen sollte, da sonst die Kosten den erwarteten Auszahlungszuwachs übersteigen. Da im Beispiel der EWVI mit 38 über den Informationskosten in Höhe von 30 liegt, ist die Informationsbeschaffungsaktion a_0 umzusetzen. ♦

Auf eine andere Möglichkeit zur Berechnung des EWVI sei der Vollständigkeit halber hingewiesen: Die Definition des EWVI läßt sich äquivalent umformen zu

$$\text{EWVI} = \min_i (\sum_j p_j \cdot \max_i u_{ij} - \sum_j p_j \cdot u_{ij})$$
$$= \min_i \sum_j p_j \cdot (\max_i u_{ij} - u_{ij}) = \min_i \sum_j p_j \cdot K_{ij} \qquad (3.41)$$

wobei K_{ij} für die uns bereits aus Abschnitt 3.1.1 bekannten Opportunitätskosten steht.

Die zweite Berechnungsmöglichkeit besteht also darin, die Opportunitätskostenmatrix aufzustellen und den EWVI als die erwarteten Opportunitätskosten einer BERNOULLI-Aktion zu berechnen.

< **3.33** > Für Tab 3.36 lautet die Opportunitätskostenmatrix:

	s_1	s_2	s_3	$E(a_i)$
a_1	0	40	130	**38**
a_2	40	35	110	52,5
a_3	60	0	60	42
a_4	105	38	50	73,9
a_5	160	90	0	107
$p(s_i)$	0,5	0,3	0,2	

Tab. 3.37: Opportunitätskosten zum Entscheidungsfeld A*

Das Minimum der zu erwartenden Opportunitätskosten und damit der EWVI liegt auch hier bei 38, vgl. Tab. 3.37. ♦

Der EWVI ist aber nicht nur eine obere Schranke für die akzeptablen Informationskosten im Fall vollkommener Information, sondern stellt gleichzeitig auch eine obere Schranke für die Kosten unvollkommener Information dar. Erkennt man in einer Entscheidungssituation, in der nur unvollkommene Information beschafft werden kann, daß die Kosten der unvollkommenen Information bereits den EWVI übersteigen, so ist auf die Informationsbeschaffung zu verzichten.

3.5.3 Informationsbeschaffung bei unvollkommenen Informationssystemen

Da die sogenannte a priori-Verteilung $p(s_j)$ oft subjektiv und damit ungenau bestimmt ist, kann man versuchen, durch zusätzliche Informationen die Wahrscheinlichkeitsverteilung zu verbessern. Für viele Entscheidungssituationen können dabei nur empirische Untersuchungen einen Aufschluß über die wahren Eintrittswahrscheinlichkeiten der Umweltzustände erbringen. Dabei ist eine vollkommene Information in vielen Fällen nicht oder nur zu nicht vertretbaren Kosten zu beschaffen. Aus Zeit- oder Kostengründen kann man daher nur unvollkommene Information erwarten, wobei es sich zumeist um ein unvollkommenes Informationssystem des Typs B handeln wird.

Nehmen wir nun an, daß eine Informationsmenge $Y = \{y_1,..., y_r,..., y_R\}$ und die bedingten Wahrscheinlichkeiten $p(y_r | s_j)$ existieren. Diese bedingten Wahrscheinlichkeiten werden auch als Likelihoods bezeichnet. Aufbauend auf dem Theorem von BAYES aus der Wahrscheinlichkeitstheorie, das hier nicht tiefer diskutiert werden soll, kann man bei Beobachtung der Information y_r anstelle der *a priori-Verteilung* $p(s_j)$ die *a posteriori-Verteilung*

$$p(s_j | y_r) = \frac{p(y_r | s_j) \cdot p(s_j)}{\sum_i p(y_r, s_i) \cdot p(s_i)} = \frac{p(y_r | s_j) \cdot p(s_j)}{p(y_r)} \qquad \textbf{BAYESsche Formel} \quad (3.42)$$

zur Berechnung des Erwartungsnutzens

$$E(a_i | y_r) = \sum_{j=1}^{n} u(a_i, s_j) \cdot p(s_j | y_r) \qquad (3.43)$$

benutzen.

Die optimale Alternative in Abhängigkeit der beobachteten Information $a^*(y_r)$ berechnet sich dann aus

$$E(a^*(y_r)) = E(a^*(y_r) | y_r) = \underset{a_i \in A}{\text{Max}}\, E(a_i | y_r). \qquad (3.44)$$

3.5 Verbesserung der Inputdaten durch Beschaffung zusätzlicher Information

Vor Abzug der Informationskosten ist dann der **ex ante-Erwartungsnutzen mit Information** gleich

$$E(Y) = \sum_{r=1}^{R} E(a^*(y_r)) \cdot p(y_r)$$

und der **ex ante-Wert der zusätzlichen Information** Y

$$W(Y) = E(Y) - E(a^*).$$

< **3.34** > Wir wollen, wiederum aufbauend auf Beispiel < 3.1 > annehmen, es bestehe die Möglichkeit, das Produkt zunächst auf einem Testmarkt einzuführen und erst nach Kenntnis der Information

– "große" Absatzmenge y_1,

– "mittlere" Absatzmenge y_2 oder

– "kleine" Absatzmenge y_3

auf dem Testmarkt, die Produktionsmenge für den eigentlichen Markt festzulegen. Ferner sind die Likelihoods $p(y_r | s_j)$ bekannt:

$p(y_r|s_j)$	y_1	y_2	y_3
s_1	0,75	0,2	0,05
s_2	0,3	0,6	0,1
s_3	0,1	0,2	0,7

Tab. 3.38: Matrix der bedingten Wahrscheinlichkeiten $p(y_r | s_j)$

Zieht der Entscheidungsträger die Möglichkeit des Testmarktes mit in seinen Entscheidungsprozeß ein, so ist zunächst mit Hilfe des **Satzes der totalen Wahrscheinlichkeit**

$$p(y_r) = \sum_{j=1}^{n} p(y_r | s_j) \cdot p(s_j) \tag{3.45}$$

die Wahrscheinlichkeitsverteilung über der Informationsmenge X zu berechnen:

$p(y_1) = 0,485; \quad p(y_2) = 0,32; \quad p(y_3) = 0,195.$

Die Anwendung der BAYESschen Formel liefert dann die a posteriori-Wahrscheinlichkeiten $p(s_j | y_r)$:

$p(s_j|y_r)$	y_1	y_2	y_3
s_1	0,77	0,31	0,13
s_2	0,19	0,56	0,15
s_3	0,04	0,13	0,72

Tab.3.39: Matrix der a posteriori-Wahrscheinlichkeiten $p(s_j | y_r)$

Bei Beobachtung einer Information y_r ergeben sich dann die a posteriori-Gewinnerwartungswerte $E(a_i | y_r)$.

$E(a_i|y_r)$	y_1	y_2	y_3
a_1	**177,5**	110,7	-15,3
a_2	148,45	103,7	-5,35
a_3	141,7	**123,6**	33,3
a_4	100,23	89,67	28,95
a_5	50	50	**50**

Tab. 3.40: Matrix der a posteriori-Gewinnerwartungswerte $E(a_i | y_r)$

Die optimalen Alternativen in Abhängigkeit der Beobachtung y_r sind somit

$a^*(y_1) = a_1$, $a^*(y_2) = a_3$, $a^*(y_3) = a_5$.

Ohne Berücksichtigung der Informationskosten $K(Y)$ ist der ex ante-Wert der Information Y dann gleich

$W(Y) = 177,5 \cdot 0,485 + 123,6 \cdot 0,32 + 50 \cdot 0,195 - 119 = 135,39 - 119 = 16,39$.

Sind nun die Informationskosten $K(Y)$ kleiner als 16.390 DM, so sollte das Produkt zunächst auf dem Testmarkt eingeführt werden. ♦

Obwohl die Berechnung von a posteriori-Wahrscheinlichkeiten relativ einfach ist, wird dieses Verfahren zur Verbesserung der Eintrittswahrscheinlichkeiten in der Praxis kaum verwendet. Ein wesentlicher Hinderungsgrund ist die Gewinnung der Likelihoods $p(y_r | s_j)$. Unser Beispiel demonstriert dieses Problem sehr deutlich. Um die Likelihoods zu gewinnen, muß man zunächst den Testmark beobachten unter der Bedingung, daß die einzelnen Szenarien vorliegen. Dazu müssen sich diese Situationen aber zunächst alle irgendwann einmal einstellen, vgl. Abb. 3.18. Wenn dies zu lange dauert, dann ist zu befürchten, daß sich die Einwirkungen der Umwelt zwischenzeitlich ändern und die beobachteten Likelihoods nicht mehr brauchbar sind.

3.5 Verbesserung der Inputdaten durch Beschaffung zusätzlicher Information 117

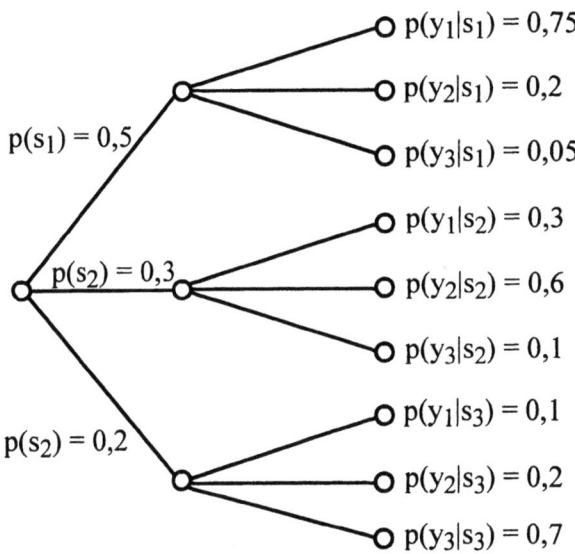

Abb. 3.18: Likelihoods auf dem Testmarkt

BAMBERG und COENENBERG [2000, S. 156ff] beschränken daher die Informationsbeschaffung auf Stichproben der Grundgesamtheit und führen u. a. die folgenden Anwendungsfälle an:

- "Bei empirischen Marktuntersuchungen interessieren beispielsweise die Absatzchancen eines Produktes, der Vergleich der Absatzchancen mehrerer Produkte, die Wirkung alternativer Verpackungen, alternativer Preise usw. Vollkommene Informationen könnten höchstens Totalerhebungen unter allen potentiellen Kunden erbringen; in der Praxis beschränkt man sich auf die Befragung von zufällig ausgewählten Personen."

- "Für die Entscheidung über die Modalitäten der Garantieerklärung eines neu entwickelten Produktes, etwa eines Elektronenblitzgerätes, interessiert den Hersteller natürlich die mittlere Lebensdauer L des Gerätes. Da die gesamte (zukünftige) Produktion eine hypothetische Grundgesamtheit darstellt, kann der Parameter L aus prinzipiellen Gründen nicht exakt ermittelt, sondern nur aufgrund einer Stichprobe geschätzt werden."

Sie führen dann statistische Entscheidungsfunktionen ein, welche mittels Schadensfunktion, Stichprobenkostenfunktion und Likelihoods bewertet werden. Der genaue Ablauf dieser BAYES-Analyse soll hier nicht dargestellt werden, sondern es wird auf BAMBERG; COENENBERG [2000, S. 161-166] verwiesen. Aber auch hier ist die Hauptschwierigkeit für eine praktische Anwendung die Datenbeschaffung. Insbesondere sind Entscheidungsprobleme in der Praxis selten so weit vorstrukturiert, daß die endgültige Entscheidung nur noch vom Ergebnis einer Stichprobe abhängig gemacht werden kann, wie dies die Definition einer statistischen

Entscheidungsfunktion erfordert. Statt dessen wird die Stichprobenrealisation zusammen mit vielen anderen (teilweise nur im Unterbewußtsein vorhandenen) Informationen vom Entscheidungsträger zu einer Entscheidung verarbeitet, meist in einem wenig transparenten Prozeß. Eine rationale Beantwortung der Frage, welcher Stichprobenumfang angemessen ist und welche Aktion aus der Stichprobenrealisation resultieren sollte, ist damit nicht möglich. Eine rationale Beantwortung ist erst dann möglich, wenn die Konsequenzen von Fehlentscheidungen gegenüber den Stichprobenkosten abgewogen werden können; mithin müssen die Schadensfunktion und die Stichprobenkostenfunktion bekannt sein oder zumindest einigermaßen zuverlässig geschätzt werden. Das altbekannte Dilemma, daß die Realitätsnähe eines Entscheidungsmodells mit den Datenbeschaffungsproblemen positiv korreliert ist, wird hier besonders deutlich.

Die naheliegende Frage, wie die vorgestellte Prozedur im Falle von Fuzzy-Likelihoods durchzuführen ist, soll hier nicht weiter erörtert werden. Erstens gibt es bisher in der Literatur hierzu kaum brauchbare Ansätze; vgl. [ROMMELFANGER 1994, S. 114-118] und zweitens ist - wie vorstehend erörtert - die Annahme von Likelihoods in praktischen Anwendungen wenig realistisch.

3.5.4 A posteriori Fuzzy-Erwartungswerte und Wert der Information

Unterstellen wir wieder die theoretischen Grundlagen des Bayes-Theorems, betrachten aber nun den realistischeren Fall, daß nicht alle zustandsbezogenen Ergebnisse durch reelle Zahlen beschrieben werden und nehmen an, daß der Entscheidungsträger zumindest einige Ergebnisse und damit auch die Nutzen lediglich in Form von Fuzzy-Intervallen des ε-λ-Typs beschreiben kann.

Liegt eine Informationsmenge $Y = \{y_1,...,y_R\}$ vor und sind die bedingten Wahrscheinlichkeiten $p(y_r \mid s_j)$ bekannt, so können analog dem Vorgehen in Abschnitt 3.5.3 die a priori-Wahrscheinlichkeiten $p(s_j)$ durch die a posteriori-Wahrscheinlichkeitsverteilungen $p(s_j \mid y_r)$ ersetzt werden.

Wird die Information y_r beobachtet, so berechnen sich die bedingten Fuzzy-Erwartungswerte gemäß der Formel

$$\widetilde{E}(a_i \mid y_r) = \widetilde{U}(a_i, s_1) \cdot p(s_1 \mid y_r) \oplus \cdots \oplus \widetilde{U}(a_i, s_n) \cdot p(s_n \mid y_r). \qquad (3.46)$$

Sind die Nutzenwerte $\widetilde{U}(a_i, s_j) = \widetilde{U}_{ij}$, $j = 1,..., n$, Fuzzy-Intervalle des ε-λ-Typs, d. h. gilt $\widetilde{U}_{ij} = (\underline{u}_{ij}^{\varepsilon}; \underline{u}_{ij}^{\lambda}; \underline{u}_{ij}^{1}; \overline{u}_{ij}^{1}; \overline{u}_{ij}^{\lambda}; \overline{u}_{ij}^{\varepsilon})^{\varepsilon, \lambda}$,

so sind auch die Fuzzy-Erwartungswerte $\widetilde{E}(a_i \mid y_r)$ Fuzzy-Intervalle des ε-λ-Typs

$$\widetilde{E}(a_i \mid y_r) = (\underline{E}_{ir}^{\varepsilon}; \underline{E}_{ir}^{\lambda}; \underline{E}_{ir}^{1}; \overline{E}_{ir}^{1}; \overline{E}_{ir}^{\lambda}; \overline{E}_{ir}^{\varepsilon})^{\varepsilon, \lambda},$$

3.5 Verbesserung der Inputdaten durch Beschaffung zusätzlicher Information 119

und es gilt die einfache Berechnung

$$\underline{E}_{ir}^1 = \sum_{j=1}^{n} \underline{u}_{ij}^1 \cdot p(s_j | y_r), \quad \underline{E}_{ir}^\lambda = \sum_{j=1}^{n} \underline{u}_{ij}^\lambda \cdot p(s_j | y_r), \quad \underline{E}_{ir}^\varepsilon = \sum_{j=1}^{n} \underline{u}_{ij}^\varepsilon \cdot p(s_j | y_r),$$

$$\overline{E}_{ir}^1 = \sum_{j=1}^{n} \overline{u}_{ij} \cdot p(s_j | y_r), \quad \overline{E}_{ir}^\lambda = \sum_{j=1}^{n} \overline{u}_{ij}^\lambda \cdot p(s_j | y_r), \quad \overline{E}_{ir}^\varepsilon = \sum_{j=1}^{n} \overline{u}_{ij}^\varepsilon \cdot p(s_j | y_r).$$

< 3.35 > Zur Erläuterung der theoretischen Ausführungen benutzen wir wiederum die "fuzzifizierte" Tabelle zum Beispiel 3.1, d. h. Tab. 3.5, das schon um die dominierte Alternative a_6 bereinigt ist. Weiterhin gehen wir von der dort benutzten a priori-Wahrscheinlichkeitsverteilung $p(s_1) = 0,5$, $p(s_2) = 0,3$, $p(s_3) = 0,2$ aus und unterstellen Risikoneutralität.

	y_1	y_2	y_3
a_1	(139,80; 150,49; 167,50; 185,32; 191,75; 197,90)	(77,60; 89,67; 100,70; 114,19; 123,55; 132,00)	(-46,60; -33,99; -25,30; -11,84; 2,55; 11,90)
a_2	(120,55; 133,82; 143,25; 153,33; 158,45; 168,45)	(79,95; 89,73; 98,05; 108,31; 113,70; 123,70)	(-30,25; -23,50; -13,95; -2,51; 4,65; 14,65)
a_3	(113,05; 127,85; 136,90 142,10; 150,95; 159,80)	(97,70; 112,05; 119,25; 124,90; 131,45; 138,00)	(11,25; 22,65; 31,90; 40,50; 46,15; 51,80)
a_4	(81,00; 86,57; 95,80; 104,85; 109,47; 118,70)	(72,00; 78,68; 86,35; 93,55; 97,43; 105,10)	(13,00; 18,45; 24,40; 33,65; 38,35; 44,30)
a_5	(43,65; 47,11; 49,80; 52,31; 56,93; 59,05)	(40,90; 45,28; 49,35; 50,93; 54,81; 57,20)	(37,05; 41,79; 46,40; 50,39; 55,09; 59,25)

Tab. 3.41: A posteriori-Gewinnerwartungswerte $\widetilde{E}(a_i | y_r)$

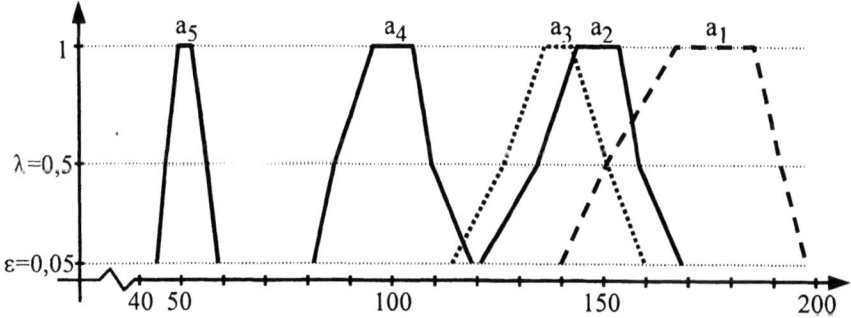

Abb. 3.19: A posteriori-Gewinnerwartungswerte $\widetilde{E}(a_i | y_1)$

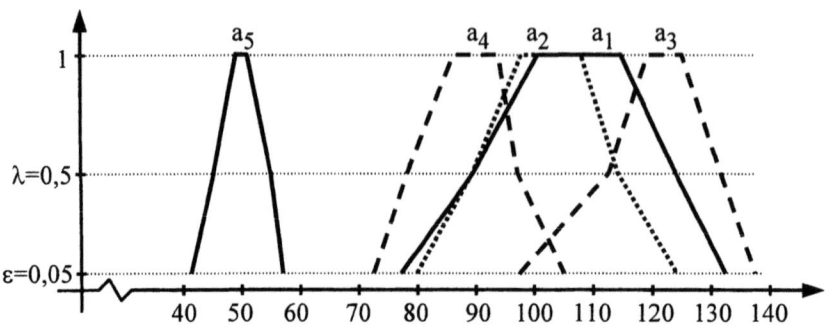

Abb. 3.20: A posteriori-Gewinnerwartungswerte $\widetilde{E}(a_i | y_2)$

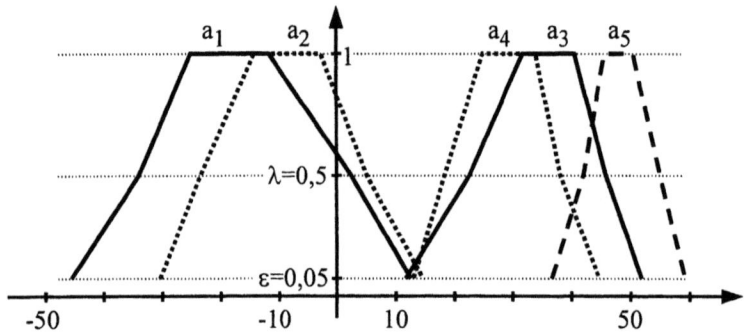

Abb. 3.21: A posteriori-Gewinnerwartungswerte $\widetilde{E}(a_i | y_3)$

Die Abb. 3.19 bis 3.21 zeigen, daß in allen drei Fällen die Rangfolge der a posteriori-Gewinnerwartungswerte gemäß der ε-Präferenz aufgestellt werden kann.

Es gilt:

a. bei Beobachtung von y_1: $a_1 \succ a_2 \succ a_3$

b. bei Beobachtung von y_2: $a_3 \succ a_1 \succ a_2$ *(Problem bei $a_1 \succ a_2$!)*

c. bei Beobachtung von y_3: $a_5 \succ a_3 \succ a_4$ *(Problem bei $a_3 \succ a_4$!)*   ♦

Zur Vereinheitlichung der Schreibweise wollen wir auch hier die optimale Alternative in Abhängigkeit der beobachteten Information y_r mit $a^*(y_r)$ symbolisieren. Ist der zugehörige Nutzenerwartungswert $\widetilde{E}(a^*(y_r))$ vom ε-λ-Typ, so wird er geschrieben in der Form

$$\widetilde{E}(a^*(y_r)) = (\underline{E}^\varepsilon(a^*(y_r)); \underline{E}^\lambda(a^*(y_r)); \underline{E}^1(a^*(y_r)); \overline{E}^1(a^*(y_r));$$
$$\overline{E}^\lambda(a^*(y_r)); \overline{E}^\varepsilon(a^*(y_r)))^{\varepsilon,\lambda}$$

3.5 Verbesserung der Inputdaten durch Beschaffung zusätzlicher Information

Der **ex ante-Erwartungsnutzen mit Information** ist dann (vor Abzug der Informationskosten) gleich

$$\widetilde{E}(Y) = \widetilde{E}(a^*(y_1)) \cdot p(y_1) \oplus \cdots \oplus \widetilde{E}(a^*(y_R)) \cdot p(y_R) \quad (3.47)$$

und ist ebenfalls ein Fuzzy-Interval vom ε-λ-Typ, wenn dies für alle $\widetilde{E}(a^*(y_r))$ gegeben ist:

$$\widetilde{E}(Y) = (\underline{E}^\varepsilon(Y); \underline{E}^\lambda(Y); \underline{E}^1(Y); \overline{E}^1(Y); \overline{E}^\lambda(Y); \overline{E}^\varepsilon(Y))^{\varepsilon,\lambda} \quad (3.48)$$

$$= (\sum_{r=1}^{R} \underline{E}^\varepsilon(a^*(y_r)) \cdot p(y_r), \sum_{r=1}^{R} \underline{E}^\lambda(a^*(y_r)) \cdot p(y_r), \sum_{r=1}^{R} \underline{E}^1(a^*(y_r)) \cdot p(y_r);$$

$$\sum_{r=1}^{R} \overline{E}^1(a^*(y_r)) \cdot p(y_r); \sum_{r=1}^{R} \overline{E}^\lambda(a^*(y_r)) \cdot p(y_r); \sum_{r=1}^{R} \overline{E}^\varepsilon(a^*(y_r)) \cdot p(y_r))^{\varepsilon,\lambda}$$

< 3.36 > Für das vorstehende Beispiel ist der ex ante-Erwartungsgewinn mit Information (vor Abzug der Informationskosten) gleich

$$\widetilde{E}(Y) = (139{,}80;\ 150{,}49;\ 167{,}50;\ 185{,}32;\ 191{,}75;\ 197{,}90)^{\varepsilon,\lambda} \cdot 0{,}485$$

$$+ (97{,}70;\ 112{,}05;\ 119{,}25;\ 124{,}90;\ 131{,}45;\ 138{,}00)^{\varepsilon,\lambda} \cdot 0{,}32$$

$$+ (37{,}05;\ 41{,}79;\ 46{,}40;\ 50{,}39;\ 55{,}09;\ 59{,}25)^{\varepsilon,\lambda} \cdot 0{,}195$$

$$= (106{,}29;\ 116{,}99;\ 128{,}45;\ 139{,}67;\ 145{,}81;\ 151{,}70)^{\varepsilon,\lambda}$$

Dieser Wert ist zu vergleichen mit dem Erwartungsgewinn ohne Information

$$\widetilde{E}(a^*) = (\underline{E}^\varepsilon_*; \underline{E}^\lambda_*; \underline{E}^1_*; \overline{E}^1_*; \overline{E}^\lambda_*; \overline{E}^\varepsilon_*)^{\varepsilon,\lambda}$$

$$= \widetilde{E}(a_1) = (84;\ 95{,}5;\ 109;\ 124{,}6;\ 133{,}5;\ 141)^{\varepsilon,\lambda}$$

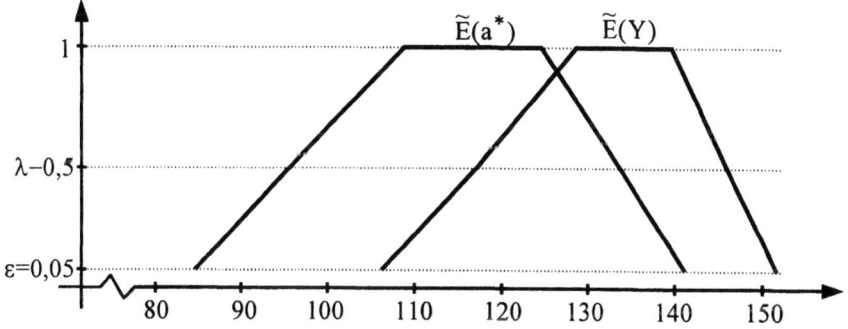

Abb.3.22: Zugehörigkeitsfunktionen der Erwartungsgewinne $\widetilde{E}(Y)$ und $\widetilde{E}(a^*)$

Der Wert der Information Y wird nun sichtbar in dem Unterschied zwischen den unscharfen Erwartungsnutzen $\widetilde{E}(Y)$ und $\widetilde{E}(a^*)$, vgl. dazu Abb. 3.22. ♦

Aus dem Satz der klassischen Entscheidungstheorie, daß (ohne Berücksichtigung der Informationskosten) der Wert der Information nicht negativ sein kann, vgl. z. B. [LAUX 1998, S. 358], folgt, daß für die Gipfelpunkte dieser Erwartungsnutzen gilt:

$$\underline{E}^1(Y) \geq \underline{E}^1_* \text{ und } \overline{E}^1(Y) \geq \overline{E}^1_*$$

Daraus folgt unmittelbar, daß weder nach der ρ-Präferenz mit ρ < 1 noch nach der ε-Präferenz gelten kann

$$\widetilde{E}(a^*) \succ \widetilde{E}(Y) \quad ,$$

d. h., die Information Y kann nicht zu einem schlechteren Erwartungsnutzen führen.

Bei der Frage nach dem ex ante-Wert der zusätzlichen Information Y ist zu beachten, daß in der Fuzzy-Set Theorie die Subtraktion i. allg. nicht die Umkehrung der Addition ist. Wie schon bei der Berechnung der Oppurtunitätskosten in Abschnitt 3.1.2 wird das normale Empfinden eines Entscheidungsträgers besser wiedergegeben durch Verwendung der erweiterten Addition. Der ex ante-Wert der zusätzlichen Information Y wird dann interpretiert als der maximale Wert $W(Y) \in R$, welcher der Ungleichung

$$\widetilde{E}(a^*) \oplus \widetilde{W}(Y) \leq \widetilde{E}(Y) \tag{3.49}$$

genügt.

Bei Fuzzy-Intervallen des ε-λ-Typs läßt sich dann W(Y) einfach berechnen als

$$W(Y) = \text{Min}\,(\underline{E}^\varepsilon(Y) - \underline{E}^\varepsilon_*; \underline{E}^\lambda(Y) - \underline{E}^\lambda_*; \underline{E}^1(Y) - \underline{E}^1_*; \overline{E}^1(Y) - \overline{E}^1_*; \overline{E}^\lambda(Y) - \overline{E}^\lambda_*;$$

$$\overline{E}^\varepsilon(Y) - \overline{E}^\varepsilon_*): \tag{3.50}$$

< **3.37** > Für das Beispiel berechnet sich W(Y) als

W(Y) = Min (22,29; 21,49; 19,45; 15,07; 12,31; 10,7) = 10,7

3.5 Verbesserung der Inputdaten durch Beschaffung zusätzlicher Information 123

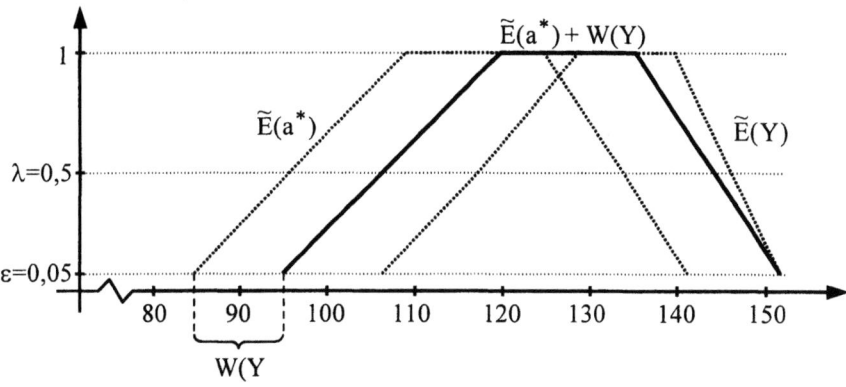

Abb. 3.23: Informationswert W(Y)

Da hier die Bestimmung von W(Y) auf dem ε-Niveau erfolgt, könnte man die Berechnung abschwächen, indem man auf die Werte des ε-Niveaus oder ebenfalls auf die Werte des λ-Niveaus verzichtet. Man erhielte dann die höheren Werte:

$$W_\lambda(Y) = \text{Min}(\underline{E}^\lambda(Y) - \underline{E}^\lambda_*; \underline{E}^1(Y) - \underline{E}^1_*; \overline{E}^1(Y) - \overline{E}^1_*; \overline{E}^\lambda(Y) - \overline{E}^\lambda_*)$$

$$= \text{Min } (21{,}49;\ 19{,}45;\ 15{,}07;\ 12{,}31) = 12{,}31$$

$$W_1(Y) = \text{Min}(\underline{E}^1(Y) - \underline{E}^1_*; \overline{E}^1(Y) - \overline{E}^1_*)$$

$$= \text{Min } (19{,}45;\ 15{,}07) = 15{,}07 \qquad \blacklozenge$$

Ein anderer Weg wäre den ex-ante Wert der zusätzlichen Information Y als ein Fuzzy-Intervall zu bestimmen:

Gesucht ist dann der gemäß der $\prec_\varepsilon$-Präferenz ranghöchste Wert $\widetilde{W}(Y)$, der der Präferenzbeziehung

$$\widetilde{E}(a^*) \oplus \widetilde{W}(Y) \prec_\varepsilon \widetilde{E}(Y) \qquad \text{genügt}^1.$$

Nach den Berechnungsformeln in Abschnitt 3.1 auf Seite 61 lassen sich die Komponenten von

$$\widetilde{W}(Y) = (\underline{w}^\varepsilon(Y);\ \underline{w}^\lambda(Y);\ \underline{w}^1(Y);\ \overline{w}^1(Y);\ \overline{w}^\lambda(Y);\ \overline{w}^\varepsilon(Y))^{\varepsilon,\lambda}$$

berechnen als:

---

[1] Diesen Ansatz findet man für ε = 0 auch in ROMMELFANGER, SCHÜPKE 1993]. Darüber hinaus gibt es auch andere Interpretationen für "approximativ gleich", vgl. z. B. RAMIK, ROMMELFANGER 1994]. Analog den Ausführungen in Abschnitt 3.1 könnte man sich auch stärker am λ-Niveau oder sogar am 1-Niveau orientieren und die Rechenformeln entsprechend umformen.

$$\overline{w}^\varepsilon(Y) = \overline{E}^\varepsilon(Y) - \overline{E}^\varepsilon_*$$

$$\overline{w}^\lambda(Y) = \text{Max}\{w \in R \mid w \le \overline{E}^\lambda(Y) - \overline{E}^\lambda_* \text{ und } w \le \overline{w}^\varepsilon(Y)\}$$

$$\underline{w}^1(Y) = \text{Max}\{w \in R \mid w \le \underline{E}^1(Y) - \underline{E}^1_* \text{ und } w \le \overline{w}^1\}$$

$$\underline{w}^\lambda(Y) = \text{Max}\{w \in R \mid w \le \underline{E}^\lambda(Y) - \underline{E}^\lambda_* \text{ und } w \le \underline{w}^1\}$$

$$\underline{w}^\varepsilon(Y) = \text{Max}\{w \in R \mid w \le \underline{E}^\varepsilon(Y) - \underline{E}^\varepsilon_* \text{ und } w \le \overline{w}^\lambda\}$$

< 3.38 > Für das verwendete Beispiel ergibt sich mit diesen Formeln
$\widetilde{W}(Y) = (10,7; 10,7; 10,7; 10,7; 10,7; 10,7)^{\varepsilon,\lambda}$, d. h. es gilt $\widetilde{W}(Y) = W(Y)$ ♦

3.5.5 Verbesserung der Fuzzy-Daten mittels zusätzlicher Informationen

Im klassischen Entscheidungsmodell können zusätzliche Informationen nur dazu dienen, die Eintrittswahrscheinlichkeiten der Umweltzustände zu verbessern und somit eine realistische Lösung zu erzielen. Da die Ergebnis- und Nutzenwerte als eindeutig bekannt unterstellt werden, ist definitionsgemäß eine Präzisierung dieser Werte nicht möglich. Vielmehr ist zur Vermeidung einer Fehlspezifizierung dafür Sorge zu tragen, daß genügend Informationen besorgt und verarbeitet werden, damit die Ergebnisse und die Wahrscheinlichkeitswerte das Realproblem hinreichend genau beschreiben.

Bei Fuzzy-Modellen besteht aber die Möglichkeit, durch Aufnahme und Verarbeitung zusätzlicher Informationen die Ergebnis- und Nutzenwerte sowie die a priori-Wahrscheinlichkeiten genauer zu beschreiben. Dabei reicht es bei den Ergebniswerten aus, sich auf die Alternativen zu beschränken, die noch als Lösung in Betracht kommen.

< 3.39 > Für das Entscheidungsproblem mit den Fuzzy-Ergebnissen in Tab. 3.5 und den Fuzzy-Wahrscheinlichkeiten in Tab. 3.23 zeigen die Tab. 3.28 und die Abb. 3.17, daß nur noch die Alternativen a_1 und a_3 für die optimale Lösung in Betracht kommen. Durch zusätzliche Informationen ist der Entscheider nun in der Lage, die Ergebnisse dieser verbliebenen Alternativen genauer zu beschreiben als:

	s_1	s_2	s_3
a_1	(170; 180; 200; 220; 225; 230)	(70; 83; 90; 100; 110; 120)	(-110; -97; -90; -77; -60, -50)
a_2	(140; 155; 165; 175; 180; 190)	(85; 93; 100; 110; 115; 125)	(-85; -80; -70; -58; -50; -40)
a_3	(120; 135; 145; 150; 160; 170)	(115; 130; 135; 140; 145; 150)	(-30; -20; -10; 0; 5; 10)

Tab. 3.42: Umweltabhängige Fuzzy-Ergebnisse

3.5 Verbesserung der Inputdaten durch Beschaffung zusätzlicher Informationen 125

Mit den Berechnungsgrößen aus Tab. 3.27, die auf den Fuzzy-Wahrscheinlichkeiten in Tab. 3.23 basieren, lassen sich dann präzisere Erwartungswerte berechnen:

	$\tilde{E}_i^P = (\underline{E}_i^\varepsilon; \underline{E}_i^\lambda; \underline{E}_i^1; \overline{E}_i^1; \overline{E}_i^\lambda; \overline{E}_i^\varepsilon)^{\varepsilon,\lambda}$
a_1	(94,2 ; 107,4 ; 117,5 ; 124,65 ; 139,45 ; 148,5)
a_3	(96,15 ; 106,02 ; 112,0 ; 116,08 ; 121,87 ; 127,55)

Tab. 3.43: *Matrix der Fuzzy-Gewinnerwartungswerte $\tilde{E}_i^P$ mit Information*

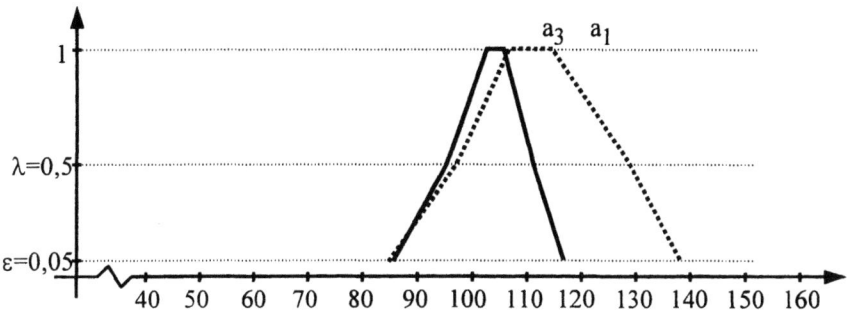

Abb. 3.24: *Zugehörigkeitsfunktionen der Fuzzy-Erwartungswerte $\tilde{E}_i^P$ mit Information*

Tab. 3.43 und Abb. 3.24 illustrieren, daß nun a_1 die klar bessere Alternative ist. Zwar reichen die Daten nicht aus, um eine ε-Präferenz zu konstatieren, aber bis auf den linken Wert auf dem ε-Niveau weist a_1 die klar besseren Werte auf.

Bei dieser Art von Informationsgewinnung und Verarbeitung macht es wenig Sinn, einen "Wert zusätzlicher Informationen" zu formulieren. Denn bei Fuzzy-Intervallen weiß man im voraus nicht, wie das Resultat der Präzisierung aussieht; im Beispiel begünstigten die zusätzlichen Information die Alternative a_1, genau so gut hätte sich aber das umgekehrte Resultat einstellen können.

Lediglich unter der für praktische Anwendungen unrealistischen Annahme, daß alle Ergebnisse in Form von Fuzzy-Zahlen vorliegen und zusätzliche Information nur dazu führen, die Spannweiten zu verkleinern, das 1-Niveau aber unverändert zu lassen, läßt sich ein Informationswert formal definieren; vgl. [TANAKA; ICHIHASHI; ASAI, K 1986].

Sollte der Entscheidungsträger sich weiterhin nicht zwischen a_1 und a_3 entscheiden können, so ließe sich seine Informationslage weiterhin verbessern, indem er sich zusätzliche Informationen besorgt, die dazu dienen können, die Fuzzy-Ergebnisse und/oder die Fuzzy-Wahrscheinlichkeiten zu präzisieren. Zu beachten ist aber, daß Informationen i. allg. Geld kosten und daß daher vor einer Informationsaufnahme eine Kosten/Nutzenanalyse durchzuführen ist.

Die vorstehenden Überlegungen zeigen auf, daß Fuzzy-Entscheidungsmodelle erstmalig einen Ausweg aus dem traditionellen Informationsbeschaffungsdilemma bieten. Mit der konventionelle Ermittlung akzeptabler "mittlerer Werte", die für die klassischen Verfahren unabdingbar sind, ist dann ein sehr hoher Informationsaufwand verbunden, wenn die Gefahr der Fehlmodellierung möglichst gering gehalten werden soll. Wird dagegen das Realproblem durch ein Fuzzy-Modell beschrieben, so gelingt es im allgemeinen mit dem gegebenen Informationsstand im ersten Schritt zumindest einen großen Teil der Alternativen auszuschließen. Unter Abwägung von Kosten und Nutzen können dann weitere Informationen zielgerichtet beschafft werden, um genauere Aussagen über die Rangordnungen der verbliebenen Alternativen zu ermöglichen. Da im Gegensatz zu der umfangreichen ex ante-Informationsaufnahme bei klassischen Entscheidungsmodellen teure zusätzliche Informationen iterativ und zielgerichtet beschafft werden, führt diese Vorgehensweise zu einer deutlichen Verringerung der Informationskosten.

Aufgaben

3.1 Gegeben ist eine Entscheidungssituation mit fünf Alternativen a_i, fünf möglichen Zuständen s_j und der nachstehenden Ergebnismatrix $Z = (z_{ij})_{\substack{i=1,\ldots,5 \\ j=1,\ldots,5}}$.

	s_1	s_2	s_3	s_4	s_5
a_1	2	7	2	4	4
a_2	5	2	4	7	3
a_3	6	5	3	6	4
a_4	4	1	4	6	3
a_5	3	4	2	7	2

a. Eliminieren Sie alle ineffizienten Alternativen.

b. Wenden Sie
- die Maximin-Regel,
- die Maximax-Regel,
- das HURWICZ-Kriterium mit $\delta = 0{,}6$,
- das LAPLACE-Kriterium und
- die SAVAGE-NIEHANS-Regel

jeweils zur Auswahl einer Alternative an.

c. Berechnen Sie den Optimismusparameter δ^* so, daß die Alternativen a_1 und a_3 durch das HURWICZ-Kriterium als gleichwertig eingestuft werden.

d. Man gehe nun davon aus, daß eine Entscheidungssituation unter Risiko vorliegt. Folgende Beziehungen zwischen den Eintrittswahrscheinlichkeiten der Zustände s_j sind bekannt:

$p_1 = p_4 = 0{,}5p_5 = 0{,}5p_3 \quad p_2 = 0{,}5(p_3 + p_5)$

Ermitteln Sie hieraus die Eintrittswahrscheinlichkeiten $p_1, \ldots, p_5$. Für welche Alternative entscheidet man sich nach

- dem μ-Prinzip,
- dem (μ, σ)-Prinzip mit $\Phi(a_i) = \mu_i + 0{,}8\sigma_i$?

3.2 Ein Unternehmen fertigt im wesentlichen zwei Produkte P_1 und P_2. Im Lauf ihrer Fertigung belegen die Produkte zwei Maschinen M_1 (P_1: 1 ZE/ME; P_2: 2 ZE/ME) und M_2 (P_1: 1 ZE/ME; P_2: 6 ZE/ME). Die beiden Maschinen stehen im relevanten Zeitraum für 1.500 ZE bzw. 2.100 ZE zur Verfügung.
Die variablen Stückkosten von P_1 bzw. P_2 betragen 160 GE bzw. 200 GE. Für P_2 kann ein Stückpreis von 300 GE erzielt werden. Der für P_1 erzielbare Stückpreis p läßt sich aufgrund intensiver Preiskämpfe am Markt derzeit nicht genau abschätzen; man kann lediglich sagen, daß p im Intervall [160, 220] liegt.
Das Unternehmen steht nun vor dem Problem, einen deckungsbeitragsmaximalen Produktionsplan (d. h. die von P_1 bzw. P_2 zu produzierenden Stückzahlen x_1 und x_2) zu bestimmen. Ermitteln Sie die Lösung

a. nach der Maximin-Regel,

b. nach der Maximax-Regel,

c. nach dem HURWICZ-Kriterium mit Optimismus-Parameter $\delta = \dfrac{2}{3}$.

3.3 Gegeben ist eine Entscheidungssituation mit vier unscharf beschriebenen Alternativen a_i, drei möglichen Zuständen s_j und der nachstehenden Ergebnismatrix Z.

	s_1	s_2	s_3
a_1	(-90; -80; -60; -50; -30; -20)	(150; 160; 170; 190; 210; 220)	(30; 35; 40; 45; 50; 60)
a_2	(-40; -30; -20; -10; 0; 10)	(130; 135; 150; 150; 160; 165)	(70; 75; 80; 90; 95; 100)
a_3	(10; 20; 30; 30; 40; 50)	(90; 100; 105; 110; 120; 130)	(50; 60; 70; 80; 90; 100)
a_4	(-60; -55; -50; -40; -35; -30)	(200; 220; 230; 240; 250; 270)	(-15; -10; 0; 10; 15; 25)

a. Wenden Sie
   - die Maximin-Regel,
   - die Maximax-Regel,
   - das HURWICZ-Kriterium mit δ = 0,7,
   - das LAPLACE-Kriterium,
   - die SAVAGE-NIEHANS-Regel und

   jeweils zur Auswahl einer Alternative (auf Basis der ε-Präferenz) an.

b. Man gehe nun davon aus, daß eine Entscheidungssituation unter Risiko vorliegt. Folgende Eintrittswahrscheinlichkeiten der Zustände s_j sind bekannt: $p_1 = 0,3$ $p_2 = 0,4$ $p_3 = 0,3$
   Welche Alternative wird ein risikoscheuer Entscheider wählen, wenn er die Nutzenfunktion $u(x) = \sqrt{x+90}$ seiner Entscheidung zugrunde legt.

3.4 Eine Unternehmerin besitzt eine lineare Nutzenfunktion. Bei einem Lotteriespiel kann sie 600 DM mit der Wahrscheinlichkeit w und 200 DM mit der Wahrscheinlichkeit 1 - w gewinnen.
Wie groß ist die Wahrscheinlichkeit w, wenn das Sicherheitsäquivalent 400 DM beträgt?

3.5 Die beiden Unternehmer Hans Hinz (HH) und Karl Kunz (KK) sollen dieselbe Situation beurteilen:
Es soll jeweils eins der beiden Produkte A und B auf den Markt gebracht werden, wobei mit Produkt A im Planungszeitraum ein sicherer Gewinn in Höhe von 140 TDM erzielt werden kann. Produkt B bringt im gleichen Zeitraum mit 20% Wahrscheinlichkeit einen Gewinn von 100 TDM, mit 50% Wahrscheinlichkeit einen Gewinn von 130 TDM und mit 30% Wahrscheinlichkeit einen Gewinn von 180 TDM.

Unternehmer Hinz legt seinen Entscheidungen die lineare Nutzenfunktion $u_H(x) = 0,8x$ zugrunde, der Unternehmer Kunz richtet sich nach der Nutzenfunktion

$$u_M(x) = \begin{cases} \dfrac{1}{125}x^2 & \text{für } 0 \leq x \leq 100 \\ -\dfrac{1}{125}x^2 + \dfrac{16}{5}x - 160 & \text{für } 100 < x \leq 200 \end{cases}$$

a. Welche Risikoeinstellung spiegeln die beiden Nutzenfunktionen wider? (Begründung!)

b. Wie entscheiden sich beide Unternehmer?

c. Ändert sich an der Entscheidung etwas, wenn man berücksichtigt, daß beide Produkte zusätzliche fixe Kosten in Höhe von 80 TDM verursachen? Warum kommt es zu diesem Ergebnis?

3.6 Daniel Reifenstein ist Pessimist. Ein Projekt, bei dem er mit 50% Wahrscheinlichkeit einen Gewinn von x DM erwarten kann, mit 50% Wahrscheinlichkeit dagegen nichts erhält, schätzt er genauso ein, wie ein Projekt, bei dem er $0{,}25x$ DM mit Sicherheit bekommt. Dies gilt für jeden beliebigen (positiven) Gewinn x.

Reifenstein's Unternehmen verkauft u.a. ein Spülmittel, das einen sicheren Platz auf dem Markt hat. Im betrachteten Planungszeitraum könnte man 1.200.000 l zu DM 3,- je l absetzen. Die fixen Kosten würden dabei DM 200.000,- betragen, die variablen Kosten würden sich auf DM 2,- je l belaufen.

Seine Forschungsabteilung hat nun ein besseres Spülmittel entwickelt, das das alte ersetzen könnte. Marktforschungen haben ergeben, daß mit 25% Wahrscheinlichkeit damit zu rechnen ist, daß das neue Produkt ein Verkaufsschlager wird. In diesem Fall rechnet die Marketing-Abteilung für den betrachteten Planungszeitraum mit einem Absatz von 1.700.000 l, im anderen Fall nur mit 200.000 l. Die fixen Kosten werden bei DM 250.000,- liegen, als Absatzpreis könnte man DM 3,50 pro l fordern; die variablen Kosten belaufen sich nur auf DM 1,- je l.

Der Unternehmer steht vor der Frage, ob er weiterhin das alte Spülmittel verkaufen oder ob er das neue Produkt auf den Markt bringen soll. Wie wird er sich entscheiden?

(Lösungshinweis: Führen Sie eine Normierung so durch, daß $u(0)=0$ und $u(1.000.000)=1$ gilt.)

3.7 Berta Baccarat und Jack Black bekommen ein Spiel angeboten, das mit 64% Wahrscheinlichkeit eine Auszahlung von DM 10,- liefert. Im anderen Fall ist die Auszahlung Null. Berta Baccarat handelt (für positive Ergebnisse x) nach der Nutzenfunktion $u_H(x)=2x^2+5$, Jack Black nach $u_M(x)=4x^2+12$.

Welches Sicherheitsäquivalent hat das Spiel

a. für Berta Baccarat?

b. für Jack Black?

c. Wie erklärt sich das Verhältnis beider Ergebnisse?

3.8 Die nachfolgende Ergebnismatrix stellt das zu lösende Entscheidungsproblem eines sich am Bernoulli-Prinzip orientierenden Entscheiders dar:

	s_1	s_2	s_3	s_4	s_5
p_j	0,35	0,3	0,2	0,05	0,1
a_1	17	5	0	10	1
a_2	2	22	0	0	15
a_3	8	11	3	34	4

Die Risikofunktion des Entscheiders nimmt folgende Gestalt an, wobei x die einwertigen Ergebnisse der Alternativen in den jeweiligen Umweltzuständen repräsentiert:

$$u(x) = \begin{cases} x^2 - 0{,}8x & 0{,}4 \leq x \leq 10 \\ 7x + 22 & \text{für} \quad 10 < x \leq 19 \\ 35{,}56\sqrt{x} & 19 < x \end{cases}$$

a. Ermitteln Sie, welche Alternative der Entscheider realisieren wird.

b. Interpretieren Sie die Risikonutzenfunktion u(x) des Entscheiders, indem Sie für deren einzelne Geltungsbereiche die jeweilige Risikoeinstellung des Entscheiders offenlegen. (Begründen Sie ihre Aussagen!)
Erscheint Ihnen solch eine Risikonutzenfunktion plausibel?

c. Im folgenden soll davon ausgegangen werden, daß die Wahrscheinlichkeiten für das Eintreten eines Umweltzustands nur unscharf beschrieben werden können. Es gelten dabei folgende Fuzzy-Wahrscheinlichkeiten:

$\widetilde{P}(s_1) = (0{,}3; 0{,}32; 0{,}34; 0{,}36; 0{,}38; 0{,}4)$

$\widetilde{P}(s_2) = (0{,}27; 0{,}28; 0{,}29; 0{,}31; 0{,}32; 0{,}33)$

$\widetilde{P}(s_3) = (0{,}15; 0{,}17; 0{,}19; 0{,}21; 0{,}23; 0{,}25)$

$\widetilde{P}(s_4) = (0{,}03; 0{,}04; 0{,}05; 0{,}05; 0{,}06; 0{,}07)$

$\widetilde{P}(s_5) = (0{,}08; 0{,}09; 0{,}1; 0{,}1; 0{,}11; 0{,}12)$

i. Berechnen Sie näherungsweise die Fuzzy-Gewinnerwartungswerte $\widetilde{E}_i^A$.

ii. Berechnen Sie die exakten Fuzzy-Gewinnerwartungswerte $\widetilde{E}_i^P$

3.9 Gegeben sei die Risikonutzenfunktion $u(x) = \sqrt{\dfrac{x^2+1}{4}} - \dfrac{1}{2}$ eines Entscheiders. Ermitteln Sie das ARROW-PRATT-Maß für x = 1, x = 10 und x = 100. Vergleichen Sie die Risikoeinstellung des Entscheiders an den einzelnen Stellen.

3.10 Betrachtet werden soll nun noch einmal die Ergebnismatrix von Aufgabe 3.3. Die Wahrscheinlichkeiten für das Eintreten der Zustände s_1 und s_2 soll nun durch die Zugehörigkeitsfunktionen

$\widetilde{P}(s_1) = (0{,}27;\ 0{,}28;\ 0{,}29;\ 0{,}31;\ 0{,}32;\ 0{,}33)$ und

$\widetilde{P}(s_2) = (0{,}35;\ 0{,}37;\ 0{,}39;\ 0{,}41;\ 0{,}43;\ 0{,}45)$

beschrieben werden. Zustand s_3 tritt mit einer festen Wahrscheinlichkeit von $p_3 = 0{,}3$ ein.

    a. Berechnen Sie näherungsweise die Fuzzy-Gewinnerwartungswerte $\widetilde{E}_i^A$.

    b. Falls die Ergebnisse aus Aufgabenteil a. keine eindeutige Entscheidung auf Basis der ε-Präferenz zulassen, dann berechnen Sie für die noch relevanten Alternativen die exakten Fuzzy-Gewinnerwartungswerte $\widetilde{E}_i^P$.

3.11 Gegeben ist eine Entscheidungssituation mit drei unscharf beschriebenen Alternativen a_i, vier möglichen Zuständen s_j und der nachstehenden Ergebnismatrix $Z = (z_{ij})_{\substack{i=1,\ldots,3 \\ j=1,\ldots,4}}$.

	a_1	a_2	a_3
s_1	(-120; -110; -90; -70; -50; -40)	(60; 70; 80; 90; 100; 110)	(150; 160; 180; 200; 210; 220)
s_2	(-60, -40; -20; 0; 20; 40)	(80; 90; 110; 130; 150; 160)	(90; 100; 110; 130; 140; 150)
s_3	(80; 90; 110; 130; 140; 160)	(70; 75; 80; 90; 95; 100)	(-20; 0; 20; 50; 70; 80)
s_4	(100; 105; 110; 120; 125; 130)	(90; 100; 110; 140; 150; 170)	(-160; -150; -140; -130; -110; -90)

Es liegt eine Entscheidungssituation unter Risiko vor. Die Eintrittswahrscheinlichkeiten der Zustände s_j sind gleichverteilt.

Ermitteln Sie die Alternative, die ein risikoscheuer Entscheider mit der Nutzenfunktion $u(x) = \sqrt{\dfrac{x+160}{2}}$ auswählen wird.

Welche Alternative wird er auswählen, wenn er sich nach der HODGES-LEHMANN-Regel I mit $\lambda = 0{,}5$ richtet?

3.12 Der Verleger Harry Kobold steht vor der Entscheidung, ob er ein von der Schriftstellerin Ingrid Knolle eingereichtes Manuskript veröffentlichen soll. Er weiß, daß 20% der Bücher dieser Autorin Bestseller werden, die übrigen Werke sind als Ladenhüter einzustufen. Die erste Auflage besteht aus 10.000

Exemplaren. Der Verkaufspreis eines Buches beträgt DM 20, die variablen Kosten belaufen sich auf DM 10 je Exemplar, die fixen Kosten betragen DM 50.000. Für den Fall, daß das Buch ein Erfolg wird, kann Harry davon ausgehen, die gesamte Auflage zu verkaufen, ansonsten wird er auf 70% seiner Bücher sitzenbleiben.

a. Soll Harry Kobold das angebotene Manuskript veröffentlichen?

b. Harry zieht zusätzlich in Betracht, das Manuskript dem erfahrenen Kritiker Hellmuth Kabalek vorzulegen, der für DM 6.000 eine Stellungnahme derart abgibt, daß er entweder den Verkaufserfolg des Buches positiv beurteilt oder von einer Veröffentlichung abrät. In 80% aller Beurteilungen von späteren Bestsellern fällt die Bewertung von Hellmuth positiv aus, während die Wahrscheinlichkeit der positiven Beurteilung eines Ladenhüters nur bei 0,1 liegt.

Lohnt es sich für Harry Kobold, die Stellungnahme von Hellmuth Kabalek einzuholen?

4. Entscheidungen bei mehreren Zielen

4.1 Grundprobleme

Sowohl in der betrieblichen Praxis als auch bei privaten Entscheidungen hat man es zumeist mit Problemen zu tun, die sich wegen ihrer Komplexität nicht durch ein einziges Zielkriterium wie Gewinn oder Kosten, sondern nur durch eine Vielzahl unterschiedlichster Kriterien in ihrer ökonomischen Bedeutung voll erfassen lassen. Charakteristisch für solche Projektbewertungen ist, daß neben wenigen quantitativen Zielkriterien wie Umsatz, Kosten, Fremdkapital etc. eine Vielzahl qualitativer Kriterien zu berücksichtigen ist, wie z. B. Servicegrad, Image der Produkte, Mitarbeitermotivation.

Da Entscheidungsmodelle mit mehreren Zielsetzungen (multikriterielle Entscheidungsmodelle, Vektoroptimierungsmodelle) die Realität im allgemeinen besser beschreiben als die allein an einer Zielsetzung orientierten Modelle, befassen sich viele Beiträge zur Entscheidungslehre mit der Typisierung und Erfassung multipler Zielsetzungen im allgemeinen Entscheidungsmodell; vgl. z. B. W. ENGELS [1962]; E. HEINEN [1962, 1971]; J. BIDLINGMAIER [1964, 1968]; U. SCHMIDT-SUDHOFF [1967]; G. GÄFGEN [1968]; W. DINKELBACH [1969, 1970]; K. CHMIELEWICZ [1970]; C. ZANGEMEISTER [1971]; G. FANDEL [1972]; G. MUS [1975]; R.L. KEENEY, H. RAIFFA [1976]; W. MAG [1976]; J. HAUSCHILDT [1977]; H. ISERMANN [1979]; G. FANDEL [1979]; G. FANDEL, T. GAL [1980], M. WEBER [1983, 1985].

Oft ist die Anzahl der Ziele so groß, daß man sie strukturieren muß, um den Überblick nicht zu verlieren. Ein Beispiel dafür ist das hierarchische Zielsystem zur Prüfung der materiellen Kreditwürdigkeit in Abb. 4.1. Ein solches System wird oft auch dazu benutzt, qualitative Merkmale durch quantitative Submerkmale zu beschreiben und dadurch meßbar zu machen. In Abb. 4.1 sind nur die Merkmale auf der untersten Ebene direkt quantifizierbar.

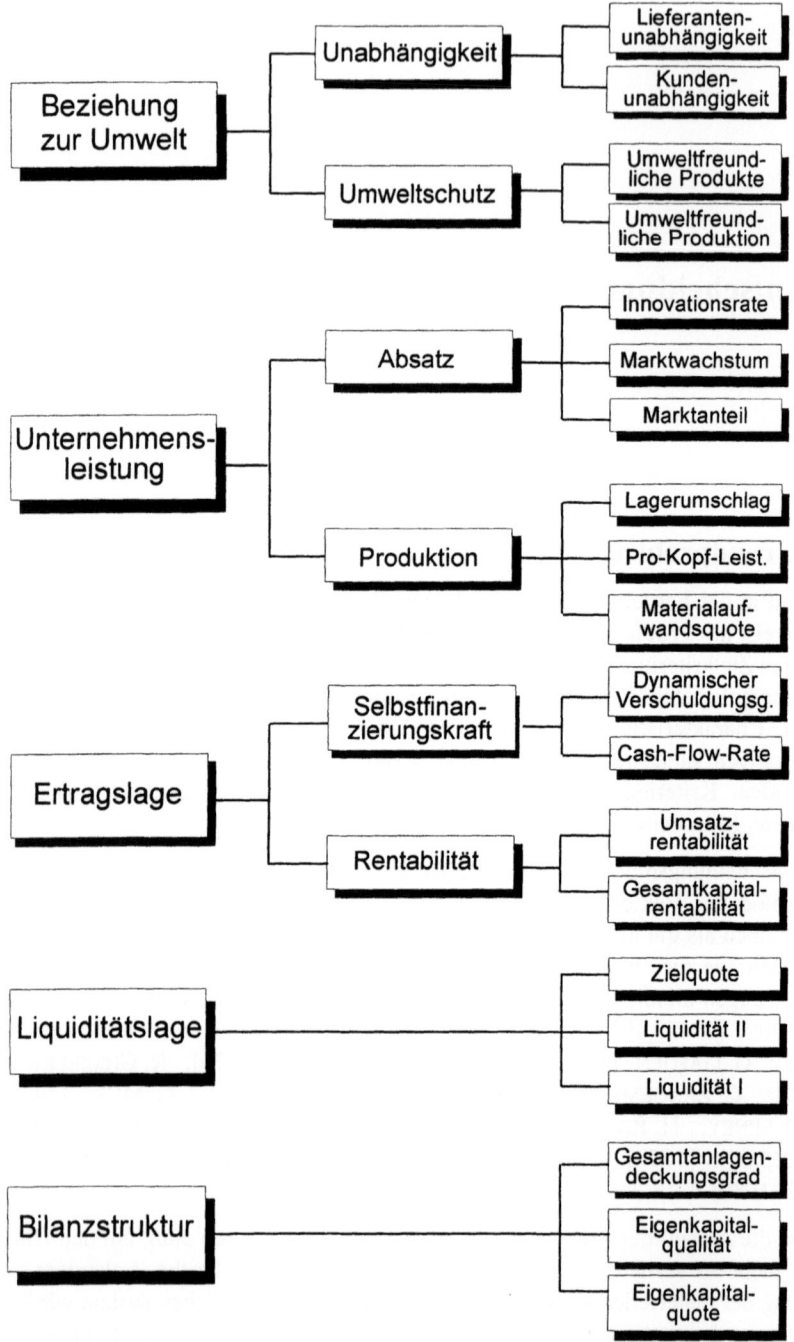

Abb. 4.1: Hierarchisches System zur Bewertung der Kreditwürdigkeit im Firmenkundengeschäft

4.1 Grundprobleme

Das Problem mehrfacher Zielsetzung liegt im wesentlichen darin, daß nur der $\mathbf{R}^1$ wohlgeordnet ist, nicht aber die Zahlenräume höherer Dimension.

Im $\mathbf{R}^2$ ist es oft noch möglich eine Lösung des 2-Ziel-Problems zu erreichen, wenn es gelingt genügend viele Isoquanten, d. h. Kurven mit äquivalenten Zielpaaren, anzugeben, vgl. Abb. 4.2.

In Ausnahmefällen lassen sich auch Isoquanten im $\mathbf{R}^3$ angeben, so daß auch Probleme mit drei Zielvorgaben gelöst werden können. Damit sind aber die Möglichkeiten menschlicher Entscheidungsträger erschöpft, denn wie schon MAY [1954] in empirischen Untersuchungen feststellte, sind Menschen i. allg. nicht in der Lage, Objekte nach mehr als 3 Zielvorgaben ohne Verstoß gegen das Transitivitätsprinzip zu ordnen.

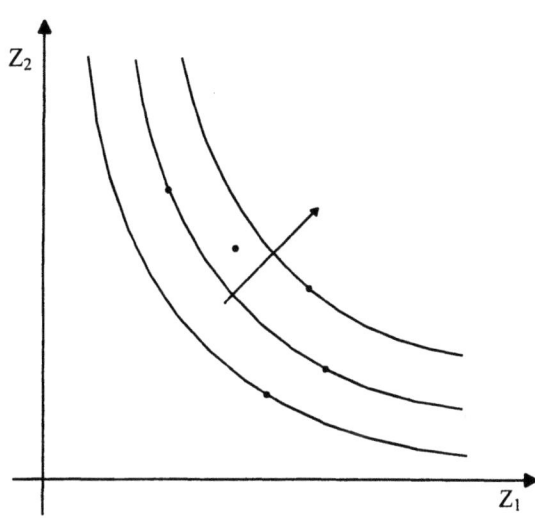

Abb. 4.2: Isoquanten

< 4.1 > Betrachten wir das folgende einfache Beispiel eines Autokaufes:

	Preis	Design	Motorleistung	Ausstattung	Werkstatt
A1	50.000 €	9	120 kW	6	3
A2	25.000 €	6	55 kW	4	8
A3	30.000 €	5	80 kW	8	5
A4	30.000 €	3	100 kW	8	7
A5	55.000 €	8	115 kW	6	2
A6	24.000 €	9	130 kW	9	8

Tab. 4.1: Zielwerte beim Autokauf

Die Bewertung von Design, Ausstattung und Werkstatt basiert dabei auf einer Zehnpunkteskala, wobei 10 die beste Bewertung und 1 die schlechteste Bewertung ist. Nach der Zielvorstellung der Familie Müller, die gerne sportlich fährt aber auch preisbewußt ist, soll der Preis möglichst niedrig und die Motorleistung möglichst hoch sein.

Bei dem Autoangebot in Tab. 4.1 ist die Entscheidung offenbar nicht schwer, denn es gibt mit A6 eine **ideale**, **perfekte, dominante** oder **gleichmäßig beste Lösung**, die für alle Ziele den besten Präferenzwert aufweist. Dieser Idealfall kommt aber in der Praxis zumeist nicht vor, so daß wir auch hier die Alternative A6 nicht weiter beachten wollen.

Betrachten wir die verbleibenden Alternativen, so läßt sich leicht erkennen, daß die Alternative A5 in Bezug auf 4 Ziele schlechter ist als die Alternative A1 und im Ziel "Ausstattung" die gleiche Bewertung aufweist. Wir können daher die Alternative A5, als von A1 dominiert, ausschließen.

Zwischen den nun verbleibenden Alternativen A1 bis A4 gibt es - ohne Hinzuziehung weiterer Informationen - aber keine Präferenzordnung. Sie sind alle effiziente oder PARETO-optimale Lösungen im Sinne der nachfolgenden Definition. ◆

Sei $A = \{a_1, a_2, ..., a_n\}$ eine Alternativenmenge, die bezüglich K Zielen zu bewerten ist. Eine Alternative a_j heißt **effizient** oder **PARETO-optimal**, wenn es keine andere Alternative a_i gibt mit der Eigenschaft

$$z_k(a_i) \succeq z_k(a_j) \quad \text{für alle } k = 1,...,K \quad (4.1)$$

und $\quad z_k(a_i) \succ z_k(a_j) \quad$ für wenigstens ein k. $\quad (4.2)$

4.2 Entscheidungskriterien für ordinal skalierte Zielgrößen

In diesem Abschnitt sollen einfache Entscheidungskriterien diskutiert werden, die lediglich voraussetzen, daß die Zielgrößen ordinal skaliert sind.

Das Transformationsprinzip

Ein Weg, eine Präferenzordnung zu erhalten, bietet das LAUXsche Transformationsprinzip I. Bei diesem Transformationsprinzip werden schrittweise nur zwei Zielgrößen miteinander verglichen, es stellt somit geringere Anforderungen an den Entscheidungsträger als ein Vergleich von Zielgrößenvektoren.

4.2 Entscheidungskriterien für ordinal skalierte Zielgrößen

< **4.2** > Betrachten wir zur Veranschaulichung das folgende Beispiel:

	Z_1	Z_2	Z_3	Z_4
a_1	3	7	1	5
a_2	10	4	15	6

Tab. 4.2: Zielgrößenmatrix $\{z_k(a_i)\}$

Für jedes dieser 4 Ziele möchte der Entscheidungsträger einen möglichst hohen Zielwert erreichen.

Um eine Präferenzbeziehung zwischen den Vektoren $z(a_1)$ und $z(a_2)$ festzustellen, wird nun $z(a_2)$ schrittweise in äquivalente Vektoren transformiert, die sich lediglich in zwei benachbarten Zielgrößen unterscheiden.

Im 1. Schritt hat der Entscheider einen Zielwert z_{22} so zu bestimmen, daß er indifferent ist bzgl. den Vektoren $z(a_2) = (10, 4, 15, 6)$ und
$z^2(a_2) = (3, z_{22}, 15, 6)$.
Dabei wurde als 1. Komponente von $z^2(a_2)$ die entsprechende Komponente von $z(a_1)$ gewählt.

Im 2. Schritt muß der Entscheidungsträger einen Zielwert z_{23} so fixieren, daß er indifferent ist zwischen den Vektoren $z^2(a_2) = (3, z_{22}, 15, 6)$ und
$z^3(a_2) = (3, 7, z_{23}, 6)$.

Im 3. Schritt ist letztlich ein Zielwert z_{24} so festzulegen, daß der neue Vektor $z^4(a_2) = (3, 7, 1, z_{24})$ äquivalent ist zu $z^3(a_2)$.

Da bei Annahme der Transitivität der Vektor $z^4(a_2)$ auch äquivalent ist zu dem Ausgangsvektor $z(a_2)$, kann die Präferenzordnung zwischen $z(a_1)$ und $z(a_2)$ durch Vergleich der Vektoren $z(a_1)$ und $z^4(a_2)$ gewonnen werden, die sich höchstens in der letzten Komponente unterscheiden.

	Z_1	Z_2	Z_3	Z_4
a_1	3	7	1	5
a_2	3	7	1	z_{24}

Tab. 4.3: Zielgrößenmatrix $\{z_k(a_i)\}$

Falls $z_{24} \succ 5$ gilt $z^4(a_2) \succ z(a_1)$ und somit auch $z(a_2) \succ z(a_1)$,

$z_{24} \prec 5$ gilt $z^4(a_2) \prec z(a_1)$ und somit auch $z(a_2) \prec z(a_1)$,

$z_{24} \sim 5$ gilt $z^4(a_2) \sim z(a_1)$ und somit auch $z(a_2) \sim z(a_1)$. ◆

So einfach die Durchführung dieses Prinzips erscheint, die verlangte Abwägung der Zielwerte scheint nicht so simpel zu sein, da die Praxis das Transformationsprinzip vollkommen ignoriert.

Zielunterdrückung

Ein rigoroser Weg aus diesem Dilemma stellt die **Zielunterdrückung** dar. Bei dieser Methode berücksichtigt der Entscheidungsträger nur noch das von ihm am wichtigsten erachtete Ziel, alle anderen Ziele werden total vernachlässigt. Diese Vorgehensweise zum Erhalt eines operablen Modells ist i. allg. nur dann zu akzeptieren, wenn für die nicht weiter verfolgten Ziele zufriedenstellende Mindestniveaus angesetzt werden. Nur in Notsituationen wird man sich kurzfristig allein auf das für das Überleben der Unternehmung wichtigste Ziel konzentrieren. Droht z. B. wegen ausbleibenden Zahlungen von Kunden und selbst zu bezahlenden Rechnungen eine Zahlungsunfähigkeit des Unternehmens, dann hat das Ziel „Liquiditätssicherung" höchste Präferenz hinter der die Verwirklichung der anderen Ziele Gewinnsteigerung oder Kundenzufriedenheit zurückstehen müssen.

Lexikographische Ordnung

Führt die Zielunterdrückung nicht zu einer eindeutigen Entscheidung, weil mehr als eine Aktion dieses Ziel optimal erfüllt, dann macht es Sinn, zusätzlich das nächstwichtige Zielkriterium für die Bewertung heranzuziehen, usw. Diese Vorgehensweise führt zu einer Ordnung der Alternativen in Abhängigkeit der Wichtigkeit der Ziele. Diese Rangordnung entspricht der alphabetischen Anordnung von Worten in einem Lexikon; sie wird daher als **lexikographische Ordnung** bezeichnet.

Ein Vorteil der lexikographischen Ordnung ist, daß sie lediglich eine ordinale Präferenzordnung der Zielkriterien voraussetzt. Dies ist zweifellos für die praktische Anwendung ein wichtiger Vorteil. Der Verzicht auf Erfassung der Präferenzunterschiede bei allen Zielen kann aber dazu führen, daß eine Aktion a_k einer Aktion a_i auch dann vorgezogen wird, wenn a_k gegenüber a_i in bezug auf das wichtigste Ziel nur geringfügig besser ist, in bezug auf alle anderen Zielsetzungen hingegen erheblich schlechter ist. Bei Verwendung der lexikographischen Ordnung sollten daher Rangordnungen nur dann attestiert werden, wenn ausreichend große Fühlbarkeitsschranken überschritten sind.

< **4.3** > Wenn wir im Autokaufbeispiel < 4.1 > als Präferenzordnung bezüglich der verschiedenen Zielsetzungen festgelegen:

Ausstattung ≻ Preis ≻ Motorleistung ≻ Werkstatt ≻ Design,
so ergibt sich folgende Rangfolge der Alternativen: A4 ≻ A3 ≻ A1 ≻ A2.

4.2 Entscheidungskriterien für ordinal skalierte Zielgrößen

Wird dagegen die Präferenzordnung:

Preis ≻ Design ≻ Motorleistung ≻ Werkstatt ≻ Ausstattung

vorgegeben, so ist die Rangfolge der Alternativen: A2 ≻ A3 ≻ A4 ≻ A1. ◆

Kick Out-Bedingungen, Anspruchsniveau-Konzept

Eine in der Praxis häufig beobachtete Vorgehensweise ist das Setzen von Anspruchsniveaus für einige oder alle Ziele. Da Alternativen, die diesen Ansprüchen nicht genügen, eliminiert werden, spricht man auch von **Kick Out-Bedingungen** oder **K.O.-Kriterien**.

Existieren mehrere Alternativen, die den gesetzten Anspruchsniveaus genügen, so kann die weitere Auswahl anhand einer lexikographischen Ordnung der Ziele gestaltet werden.

< 4.4 > Setzen wir für das Autokaufbeispiel < 4.1 > die Anspruchsniveaus gleich

| Preis ≤ 40.000 € | Design ≥ 5 | Motorleistung ≥ 50 kW | Ausstattung ≥ 4 | Werkstatt ≥ 5 |

so kommen aus dem Angebot A1 bis A4 nur die Modelle A2 und A3 in Frage.

Würden Motorleistung oder Ausstattung als wichtigstes Ziel gewählt, wäre A3 die beste Alternative. Dagegen würde die Entscheidung zugunsten von A2 fallen, wenn der Preis, das Design oder die Werkstattleistungen die vorrangigen Ziele wären. ◆

Anstelle einer lexikographischen Vorgehensweise könnte man aber das Satisfizierungskonzept konsequent weiter verfolgen. Es hat gegenüber der lexikographischen Ordnung den Vorzug, daß weiterhin die Gesamtheit der Ziele berücksichtigt wird und vermieden wird, daß evtl. ein sehr kleiner Unterschied beim wichtigsten Ziel die Entscheidung bedingt.

Die Verwendung von Anspruchsniveaus und die schrittweise Anspruchsniveauanpassung ist sicherlich ein praxisnahes und einfach zu handhabendes Lösungskonzept. Wie schon im Kapitel 2 diskutiert erfordert dieses Konzept aber mehr Informationen als ein einfaches Maximierungs- oder Minimierungsziel. Liegen diese Informationen nicht vor, so kann es passieren, daß viele Anspruchsniveauanpassungsschritte notwendig sind, um zu einer eindeutigen Lösung zu gelangen. Dies gilt insbesondere dann, wenn viele Ziele vorliegen. Das Satifizierungskonzept ist darüber hinaus kaum geeignet, wenn nicht nur die beste Alternative auszuwählen ist, sondern eine Rangfolge der Alternativen gefordert wird. Hier kann der Aufwand über Anspruchsniveauanpassungsschritte unverhältnismäßig hoch sein.

4.3 Nutzenbewertung bei mehreren Zielen

Eine theoretisch elegante Lösung ist die Abbildung der Ergebnisvektoren $(z_1(a_i), z_2(a_i), ..., z_K(a_i))$ in die Menge der reellen Zahlen. Dabei bezeichnet $z_k(a_i)$ das Ergebnis der Alternativen a_i in Bezug auf das Ziel Z_k, $i = 1,...,m$; $k = 1,...,K$.

In der Praxis dürfte es aber, zumindest für $K > 1$, kaum möglich sein, die wahre Nutzenfunktion festzulegen.

$$u: \{(z_1(a_i), z_2(a_i),...,z_K(a_i))\} \to \mathbf{R}. \tag{4.3}$$

Die in der Literatur empfohlene Lotteriemethode, die schon im Einzelfall als geeigneter Weg angepriesen wurde, wird - meiner Ansicht nach zu Recht - von der Praxis ignoriert.

Eine abgeschwächte Variante besteht nun darin, zunächst die Einzelergebnisse in Einzelnutzenwerte abzubilden. Dazu sind Teilnutzenfunktionen

$$u_k: \{z_k(a_i)\} \to \mathbf{R}, k = 1, 2, ..., m, \tag{4.4}$$

nach der Lotteriemethode zu bilden. Fraglich ist aber, ob die einzelnen Ziele unabhängig voneinander bewertet werden können.

Es gibt Beispiele, bei denen die Präferenz zwischen Ergebnissen bzgl. des einen Ziels davon abhängt, welches die Ergebnisse der restlichen Ziele sind; in diesem Fall wäre die Bildung partieller Nutzenfunktionen sinnlos. Zur Illustration betrachten wir das nachfolgende Beispiel aus dem kulinarischen Bereich, das heutzutage nicht mehr unbedingt gültig ist:

< 4.5 > Geht man abends zum Essen, so stellt sich die Frage nach dem zu wählenden "Hauptgericht" und dem dazu passenden Getränk. Nehmen wir der Einfachheit halber an, daß als Ergebnismengen lediglich {Rotwein, Weißwein} sowie {Fisch, Wild} zur Auswahl stehen. Nach klassischen Anstandsregeln paßt Weißwein besser zu Fisch und Rotwein besser zu Wild; so daß die folgenden Präferenzaussagen zu erwarten sind:

(Rotwein, Fisch) $\prec$ (Weißwein, Fisch)   und

(Rotwein, Wild) $\succ$ (Weißwein, Wild).

Dieses Präferenzaussagen-Paar illustriert, daß ein isolierter Vergleich von "Rotwein" und "Weißwein" keinen Sinn macht, da eine Präferenzordnung bzgl. des Zieles „Getränk" kontext-abhängig ist. Das beim Vergleich konstant gehaltene Ergebnis bzgl. des zweiten Ziels „Hauptgericht" ist hier von entscheidender Bedeutung.

Dagegen erfolgen die Entscheidungen über die Vorspeise und den Nachtisch zumeist unabhängig voneinander. ♦

Präferenzunabhängigkeit

Ziel 1 heißt **präferenzunabhängig** von Ziel 2, wenn die Präferenz zwischen den Ergebnissen bzgl. Ziel 1 unabhängig von dem - beim Vergleich natürlich wieder konstant gehaltenen - Ergebnis bzgl. Ziel 2 ist. D. h. für beliebiges x_2 gilt

$$(x_1,\tilde{x}_2) \succsim (\hat{x}_1,\tilde{x}_2) \implies (x_1,x_2) \succsim (\hat{x}_1,x_2),$$

wobei $\hat{x}_1$, x_1 Ergebnisse von Ziel 1 und $\tilde{x}_2$, x_2 Ergebnisse von Ziel 2 sind.

Gilt zusätzlich für das Ziel 2 die analoge Aussage, so heißen die beiden Ziele **gegenseitig präferenzunabhängig**.

Werden mehr als zwei Ziele betrachtet, so muß der Begriff Präferenzunabhängigkeit noch weiter verschärft werden:

Ein Zielsystem heißt **(stark) präferenzunabhängig** oder **nutzenunabhängig**, wenn für jedes Ziel die Präferenzordnung unabhängig ist von den Ergebnissen der anderen Ziele. D. h. gilt z. B. für das Ziel 1 die Präferenzordnung $x_1 \succsim \hat{x}_1$, so folgt daraus: $(x_1,x_2,...,x_m) \succsim (\hat{x}_1,x_2,...,x_m)$ unabhängig von der Wahl der Ergebnisse $(x_2,...,x_m)$ der restlichen Ziele.

Nur wenn diese starke Präferenzunabhängigkeit vorliegt, ist es sinnvoll, von der "Bewertung einzelner Ergebnisse" und von partiellen Nutzenfunktionen bzgl. einzelner Ziele zu reden. Diese starke Präferenzunabhängigkeit ist zwar eine notwendige Voraussetzung zahlreicher multikriterieller Ansätze, vgl. z. B. die Zielgewichtung, der Goalprogramming-Ansatz, die Nutzwertanalyse und den Analytic Hierarchy Process; sie scheint aber auf den ersten Blick relativ wirklichkeitsfremd zu sein. Die Verwendung dieser Prämisse ist nicht nur durch verfahrenstechnische Zwänge bedingt, sondern läßt sich auch wie folgt begründen:

- Durch Zusammenfassung präferenzabhängiger Zielgrößen zu einer übergeordneten Zielgröße läßt sich oft die Präferenzunabhängigkeit der verbleibenden Zielgrößen erreichen. Z. B. werden als Alternativen nur die Paare (Weißwein, Fisch) und (Rotwein, Wild) angeboten.

- Oft kann durch eine sinnvolle Einengung des Aktionenraumes die Präferenzabhängigkeit gewährleistet werden. So kann es sein, daß die Nutzenschätzungen der einzelnen Ergebnisse unterhalb bestimmter Mindestwerte oder oberhalb bestimmter Höchstwerte der Ergebnisse voneinander abhängig sind, innerhalb dieser Grenzen aber voneinander unabhängig sind. Durch explizite Berücksichtigung dieser Anspruchsniveaugrenzen wird dann der Raum zulässiger Aktionen von vornherein auf den Bereich nutzenunabhängiger Ergebnisse begrenzt.

- In praktischen Anwendungen wird zur Bestimmung des Gesamtnutzens der Aktionen eine Nutzenschätzung der einzelnen Ergebnisse nicht benötigt, wenn ausschließlich kardinale Ergebnismessungen in den gleichen Meßeinheiten vorliegen, z. B. €-Gewinn, €-Kosten, €-Umsatz. Man unterstellt dann, daß für jede Ergebnisart die Ergebnisrealisationen zugleich die Nutzenschätzungen des Entscheidungsträgers wiedergeben. D. h. die Präferenzvorstellungen des Entscheidungsträgers bezüglich unterschiedlicher Ergebnishöhen können durch eine einzige Nutzenfunktion $u(x) = x$ ausgedrückt werden.

Während es bei der Präferenzunabhängigkeit um die separate Vergleichsmöglichkeit einzelner Ergebnisse geht, gibt es in der betriebswirtschaftlichen Entscheidungslehre auch eine Kategorisierung bzgl. einer etwaigen Beeinträchtigung von Zielen durch andere Ziele.

- Nach W.A. JÖHR [1949] verhalten sich zwei Ziele **zueinander indifferent** oder **neutral**, wenn die Realisierung eines Zieles ohne jeden Einfluß auf den Realisierungsgrad des anderen Zieles ist.

- Ziele sind zueinander **komplementär** oder verhalten sich **harmonisch**, wenn durch die Erfüllung des einen Zieles auch der Realisationsgrad des anderen Zieles gesteigert wird.

- Man spricht von **konkurrierenden** oder **konfliktären** Zielen, wenn die Erfüllung eines Zieles den Realisationsgrad des anderen Zieles beeinträchtigt.

Indifferenz, Komplementarität und Konkurrenz müssen nicht für den gesamten Wertebereich der zu analysierenden Zielgrößen gelten. Es ist denkbar, daß zwei Ziele sich in einem bestimmten Ergebnisbereich neutral, in einem anderen komplementär und in wieder einem anderen Ergebnisbereich konkurrierend zueinander verhalten.

Indifferente Zielbeziehungen sind für die Lösung von Entscheidungsproblemen bei mehrfacher Zielsetzung definitionsgemäß unproblematisch. Bei Zielkomplementarität unterscheidet man in symmetrische und in asymmetrische Komplementarität.

Man spricht von einer **symmetrischen Komplementarität** zwischen zwei Zielen, wenn die Abhängigkeit zwischen dem Realisierungsgrad beider Ziele wechselseitig besteht. Liegt eine symmetrische Komplementarität über der gesamten Ergebnismenge vor, so genügt es, nur eines dieser Ziele bei der Entscheidung zu berücksichtigen. Ein Beispiel für symmetrisch komplementäre Ziele ist die Gewinnmaximierung und die Maximierung der Eigenkapitalrentabilität bei konstantem Eigenkapital.

Zwei Ziele heißen **asymmetrisch komplementär**, wenn zwar eine Erhöhung des Realisierungsgrades des Ziels 1 auch zu einer Verbesserung des Ziels 2 führt, umgekehrt aber eine Erhöhung des Realisierungsgrades des Ziels 2 nicht notwendig eine Verbesserung des Ziels 1 nach sich zieht. Beispielsweise führt eine verbesserte Realisierung eines Unterziels stets zur Förderung des zugehörigen Oberziels, die Umkehrung gilt aber nicht notwendig. Eine Verbesserung des

4.3 Nutzenbewertung bei mehreren Zielen

ordentlichen Betriebsergebnisses führt immer zu einer Erhöhung des Gesamtbetriebsergebnisses. Der umgekehrte Schluß ist aber nicht immer richtig, da eine Erhöhung des Gesamtbetriebsergebnisses auch durch eine Steigerung des Finanzergebnisses oder durch höhere außerordentliche Erträge verursacht sein kann. Diese Art von asymmetrisch komplementären Zielbeziehungen ermöglicht es, Entscheidungen allein an den Unterzielen auszurichten. Dies hat den Vorteil, mit operationalen Zielen zu arbeiten, denn in einer Zielhierarchie sinkt i. allg. die Operationalität mit wachsendem Zielniveau, vgl. Abb. 4.1.

Gehen wir nun davon aus, daß der Entscheidungsträger in der Lage ist, partielle Nutzenfunktionen aufzustellen und die Zielwerte in Nutzenwerte zu überführen:

$$u_{ki} = u_k(a_i) = u_k(z_k(a_i)), \quad k = 1,...,K \, ; \, i = 1,...,m. \tag{4.5}$$

Zum besseren Vergleich der Nutzenwerte zu den einzelnen Zielen ist es dabei empfehlenswert, für alle Nutzenfunktionen die gleiche Wertemenge zu wählen. Allerdings stellt sich auch hier die Frage, ob diese partiellen Nutzenfunktionen lediglich ordinal oder sogar kardinal meßbar sind.

< 4.6 > Für das Autokaufbeispiel < 4.1 > könnten wir für die Ziele Design, Ausstattung und Werkstatt die Nutzenwerte gleich den Zielwerten setzen, d. h.

$$u_{ki} = u_k(a_i) = z_k(a_i).$$

Für den Preis könnte die Nutzenfunktion $u(x) = 10 - \frac{x - 15.000}{5.000}$ und für die Motorleistung die Nutzenfunktion $u(x) = \frac{x - 40}{10}$ gewählt werden. Diese einfachen linearen Nutzenfunktionen sind weniger echte Bewertungsfunktionen, sondern eher als Ausdruck einer simplen Normierung anzusehen. Ein Problem ist dabei immer die Festlegung des Bewertungsintervalls, das nur subjektiv erfolgen kann. Auch die für die anderen Ziele benutzte 10-Punkte-Skala ist nur mit viel Wohlwollen als kardinaler Maßstab zu interpretieren. Für das Beispiel Autokauf ergibt sich dann die in Tab. 4.4 dargestellte Matrix der partiellen Nutzenbewertungen:

	Preis	Design	Motorleistung	Ausstattung	Werkstatt
A1	3	9	8	6	3
A2	8	6	1,5	4	8
A3	7	5	4	8	5
A4	7	3	6	8	7
A5	2	8	7,5	6	2
A6	8,2	9	9	9	8

Tab. 4.4: Partielle Nutzenbewertungen beim Autokauf

Wie bereits in Beispiel < 4.1 > festgestellt wurde, ist auch in Tab. 4.4 die Alternative A6 eine perfekte Lösung und die Alternative A5 wird von der Alternativen A1 dominiert. Im weiteren werden wir unsere Betrachtung auf die effizienten Altenativen A1 bis A4 konzentrieren, die den Lösungsraum darstellen. ◆

Liegen Teilnutzenwerte für alle Ziele vor, so läßt sich der Begriff einer effizienten Lösung operabler definieren:

Sei A = $\{a_1, a_2, ..., a_n\}$ eine Alternativenmenge, die bezüglich K Zielen zu bewerten ist. Eine Alternative a_j heißt **effizient** oder **PARETO-optimal**, wenn es keine andere Alternative a_i gibt mit der Eigenschaft

$$u_k(a_i) \geq u_k(a_j) \quad \text{für alle } k = 1,...,K \tag{4.6}$$

und $\quad u_k(a_i) > u_k(a_j) \quad$ für wenigstens ein k. $\hfill (4.7)$

4.3.1 Visualisierung der Nutzenwerte

Nehmen wir an, daß nicht alle Nutzenfunktionen kardinal meßbar sind und daher eine additive oder multiplikative Verknüpfung der Nutzenwerte zu einem Gesamtnutzenwert keinen Sinn macht. Verzichtet der Entscheidungsträger auf Hilfsregeln wie Zielunterdrückung, lexikographische Ordnung, Anspruchsniveaus oder schrittweise Anspruchsniveauanpassung so muß er eine Aggregation der Nutzenwerte "im Kopf" durchführen, um die seiner Ansicht nach optimale Alternative auszuwählen. Hilfreich kann dabei eine Visualisierung der Nutzenwerte sein. Die Literatur kennt dazu verschiedene Darstellungsformen, von denen der Zielstern und die Profilanalyse die bekanntesten Visualisierungsformen sind.

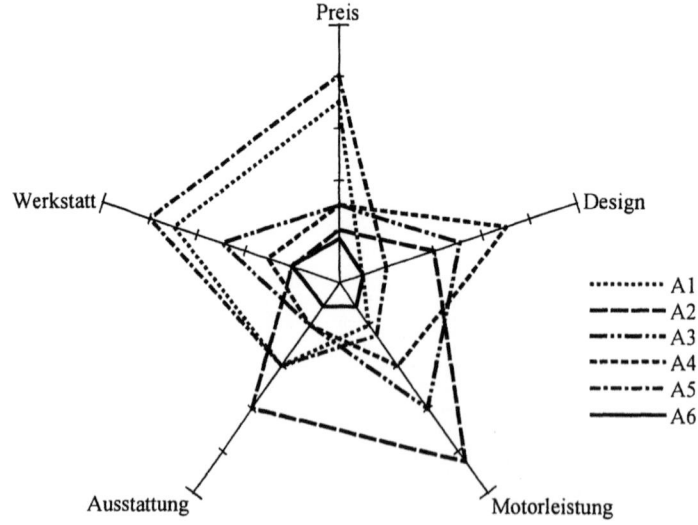

Abb. 4.3: Zielstern beim Autokauf

4.3 Nutzenbewertung bei mehreren Zielen

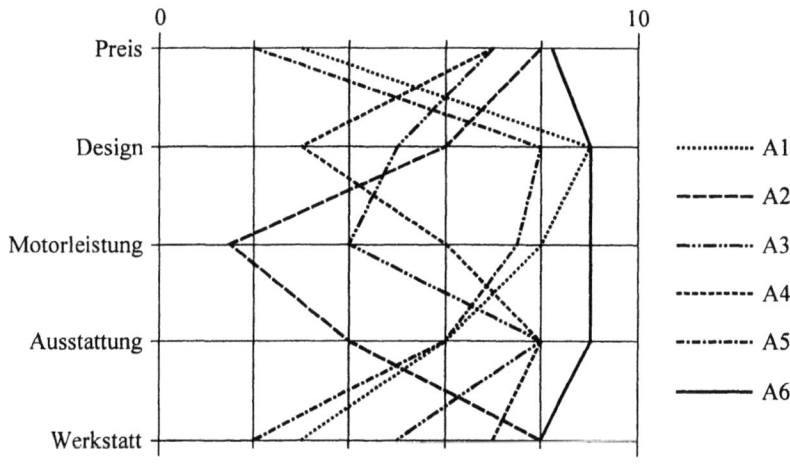

Abb. 4.4: Profilanalyse beim Autokauf

Beim **Zielstern** ist eine Alternative um so besser, je näher der entsprechende Netzfaden am Sternmittelpunkt liegt. Bei der **Profilanalyse** ist eine Alternative um so besser, je weiter ihre Profillinie nach rechts verschoben ist.

Andere Formen der Visualisierung sind Zielgesicht oder Zielhaus. Beim **Zielgesicht** wird ausgenutzt, daß einzelne Teile des Gesichtes durch ihre Form zu einem zufriedenen oder unzufriedenen Gesamteindruck beitragen. Bekannteste Formen dürften dabei die Krümmungen des Mundes sein, wobei gilt:

☺ voll zufrieden   ☺ gerade so zufrieden   ☹ unzufrieden

Andere ausdrucksstarke Partien sind die Augen (z. B. für das rechte Auge)

⌢⊙⌣ voll zufrieden,   ⌢⊙ gerade so zufrieden,   ⌢⊙ unzufrieden,

die Wangen (z. B. für die linke Wange)

(voll zufrieden, | gerade so zufrieden,   )   unzufrieden,

die Stirn, die Ohren u. dgl..

Da aber nur wenige, zumeist drei, Ausprägungen zur Verfügung stehen, müssen dafür die Nutzenwerte in Klassen gruppiert werden, was zumeist durch Intervalleinteilung erfolgt, z. B.

[7,5 ; 10]   voll zufrieden,   ]3,5 ; 7,5[gerade so zufrieden,
[1 ; 3,5]   unzufrieden.

Hier ergibt sich das Problem, daß Elemente innerhalb einer Klasse recht verschieden sein können, während Elemente in der Nähe der Klassengrenzen unterschiedlichen Gruppen zugeordnet werden, obwohl sie sich nur geringfügig unterscheiden.

Beim **Zielhaus** werden Fenster, Türen, Schornstein, Dach usw. dann korrekt (gerade) gezeichnet, wenn das zugeordnete Ziel voll zufrieden erfüllt ist. Je schiefer oder krummer das Bild, um so unzufriedener ist der Entscheidungsträger mit dem entsprechenden Zielwert.

4.3.2 Zielgewichtung

Die wohl bekannteste Methode zur Lösung von Zielkonflikten ist die **Zielgewichtung**. Der Entscheider ordnet dabei jedem Zielkriterium ein subjektiv festgelegtes Gewicht zu, das zumeist als eine konstante nichtnegative reelle Zahl festgelegt wird, die nur vom Ziel aber nicht von dem realisierten Zielwert abhängt.

Formal läßt sich der Gesamtnutzen $u(a_i)$ dann beschreiben als ein gewichteter arithmetischer Mittelwert, wobei die partiellen Nutzenwerte $u_{ki} = u_k(a_i)$ der Zielkriterien Z_k mit nichtnegativen Gewichten g_k (k = 1, 2,..., K) multipliziert werden:

$$u(a_i) = g_1 \cdot u_1(a_i) + \ldots + g_K \cdot u_K(a_i) = \sum_{k=1}^{K} g_k \cdot u_k(a_i) \ . \tag{4.8}$$

Optimal ist die Aktion a* mit dem höchsten Gesamtnutzenwert u(a*). Zeckmäßigerweise werden die Gewichtungsfaktoren so normiert, daß ihre Summe 1 ergibt.

Eine Zielgewichtung kann aber auch mit Zielgewichten erfolgen, die von den jeweiligen Zielwerten abhängt. Eine solche variable Zielgewichtung benutzt das AHP-Verfahren, vgl. dazu Abschnitt 4.5.

Die Zielgewichte sollten dabei so gewählt werden, daß das Verhältnis zweier Gewichte die Grenzrate der Substitution dieser Zielkriterien wiedergibt. Bezeichnen wir die Gewichte zu den Zielen k und r mit g_k und g_r, so ist die Austausch- oder Substitutionsrate $\alpha_{kr} = \dfrac{g_r}{g_k}$ definiert als der Faktor, um den der Nutzenwert bezüglich des Ziels k erhöht werden muß, wenn der Nutzenwert des Ziels r um den absoluten Wert Δ reduziert wird, d. h. $\alpha_{kr} \cdot \Delta \cdot g_k = \Delta \cdot g_r$.

Um die Zielgewichtung anwenden zu können, müssen daher die Ziele gegenseitig substituierbar sein und zur Berechnung der α_{kr} ist eine kardinale Nutzenmessung notwendig.

Die Zielgewichtung verfolgt die Idee, daß mit Hilfe der Substitutionsraten die mehrfache Zielsetzung in eine übergeordnete substitutionale Nutzenfunktion überführt werden kann. Dies ist aber in der Praxis unrealisierbar, wenn wenige Ziele bzw. ein hierarchisches Zielsystem vorliegen, vgl. die Abschnitte 4.4 und 4.5. Solche Austauschregeln lassen sich oft nur größenordnungsmäßig angeben, vgl. Abschnitt 4.8.

< 4.7 > Für das Autokaufbeispiel < 4.6 > sei angenommen, daß Frau Lieschen Müller die in Tab. 4.5 angegebene Gewichtung der Ziele besitzt.

	Preis	Design	Motor-leistung	Aus-stattung	Werk-statt	Gesamt-nutzen
A1	3	9	8	6	3	5,3
A2	8	6	1,5	4	8	6,15
A3	7	5	4	8	5	6,1
A4	7	3	6	8	7	6,3
Gew.	0,3	0,2	0,1	0,2	0,2	

Tab. 4.5: Partielle Nutzenbewertungen und Gesamtnutzen

Bei dieser Gewichtung ist A4 die optimale Alternative. ◆

4.3.3 Goal-Programming-Ansatz

Im Gegensatz zur Zielgewichtung wird beim Goal-Programming-Ansatz nicht versucht, auf direktem Wege den Gesamtnutzen zu maximieren. Sondern man geht davon aus, daß der Entscheidungsträger bestimmte numerische Zielvorgaben besitzt, die er möglichst gut erreichen will. Diese Annahme stimmt mit der betrieblichen Praxis überein, daß aus Motivations- und Koordinationsgründen oft Zielvereinbarungen mit den Abteilungen und Mitarbeitern getroffen werden, die nicht unterschritten werden sollen.

Der Goal-Programming-Ansatz unterstellt nun, daß der Entscheider diejenige Lösung anstrebt, die den Zielvorgaben "insgesamt am nächsten kommt"; vgl. A. CHARNES, W.W. COOPER [1961, S. 215-223]; A. CHARNES, W.W. COOPER, Y. IJIRI [1963]; Y. IJIRI [1965, S. 34-50]. Um dies zu erreichen, wird häufig die gewichtete Summe der Abweichungen von den einzelnen Zielvorgaben minimiert. Voraussetzung dafür ist, daß die Ergebnisse und Zielvorgaben gemäß einer kardinalen Nutzenfunktion bewertet werden können und daß der Entscheidungsträger in der Lage ist, geeignete Gewichte zu spezifizieren. Da letzteres oft nicht gegeben ist, wird häufig eine Gleichgewichtung der Ziele vorgenommen.

Sei $\hat{u}_k = u_k(\hat{z}_k)$ der Nutzenwert der Zielvorgabe $\hat{z}_k$, so läßt sich der Goal-Programming-Ansatz formal schreiben als

$$\min_{a \in A} \sum_{k=1}^{K} g_k \cdot (\hat{u}_k - u_k(a)) \tag{4.9}$$

Werden die Zielvorgaben so gewählt, daß $\hat{u}_k = \underset{a \in A_e}{\text{Max}}\, u_k(a)$, wobei A_e die Menge der effizienten Lösungen aus A bezeichnet, so läßt sich $\sum_{k=1}^{K} g_k \cdot (\hat{u}_k - u_k(a))$ als **Regretfunktion** interpretieren.

Ein Problem des Goal-Programming-Ansatzes ist natürlich die Wahl der Gewichte. Daher wird häufig eine Gleichgewichtung der Ziele vorgenommen.

	Preis	Design	Motor-leistung	Aus-stattung	Werk-statt	Regret-wert
A1	3	9	8	6	3	3,4
A2	8	6	1,5	4	8	2,55
A3	7	5	4	8	5	2,6
A4	7	3	6	8	7	2,4
A*	9	9	8	9	8	
Gew.	0,3	0,2	0,1	0,2	0,2	

Tab. 4.6: Partielle Nutzenbewertungen und Goal-Programming-Ansatz

< 4.8 > Wählen wir für das Autokaufbeispiel < 4.6 > die Zielvorgaben gemäß der Tab. 4.6, so ist bei gleicher Wahl der Gewichte wie beim Zielgewichtungsansatz ebenfalls A4 die beste Alternative.

Diese Aussage ändert sich auch nicht, wenn alle Ziele gleichgewichtet werden. Es ändert sich aber die Präferenzfolge der übrigen Alternativen, die bei Gleichgewichtung lautet: A4 ≻ A1 ~ A3 ≻ A2 ◆

Will man dem Problem der Zielgewichtung aus dem Wege gehen, so ist eine andere Definition des Gesamtnutzens notwendig. In Anlehnung an einen Vorschlag von H. KÖRTH [1969] zur Lösung von linearen Programmierungsmodellen könnte man die Gesamtzufriedenheit mit einer Alternativen a_i definieren als

$$u(a_i) = \underset{k}{\text{Min}} \left\{ \frac{u_k(a_i)}{\underset{a \in A_e}{\text{Max}}\, u_k(a)} \right\}, \qquad (4.10)$$

d. h. der ungünstigste relative Zielerreichungsgrad gibt den Ausschlag, eine Kompensation mit höheren Zielerreichungsgraden findet nicht statt. Die Alternative, die dann den höchsten Wert aufweist, wird als optimal bestimmt.

< 4.9 > Wenden wir den KÖRTHschen Vorschlag auf das Autokaufbeispiel < 4.6 > an, so ist nach Tab. 4.7 die Alternative A3 die optimale.

	Preis	Design	Motor-leistung	Aus-stattung	Werk-statt	Min
A1	0,375	1	1	0,75	0,375	*0,375*
A2	1	0,67	0,1875	0,5	1	*0,1875*
A3	0,875	0,56	0,5	1	0,625	**0,5**
A4	0,8757	0,33	0,75	1	0,875	*0,33*

Tab. 4.7: KÖRTH-Kriterium beim Autokauf ◆

Formal entspricht die Maximierung des minimalen Zielerreichungsgrades dem Maximin-Kriterium. Dementsprechend muß dieses Kriterium prinzipiell ähnlichen Einwendungen unterliegen, wie sie gegen das Maximin-Kriterium vorgebracht würden. Zweifel an der Plausibilität des Kriteriums scheinen vor allem in den Situationen gerechtfertigt, in denen die nach dem Kriterium als optimal ausgezeichnete Aktion gegenüber den anderen Aktionen in bezug auf das ungünstigste Ergebnis nur unerheblich besser, in bezug auf die anderen Ergebnisarten dagegen erheblich schlechter abschneidet. Dies ist in Beispiel < 4.8 > bei der Alternativen A4 gegeben.

4.4 Nutzwertanalyse

Wie schon bei der einfachen Zielgewichtung, dem Goal-Programming-Ansatz und dem KÖRTH-Kriterium setzen wir voraus, daß ein Entscheidungsträger in der Lage und auch bereit ist, kardinale partielle Nutzenbewertungen anzugeben.

Um dem Wunsch der Praktiker nach realistischeren und anwendbaren Entscheidungsunterstützungsmethoden zu entsprechen und die beschränkte Informationsverarbeitungskapazität bzw. die eingeschränkte Rationalität eines Entscheiders zu berücksichtigen, wird bei der Nutzwertanalyse und auch beim Analytic Hierarchical Process (AHP), vgl. Abschnitt 4.5, vorgeschlagen, bei Vorliegen sehr vieler Ziele diese in Form eines hierarchisch aufgebauten Zielsystems zu strukturieren, vgl. Abb. 4.5.

Die hierarchische Aufbereitung der Ziele dient einer möglichst treffenden Zuordnung der Zielgewichte. In einem derart aufgebauten Zielsystem sind in den Teilsystemen in der Regel nur zwei oder drei Teilziele gleichzeitig zu betrachten und mit Stufen-Gewichten zu versehen.

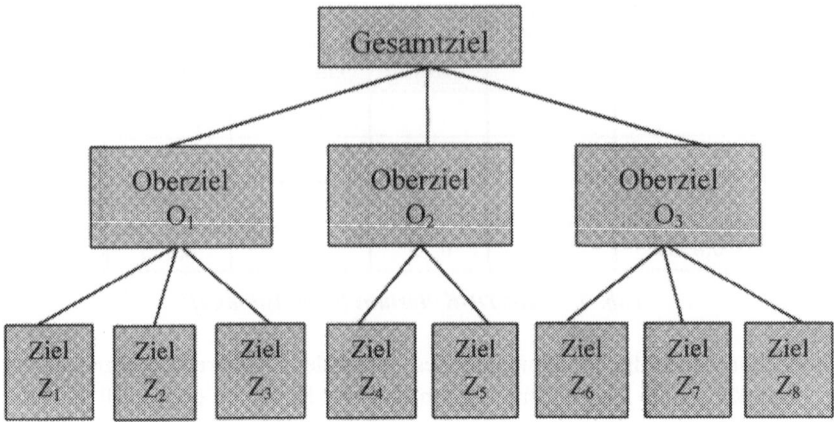

Abb. 4.5: Hierarchisch aufgebautes Zielsystem

Bei der Bewertung einer Alternative wird letztlich so vorgegangen wie bei der klassischen Zielgewichtung, allerdings werden jetzt die Gewichte der Basiskriterien mit Hilfe der aufgebauten Zielhierarchie bestimmt: Das Gewicht für jedes Basisziel errechnet sich als Produkt der Stufengewichte über die Kanten, die vom Basisziel zum Gesamtziel führen. Ist auf diese Weise für jedes Basisziel das Gewicht ermittelt, wird die Summe über die derart gewichteten Nutzenwerte der Zielgrößen dieser Alternative gebildet. Die Alternative mit dem höchsten Wert ist auszuwählen.

< 4.10 > Die in Tab. 4.5 angegebenen Gewichte könnten Ergebnis eines Zielsystems mit der folgenden hierarchischen Struktur sein:

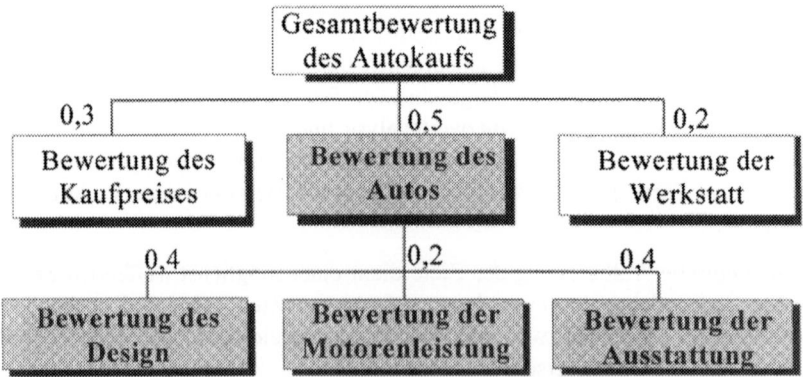

Abb. 4.6: Zielhierarchie zum Autokaufbeispiel aus Tab. 4.5

Generell stellt sich die Frage, ob eine lineare Entscheidungsregel die Aggregation zum Gesamtnutzen richtig wiedergibt. Darauf gibt es keine allgemein gültige Antwort. R.L. KEENEY; H. RAIFFA [1976] und S. FRENCH [1986] haben aber nachge-

4.4 Nutzwertanalyse

wiesen, daß genau dann eine **additive Entscheidungsregel** vorliegen muß, wenn eine starke Präferenzunabhängigkeit zwischen den Zielen gegeben ist, die Ziele gegenseitig substituierbar sind und eine schwache Präferenzordnung der Produktmenge der Ziele vorliegt.

Bei der Nutzwertanalyse stellen demnach die Nutzenwerte selbst und die Gewichte die zentralen Elemente dar.

Zur Ermittlung der kardinal skalierten Nutzenwerte für die einzelnen Ziele auf der Basisebene der Zielhierarchie wird von ZANGEMEISTER [1972] vorgeschlagen, für das vorliegende Entscheidungsproblem eine Bewertungsmatrix aufzustellen, in der alle möglichen Zielerreichungsgrade in das Intervall [0, 10] abgebildet werden. Eine derart präzise Einstufung soll durch darübergelegte Intervallklassen, die verbal durch Benotungen von „sehr schlecht" bis „sehr gut" erläutert sind, unterstützt werden, z. B.

"sehr schlecht": [0, 2[; "schlecht": [2, 4[; "durchschnittlich": [4, 6];

"gut":]6, 8]; "sehr gut":]8, 10].

Fraglich bleibt, ob ein Entscheider tatsächlich in der Lage ist, auf diese Weise jeder Teilzielausprägung einen wahrheitsgetreuen und eindeutigen Nutzenwert zuzuordnen. Realistischer erscheint die in Abschnitt 4.7 diskutierte Annahme, daß der Entscheider nur Fuzzy-Nutzenwerte über [0, 10] angeben kann, vgl. ROMMELFANGER [1994, S. 90ff] und Abschnitt 4.7.

Nach ZANGEMEISTER kann die Wahl der Zielgewichte vom Entscheidungsträger frei vorgenommen werden. Dies entspricht aber nicht der Lösungsidee des Zielgewichtungsansatzes, der nur dann zu einer überzeugenden Gesamtnutzenfunktion führt, wenn die Gewichte paarweise mittels Austausch- oder Substitutionsraten zwischen den Zielen ermittelt werden.[1] Dazu stellt man fest, um wieviel sich der Nutzenwert bezüglich eines Ziels k erhöhen muß, wenn der Nutzenwert des Ziels r um den absoluten Wert Δ reduziert wird.

Aus $\alpha_{kr} \cdot \Delta \cdot g_k = \Delta \cdot g_r$ ergibt sich die **Austauschrate**

$\alpha_{kr} = \frac{g_r}{g_k}$, $k, r \in \{1,...,K\}$. Speziell gilt für k = r : $\alpha_{kk} = \frac{g_k}{g_k} = 1$.

Die Austauschraten sind dann eindeutig bestimmt, wenn die Summe der Gewichte auf 1 normiert wird.

---

[1] Da ZANGEMEISTER die Substitutionseigenschaft nicht ausdrücklich erwähnt und nach seinem Vorschlag die Festlegung der Gewichte unabhängig von der Bestimmung der Teilnutzenwerte erfolgt, ist nach Ch. SCHNEEWEIß [1991, S. 123] die Interpretation der a_{kr} als Substitutionsraten nicht zulässig. Er empfiehlt die Multi-Attributive Nutzentheorie zu verwenden, vgl. Abschnitt 5.6.

"Widerspruchsfreie Präferenzen" liegen bei einer linearen additiven Entscheidungsregel dann vor, wenn die ermittelten Austauschraten der **Konsistenzbedingung** $a_{kr} \cdot a_{rs} = a_{ks}$ genügen. Sind alle Austauschraten a_{rs} positiv, so folgt aus der Konsistenzbedingung und $a_{kk} = 1$ die Formel $a_{rk} = \frac{1}{a_{kr}}$.

Um diese reziproken Paarvergleichsmatrizen aufstellen zu können, müssen sich die Austauschraten auf einer Verhältnisskala messen lassen, was in der Realität kaum gegeben ist, da Einzelwertfunktionen bestenfalls auf Intervall-Skalenniveau vorliegen. Bislang ist daher ungeklärt, unter welchen Voraussetzungen die reziproken Matrizen und die daraus abgeleiteten Gewichtevektoren als sinnvoll konstruiert anzusehen sind.

Gemäß der Definition der Austauschraten weist eine **konsistente Paarvergleichsmatrix A** eine spezielle Form auf, bei der alle Spaltenvektoren Vielfache von einander sind und jede Spalte somit einen äquivalenten Gewichtevektor darstellt. Durch Normierung der Komponenten des r-ten Spaltenvektors durch die Komponentensumme $\sum_{k=1}^{K} a_{kr}$, $r \in \{1,...,K\}$, erhält man den auf die Summe 1 normierten Gewichtungsvektor, vgl. Tab. 4.8.

Bei dieser Festlegung konstanter Austauschraten und damit auch konstanter Gewichte wurde die Annahme unterstellt, daß die Austauschraten von den Nutzenniveaus der Einzelziele unabhängig sind, d. h., daß z. B. auf einer Nutzenskala [0 , 10] eine Erhöhung von 9 auf 10 gleichwertig ist zu einer Nutzenerhöhung von 0 auf 1 oder von 4 auf 5. Diese Eigenschaften weisen kardinal meßbare Nutzenfunktionen definitionsgemäß auf, woraus deutlich wird, welch hohe Anforderungen mit der Bildung kardinaler Nutzenfunktionen verbunden sind. Die in der Praxis zumeist benutzte einfache Normierung der Zielergebnisse, vgl. dazu auch Beispiel < 4.6 >, führt i. allg. nicht zu einer Nutzenbewertung mit diesen Eigenschaften.

< 4.11 > Da nach Meinung von Peter Müller die von seiner Frau in Tab. 4.5 angegebenen Gewichte nicht stimmen, versucht er treffendere Gewichte mit Hilfe des Zielsystems aus < 4.10 > und einer Paarvergleichsmatrix zu ermitteln.

Zur Bestimmung der Gewichte gibt Peter nun zunächst für die mittlere Ebene die nachfolgende konsistente Paarvergleichsmatrix A an.

	Preis	Auto	Werkstatt
Preis	1	$\frac{1}{2}$	$\frac{3}{2}$
Auto	2	1	3
Werkstatt	$\frac{2}{3}$	$\frac{1}{3}$	1

$$\begin{pmatrix} \frac{3}{11} \\ \frac{6}{11} \\ \frac{2}{11} \end{pmatrix} \approx \begin{pmatrix} 0{,}2727 \\ 0{,}54554 \\ 0{,}1818 \end{pmatrix}$$

Tab. 4.8 Paarvergleichsmatrix "Autokauf"   **Gewichtevektor**   ◆

Bei der Bestimmung von Austauschraten kann es nun vorkommen, daß Informationen über die Präferenzen des Entscheidungsträgers fehlen oder daß sie widersprüchlich sind. Fehlende Informationen können im Prinzip durch Befragungen des Entscheidungsträgers beschafft werden.

Neben dem allgemeinen Bedenken, ob der Entscheider in realen Entscheidungssituationen in der Lage ist, die Gewichte richtig festzulegen, stellt sich die Frage, ob die Ziele nutzenunabhängig sind und ob er in der Lage ist, kardinal meßbare partielle Nutzenbewertungen anzugeben. In der Literatur existieren zahlreiche Beispiele, die belegen, daß die Gewichte mit den Zielerreichungsgraden variieren, vgl. Abb. 4.13.

4.5 Analytic Hierarchy Process (AHP)

Bei realen Anwendungen kommt es häufig vor, daß sich keine konsistente Paarvergleichsmatrix ergibt. "Widersprüchliche Präferenzen" liegen bei einer linearen additiven Entscheidungsregel dann vor, wenn die ermittelten Austauschraten

$$a_{kr} = \frac{g_r}{g_k}, \quad a_{rs} = \frac{g_s}{g_r}, \quad a_{ks} = \frac{g_s}{g_k}$$

nicht der Konsistenzbedingung $a_{kr} \cdot a_{rs} = a_{ks}$, $k, s, r \in \{1,...,K\}$, genügen.

Die Ursache "widersprüchlicher Präferenzen" könnte darin liegen, daß die additive Entscheidungsregel inadäquat ist. Man könnte aber auch argumentieren, daß die lineare Entscheidungsregel dennoch brauchbar ist und daß die Widersprüche durch die beschränkte Informationsverarbeitungskapazität oder durch die anderweitig eingeschränkte Rationalität des Entscheidungsträgers zu erklären sind.

Entsprechend letzterer Argumentation tritt Thomas L. SAATY [1980] dafür ein, bei kleineren Verstößen gegen die Konsistenzbedingung weiterhin die gewichtete Addition zu verwenden und solange ein von ihm formulierter Konsistenz-Wert von 0,1 nicht überschritten wird. Dabei schlägt er vor, als Gewichtevektor den Eigenvektor zum größten Eigenwert der Paarvergleichsmatrix **A** zu verwenden. SAATY nutzt dabei die Beobachtung aus, daß beim Vorliegen einer konsistenten Paarvergleichsmatrix **A** der Gewichtevektor **g** dem normierten Eigenvektor von **A** zum größten Eigenwert von **A** entspricht. Dieser größte Eigenwert ist stets gleich der Ordnung der konsistenten Paarvergleichsmatrix und alle übrigen Eigenwerte sind dann gleich 0.

< **4.12** > Betrachten wir nochmals die Paarvergleichsmatrix aus Tabelle 4.8, so hat die charakteristische Gleichung

$$\begin{vmatrix} 1-\lambda & \frac{1}{2} & \frac{3}{2} \\ 2 & 1-\lambda & 3 \\ \frac{2}{3} & \frac{1}{3} & 1-\lambda \end{vmatrix} = \lambda^2(3-\lambda) = 0$$

die Eigenwerte $\lambda_1 = 3$ und $\lambda_{2,3} = 0$.

Der zu $\lambda_1 = 3$ gehörende Eigenvektor ist $(\frac{3}{2}, 3, 1) \cdot t$, $t \in \mathbf{R}$, der normiert werden kann zu dem Gewichtevektor (0,2727, 0,54554, 0,1818). ◆

In dem Analytic Hierarchy Process-Verfahren geht SAATY wie bei der Nutzwertanalyse von einem hierarchischen Zielsystem aus. Er läßt aber zur Umsetzung in partielle Nutzenwerte nur eine 9-Punkte-Skala zu. Nach Tab. 4.9 kommen für die Paarvergleichsmatrix **A** nur die Koeffizienten 1, 2, 3, 4, 5, 6, 7, 8, 9 und die Kehrwerte $1, \frac{1}{2}, \frac{1}{3}, \frac{1}{4}, \frac{1}{5}, \frac{1}{6}, \frac{1}{7}, \frac{1}{8}, \frac{1}{9}$ in Betracht.

1	gleiche Bedeutung	Beide verglichenen Elemente haben die gleiche Bedeutung für das nächst-höhere Element (Ziel).
3	etwas größere Bedeutung	Erfahrung und Einschätzung sprechen für eine etwas größere Bedeutung
5	erheblich größere Bedeutung	Erfahrung und Einschätzung sprechen für eine erheblich größere Bedeutung
7	sehr viel größere Bedeutung	Die sehr viel größere Bedeutung eines Elements hat sich in der Vergangenheit klar gezeigt
9	absolut dominierend	Es handelt sich um den größtmöglichen Bedeutungsunterschied zwischen Elementen
2,4, 6,8	Zwischenwerte	Zwischen zwei benachbarten Urteilen muß eine Übereinkunft getroffen werden, ein Kompromiß

Tab. 4.9: Punkteskala von Saaty für die Paarvergleiche

Da kleine Störungen der Koeffizienten von **A** nur kleine Veränderungen der Eigenwerte nach sich ziehen, schlägt SAATY vor, den gesuchten Gewichtevektor **g** als normierten Eigenvektor von **A** zum größten Eigenwert von **A** auch dann zu verwenden, wenn nur kleine Verstöße gegen die Konsistenzbedingung vorliegen. Zusätzlich muß dann $\mathbf{g} = (g_1, \ldots g_K)$ noch der Normierungsbedingung $\sum_{k=1}^{K} g_k = 1$ genügen.

Um leicht feststellen zu können, wann nur kleine Inkonsistenzen vorliegen, entwickelte SAATY den **Konsistenzindex**

4.5 Analytical Hierarchy Process (AHP)

$$KI = \frac{\lambda_{max} - n}{n - 1},\tag{4.11}$$

der mit einem Referenzwert RI, dem **Random Index** (RI) in Beziehung zu setzen ist.

Dabei wird RI definiert als durchschnittlicher Konsistenzindex, der sich ergibt, wenn für jede Matrix n-ter Ordnung reziproke Zufallsmatrizen auf Grundlage der SAATYschen Skala erzeugt werden, vgl. die nachstehende Tab. 4.10.

n	1	2	3	4	5	6	7	8
RI(n)	0	0	0,58	0,90	1,12	1,24	1,32	1,41
n	9	10	11	12	13	14	15	
RI(n)	1,45	1,48	1,49	1,51	1,56	1,57	1,5	

Tab. 4.10: Random Index-Werte

Gilt für den **Konsistenzwert**

$$KW(A) = \frac{KI(A)}{RI} \leq 0{,}1 \tag{4.12}$$

so wird A als ausreichend konsistent angesehen, d. h. die Paarvergleiche gelten als akzeptabel.

< **4.13** > Zur Bewertung der Autos gibt Peter Müller die nachfolgende Paarvergleichsmatrix B an.

	Design	Motorleist.	Ausstattung
Design	1	$\frac{1}{7}$	$\frac{1}{2}$
Motorleistung	7	1	3
Ausstattung	2	$\frac{1}{3}$	1

Tab. 4.11: Paarvergleichsmatrix Auto

Diese 3×3-Paarvergleichsmatrix **B** ist nicht konsistent, denn es gilt z. B. $b_{21} \cdot b_{13} = 7 \cdot \frac{1}{2} \neq b_{23} = 3$. Auch ist der maximale Eigenwert nicht gleich 3, sondern aus der charakteristischen Gleichung $\lambda^3 - 3\lambda^2 - \frac{1}{42} = 0$ läßt sich näherungsweise der maximale Eigenwert $\lambda_{max} = 3{,}0026437$ berechnen.

Dann ist $KW(B) = \dfrac{\frac{3{,}0026437 - 3}{3 - 1}}{0{,}58} = 0{,}002279 \leq 0{,}1$,

d. h. auch die geänderte Paarvergleichsmatrix ist ausreichend konsistent.

Der zu λ_{max} = 3,0026437 gehörende Eigenvektor ist gleich (1; 6,6494; 2,1054)·t, t∈R. Auf die Gewichtesumme 1 normiert ergibt dieser den Gewichtevektor (0,1025; 0,6816; 0,2158).

Durch Multiplikation dieser Gewichte mit dem Gewicht für die Bewertung der Attribute eines Autos, nach Beispiel < 4.11 > ist dieser Wert gleich 0,5454, ergeben sich die Gewichte für Design, Motorleistung und Ausstattung, vgl. Tab. 4.12.

Obwohl sich die Gewichtung von Peter Müller bei der Bewertung der Attribute des Autos deutlich von der zuerst gewählten unterscheidet, ist auch für ihn A4 die beste Alternative, wenn man von der dominierenden Alternative A6 absieht. Durch die stärkere Gewichtung der Motorleistung rückt aber A1 vor A3 und A2.

	Preis	Design	Motorleistung	Ausstattung	Werkstatt	Gesamtnutzen
A1	3	9	8	6	3	5,5464
A2	8	6	1,5	4	8	4,9998
A3	7	5	4	8	5	5,5258
A4	7	3	6	8	7	**6,5210**
A6	8,2	9	9	9	8	8,5982
Gew.	0,2727	0,0559	0,3717	0,1177	0,1818	

Tab. 4.12: Partielle Nutzenbewertungen beim Autokauf ◆

Um das Problem der Bestimmung von Teilnutzen zu lösen, schlägt SAATY vor, Paarvergleichsmatrizen auch zur Bestimmung der partiellen Nutzenbewertungen zu verwenden. Die Zielhierarchie erhält dadurch eine weitere Ebene, da jedes Teilziel auf der bisherigen Basisebene in die Alternativen verzweigt wird, vgl. Abb. 4.7. Diese Vorgehensweise ist allerdings nur dann sinnvoll, wenn wenige Alternativen vorliegen.

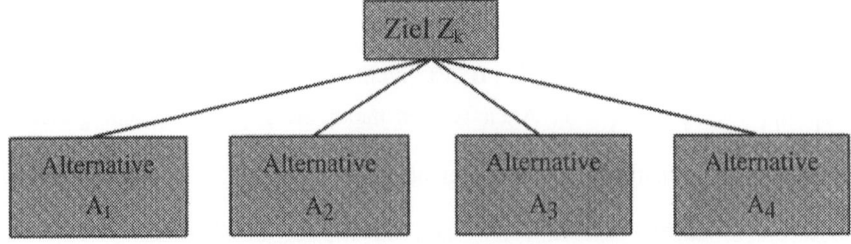

Abb. 4.7: Zusätzliche Hierarchiestufe mit den Alternativen

4.5 Analytical Hierarchy Process (AHP)

< **4.14** > Zur relativen Nutzenbewertung des Attributes "Motorleistung" stellt Peter Müller die folgende Paarvergleichsmatrix für die Alternativen A1 bis A4 auf.

	A1	A2	A3	A4
A1	1	8	5	2
A2	$\frac{1}{8}$	1	$\frac{1}{3}$	$\frac{1}{5}$
A3	$\frac{1}{5}$	3	1	$\frac{1}{3}$
A4	$\frac{1}{2}$	5	3	1

Tab. 4.13: Paarvergleichsmatrix der Alternativen bzgl. der Motorleistung

Diese 4×4-Paarvergleichsmatrix ist nicht konsistent, z. B. gilt
$c_{12} \cdot c_{23} = \frac{8}{3} \neq c_{13} = 5$. Auch ist der maximale Eigenwert nicht gleich 4, sondern $\lambda_{max} = 4{,}0516145$.

Da aber $KW(C) = \frac{4{,}0516145 - 4}{4 - 1} \div 0{,}9 = 0{,}019116 \leq 0{,}1$, ist auch die Paarvergleichsmatrix noch ausreichend konsistent, um den zugehörigen normierten Eigenvektor (0,5316; 0,0542; 0,1202; 0,2940) als relativen Nutzenvektor zu verwenden. ◆

Die AHP-Methode von SAATY hat viele Anhänger, aber auch zahlreiche Kritiker gefunden. So hegt FRENCH [1988] starke Zweifel an der Rationalität des Analytic Hierarchy Process und führt die folgenden Kritikpunkte an:

- Es ist zu prüfen, ob sich die Alternativen wirklich entsprechend einer additiven Wertfunktion bewerten lassen. Dazu müßten die Annahmen starke Präferenzunabhängigkeit zwischen den Zielen, gegenseitige Substituierbarkeit der Ziele und Existenz einer schwachen Präferenzordnung der Produktmenge der Ziele erfüllt sein.

- Um die reziproken Matrizen aufstellen zu können, müssen sich die Einzelbewertungen auf einer Verhältnisskala messen lassen. Bekanntlich liegen die Einzelwertfunktionen bei additiven Wertfunktionen nur auf Intervall-Skalenniveau. Aus theoretischer Sicht ist daher die Bestimmung der reziproken Werte oder eine additive Verknüpfung mit Gewichten nicht akzeptabel. In [TUNG; TANG 1998] werden daher Verschiebungen der Skalierung vorgeschlagen. Wie in [DODD; DONEGAN; MCMASTER 1995] gezeigt wird, kann durch geeignete Transformationen kann dem geforderten Skalenniveau zwar besser entsprochen werden, das erörterte Dilemma, daß die Paarvergleiche ordinalskaliert vorliegen, für die Bestimmung der reziproken Werte jedoch Verhältnisskalenniveau bzw. für die Berechnung der Gewichteverteilung kardinalskalierte Daten zwingend sind, wird allerdings nicht überzeugend behoben.

- Saatys 9-Punkte-Skala ist rational nicht gerechtfertigt worden und angreifbar. Zum einen können andere Skalen zu anderen Rangordnungen der Alternativen führen, was in vergleichenden Untersuchungen verschiedener Mehrzielentscheidungs-Verfahren gezeigt wurde. Z.B. wurden in [ZaNAKIS; SOLOMON; WISHART; DUBLISH 1998] AHP-Ansätze mit zwei unterschiedlichen Skalen - SAATY's Originalskala und eine geometrische Skala - gegenübergestellt mit dem Ergebnis, daß die Rangordnungen jeweils unterschiedlich stark in Abhängigkeit der Anzahl von Alternativen, Kriterien und Verteilungen differieren. Vgl. hierzu auch Abschnitt 5.4.

- Außerdem ist die Definition der Präferenz in den Paarvergleichen äußerst schwammig, vgl. Tab. 4.9. Der von SAATY [1978] hierzu benutzte Begriff „Fuzziness" hat wenig zu tun mit der Fuzzy Set-Theorie. Es wird z. B. nicht erklärt, was er darunter versteht, daß eine Alternative "etwas größere", "erheblich größere", sehr viel größere" Bedeutung" als die Vergleichsalternative hat. Wie äußert sich solch eine Präferenz?

- Weiterhin zeigen praktische Erfahrungen, daß Anwender Austauschraten eher im dem Sinne verstehen, daß ein Ziel x-mal wichtiger als ein anderes ist; dies kann die SAATY'SCHE Skala aber nicht leisten.

- Das AHP verletzt das Rationalitätspostulat "Unabhängigkeit von irrelevanten Alternativen", denn die relative Nutzenbewertung und die Festlegung der Gewichte erfolgt nur anhand der vorliegenden Alternativen. Die Rangordnung kann sich ändern, wenn weitere Alternativen in Betracht gezogen werden.

4.6 Multi-Attributive Nutzentheorie

Während bei der Nutzwertanalyse und bei AHP die Bestimmung von partiellen Nutzenfunktionen und Gewichten unabhängig voneinander erfolgte, basiert die Multi-Attributive Nutzentheorie (MAUT: Multi Attribute Utility Theory) exakter auf den Grundvoraussetzungen einer additiven Werteaggregation. D. h. es wird eine starke Präferenzunabhängigkeit zwischen den Zielen, eine gegenseitige Substituierbarkeit der Ziele und eine schwache Präferenzordnung auf der Produktmenge der Ziele vorausgesetzt.

Kernelement der MAUT ist die Bestimmung der partiellen Nutzenfunktionen. Dabei wird für jedes Attribut k der schlechtesten Ausprägung z_k^0 der Nutzenwert 0 und der besten Ausprägung z_k^1 der Nutzenwert 1 zugeordnet. Zur näherungsweisen Festlegung der Nutzenfunktion $u_k(z_k)$ werden dann Hilfspunkte mit Hilfe des Medianverfahrens ermittelt. Wegen der vorausgesetzten starken Präferenzunabhängigkeit können die Nutzenfunktionen unabhängig voneinander bestimmt werden.

4.6 Multi-Attributive Nutzentheorie

Um z. B. die Nutzenfunktion $u_1(z_1)$ des Zieles 1 unter Zuhilfenahme des Zieles 2 zu bestimmen, versucht man den Medianwert $z_1^{0,5} \in [z_1^0, z_1^1]$ mit $u_1(z_1^{0,5}) = 0,5$, so zu bestimmen, daß die beiden folgenden Indifferenzbedingungen erfüllt sind:

$(\hat{z}_2, z_1^0) \sim (\hat{z}_2 - \Delta z_2, z_1^{0,5})$ und $(\hat{z}_2, z_1^{0,5}) \sim (\hat{z}_2 - \Delta z_2, z_1^1)$.

D.h. für den Entscheidungsträger muß der Nutzenanstieg von z_1^0 auf $z_1^{0,5}$ gleichwertig sein mit dem Nutzenanstieg von $z_1^{0,5}$ auf z_1^1.

Anschließend sind durch analoges Vorgehen die weiteren Zwischenpunkte

$z_1^{0,25} \in [z_1^0, z_1^{0,5}]$ mit $u_1(z_1^{0,25}) = 0,25$

und $z_1^{0,75} \in [z_1^{0,5}, z_1^1]$ mit $u_1(z_1^{0,75}) = 0,75$

zu berechnen usw., bis die gewünschte Genauigkeit erreicht ist, vgl. Abb. 4.8.

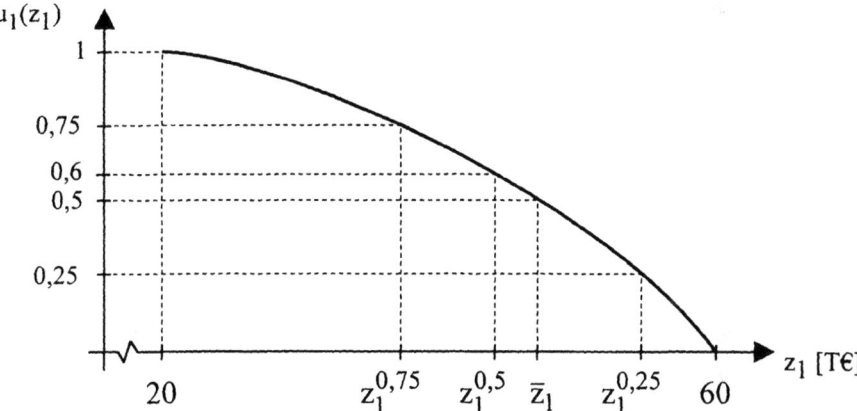

Abb. 4.8: Bestimmung der Nutzenfunktion mittels Medianverfahren

In praktischen Anwendungen ist die Festlegung der Extremwerte z_k^0 und z_k^1 dann nicht einfach, wenn das Aggregationsverfahren stabil sein soll, d. h. auch für andere als die vorliegenden Alternativen gelten soll. Um dies zu erreichen wird bei der Nutzenbewertung der Preise im Autokaufbeispiel < 4.1 > unterstellt, daß der Käufer höchstens 60.000 € und mindestens 20.000 € ausgeben will.

Um nun die Gewichte zu bestimmen, betrachten wir zunächst die beiden Ziele 1 und 2, wobei wir ohne Beschränkung der Allgemeinheit annehmen, daß uns Ziel 1 wichtiger als Ziel 2 ist. Dann muß es wegen der gegenseitigen Substituierbarkeit der Ziele einen Wert $\bar{z}_1 \in [z_1^0, z_1^1]$ geben, für den die Indifferenzbedingung

$(\bar{z}_1, z_2^0) \sim (z_1^0, z_2^1)$ erfüllt ist, d. h. es gilt für beliebige Werte z_3' und z_4':

$$g_1 \cdot u_1(\bar{z}_1) + g_2 \cdot u_2(z_2^0) + g_3 \cdot u_3(z_3') + g_4 \cdot u_4(z_4') =$$
$$g_1 \cdot u_1(z_1^0) + g_2 \cdot u_2(z_2^1) + g_3 \cdot u_3(z_3') + g_4 \cdot u_4(z_4') \qquad (4.13)$$

Aus (4.14) folgt durch Kürzen und unter Beachtung von $u_1(z_1^0) = u_2(z_2^0) = 0$

$$g_1 \cdot u_1(\bar{z}_1) = g_2 \cdot u_2(z_2^1) \ . \qquad (4.14)$$

Da $u_2(z_2^1) = 1$, erhält man

$$\frac{g_2}{g_1} = u_1(\bar{z}_1) \Leftrightarrow g_2 = u_1(\bar{z}_1) \cdot g_1 \ . \qquad (4.15)$$

Analog lassen sich auch g_3 und g_4 als Vielfaches von g_1 mit bekannten Multiplikationsfaktoren bestimmen. Durch Normierung auf die Gewichtesumme 1 läßt sich dann der Gewichtevektor eindeutig festlegen.

Die Bestimmung der partiellen Nutzenfunktionen bei MAUT hat große Ähnlichkeit mit der in Abschnitt 3.2.4 beschriebenen Bestimmung von Nutzenfunktionen mit Hilfe einer Lotterie. Es stellt sich daher auch hier die Frage, ob ein Entscheidungsträger fähig und willens ist, dieses Verfahren durchzuführen.

Ein weiteres Problem liegt in der Tatsache, daß nach Gleichung (4.15) die Gewichte anhand einer einzigen Nutzenfunktion, hier mit $u_1(z_1)$, bestimmt werden. Alle weiteren partiellen Nutzenfunktionen müssen sich dann daraus ableiten lassen.

Da die mit (4.15) bestimmte Austauschrate g_2/g_1 auch gelten muß, wenn das Ziel 2 nicht auf den besten Wert z_2^1 erhöht wird, sondern ein beliebiger Wert $\hat{z}_2 \in [z_2^0, z_2^1]$ angestrebt wird, so folgt aus der Äquivalenzbeziehung

$$(\bar{z}_1, z_2^0) \sim (z_1^0, \hat{z}_2) \quad \text{mit (4.15)}$$

$$u_2(\hat{z}_2) = \frac{g_1}{g_2} \cdot u_1(\bar{z}_1) \ .$$

Ob ein Entscheidungsträger bei der Festlegung seiner Nutzenfunktionen mittels der Medianmethode dies intuitiv so gesehen hat, ist doch stark zu bezweifeln.

4.7 Nutzwertanalyse mit Fuzzy-Nutzen

In den Abschnitten 4.4 bis 4.6 wurde unterstellt, daß der Entscheider den Alternativen reellwertige Teilnutzenwerte zuordnen kann. In praktischen Anwendungen ist dies aber nicht immer gegeben, oft reichen seine Informationen und seine Vorstellungskraft nur aus, um die Teilnutzenwerte größenordnungsmäßig festzulegen. Es stellt sich auch die Frage, ob es überhaupt notwendig ist, daß jeder partielle Nutzenwert auf eine eindeutige reelle Zahl verschärft wird, da dies normalerweise mit zusätzlichem Informationsaufwand und damit auch mit Kosten verbunden ist.

Um hier eine Antwort geben zu können, wollen wir annehmen, daß der Entscheider lediglich Teilnutzenwerte in Form von Fuzzy-Größen zuordnen kann. Da reelle Zahlen und reelle Intervalle Spezialfälle von Fuzzy-Intervallen sind, wollen wir hier die bei praktischen Anwendungen bewährten Fuzzy-Intervalle des ε-λ-Typs verwenden, welche auch den Vorteil besitzen, daß arithmetische Rechnungen leicht ausführbar sind. Fuzzy-Intervalle $\tilde{u}_{ik}$ des ε-λ-Typs haben stückweise lineare Zugehörigkeitsfunktionen und lassen sich durch 6 Werte hinreichend genau beschreiben:

$$\tilde{u}_{ik} = (\underline{u}_{ik}^{\varepsilon};\ \underline{u}_{ik}^{\lambda};\ \underline{u}_{ik};\ \overline{u}_{ik};\ \overline{u}_{ik}^{\lambda};\ \overline{u}_{ik}^{\varepsilon})^{\varepsilon,\ \lambda}\ , \text{vgl. Abb. 2.6.}$$

Bei geringem Informationsstand kann natürlich auch auf das λ-Niveau verzichtet und mit Fuzzy-Intervallen des ε-Typs ($\underline{u}_{ik}^{\varepsilon};\ \underline{u}_{ik};\ \overline{u}_{ik};\ \overline{u}_{ik}^{\varepsilon})^{\varepsilon}$ gearbeitet werden.

< 4.15 > Fritz Müller, der Sohn von Lieschen und Peter Müller, studiert BWL im 5. Semester und hat in der Entscheidungstheorie-Vorlesung gelernt, daß man größenordnungsmäßig bekannte Daten in Form von Fuzzy-Intervallen mathematisch modellieren kann. Er bietet seinen Eltern "wissenschaftliche" Unterstützung beim Autokauf an und fragt daher nach, bei welchen der in Tab. 4.12 angegebenen Nutzenwerte sie unsicher sind. Er schlägt vor, diese Werte als Fuzzy-Intervalle des ε-Typs realistischer zu beschreiben, vgl. dazu die nachfolgende Tab. 4.14.

	Preis	Design	Motorleistung	Ausstattung	Werkstatt
A1	$(1; 2; 3; 4)^{\varepsilon}$	9	8	$(5; 6; 6; 7)^{\varepsilon}$	$(2; 3; 4; 4)^{\varepsilon}$
A2	8	6	$(1; 1; 2; 2)^{\varepsilon}$	4	8
A3	$(6; 6; 7; 7)^{\varepsilon}$	5	$(3; 4; 5; 6)^{\varepsilon}$	8	$(4; 5; 5; 6)^{\varepsilon}$
A4	$(6; 6; 7; 7)^{\varepsilon}$	3	$(5; 6; 6; 7)^{\varepsilon}$	$(6; 7; 8; 9)^{\varepsilon}$	7
Gew.	0,2727	0,0559	0,3717	0,1177	0,1818

Tab. 4.14: Partielle Nutzenbewertungen beim Autokauf

Mit der von Peter Müller berechneten Gewichtung, vgl. Tab. 4.12, ergeben sich dann die folgenden Gesamtnutzenwerte für die 4 Alternativen:

	Gesamtnutzen
A1	$(4{,}7015;\ 5{,}2737;\ 5{,}7282;\ 6{,}1186)^{\varepsilon}$
A2	$(4{,}8139;\ 4{,}8139;\ 5{,}1856;\ 5{,}1856)^{\varepsilon}$
A3	$(4{,}6996;\ 5{,}2631;\ 5{,}8975;\ 6{,}4510)^{\varepsilon}$
A4	$(5{,}6412;\ 6{,}1306;\ 6{,}5210;\ 7{,}0104)^{\varepsilon}$

Tab. 4.15: Partielle Nutzenbewertungen beim Autokauf

Nach der restriktiven ρ-Präferenz ist die Alternative A4 deutlich besser als die Alternative A2, und zwar für das niedrigste ρ, d. h. für $\rho = \varepsilon$. A4 ist nach der ρ-Präferenz auch besser als A3 und A1, hier aber nur auf einem ρ-Niveau, das zwischen 0,6 und 0,75 liegt, vgl. Abb. 4.9.

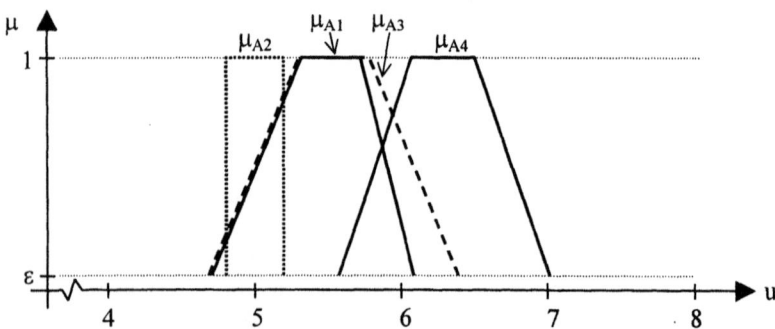

Abb. 4.9: Zugehörigkeitsfunktionen der Gesamtnutzenwerte

Legt man die realistischere ε-Präferenz als Maßstab zu Grunde, so ist auch hier A4 eindeutig die beste Alternative. Die ε-Präferenz erlaubt aber keine Präferenzaussage zwischen den Alternativen A1, A2 und A3. Um hier eine Rangfolge aufstellen zu können, müßten bei den Alternativen A1 und A3 die linken Seiten der angegebenen Fuzzy-Bewertungen überprüft werden. ◆

4.8 Fuzzy-AHP

In realen Problemen ist ein Entscheider oft nicht in der Lage, beim Paarvergleich alle Ausgleichsraten exakt anzugeben und daraus eine konsistente Paarvergleichsmatrix aufzustellen. Zumindest bei einigen der Paarvergleiche besitzt er häufig nur eine ungefähre Vorstellung, um wieviel er das eine Ziel wichtiger erachtet als das andere. Im Gegensatz zu Saaty wollen wir nun im folgenden daher diese Interpretation bei der Bewertung der Paarvergleiche zugrunde legen. Die nur größenordnungsmäßig bekannten Größen lassen sich durch Fuzzy-Mengen mathematisch beschreiben. Dabei bietet es sich wiederum an, Fuzzy-Intervalle des ε-λ-Typs

$$\tilde{a}_{ij} = (\underline{a}_{ij}^{\varepsilon}; \underline{a}_{ij}^{\lambda}; \underline{a}_{ij}; \bar{a}_{ij}; \bar{a}_{ij}^{\lambda}; \bar{a}_{ij}^{\varepsilon})^{\varepsilon, \lambda} \quad \text{zu verwenden.}$$

< 4.16 > Als Beispiel betrachten wir wieder eine Autokaufentscheidung. Dieses Mal sollen zur Vereinfachung des Rechenaufwandes nur die 4 Ziele "Technik", "Werkstatt", "Design" und Kaufpreis" beachtet werden. Unter "Technik" zusammengefaßt sind hierbei die Bewertung des Motors, des Getriebes, des Bremssystems, Anzahl der Airbags u. dgl.. Unter dem Ziel "Design" wird die Bewertung der äußeren Form, der Farbe, der Innenausstattung, Gestaltung und Ausstattung des Cockpits usw. zusammengefaßt. Familie Meier ordnet folgende Werte zu:

	Technik	Werkstatt	Design	Preis
T	$(1;1;1;1;1;1)$	$(7;\frac{15}{2};8;8;\frac{17}{2};9)$	$(2;\frac{9}{4};\frac{5}{2};3;\frac{7}{2};4)$	$(\frac{3}{2};\frac{3}{2};\frac{3}{2};\frac{3}{2};\frac{3}{2};\frac{3}{2})$
W	$(\frac{1}{9};\frac{2}{17};\frac{1}{8};\frac{1}{8};\frac{2}{15};\frac{1}{7})$	$(1;1;1;1;1;1)$	$(\frac{1}{4};\frac{2}{7};\frac{1}{3};\frac{1}{3};\frac{2}{5};\frac{1}{2})$	$(\frac{1}{5};\frac{1}{5};\frac{1}{5};\frac{1}{4};\frac{1}{4};\frac{1}{4})$
D	$(\frac{1}{4};\frac{2}{7};\frac{1}{3};\frac{2}{5};\frac{4}{9};\frac{1}{2})$	$(2;\frac{5}{2};3;3;\frac{7}{2};4)$	$(1;1;1;1;1;1)$	$(\frac{1}{3};\frac{4}{11};\frac{2}{5};\frac{2}{5};\frac{4}{9};\frac{1}{2})$
P	$(\frac{2}{3};\frac{2}{3};\frac{2}{3};\frac{2}{3};\frac{2}{3};\frac{2}{3})$	$(4;4;4;5;5;5)$	$(2;\frac{9}{4};\frac{5}{2};\frac{5}{2};\frac{11}{4};3)$	$(1;1;1;1;1;1)$

Tab. 4.16: Paarvergleichsmatrix mit Fuzzy-Intervallen ◆

Würde man die Paarvergleichsmatrix mit Fuzzy-Intervallen interpretieren als eine Zusammenfassung von sechs Paarvergleichsmatrizen, bei denen jeweils nur die Werte von $\underline{a}_{ij}^{\varepsilon}$, $\underline{a}_{ij}^{\lambda}$, $\underline{a}_{ij}$, $\bar{a}_{ij}$, $\bar{a}_{ij}^{\lambda}$ oder $\bar{a}_{ij}^{\varepsilon}$ benutzt werden, so ließe sich für jede einzelne dieser Paarvergleichsmatrizen der Eigenvektor zum größten Eigenwert berechnen. Es ist aber nicht zu erwarten, daß die so berechneten und dann normierten Eigenvektoren so geordnet sind, daß sie zu einem „Fuzzy-Eigenvektor" zusammengefaßt werden können. Vielmehr stellt sich die kaum beantwortbare Frage, welcher dieser Eigenvektoren als Gewichtevektor genommen werden sollte.

Wenig überzeugend ist unserer Ansicht nach der Vorschlag von CHENG und MON [1994], die vorliegenden Fuzzy-Ausgleichsraten zunächst zu defuzzifizieren und dann als Gewichtevektor den normierten Eigenvektor zum größten Eigenwert der sich so ergebenden crispen Paarvergleichsmatrix zu verwenden. Zur Defuzzifizierung der dort verwandten triangularen Fuzzy-Zahlen $\tilde{a}_{ij} = (\underline{a}_{ij}; a_{ij}; \overline{a}_{ij})$ schlagen CHENG und MON die Verwendung des Wertes $\hat{a}_{ij} = (1 - \lambda) \cdot \underline{a}_{ij}^{\alpha} + \lambda \cdot \overline{a}_{ij}^{\alpha}$ vor, wobei $\underline{a}_{ij}^{\alpha}$ und $\overline{a}_{ij}^{\alpha}$ die Endpunkte der α-Niveaumenge $[\underline{a}_{ij}^{\alpha}, \overline{a}_{ij}^{\alpha}]$ sind und λ ein Optimismusparamter ist, der neben dem Zugehörigkeitsniveau $\alpha \in]0,1]$ vom Entscheider festzulegen ist.

Wir wollen daher einen anderen Weg zur Bestimmung eines Gewichtevektors beschreiten, der dem Konzept der Fuzzy-Mengen-Theorie eher gerecht wird und als Komponenten - sinnvollerweise - Fuzzy-Intervalle des ϵ-λ-Typs aufweist. Die gewählte Vorgehensweise basiert auf der Tatsache, daß in einer konsistenten Paarvergleichsmatrix alle Spaltenvektoren Vielfache voneinander sind und normiert den Gewichtevektor bzw. den Eigenvektor zum größten Eigenwert ergeben. Ist die Konsistenz-Bedingung nicht erfüllt, ist es daher folgerichtig, den Gewichtevektor aus den normierten Spaltenvektoren zu ermitteln.

Als Operator bietet sich unserer Ansicht nach vor allem das Arithmetische Mittel an, da die so ermittelten Gewichte zur gewichteten Addition der Teilnutzen Verwendung finden. BUCKLEY [1985, S. 237] verwendet das Geometrische Mittel zur Berechnung der Gewichte ohne dies weiter zu diskutieren - „It is not our intention to get involved in the debate over which procedure is best". BUCKLEY weist lediglich darauf hin, daß im Falle einer konsistenten Paarvergleichsmatrix (mit reellen Zahlen) das Geometrische Mittel zum gleichen Gewichtevektor führt wie SAATYs Eigenvektor-Methode. Diese Aussage gilt aber auch für das Arithmetische Mittel. BARZILAI und LOOTSMA [1997] schlagen sogar die Verwendung des geometrischen Mittels bei crispen Austauschraten vor, verwenden aber eine auf diese Mittelbildung besonders gut angepaßte Punkteskala, vgl. dazu die genaueren Ausführungen in Abschnitt 5.4.

< 4.17 > Für das Beispiel < 4.16 > wurde beispielhaft für die Teilmatrix mit den Werten $\overline{a}_{ik}$ der Gewichtevektor mit verschiedenen Methoden berechnet.

Verfahren zur Berechnung des Gewichtevektors im Fall reeller Zahlen	Technik	Werkstatt	Design	Preis
Eigenvektormethode nach SAATY	0,4658	0,0577	0,1520	0,3246
Arithmetisches Mittel nach Normierung	0,4660	0,0577	0,1522	0,3241
Geometrisches Mittel vor Normierung (BUCKLEY)	0,4669	0,0576	0,1516	0,3238

Tab. 4.17: Normierte Gewichtevektoren ◆

4.8 Fuzzy-AHP

Im Beispiel < 4.17 > sind die berechneten Gewichtevektoren offensichtlich gleichwertig, bei anderen Beispielen und höherer Inkonsistenz können sich die mit unterschiedlichen Verfahren berechneten Gewichtevektoren stärker unterscheiden. Die Frage, welches dann das "richtigere" ist, läßt sich nicht beantworten. Auch SAATYs Konsistenzwert ist lediglich ein heuristischer Ansatz und daher der normierte Eigenvektor als Richtschnur nicht zwingend. Die Methode des arithmetischen Mittels mit vorangehender Normierung der Spaltenvektoren der Paarvergleichsmatrix hat den Vorzug, daß man durch Vergleich der normierten Spaltenvektoren erkennen kann, wie stark sich diese unterscheiden. Hier könnte man z. B. die Regel aufstellen, daß dieses Verfahren nur Verwendung finden soll, wenn sich die entsprechenden Komponenten der normierten Gewichtungsvektoren auf dem Zugehörigkeitsniveau 1 maximal um einen gewissen Prozentsatz, z. B. 10%, voneinander unterscheiden. Analog zum Random Index von SAATY könnten Simulationsrechnungen hilfreich bei der Festlegung eines solchen Prozentsatzes sein.

Übertragen wir nun diese Überlegungen auf Fuzzy-Intervalle des ε-λ-Typs, so sind, um die Spaltenvektoren einer Paarvergleichsmatrix zu normieren, zunächst die Spaltensummen $\tilde{\sigma}_1, \tilde{\sigma}_2, \ldots, \tilde{\sigma}_n$ zu berechnen:

$$\tilde{\sigma}_j = (\underline{\sigma}_j^\varepsilon; \underline{\sigma}_j^\lambda; \underline{\sigma}_j; \overline{\sigma}_j; \overline{\sigma}_j^\lambda; \overline{\sigma}_j^\varepsilon)^{\varepsilon,\lambda} = \tilde{a}_{1j} \oplus \tilde{a}_{2j} \oplus \cdots \oplus \tilde{a}_{nj}$$

$$= (\sum_{i=1}^{n} \underline{a}_{ij}^\varepsilon; \sum_{i=1}^{n} \underline{a}_{ij}^\lambda; \sum_{i=1}^{n} \underline{a}_{ij}; \sum_{i=1}^{n} \overline{a}_{ij}; \sum_{i=1}^{n} \overline{a}_{ij}^\lambda; \sum_{i=1}^{n} \overline{a}_{ij}^\varepsilon)^{\varepsilon,\lambda}. \quad (4.16)$$

Die Normierung erfolgt dann durch Anwendung der erweiterten Division

$$\tilde{a}_{ij}^{norm} = \tilde{a}_{ij} \oslash \tilde{\sigma}_j = (\frac{\underline{a}_{ij}^\varepsilon}{\overline{\sigma}_j^\varepsilon}; \frac{\underline{a}_{ij}^\lambda}{\overline{\sigma}_j^\lambda}; \frac{\underline{a}_{ij}}{\overline{\sigma}_j}; \frac{\overline{a}_{ij}}{\underline{\sigma}_j}; \frac{\overline{a}_{ij}^\lambda}{\underline{\sigma}_j^\lambda}; \frac{\overline{a}_{ij}^\varepsilon}{\underline{\sigma}_j^\varepsilon})^{\varepsilon,\lambda}. \quad (4.17)$$

Der gesuchte Gewichtevektor $\tilde{g}' = (\tilde{g}_1, \tilde{g}_2, \ldots, \tilde{g}_n)$ wird dann aus den Gewichten

$$\tilde{g}_i = \frac{1}{n} \cdot (\tilde{a}_{i1}^{norm} \oplus \tilde{a}_{i2}^{norm} \oplus \cdots \oplus \tilde{a}_{in}^{norm}) \quad (4.18)$$

gebildet.

< 4.18 > Normiert man nach diesem Verfahren den Spaltenvektor zum Attribut Werkstatt in Tab. 4.16, so erhält man Tab. 4.18:

	Werkstatt (erweiterte Division)	Werkstatt (Neues Verfahren)
T	$(\frac{7}{19}; \frac{15}{36}; \frac{8}{17}; \frac{8}{16}; \frac{17}{30}; \frac{9}{13})$	$(\frac{14}{33}; \frac{15}{33}; \frac{16}{33}; \frac{16}{33}; \frac{17}{33}; \frac{18}{33})$
W	$(\frac{1}{19}; \frac{1}{18}; \frac{1}{17}; \frac{1}{16}; \frac{1}{15}; \frac{1}{13})$	$(\frac{2}{33}; \frac{2}{33}; \frac{2}{33}; \frac{2}{33}; \frac{2}{33}; \frac{2}{33})$
D	$(\frac{2}{19}; \frac{5}{36}; \frac{3}{17}; \frac{3}{16}; \frac{7}{30}; \frac{4}{13})$	$(\frac{4}{33}; \frac{5}{33}; \frac{6}{33}; \frac{6}{33}; \frac{7}{33}; \frac{8}{33})$
P	$(\frac{4}{19}; \frac{4}{18}; \frac{4}{17}; \frac{5}{16}; \frac{5}{15}; \frac{5}{13})$	$(\frac{8}{33}; \frac{8}{33}; \frac{8}{33}; \frac{10}{33}; \frac{10}{33}; \frac{10}{33})$
Σ	$(\frac{14}{19}; \frac{39}{36}; \frac{16}{17}; \frac{17}{16}; \frac{36}{30}; \frac{19}{13})$	$(\frac{28}{33}; \frac{31}{33}; \frac{32}{33}; \frac{34}{33}; \frac{36}{33}; \frac{38}{33})$

Tab. 4.18: Normierter Spaltenvektor mit Fuzzy-Paarvergleichen

Konstruktionsbedingt wird bei der Normierung mittels erweiterter Division erreicht, daß die normierten Vergleichswerte fuzzier werden. Auch der Charakter der Austauschraten verändert sich: So werden nicht nur Fuzzy-Zahlen, sondern auch klassische Intervalle und sogar reelle Zahlen in Fuzzy-Intervalle des ε-λ-Typs überführt, was wenig logisch ist. Ein weiterer Nachteil ist, daß die Spaltensummen der normierten Fuzzy-Intervalle nicht gleich 1 sind. Wie die 2. Spalte der Tabelle zeigt, haben die linken Seiten eine Spaltensumme kleiner als 1, während die Spaltensummen der rechten Seiten Werte größer als 1 annehmen. ◆

Um dem Begriff "Normierung auf 1" besser genügen zu können, schlagen EICKEMEIER und ROMMELFANGER [2001] ein neues Verfahren zur Normierung der Spalten der Paarvergleichsmatrix vor, nach dem alle Parameter eines Fuzzy-Intervalls vom ε-λ-Typ durch die gleiche reelle Zahl dividiert werden. Um zu erreichen, daß die zum 1-Niveau gehörenden Gewichtungssummen nahe bei 1 liegen, empfehlen sie zur Normierung der j-ten Spalte das arithmetische Mittel

$$\sigma_j^* = \tfrac{1}{2}(\underline{\sigma}_j + \overline{\sigma}_j) \qquad (4.19)$$

zu verwenden. Aber auch das rechnerisch aufwendigere arithmetische Mittel $\tfrac{1}{6}(\underline{\sigma}_j^\varepsilon + \underline{\sigma}_j^\lambda + \underline{\sigma}_j + \overline{\sigma}_j + \overline{\sigma}_j^\lambda + \overline{\sigma}_j^\varepsilon)$ ist eine denkbare Alternative.

Die Normierung erfolgt dann nach der Formel

$$\widetilde{a}_{ij}^* = \frac{\widetilde{a}_{ij}}{\sigma_j^*} = (\frac{\underline{a}_{ij}^\varepsilon}{\sigma_j^*}; \frac{\underline{a}_{ij}^\lambda}{\sigma_j^*}; \frac{\underline{a}_{ij}}{\sigma_j^*}; \frac{\overline{a}_{ij}}{\sigma_j^*}; \frac{\overline{a}_{ij}^\lambda}{\sigma_j^*}; \frac{\overline{a}_{ij}^\varepsilon}{\sigma_j^*})_{\varepsilon, \lambda} \ . \qquad (4.20)$$

4.8 Fuzzy-AHP

Mit den so normierten Ausgleichsraten berechnet man dann die Gewichte

$$\tilde{g}_i^* = \frac{1}{n} \cdot (\tilde{a}_{i1}^* \oplus \tilde{a}_{i2}^* \oplus \cdots \oplus \tilde{a}_{in}^*), \tag{4.21}$$

die den Gewichtevektor $\tilde{g}'^* = (\tilde{g}_1^*, \tilde{g}_2^*, \ldots, \tilde{g}_n^*)$ bilden.

Der Unterschied zwischen beiden Normierungsverfahren ist gut in Tab. 4.18 ersichtlich. Die in den Austauschraten vorgegebene Unschärfe bleibt bei der Normierung erhalten und wird nicht vergrößert, auch wird die Gestalt der Fuzzy-Mengen bewahrt. Eine weitere Konsequenz dieser Normierung ist, daß die Gesamtnutzenbewertungen, die nach der Formel

$$\tilde{u}_k = \tilde{g}_1^* \cdot u_{1k} \oplus \tilde{g}_2^* \cdot u_{2k} \oplus \cdots \oplus \tilde{g}_n^* \cdot u_{nk} \tag{4.22}$$

berechnet werden, weniger fuzzy sind und damit die Präferenzordnung deutlicher wird.

< 4.19 > Normiert man nach dem neuen Verfahren auch die anderen Spaltenvektoren der Paarvergleichsmatrix in Tab. 4.16, so erhält man:

	Technik	Werkstatt
T	$(\frac{120}{259}, \frac{120}{259}, \frac{120}{259}, \frac{120}{259}, \frac{120}{259}, \frac{120}{259})$	$(\frac{14}{33}, \frac{15}{33}, \frac{16}{33}, \frac{16}{33}, \frac{17}{33}, \frac{18}{33})$
W	$(\frac{40}{777}, \frac{240}{4403}, \frac{15}{259}, \frac{15}{259}, \frac{16}{259}, \frac{120}{1813})$	$(\frac{2}{33}, \frac{2}{33}, \frac{2}{33}, \frac{2}{33}, \frac{2}{33}, \frac{2}{33})$
D	$(\frac{30}{259}, \frac{240}{1813}, \frac{40}{259}, \frac{240}{1295}, \frac{160}{777}, \frac{60}{259})$	$(\frac{4}{33}, \frac{5}{33}, \frac{6}{33}, \frac{6}{33}, \frac{7}{33}, \frac{8}{33})$
P	$(\frac{80}{259}, \frac{80}{259}, \frac{80}{259}, \frac{80}{259}, \frac{80}{259}, \frac{80}{259})$	$(\frac{8}{33}, \frac{8}{33}, \frac{8}{33}, \frac{10}{33}, \frac{10}{33}, \frac{10}{33})$

	Design	Preis
T	$(\frac{24}{79}, \frac{27}{79}, \frac{30}{79}, \frac{36}{79}, \frac{42}{79}, \frac{48}{79})$	$(\frac{12}{25}, \frac{12}{25}, \frac{12}{25}, \frac{12}{25}, \frac{12}{25}, \frac{12}{25})$
W	$(\frac{3}{79}, \frac{24}{553}, \frac{4}{79}, \frac{4}{79}, \frac{24}{395}, \frac{6}{79})$	$(\frac{8}{125}, \frac{8}{125}, \frac{8}{125}, \frac{2}{25}, \frac{2}{25}, \frac{2}{25})$
D	$(\frac{12}{79}, \frac{12}{79}, \frac{12}{79}, \frac{12}{79}, \frac{12}{79}, \frac{12}{79})$	$(\frac{8}{75}, \frac{32}{275}, \frac{16}{125}, \frac{16}{125}, \frac{32}{225}, \frac{4}{25})$
P	$(\frac{24}{79}, \frac{27}{79}, \frac{30}{79}, \frac{30}{79}, \frac{33}{79}, \frac{36}{79})$	$(\frac{8}{25}, \frac{8}{25}, \frac{8}{25}, \frac{8}{25}, \frac{8}{25}, \frac{8}{25})$

Tab. 4.19: Mit σ_j^* normierte Spalten der Paarvergleichsmatrix

Durch Bildung des arithmetischen Mittels ergibt sich der Fuzzy-Gewichtevektor:

Technik	$(0{,}4178 ; 0{,}4349 ; 0{,}4520 ; 0{,}4710 ; 0{,}4975 ; 0{,}5241)^{\varepsilon, \lambda}$
Werkstatt	$(0{,}0535 ; 0{,}0556 ; 0{,}0583 ; 0{,}0629 ; 0{,}0658 ; 0{,}0707)^{\varepsilon, \lambda}$
Design	$(0{,}1239 ; 0{,}1380 ; 0{,}1540 ; 0{,}1618 ; 0{,}1780 ; 0{,}1965)^{\varepsilon, \lambda}$
Preis	$(0{,}2938 ; 0{,}3033 ; 0{,}3128 ; 0{,}3279 ; 0{,}3374 ; 0{,}3469)^{\varepsilon, \lambda}$

Tab. 4.20: Fuzzy-Gewichtungsvektor $\tilde{g}^*$ ♦

< 4.20 > Um die Auswirkungen eines Fuzzy-Gewichtevektors zu erkennen, wollen wir vereinfachend annehmen, daß der Entscheidungsträger in der Lage ist, die Attribute von 3 zur Auswahl stehenden PKWs auf einer Zehner-Nutzenskala zu bewerten:

	Technik	Werkstatt	Design	Preis	Preis(Nutzenskala)
A1	7	3	10	50.000 €	2
A2	3	8	6	25.000 €	9
A3	9	5	4	40.000 €	5

Tab. 4.21: Zielwerte beim Autokauf

Mittels der Formel (4.22) kann man dann die Gesamtnutzenwerte für die 3 PKWs berechnen:

A1	$(4{,}9117 ; 5{,}1977 ; 5{,}5045 ; 5{,}7631 ; 6{,}1347 ; 6{,}5396)^{\varepsilon, \lambda}$
A2	$(5{,}0690 ; 0{,}53072 ; 5{,}5616 ; 5{,}8543 ; 6{,}1235 ; 6{,}4390)^{\varepsilon, \lambda}$
A3	$(5{,}9923 ; 6{,}2606 ; 6{,}5395 ; 6{,}8492 ; 7{,}2055 ; 7{,}5909)^{\varepsilon, \lambda}$

Tab. 4.22: Gesamtnutzen der Alternativen A1, A2 und A3

4.8 Fuzzy-AHP

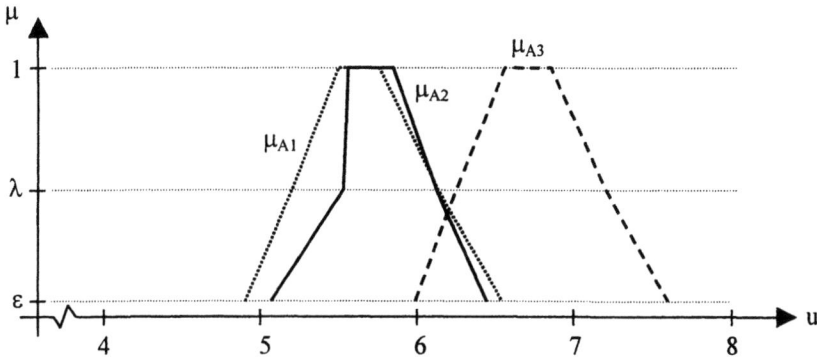

Abb. 4.10: Gesamtnutzen der Alternativen A1, A2 und A3

Tab. 4.22 und Abb. 4.10 offenbaren, daß bei Beachtung der ε-Präferenz A3 die beste Alternative ist. Auch nach der ρ-Präferenz ist diese Auswahl gesichert, allerdings nur auf dem Niveau 1.

Dagegen ist es mit diesen Präferenzkriterien nicht möglich, eine Rangordnung zwischen den Alternativen A1 und A3 festzulegen. ♦

Wie bei der Nutzwertanalyse üblich hatten wir in Tab. 4.21 unterstellt, daß der Entscheider exakte Teilnutzenwerte für alle Alternativen angeben kann. Es ist aber zu bezweifeln, ob er dies in realen Entscheidungssituationen immer leisten kann, oder ob er einige der Teilnutzenwerte nur größenordnungsmäßig festzulegen vermag.

Auch in diesen Fällen läßt sich durch analoges Vorgehen zumeist eine Rangordnung der Alternativen über ihre Gesamtnutzen aufstellen, zumindest läßt sich die Menge der in Betracht kommenden Alternativen erheblich reduzieren.

Für den Fall, daß der Entscheider einige Teilnutzenwerte nur in Form von Fuzzy-Intervallen des ε-λ-Typs $\tilde{u}_{ik} = (\underline{u}_{ik}^{\varepsilon}; \underline{u}_{ik}^{\lambda}; \underline{u}_{ik}; \overline{u}_{ik}; \overline{u}_{ik}^{\lambda}; \overline{u}_{ik}^{\varepsilon})^{\varepsilon,\lambda}$ festlegen kann, berechnet sich der Gesamtnutzen einer Alternative k nach der Formel

$$\tilde{u}_k^* = \tilde{g}_1^* \otimes \tilde{u}_{1k} \oplus \tilde{g}_2^* \otimes \tilde{u}_{2k} \oplus \cdots \oplus \tilde{g}_n^* \otimes \tilde{u}_{nk}. \qquad (4.23)$$
$$= (\underline{g}_i^{*\varepsilon} \cdot \underline{u}_{ik}^{\varepsilon}; \underline{g}_i^{*\lambda} \cdot \underline{u}_{ik}^{\lambda}; \underline{g}_i^* \cdot \underline{u}_{ik}; \overline{g}_i^* \cdot \overline{u}_{ik}; \overline{g}_i^{*\lambda} \cdot \overline{u}_{ik}^{\lambda}; \overline{g}_i^{*\varepsilon} \cdot \overline{u}_{ik}^{\varepsilon})^{\varepsilon,\lambda}$$

< 4.21 > Für das Beispiel "Autokauf" aus < 4.20 > wollen wir nun annehmen, daß eine vierte Alternative existiert, welche der Entscheidungsträger durch die folgenden Fuzzy-Teilnutzenwerte auf einer Skala [0 , 10] beschreibt:

	Technik	Werkstatt	
A4	$(4;4;4;5;5;5)^{\varepsilon,\lambda}$	$(2;2,5;3;4;4,5;5)^{\varepsilon,\lambda}$	
	Design	Preis	Preis (Nutzenskala)
A4	$(2;2,5;3;3;3,5;4)^{\varepsilon,\lambda}$	30.000 €	7

Tab. 4.23: Fuzzy-Zielwerte für A4

Mittels der Formel (4.23) ergibt sich dann als Fuzzy-Gesamtnutzenwert für den PKW A4: $(4,0826;4,2397;4,6345;5,3873;5,76847;6,1883)^{\varepsilon,\lambda}$

Ein Vergleich dieses Gesamtnutzenwertes mit den Gesamtnutzenwerten der übrigen 3 Alternativen in Tab. 4.21 zeigt, daß bei Verwendung der ε-Präferenz A4 klar die schlechteste Alternative ist. Nach der ρ-Präferenz ist die Vorteilhaftigkeit von A1 und A2 gegenüber A4 zumindest auf dem 1-Niveau gesichert, zwischen A3 und A4 zumindest auf dem λ-Niveau.

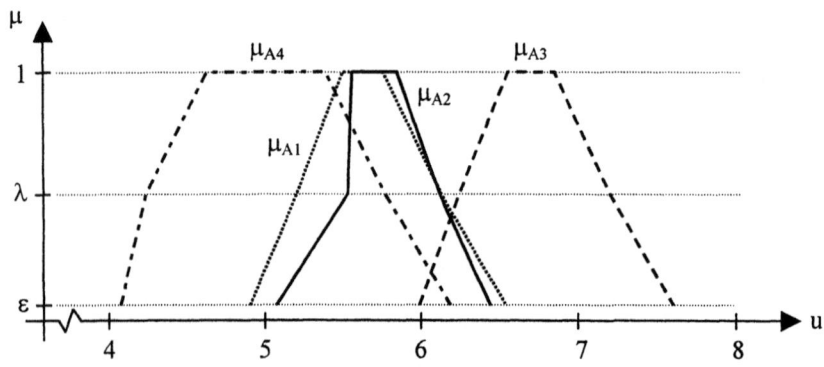

Abb. 4.11: Gesamtnutzen der Alternativen A1, A2, A3 und A4 ♦

Da nach AHP auch die Nutzenbewertung über Paarvergleiche ermittelt werden soll, soll zum Abschluß dieses Abschnitts das Autokaufbeispiel < 4.20 > entsprechend ergänzt werden.

< **4.22** > Zur Vereinfachung der Rechnung, aber auch um die Variantenvielfalt aufzuzeigen, wollen wir annehmen, daß der Entscheider für die Attribute Technik und Design reelle Zahlen als Substitutionsraten vorgibt, für die Attribute Werkstatt und Design klassische Intervalle, Fuzzy-Zahlen oder Fuzzy-Intervalle des ε-λ-Typs. Die relativen Nutzenwerte werden dann in den ersten beiden Fällen über das Eigenvektorverfahren berechnet, in den beiden anderen Fällen über das neue Verfahren.

4.8 Fuzzy-AHP

	A1	A2	A3
A1	1	2	$\frac{2}{3}$
A2	$\frac{1}{2}$	1	$\frac{1}{3}$
A3	$\frac{3}{2}$	3	1

	A1	A2	A3
A1	1	$\frac{1}{5}$	$\frac{1}{3}$
A2	5	1	2
A3	3	$\frac{1}{2}$	1

Tab. 4.24: Paarvergleichsmatrix bzgl. der Technik und des Preises

	A1	A2	A3
A1	1	$(\frac{1}{5};\frac{2}{9};\frac{1}{4};\frac{2}{7};\frac{4}{13};\frac{1}{3})$	$(\frac{1}{3};\frac{4}{11};\frac{2}{5};\frac{2}{5};\frac{4}{9};\frac{1}{2})$
A2	$(3;3{,}25;3{,}5;4;4{,}5;5)$	1	$(1{,}5;1{,}5;1{,}5;2;2;2)$
A3	$(2;2{,}25;2{,}5;2{,}5;2{,}75;3)$	$(\frac{1}{2};\frac{1}{2};\frac{1}{2};\frac{2}{3};\frac{2}{3};\frac{2}{3})$	1

Tab. 4.25: Paarvergleichsmatrix bzgl. der Werkstatt

	A1	A2	A3
A1	1	$(2;\frac{9}{4};2{,}5;2{,}5;\frac{11}{4};3)$	$(3;3{,}5;4;5;5{,}5;6)$
A2	$(\frac{1}{3};\frac{4}{11};\frac{2}{5};\frac{2}{5};\frac{4}{9};\frac{1}{2})$	1	$(1{,}5;1{,}5;1{,}5;2;2;2)$
A3	$(\frac{1}{6};\frac{2}{11};\frac{1}{5};\frac{1}{4};\frac{2}{7};\frac{1}{3})$	$(\frac{1}{2};\frac{1}{2};\frac{1}{2};\frac{2}{3};\frac{2}{3};\frac{2}{3})$	1

Tab. 4.26: Paarvergleichsmatrix bzgl. des Design

Die Berechnungen führen zu den folgenden relativen Nutzenwerten:

	Technik	Werkstatt
A1	$\frac{1}{3}$	$(0{,}1173;0{,}1245;0{,}1333;0{,}1398;0{,}1437;0{,}1589)^{\varepsilon,\lambda}$
A2	$\frac{1}{6}$	$(0{,}4767;0{,}4882;0{,}4997;0{,}5756;0{,}5986;0{,}6216)^{\varepsilon,\lambda}$
A3	0,5	$(0{,}2878;0{,}2993;0{,}3108;0{,}3408;0{,}3523;0{,}3638)^{\varepsilon,\lambda}$

Tab. 4.27: Relative Nutzenwerte

	Design	Preis
A1	$(0{,}50633; 0{,}5497; 0{,}5931; 0{,}6391; 0{,}6825; 0{,}7259)^{\varepsilon,\lambda}$	0,1094
A2	$(0{,}2190; 0{,}2252; 0{,}2326; 0{,}2556; 0{,}2648; 0{,}2762)^{\varepsilon,\lambda}$	0,5816
A3	$(0{,}1210; 0{,}1241; 0{,}1278; 0{,}1517; 0{,}1590; 0{,}1688)^{\varepsilon,\lambda}$	0,3090

Tab. 4.28: Relative Nutzenwerte

Der Gesamtnutzen der alternativen PKWs ist dann nach Formel (4.23) gleich:

A1	$(0{,}2404; 0{,}2609; 0{,}2840; 0{,}3051; 0{,}3337; 0{,}3665)^{\varepsilon,\lambda}$
A2	$(0{,}2931; 0{,}3071; 0{,}3222; 0{,}3468; 0{,}3657; 0{,}3873)^{\varepsilon,\lambda}$
A3	$(0{,}3301; 0{,}3449; 0{,}3605; 0{,}3828; 0{,}4045; 0{,}4281)^{\varepsilon,\lambda}$

Tab. 4.29: Gesamtnutzen der Alternativen A1, A2 und A3

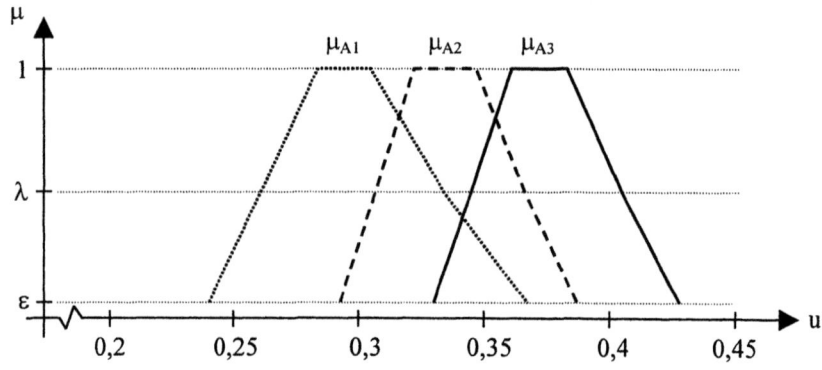

Abb. 4.12: Gesamtnutzen der Alternativen A1, A2 und A3

Tab. 4.29 und Abb. 4.12 verdeutlichen, daß auch bei Verwendung von Fuzzy-Gewichten und Fuzzy-Nutzenbewertung eine klare Alternativenauswahl möglich ist. Eine nicht der Informationslage entsprechende künstliche Verschärfung der Daten ist daher nicht notwendig.

4.9 Fuzzy-Logik basierte Mehrzielentscheidungen

Da die Literatur keinen Lösungsweg für Mehrzielentscheidungen kennt, der zufrieden stellen kann, soll hier ein neuer Ansatz dargestellt werden. Er basiert wie die Nutzwertanalyse und AHP auf einem hierarchischen Zielsystem, bei dem schrittweise nur bis zu drei Zielwerte zu aggregieren sind und das soweit disaggregiert ist, daß auf der untersten Ebenen alle Ziel zumindest ordinal meßbar sind. Die Bewertung der einzelnen Zielwerte erfolgt mittels linguistischer Variabler. Bei der Aufstellung der Zugehörigkeitsfunktionen für die Ausprägungen dieser linguistischen Variablen sollte nicht nur das Wissen von Experten, sondern - soweit vorhanden - auch das in Datenbanken gespeicherte Wissen herangezogen werden. Dadurch bietet sich die Möglichkeit, eine Fülle von Informationen für die Entscheidungsfindung auf bequeme Weise zu aktivieren.

Die deterministischen Zielwerte werden dann gemäß der vorgegebenen linguistischen Variablen „fuzzifiziert"; dabei ist es auch möglich, daß diese Zielwerte selbst in Form von Fuzzy-Zahlen vorliegen. Die Aggregationen im hierarchischen System erfolgen mittels Expertenregeln und Fuzzy-Inferenz. Durch die Beschränkung auf nur zwei oder drei Subkriterien läßt sich sichern, daß die Regelblöcke konsistent und vollständig sind. Offensichtlich erlaubt eine regelbasierte Aggregation ein flexibleres Vorgehen, als dies mittels Operatoren möglich ist. Es existiert eine Fülle von Beispielen, die belegen, daß Gewichte sich mit den Zielerreichungsgraden verschieben; dies kann in Extremfällen von „dominant" bis „unbedeutend" erfolgen. Dieses Faktum wird besonders gut gestützt durch das Regeltableau zum Analysefeld „Gängigkeitsabwertungen", das der Arbeit von MÜLLER [1996] entnommen ist, vgl. Tab. 4.30 und Abb. 4.13. Es ist so gut wie unmöglich, diese Aggregation mit festen Gewichten zu beschreiben.

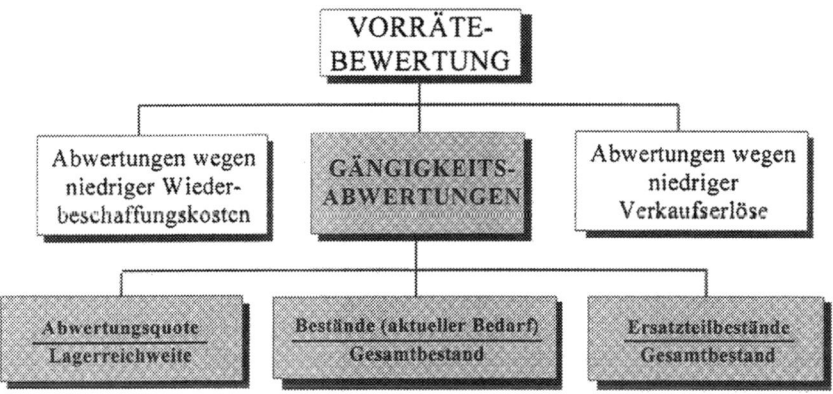

Abb. 4.13: Analysefeld Vorratsbewertung

Abwertungsquote Lagerreichweite	Bestände (akt. Bedarf) Gesamtbestand	Ersatzteilbestand Gesamtbestand	Gängigkeits- abwertungen
niedrig	niedrig	niedrig	schlecht
niedrig	niedrig	mittel	schlecht
niedrig	niedrig	hoch	schlecht
niedrig	mittel	niedrig	schlecht
niedrig	mittel	mittel	schlecht
niedrig	mittel	hoch	mittel
niedrig	hoch	niedrig	mittel
niedrig	hoch	mittel	mittel
niedrig	hoch	hoch	gut
mittel	niedrig	niedrig	schlecht
mittel	niedrig	mittel	mittel
mittel	niedrig	hoch	mittel
mittel	mittel	niedrig	mittel
mittel	mittel	mittel	gut
mittel	mittel	hoch	mittel
mittel	hoch	niedrig	gut
mittel	hoch	mittel	mittel
mittel	hoch	hoch	schlecht
hoch	niedrig	niedrig	mittel
hoch	niedrig	mittel	gut
hoch	niedrig	hoch	mittel
hoch	mittel	niedrig	gut
hoch	mittel	mittel	mittel
hoch	mittel	hoch	schlecht
hoch	hoch	niedrig	mittel
hoch	hoch	mittel	schlecht
hoch	hoch	hoch	schlecht

Tab. 4.30: Bewertung der Gängigkeitsabwertungen

Die Gesamtbewertung der Alternativen erfolgt dann in Form von Fuzzy-Größen, die im Gegensatz zur üblichen Vorgabe einer einzelnen Zahl noch die Bewertungen von Unterzielen erkennen lassen. Zur Auswahl der besten Alternative oder zur Einteilung in Klassen lassen sich dann neben dem visuellen Vergleich der Fuzzy-Bewertungen auch diverse Präferenzmethoden heranziehen. Dabei ist es aber keineswegs notwendig, eine Abbildung in die reellen Zahlen mittels sogenannter Defuzzifikationsverfahren durchzuführen. Hierbei ist auch zu beachten, daß die bekanntesten dieser Defuzzifikationsverfahren, wie das Schwerpunkt- oder das Flächenhalbierungsverfahren, eine metrisch meßbare Abszissenskala voraussetzen.

4.9.1 Regelbasierte Aggregation der Unterziele

In Tab. 4.30 wird ein variabler Weg zur Aggregation von Zielbewertungen sichtbar. Hier werden die Einzelbewertungen zu einem Gesamturteil verdichtet mit Hilfe von Regeln, die Experten formuliert haben, um die Verknüpfung zu erklären. Ein weiteres Beispiel für solche Regelsätze stellt die Tab. 4.31 für die Bewertung des „Absatzes" dar. Es gehört zu einem Gesamtsystem zur Bewertung der Kreditwürdigkeit im Kundengeschäft, vgl. Abb. 4.1, das von einem Expertenteam der Commerzbank AG Frankfurt am Main aufgestellt wurde.

Regel Nr.	Marktanteil	Marktwachstum	Innovationsrate	Absatz
1	niedrig	niedrig	niedrig	schlecht-
2	niedrig	niedrig	mittel	schlecht-
3	niedrig	niedrig	hoch	schlecht
4	niedrig	mittel	niedrig	schlecht
5	niedrig	mittel	mittel	schlecht
6	niedrig	mittel	hoch	mittel-
7	niedrig	hoch	niedrig	mittel-
8	niedrig	hoch	mittel	mittel-
9	niedrig	hoch	hoch	mittel
10	mittel	niedrig	niedrig	schlecht
11	mittel	niedrig	mittel	mittel-
12	mittel	niedrig	hoch	mittel-
13	mittel	mittel	niedrig	mittel-
14	mittel	mittel	mittel	mittel
15	mittel	mittel	hoch	mittel
16	mittel	hoch	niedrig	mittel-
17	mittel	hoch	mittel	mittel
18	mittel	hoch	hoch	mittel+
19	hoch	niedrig	niedrig	schlecht
20	hoch	niedrig	mittel	mittel-
21	hoch	niedrig	hoch	mittel-
22	hoch	mittel	niedrig	mittel-
23	hoch	mittel	mittel	mittel
24	hoch	mittel	hoch	mittel+
25	hoch	hoch	niedrig	mittel+
26	hoch	hoch	mittel	gut
27	hoch	hoch	hoch	gut +

Tab. 4.31: Bewertung des Absatz

Marktanteil (MA)		Innovationsrate(IR)
MA < 5 %	niedrig (n) (großes Risiko)	IR < 10 %
5 % ≤ MA < 20 %	mittel (m) (mittleres Risiko)	10 % ≤ IR < 30 %
20 % ≤ MA	hoch (h) (kleines Risiko)	30 % ≤ IR

Tab. 4.32: Bewertung des Marktanteils und der Innovationsrate (Abweichung vom Branchenmittelwert)

Marktwachstum (MW)	Note	
MW < -5 %	6	niedrig (n) (großes Risiko)
-5 % ≤ MW < 0 %	5	
0 % ≤ MW < 5 %	4	mittel (m) (mittleres Risiko)
5 % ≤ MW < 7 %	3	
7 % ≤ MW < 10 %	2	hoch (h) (kleines Risiko)
10 % ≤ MW	1	

Tab. 4.33: Bewertung des Marktwachstums

Offensichtlich liegt eine gravierende Schwäche dieser Beschreibung verbaler Bewertungen durch Intervalle darin, daß diese Intervalle zumeist relativ groß sind und daher recht unterschiedliche Firmen gleich bewertet werden, während Unternehmen, die sich nur wenig unterscheiden, unterschiedlich beurteilt werden können. Das folgende Beispiel soll diesen Vorwurf veranschaulichen.

Firma A: Marktanteil 5 %, Marktwachstum 0 %, Innovationsrate 10 %

Firma B: Marktanteil 15 %, Marktwachstum 5 %, Innovationsrate 25 %

Firma C: Marktanteil 4,9 %, Marktwachstum 6,9 %, Innovationsrate 19,9 %

Nach der Regel 14 in Tab. 4.31 erhalten die Firmen A und B für das Oberziel „Absatz" die gleiche Bewertung „mittel", obwohl die Firma B in allen drei Unterzielen deutlich besser ist als Firma A. Andererseits wird nach Regel 5 der „Absatz" der Firma C mit „schlecht" bewertet, obwohl sie in den Kriterien „Marktwachstum" und „Innovationsrate" deutlich besser als Firma A abschneidet und für das Unterziel „Marktanteil" eine nur geringfügig schlechtere Bewertung aufweist.

Das vorstehende Beispiel verdeutlicht, daß bei der Verwendung von Bewertungsintervallen kleine Veränderungen in den Werten der Basiskennzahlen die Bewertungen der höheren Aspekte entscheidend beeinflussen können, während andererseits große Veränderungen wirkungslos bleiben, solange die Bewertungsklasse nicht verlassen wird. Erschwerend kommt hinzu, daß die Klassengrenzen mit diesem harten Trennungscharakter nicht ausreichend begründet werden können.

Ein Verbesserung der Situation könnte nun darin gesehen werden, daß man die Anzahl der Bewertungsklassen erhöht. Dies hätte aber die gravierende Folge, daß die Anzahl der Verknüpfungsregeln explosionsartig wächst, denn so lange keine der möglichen Kombinationen aus inhaltlichen Gründen ausgeschlossen werden kann, gilt für die Anzahl der Regeln die Formel "r^m", wenn für jedes der m Merkmale r Ausprägungen möglich sind, d. h. lassen wir für drei Kennzahlen jeweils fünf Ausprägungen zu, so ist mit $5^3 = 125$ Regeln zu rechnen. Damit steigt nicht nur der Rechenaufwand, sondern es wird auch immer unwahrscheinlicher, daß die Experten alle Regeln richtig aufstellen können und diese nicht nur in einen Basisregelsatz „einpassen".

4.9.2 Beschreibung von verbalen Bewertungen mittels Fuzzy-Mengen

Wie vorstehend gezeigt lassen sich verbal beschriebene Kennzahlenausprägungen nur schlecht durch Intervalle beschreiben, da alle Werte eines Intervalls die gleiche Wertung erhalten. Eine bedeutend bessere Beschreibung verbaler Bewertungsausprägungen bietet die Fuzzy-Mengen-Theorie. Sie ermöglicht es, Bewertungsunterschiede innerhalb einer Intervallklasse mathematisch so genau zu beschreiben, wie dies der Experte sieht und wie er es ausdrücken kann. Es empfiehlt sich daher, die Bewertungen „schlecht", „mittel" und „gut" als linguistische Variablen im Sinne der Fuzzy-Mengen-Theorie aufzufassen und zu definieren. Durch eine genaue Beschreibung der verbalen Bewertungsausprägungen werden auch die Aggregationsregeln für Anwender besser verständlich, denn sie erfahren, was die Experten bei den einzelnen Kriterien unter „schlecht", „mittel" und „gut" verstehen. Das Bewertungsverfahren wird damit nachvollziehbar und es ist davon auszugehen, daß es bei Anwendern eine höhere Akzeptanz findet als die „black boxes", die Neuronale Netze oder komplizierte statistische Verfahren für sie darstellen.

Die Festlegung der Zugehörigkeitsfunktionen durch den Experten oder das Expertenteam muß dabei sehr sorgfältig erfolgen, denn diese beeinflussen wesentlich den weiteren Bewertungsprozeß. Auch wenn bei der Aufstellung der Zugehörigkeitsfunktionen die Daten vergleichbarer Unternehmen bzw. branchentypische Daten herangezogen werden, sind sie doch stark von den subjektiven Vorstellungen der Experten geprägt. Grundsätzlich kann nicht erwartet werden, daß der Verlauf der Zugehörigkeitsfunktionen in allen Einzelheiten richtig festgelegt wird, da zu viele Informationen über vergleichbare Firmen und die allgemeine Wirtschaftsentwicklung gesammelt und verarbeitet werden müßten. Man wird sich daher mit einfachen, standardisierten Funktionsformen begnügen müssen. In der Praxis reicht es dabei aus, mit Fuzzy-Zahlen bzw. Fuzzy-Intervallen des LR-Typs zu arbeiten. Diese standardisierten Fuzzy-Größen haben eine Zugehörigkeitsfunktion der Gestalt

$$\mu_M(x) = \begin{cases} L\left(\dfrac{m_1 - x}{\alpha}\right) & \text{für} \quad x < m_1 \quad \alpha > 0 \\ 1 & \text{für} \quad m_1 \leq x \leq m_2 \\ R\left(\dfrac{x - m_2}{\beta}\right) & \text{für} \quad m_2 < x \quad \beta > 0 \end{cases} \quad (4.24)$$

wobei die den Kurvenverlauf beschreibenden Referenzfunktionen L und R nicht steigende Funktionen in [0, +∞[sind mit L(0) = R(0) = 1; zur genaueren Definition der Begriffe und Symbole vgl. Anhang.

Während es in den technischen Steuerungsalgorithmen des Fuzzy Control ausreicht, die sehr einfachen Typen der triangularen oder trapezförmigen Fuzzy-Mengen zu benutzen, die auf der Referenzfunktion L(u) = R(u) = Max(0, 1-u) basieren, empfiehlt es sich, bei Bewertungssystemen und nicht-technischen Entscheidungssystemen mit s-förmigen Referenzfunktionen zu arbeiten, die sich an der Nutzentheorie orientieren. In den Abbildungen 4.14 bis 4.20 wurde die Referenzfunktion $L(u) = R(u) = \exp(-u^2)$ benutzt. Dabei wurden die Spannweiten α und β so gewählt, daß sie dem halben Abstand zum nächsten Gipfelpunkt entsprechen. Ein besonderes Problem stellt die Festlegung des Kurvenverlaufes für kleine Zugehörigkeitswerte dar. Um hier Fehler zu vermeiden, die dann letztlich auch den weiteren Entscheidungsprozeß beeinflussen können, wird empfohlen, Zugehörigkeitswerte unter einem Mindestniveau ε zu vernachlässigen; in den Abbildungen 4.14 - 5.20 wird $\varepsilon = 0{,}05$ gesetzt.

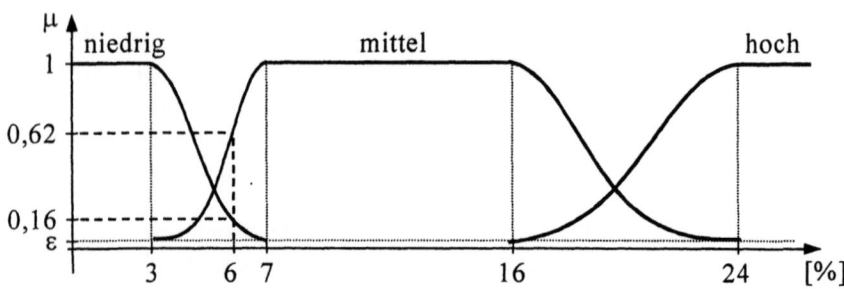

Abb. 4.14: Bewertung des Markanteils

4.9 Fuzzy-Logik basierte Mehrzielentscheidungen 179

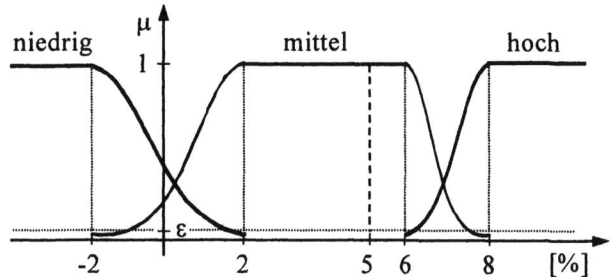

Abb. 4.15: Bewertung des Marktwachstums

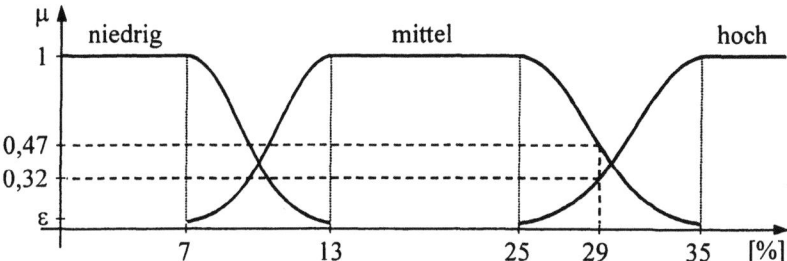

Abb. 4.16: Bewertung der Innovationsrate

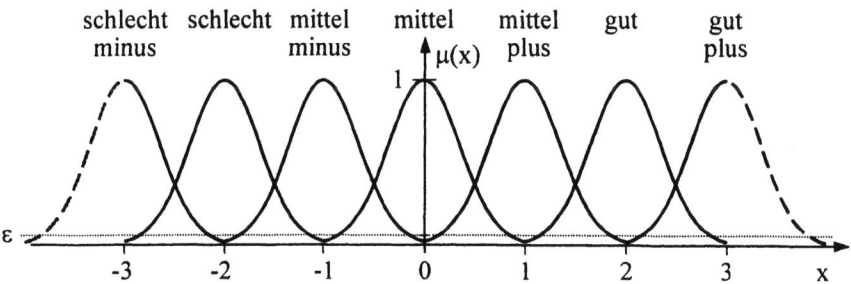

Abb. 4.17: Bewertung des Absatz

Bei der Modellierung dieser Zugehörigkeitsfunktionen durch Experten sollte auch das in Datenbanken gespeicherte Wissen über vergleichbare Firmen derselben Branche und über die zu erwartende wirtschaftliche Entwicklung mit verarbeitet werden. Ein Weg, wie dies praktisch realisiert werden kann, wurde in einer empirischen Studie am Institut für Statistik und Mathematik der Universität Frankfurt am Main untersucht. Auf der Grundlage von Branchendaten aus der Unternehmensdatenbank HOPPSTAT wurden standardisierte Verfahren entwickelt, mit denen die Zugehörigkeitsfunktionen linguistischer Bewertungsvariablen in einem wissensbasierten System zur Analyse der Vermögens-, Finanz- und Ertragslage im Rahmen der Jahresabschlußprüfung modelliert werden können, vgl. SCHEFFELS [1996].

Es zeigte sich, daß es zur Festlegung der entscheidenden Parameter der Zugehörigkeitsfunktionen ausreicht, für die einzelnen Branchen das mittlere 50%-Quantil, das mittlere 25%-Quantil und manchmal zusätzlich das mittlere 12,5%-Quantil der Branchenkennzahlen zu bilden. Auch genügt es, mit drei standardisierten Verfahren zu arbeiten, so daß Datenbankinformationen weitgehend automatisiert genutzt werden können. Neben dem Standardverfahren wurden spezielle Modellierungen für „Risikoindikatoren" und „Veränderungskennzahlen" entwickelt. Als Beispiel ist in Abb. 4.18 die linguistische Variable Cash Flow/Fremdkapital für die Branche „Maschinenbau und Computer" dargestellt.

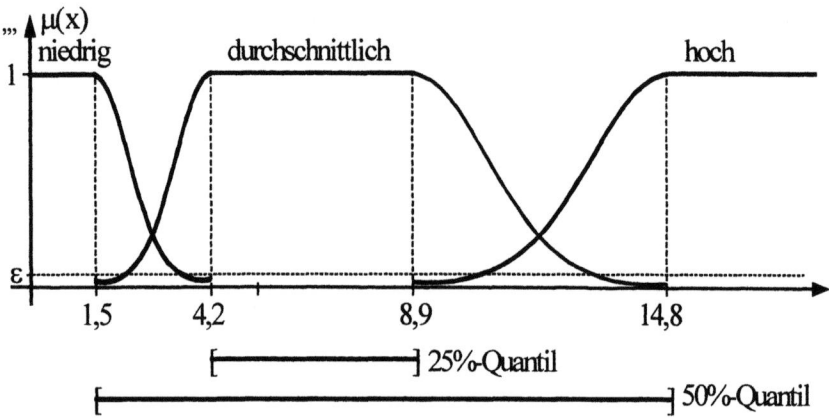

Abb. 4.18: Zugehörigkeitsfunktionen zur Bewertung der Kennzahl Cash Flow/Fremdkapital

4.9.3 Fuzzy-Inferenz

Nachdem die Voraussetzungen geschaffen sind, müssen die Inputdaten mit Hilfe der Regelbasis und der Zugehörigkeitsfunktionen in aussagekräftige Outputdaten transformiert werden. Dieser Prozess wird dem Begriff Fuzzy-Inferenz charakterisiert. Die eigentliche Vorgehensweise bei der Fuzzy-Logik-Bewertung konkreter Eingangswerte soll nun anhand der in Tab. 4.31 dargestellten Regelbasis zur Bewertung des Absatzes erläutert werden. Dazu ist anzumerken, daß sich die Anwendung der Regeln zunächst nur auf die Fälle beschränkt, in denen alle Ausprägungen mit dem Zugehörigkeitsgrad 1 erfüllt sind. Ihnen ist nach Ansicht des Experten die in der entsprechenden Regel als „Output" genannte verbale Bewertung zuzuordnen.

Als Beispiel betrachten wir ein Unternehmen mit den Merkmalsausprägungen

(Marktanteil , Marktwachstum , Innovationsrate) = (28 % , 3 % , 5 %).

Gemäß der Regel 22 in Tab. 4.31 erhält dann das Oberziel „Absatz" die Bewertung „mittel minus" mit dem Zugehörigkeitsgrad 1.

Für die übrigen Fälle, in denen wenigstens eine „Input"-Kennzahl einen Zugehörigkeitswert kleiner als 1 aufweist, werden keine eigenen Regeln vom Experten

4.9 Fuzzy-Logik basierte Mehrzielentscheidungen

formuliert. Man unterstellt aber, daß die vorliegenden Regeln auch auf benachbarte Zustände angewendet werden dürfen, allerdings mit geringerer Stringenz. Die Regeln werden damit „aufgeweicht" mit der Folge, daß nun gleichzeitig mehrere Regeln in abgeschwächter Form zum Tragen kommen dürfen. Bezeichnen wir mit DOF (**Degree of Fulfilment**) den **Grad der Übereinstimmung** mit der Zustandsbeschreibung der Regeln im Regelblock, so wollen wir den DOF definieren als das Minimum der Zugehörigkeitswerte, mit der die Kennzahlen eines konkreten Unternehmens die Zustandsbeschreibung der jeweiligen Regel erfüllen. Theoretische Überlegungen und Simulationsrechnungen legen dabei den Schluß nahe, den in Fuzzy Control-Anwendungen üblichen Minimumoperator auch in nicht-technischen Anwendungen zur Berechnung des Erfüllungsgrades zu benutzen, vgl. ROMMELFANGER [1994]; SCHEFFELS [1996]. Er hat u. a. den Vorzug, daß nur wenige Regeln mit positivem DOF übrigbleiben, während bei der Verwendung von kompensatorischen Operatoren fast alle Regeln positive DOFs aufweisen, was zumeist eine „mittlere" Bewertung zur Folge hat.

Betrachten wir z. B. eine Firma D mit den Kennzahlenausprägungen
(Marktanteil, Marktwachstum, Innovationsrate) = (6 %, 5 %, 29 %).
Gemäß der in den Abbildungen 4.14 bis 4.16 vorgenommenen Beschreibung der linguistischen Bewertungen „niedrig", „mittel" und „hoch" durch Fuzzy-Mengen lassen sich die konkreten Eingangsgrößen beschreiben durch die Vektoren mit Zugehörigkeitsgraden

$$(\mu_{niedrig}^{MA}(6\%), \mu_{mittel}^{MA}(6\%), \mu_{hoch}^{MA}(6\%)) = (0,16; 0,62; 0) \quad \text{und}$$

$$(\mu_{niedrig}^{IR}(29\%), \mu_{mittel}^{IR}(29\%), \mu_{hoch}^{IR}(29\%)) = (0; 0,47; 0,32).$$

Durch dieses „Fuzzifizieren" der scharfen Eingangsgrößen wird eine Verknüpfung aufgebaut zwischen den beobachteten Werten und den linguistischen Bewertungen der Regelbasis.

Für die Firma D ergeben sich gemäß der Tab. 4.31 die folgenden vier positiven DOFs $\geq \varepsilon$:

$\text{DOF}_{\text{Regel 5}}$ = Min ($\mu_{niedrig}^{MA}(6\%)$, $\mu_{mittel}^{MW}(5\%)$, $\mu_{mittel}^{IR}(29\%)$)
= Min (0,16, 1, 0,47) = 0,16 *schlecht*

$\text{DOF}_{\text{Regel 6}}$ = Min ($\mu_{niedrig}^{MA}(6\%)$, $\mu_{mittel}^{MW}(5\%)$, $\mu_{hoch}^{IR}(29\%)$)
= Min (0,16, 1, 0,32) = 0,16 *mittel minus*

$\text{DOF}_{\text{Regel 14}}$ = Min ($\mu_{mittel}^{MA}(6\%)$, $\mu_{mittel}^{MW}(5\%)$, $\mu_{mittel}^{IR}(29\%)$)
= Min (0,62, 1, 0,47) = 0,47 *mittel*

$\text{DOF}_{\text{Regel 15}}$ = Min ($\mu_{mittel}^{MA}(6\%)$, $\mu_{mittel}^{MW}(5\%)$, $\mu_{hoch}^{IR}(29\%)$)
= Min (0,62, 1, 0,32) = 0,32 *mittel*

Alle Regeln mit positivem DOF tragen nun zur Bewertung des „Absatzes" bei. Dabei werden die den einzelnen Regeln entsprechenden Bewertungen proportional zum Erfüllungsgrad „abgesenkt", vgl. Abb. 4.19.

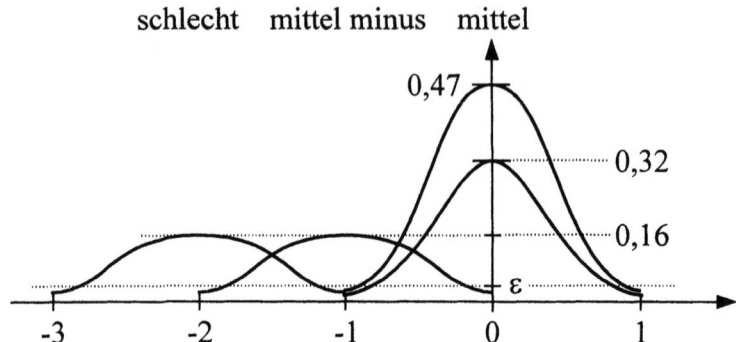

Abb. 4.19: Bewertung des Absatzes bei Verwendung der Max-Prod-Inferenz

Die hier benutzte **Max-Prod-Inferenz** ist unserer Ansicht besser geeignet als die in Fuzzy Control-Anwendungen zumeist benutzte Max-Min-Inferenz, da das dort praktizierte „Abschneiden" der Zugehörigkeitswerte, die größer als der errechnete Erfüllungsgrad sind, i. allg dazu führt, daß die Regeln mit einem mittleren DOF-Wert einen relativ zu starken Einfluß erhalten, vgl. ROMMELFANGER [1994].

Im vorstehenden Beispiel führen die Regeln 14 und 15 zur gleichen Bewertung "mittel". Wir halten es nicht für angebracht, lediglich die Regel mit dem höchsten DOF zu wählen, d. h. Max(0,47, 0,32) = 0,47, wie dies bei Fuzzy Control-Algorithmen üblich ist, und damit die zweithöchste Bewertung zu ignorieren. Andererseits spricht gegen eine Addition der einzelnen DOF-Werte die theoretische Möglichkeit, hierbei DOF-Werte größer als 1 zu erhalten. Als Mittelweg, mit dem in Simulationsversuchen plausible Ergebnisse erzielt wurden, schlägt ROMMELFANGER [1994] vor, mittels der algebraischen Summe einen Gesamterfüllungsgrad zu berechnen:

$$\text{DOF}_{\text{Gesamt}}(\text{Bewertung} *) = [1 - \prod_{\substack{\text{Regel i führt zur} \\ \text{Bewertung*}}} (1 - \text{DOF}(\text{Regel i}))]. \quad (4.25)$$

Für das Beispiel ergibt sich dann für die Bewertung des Absatzes mit „mittel" der DOF-Wert 0,47 + 0,32 - 0,47 × 0,32 = 0,64, der den Sachverhalt gut widerspiegelt.

Die Fuzzy-Bewertung des Absatzes der Firma D wird dann durch die in Abb. 4.20 gezeichnete Zugehörigkeitsfunktion beschrieben.

4.9 Fuzzy-Logik basierte Mehrzielentscheidungen 183

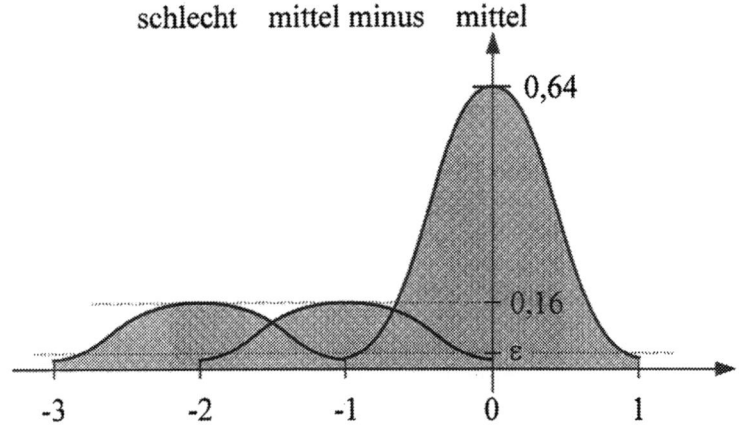

Abb. 4.20: Bewertung des Absatzes der Firma D

Bei Bedarf kann diese Fuzzy-Bewertung zu einer reellen Zahl „verdichtet" werden. Dabei können die bei Fuzzy-Control-Anwendungen üblichen Defuzzifizierungsverfahren wie die **Schwerpunktmethode** (Center of Gravity Method) oder die **Flächenhalbierungsmethode** (Center of Area Method) benutzt werden. Dabei stellt sich aber die Frage, ob eine Kardinalskala zugrunde liegt.

In hierarchischen Zielsystemen sind aber Defuzzifizierungsschritte nicht notwendig. Im Rahmen der Regelverarbeitung ist es besser, die vorliegenden Fuzzy-Bewertungen direkt als Inputs für die nächste Aggregationsstufe zu verwenden, wobei die zugehörigen Erfüllungsgrade als Zugehörigkeitsgrade aufgefaßt werden. Da die Summe der DOFs ungleich 1 sein können, empfiehlt sich eine Normierung auf 1 vorzunehmen.

Für Bewertung der „Unternehmensleistung" auf der nächst höheren Hierarchieebene erhält die Firma D als „fuzzifizierte" Bewertung der Eingangsgröße „Absatz" den Vektor

$(\mu^S_{schlecht\ minus}(D), \mu^S_{schlecht}(D), \mu^S_{mittel\ minus}(D), \mu^S_{mittel}(D), \mu^S_{mittel\ plus}(D), \mu^S_{gut}(D), \mu^S_{gut\ plus}(D))$

$= (0;\ 0{,}16;\ 0{,}16;\ 0{,}64;\ 0;\ 0;\ 0)$.

Die Tatsache, daß man bei dieser Vorgehensweise ein Fuzzy-Ergebnis erhält ist nicht als Nachteil sondern als Vorteil anzusehen. In der Gesamtzugehörigkeitsfunktion wird visuell sichtbar, wenn unterschiedliche Bewertungen auf den unteren Ebenen vorliegen. Diese könnten dann in einer genaueren Top-Down-Betrachtungen nochmals überprüft werden.

Zusammenfassend läßt sich sagen, daß die Modellierung linguistischer Variablen mittels Fuzzy Sets und der Einsatz von Fuzzy-Controllern einen Weg bieten, menschliche Denkprozesse zu formalisieren und damit Expertensysteme zu konstruieren, die diesen Namen auch verdienen. Die regelbasierte Aggregation ermöglicht eine viel genauere und flexiblere Verknüpfung der Kriterienbewertungen als dies gewichtete Operatoren gestatten. Auch stellt sich weder die Frage nach Modellierung von (Teil-)Nutzenfunktionen und da hier im wesentlichen ordinal meßbare Zielgrößen ausreichen stellt sich ein Skalierungsproblem nicht. Darüber hinaus ist es auch möglich, mit vagen Inputbewertungen zu arbeiten, wie in ROMMELFANGER [1999] gezeigt wird.

Trotz durchweg positiver Resonanz haben sich die Fuzzy-Logik basierten Modelle in der Praxis noch nicht im großen Rahmen durchgesetzt. In Gestalt von Dissertationen sind Expertensysteme zu den folgenden Entscheidungsproblemen erstellt worden:

- Kreditwürdigkeitsentscheidungen im Firmenkundengeschäft, vgl. BAGUS [1992],
- Bewertung der Vermögens-, Finanz- und Ertragslage von Unternehmen im Rahmen der Jahresabschlußprüfung, vgl. SCHEFFELS [1996]
- Unterstützung analytischer Prüfungshandlungen von Wirtschaftsprüfern, vgl. MÜLLER [1996]
- Portfolio Management,
- Beurteilung des individuellen Ausfallrisikos bei Krediten zum Autokauf, vgl. GÜLLICH [1997]
- Lieferantenbewertung, vgl. URBAN [1998].

Davon ist zur Zeit lediglich ein Expertensystem zur Beurteilung des individuellen Ausfallrisikos bei Krediten seit einem Jahr bei der Bank eines deutschen PKW-Herstellers im Einsatz, nachdem Vergleichstests gezeigt haben, daß es den Scoring-Modellen auf der Basis statistischer Verfahren oder auf der Grundlage Neuronaler Netze überlegen ist.

Aufgaben

4.1 Betrachtet werden die beiden Ziele Gewinn (G) und Umsatz (U), für die beide möglichst große Werte erreicht werden sollen. Die realisierbaren Zielwertkombinationen sind in dem folgenden G/U-Koordinatensystem geometrisch dargestellt.

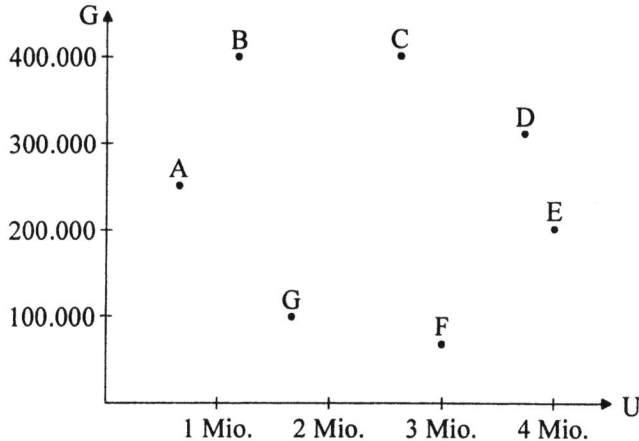

Eigentlich kann man einen solchen Zielkonflikt nur durch die Formulierung einer übergeordneten Nutzenfunktion N(G,U)→max lösen. Eine solche Nutzenfunktion ist jedoch meistens nicht zuverlässig genug formulierbar.

Es gibt daher verschiedene (letztendlich heuristische) Konzepte, mit denen versucht wird, gute, resp. optimale Lösungen zu bestimmen.

Geben Sie die G/U-Kombinationen an, die sich mit den folgenden Lösungskonzepten ergeben:

a. **Zielunterdrückung**: Das Gewinnziel ist zu unterdrücken.

b. **Lexikographische Optimierung**: Erstrangig ist das Gewinnziel zu realisieren.

c. **Erfüllung des Effizienzkriteriums**: Eine Zielkombination ist dann effizient, wenn man den einen Zielwert nicht erhöhen kann, ohne den anderen zu verschlechtern.

d. **Maximierung der einen Zielgröße bei vorgegebenem Anspruchsniveau für die andere Zielgröße**: Der Umsatz soll mindestens 3,3 Mio. betragen.

e. **Zielgewichtung**: Das folgende Gesamtziel Z=2,5G+0,5U soll maximiert werden.

4.2 Gegeben sei folgendes Mehrziel-Entscheidungsproblem, bei dem die einzelnen Ziele jeweils möglichst groß gewählt werden sollen:

	z_1	z_2	z_3	z_4	z_5	z_6
a_1	5	2	10	13	4	1
a_2	13	4	10	13	0	5
a_3	4	12	20	2	10	5
a_4	2	12	8	4	10	5
a_5	5	1	10	10	2	0

a. Was versteht man unter ineffizienten Handlungsalternativen und welche Rolle spielen diese im weiteren Entscheidungsprozeß? Liegen solche ineffizienten Handlungsalternativen in obigem Beispiel vor?

b. Welche Alternative wird ausgewählt, wenn als Entscheidungskonzept

  i. die *Zielunterdrückung* (z_5 sei das wichtigste Ziel)

  ii. die *lexikographische Ordnung* (z_5 sei das wichtigste, z_2 das zweitwichtigste und z_3 das drittwichtigste Ziel.)

  iii. die *Maximierung einer Zielgröße bei vorgegebenem Anspruchsniveau für andere Zielgrößen* (z_1 soll **größer** als 4 sein, z_5 sei dann das zu optimierende Ziel.)
  anwendet?

  Beurteilen Sie kurz die einzelnen Lösungskonzepte.

c. Die einzelnen Zielgrößen werden nun über eine Beurteilungshierarchie zur Zielgröße z_9 zusammengefaßt, welche ebenfalls maximiert werden soll. Die nachfolgende Grafik gibt dabei die Gewichte der Zielgrößen auf den einzelnen Stufen an.

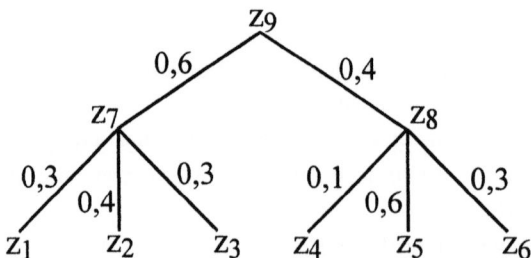

Welche Alternative wird ausgewählt? Beurteilen Sie auch dieses Lösungskonzept.

4.3 Gegeben sei folgendes Mehrziel-Entscheidungsproblem:

	z_1	z_2	z_3	z_4	z_5	z_6
w_j	0,1	0,25	0,2	0,05	0,1	0,3
a_1	7	2	6	9	10	3
a_2	5	5	5	5	5	5
a_3	1	6	2	1	1	10
a_4	8	3	5	9	8	3
a_5	4	9	8	5	7	2

Dabei geben z_j die einzelnen Ziele, w_j das Gewicht der einzelnen Ziele und a_i die zur Auswahl stehenden Alternativen an. Ziel ist es, die Nutzenwerte der einzelnen Ziele zu maximieren.

Ermitteln Sie mit Hilfe des Goal-Programming-Ansatzes die Alternative, bei der die einzelnen Ziele "möglichst gut" erfüllt werden. Wählen Sie dazu als Abstandsmaß die Regret-Funktion.

4.4 Gegeben sind die beiden folgenden Paarvergleichsmatrizen

$$A = \begin{pmatrix} 1 & 4 & 1/2 \\ 1/4 & 1 & 1/8 \\ 2 & 8 & 1 \end{pmatrix} \quad \text{und} \quad B = \begin{pmatrix} 1 & 5 & 4 \\ 1/5 & 1 & 1/3 \\ 1/4 & 3 & 1 \end{pmatrix}$$

a. Berechnen Sie den auf 1 normierten Gewichtungsvektor zur Paarvergleichsmatrix A.

b. Berechnen Sie nach der AHP-Methode den Gewichtungsvektor zur Paarvergleichsmatrix B. (Der größte Eigenwert der Matrix B ist $\lambda = 3{,}0858$)

4.5 Betrachten wir die Auswahl einer Studentenwohnung, bei der die 3 Ziele "Größe der Wohnung (in qm)", "Entfernung zur Universität (in Gehminuten)" und "Lärmbelästigung" berücksichtigt werden.

	Größe	Entfernung	Lärm
Größe	(1;1;1;1;1;1)	(7;8;8,5;9,5;10;11)	(2;2,5;3;3;3,5;4)
Entfer-nung	$(\frac{1}{11};\frac{1}{10};\frac{2}{19};\frac{2}{17};\frac{1}{8};\frac{1}{7})$	(1;1;1;1;1;1)	$(\frac{1}{6};\frac{1}{5};\frac{2}{9};\frac{2}{7};\frac{1}{3};\frac{2}{5})$
Lärm	$(\frac{1}{4};\frac{3}{7};\frac{1}{3};\frac{1}{3};\frac{2}{5};\frac{1}{2})$	(2,5;3;3,5;4,5;5;6)	(1;1;1;1;1;1)
Σ	$(\frac{59}{44};\frac{107}{70};\frac{82}{57};\frac{74}{51};\frac{61}{40};\frac{23}{14})$	(10,5;12;13;15;16;18)	$(\frac{19}{6};\frac{16}{5};\frac{38}{9};\frac{30}{7};\frac{29}{6};\frac{27}{5})$

Verwendet wird die in der Tabelle beschriebene Paarvergleichsmatrix mit Fuzzy-Intervallen. Einige der Paarvergleiche sind dabei bewußt recht unscharf gewählt.

a. Berechnen Sie die mit σ_j^* normierte Paarvergleichsmatrix mit Fuzzy-Intervallen und den Fuzzy-Gewichtevektor $\tilde{g}*$.

b. Berechnen Sie auf der Basis der bisherigen Rechnungen und der in der nachfolgenden Tabelle gegebenen Teilnutzenwerte u_{ik} für die Attribute von vier Wohnungen den Gesamtnutzen $\tilde{u}_k$ der einzelnen Wohnungen.

Wohnung	A	B	C	D
Größe (qm)	10	2	1	4
Entfernung (Min)	1	10	2	5
Lärmbelästigung	2	1	9	5

4.6 Gegeben sei folgendes hierarchisches Zielsystem zur Beurteilung der Rentabilität eines Unternehmens:

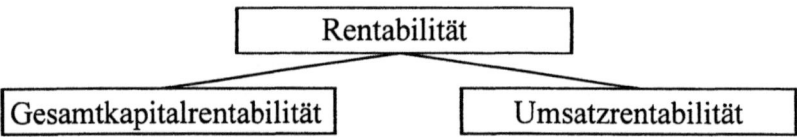

Zur Klassifizierung der Eingangsgrößen werden trapezförmige Zugehörigkeitsfunktionen verwendet, wobei im Folgenden nur die Eckpunkte der Zugehörigkeitsfunktionen auf 0- und 1-Niveau angegeben werden. (GKR = Gesamtkapitalrentabilität, UR = Umsatzrentabilität)

GKR (niedrig) [%] = (-∞; -∞; 0; 4)   UR (niedrig) [%] = (-∞; -∞; 0; 3)
GKR (mittel) [%] = (0; 4; 8; 13)   UR (mittel) [%] = (0; 3; 6; 10)
GKR (hoch) [%]   = (8; 13; ∞; ∞)   UR (hoch) [%]   = (6; 10; ∞; ∞)

Es werden drei Unternehmen betrachtet:

	Gesamtkapitalrentabilität	Umsatzrentabilität
Unternehmen A	9 %	2 %
Unternehmen B	3 %	11 %

Die Unterziele werden mittels folgendem Regelsatz aggregiert.

	Gesamtkapital-rentabilität	Umsatz-rentabilität	Rentabilität
1	n	n	s
2	n	m	s
3	n	h	m
4	m	n	s
5	m	m	m
6	m	h	m
7	h	n	m
8	h	m	g
9	h	h	g

Geben Sie für jedes Unternehmen die (unscharfe) Beurteilung des Oberziels „Rentabilität" an.

4.7 Gegeben sei folgendes hierarchisches Zielsystem zur Beurteilung der Bilanzstruktur eines Unternehmens:

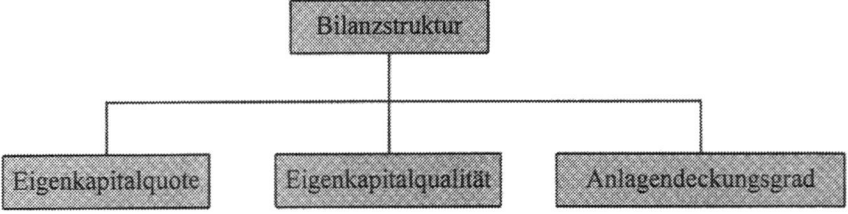

Zur Klassifizierung der Eingangsgrößen werden trapezförmige Zugehörigkeitsfunktionen verwendet, wobei im Folgenden nur die Eckpunkte der Zugehörigkeitsfunktionen auf 0- und 1-Niveau angegeben werden.

EK-Quote (niedrig) [%] $= (-\infty; -\infty; 15; 20)$
EK-Quote (mittel) [%] $= (15; 20; 26; 33)$
EK-Quote (hoch) [%] $= (26; 33; \infty; \infty)$
EK-Qualität (niedrig) [%] $= (-\infty; -\infty; 85; 90)$
EK-Qualität (mittel) [%] $= (85; 90; 95; 100)$
EK-Qualität (hoch) [%] $= (95; 100; \infty; \infty)$
Anlagendeckungsgrad (niedrig) [%] $= (-\infty; -\infty; 65; 70)$
Anlagendeckungsgrad (mittel) [%] $= (65; 70; 80; 90)$
Anlagendeckungsgrad (hoch) [%] $= (80; 90; \infty; \infty)$

Die Unterziele werden mittels folgendem Regelsatz aggregiert.

Eigenkapital-quote	Eigenkapital-qualität	Anlagen-deckungsgrad	Bilanz-struktur
n	n	n	s-
n	n	m	s
n	n	h	s
n	m	n	s-
n	m	m	m
n	m	h	m
n	h	n	s-
n	h	m	m
n	h	h	m
m	n	n	s-
m	n	m	s
m	n	h	m
m	m	n	s
m	m	m	m+
m	m	h	m+
m	h	n	m-
m	h	m	m+
m	h	h	m+
h	n	n	s+
h	n	m	s+
h	n	h	m
h	m	n	m+
h	m	m	m+
h	m	h	g
h	h	n	g-
h	h	m	g
h	h	h	g+

Es werden drei Unternehmen betrachtet:

	Eigenkapital-quote	Eigenkapital-qualität	Anlagen-deckungsgrad
Unternehmen A	17 %	100 %	85 %
Unternehmen B	35 %	92 %	79 %
Unternehmen C	30 %	87 %	60 %

Geben Sie für jedes Unternehmen die (unscharfe) Beurteilung des Oberziels "Bilanzstruktur" an.

5. Entscheidungen in Gruppen

5.1 Gruppenentscheidungen als Untersuchungsgegenstand

Die wachsende Komplexität von Entscheidungsproblemen in Verbindung mit Demokratisierungsentwicklungen im Arbeitsprozeß haben dazu geführt, daß in steigendem Maße Unternehmensentscheidungen nicht mehr patriarchisch sondern von einem Leitungsteam getroffen werden. Auf Ebene der Unternehmensleitung kann es sich hierbei um den Vorstand einer Aktiengesellschaft handeln, auf tieferen hierarchischen Ebenen werden Entscheidungen durch entsprechend festgelegte Entscheidungsgremien getroffen.

Mit dem Einsatz von Personengruppen zur Entscheidungsfindung ist einerseits die Hoffnung verbunden, ausgewogenere und bessere Entscheidungen zu treffen als bei Einzelentscheidungen. Da mehr Informationen und Standpunkte berücksichtigt werden müssen, verspricht man sich eine stärkere sachliche Fundiertheit und hofft, der hohen Komplexität der Entscheidungsprobleme besser Rechnung zu tragen.

Andererseits gibt es viele Entscheidungen, die mehrere Parteien betreffen, z. B. verschiedene Funktionsbereiche in einem Unternehmen. Für die Praxis bedeutet dies, daß der Einsatz einer Entscheidungsgruppe unvermeidbar wird, da Vertreter dieser Parteien ihre Beteiligung an der Entscheidungsfindung verlangen.

Unter einer **Gruppen-/Kollektiv-** oder **Mehrpersonenentscheidung** wollen wir die Ermittlung einer Problemlösung durch eine Gruppe von Entscheidern verstehen, die sich alle bestmöglich am vorgegebenen Ziel orientieren. Bei Einsatz eines Entscheidungsgremiums vollzieht sich zuerst ein Kommunikationsprozeß zwischen den Gruppenmitgliedern. Im Verlauf dieses Prozesses beschaffen sich die Mitglieder in arbeitsteiliger Form Informationen von außerhalb, tauschen diese untereinander aus, diskutieren die Konsequenzen der erwogenen Alternativen und bilden sich individuelle Präferenzordnungen bezüglich der relevanten Alternativen. Die eigentliche Herausforderung besteht dann darin, aus der Gesamtheit der individuellen Präferenzordnungen durch eine adäquate Aggregation eine Gruppenpräferenzordnung zu finden, die die Gruppe nach außen hin geschlossen vertreten kann.

Um im weiteren die Frage untersuchen zu können, welche Möglichkeiten bei der Aggregation individueller Präferenzordnungen prinzipiell zur Verfügung stehen und wie diese zu bewerten sind, sollen zunächst die formalen und begrifflichen Grundlagen geklärt werden:

Betrachtet wird ein Entscheidungsgremium mit K Gruppenmitgliedern, dem eine Menge A mit relevanten Alternativen $a_1, a_2, a_3, ..., a_n$ zur Verfügung steht. Diese Menge A stellt den für alle Mitglieder verbindlichen **Aktionenraum** der Gruppe dar.

Die **Präferenzen** der einzelnen Gruppenmitglieder werden durch die nachfolgende Notation symbolisiert. Die Präferenz des Gruppenmitglieds k in bezug auf zwei Alternativen a_i und a_r wird beschrieben durch

$a_r P_k a_i$ bzw. $a_r \succ a_i$, wenn k die Alternative a_r eindeutig gegenüber a_i präferiert.

$a_r I_k a_i$ bzw. $a_r \sim a_i$, wenn k indifferent ist zwischen den Alternative a_r und a_i.

< **5.1** > Die Präferenzordnung R_k des Gruppenmitglieds k in bezug auf vier mögliche Alternativen a_1, a_2, a_3, a_4 könnte z. B. sein:

$(a_1 P_i a_2 I_i a_3 P_i a_4)$ ♦

Werden die Symbole P und I ohne Indizierung verwendet, soll es sich im weiteren immer um eine Präferenzaussage der gesamten Gruppe (Gruppenpräferenzordnung) handeln.

Des weiteren gehen wir davon aus, daß jedes der K Gruppenmitglieder hinsichtlich der Alternativen eine transitive und vollständige Präferenzordnung formulieren kann. Im Rahmen dieser allgemeinen Betrachtung wird somit lediglich verlangt, daß die Alternativen in eine Ordnung gebracht werden, die Präferenzabstände zwischen den Alternativen spielen dabei keine Rolle.

< **5.2** > Betrachten wir das Mitglied 1 eines Entscheidungsgremiums, das für ein Entscheidungsproblem 3 relevante Alternativen und 4 mögliche Umweltentwicklungen mit bekannten Eintrittswahrscheinlichkeiten berücksichtigt. Dieses Gruppenmitglied sei risikoneutral eingestellt und bilde seine Präferenzordnung bezüglich der Alternativen anhand der Erwartungswerte der Ergebnisse $g(a_i, s_j)$.

5.1 Gruppenentscheidungen als Untersuchungsgegenstand

	Gruppenmitglied 1				Erwartungswert
s_j	s_1	s_2	s_3	s_4	
$P(s_j)$	0,1	0,3	0,2	0,4	
a_1	100	60	40	80	68
a_2	80	70	50	70	67
a_3	100	50	20	100	69

Tab. 5.1: *Alternativenbewertung des Mitglieds 1*

Wird ein möglichst hoher Erwartungswert angestrebt, so lautet die Präferenzordnung $R_1 : (a_3 \; P_1 \; a_1 \; P_1 \; a_2)$ ♦

Werden die K individuellen Präferenzordnungen der Gruppenmitglieder zu einem K-Tupel $(R_1, ..., R_K)$ zusammengefaßt, so spricht man von einem **Präferenzordnungsprofil**. Die Menge aller vollständigen und transitiven Präferenzordnungen auf den Aktionenraum A wird mit H bezeichnet.

< **5.3** > Eine Gruppe von drei Abteilungsleitern soll über die Vergabe eines Werbeauftrages an eine der zwei bekanntesten Agenturen A1 und A2 entscheiden. Gesucht ist die Menge aller vollständigen und transitiven Präferenzordnungen auf dem Aktionenraum.

a_1 = Auswahl von A1, a_2 = Auswahl von A2, Aktionenraum: A = {A1, A2},

H = {($a_1 \; P \; a_2$), ($a_2 \; P \; a_1$), ($a_1 \; I \; a_2$)}

Für die beschriebene Situation existieren 27 mögliche Präferenzordnungsprofile.

Eines dieser Präferenzordnungsprofile ist: $\begin{pmatrix} a_1 & a_2 & a_1 \\ P_1 & P_2 & I_3 \\ a_2 & a_1 & a_2 \end{pmatrix}$ ♦

Ausgehend von den individuellen Präferenzordnungen besteht – wie bereits geschildert - nun die Aufgabe der Gruppe das vorliegende Präferenzordnungsprofil zu einer Gruppenpräferenzordnung zu verdichten. Formal spricht man davon, daß ein **Aggregationsmechanismus** M angewendet wird, der jedem Präferenzordnungsprofil eine vollständige und transitive kollektive Präferenzordnung zuordnet:

$$M : H \times H \times \cdots \times H \to H$$
$$(R_1, R_2, ..., R_K) \mapsto R \qquad (5.1)$$

< **5.4** > Eine aus 2 Personen bestehende Gruppe hat sich eindeutig für eine der beiden Alternativen a_1 oder a_2 zu entscheiden. Nachfolgend sind einige prinzipiell mögliche Aggregationsmechanismen dargestellt:

$$\begin{pmatrix} a_1 & a_2 \\ P_1 & P_2 \\ a_2 & a_2 \end{pmatrix} \rightarrow \begin{pmatrix} a_1 \\ P \\ a_2 \end{pmatrix}; \quad \begin{pmatrix} a_2 & a_2 \\ P_1 & P_2 \\ a_1 & a_1 \end{pmatrix} \rightarrow \begin{pmatrix} a_2 \\ P \\ a_1 \end{pmatrix};$$

$$\begin{pmatrix} a_1 & a_2 \\ P_1 & P_2 \\ a_2 & a_1 \end{pmatrix} \rightarrow \begin{pmatrix} a_1 \\ P \\ a_2 \end{pmatrix}; \quad \begin{pmatrix} a_1 & a_2 \\ P_1 & P_2 \\ a_2 & a_1 \end{pmatrix} \rightarrow \begin{pmatrix} a_2 \\ P \\ a_1 \end{pmatrix}; \quad \begin{pmatrix} a_1 & a_2 \\ P_1 & P_2 \\ a_2 & a_1 \end{pmatrix} \rightarrow \begin{pmatrix} a_2 \\ I \\ a_1 \end{pmatrix}; \quad \ldots$$

Generell bleibt immer zu diskutieren, welche Form der Aggregation für den vorliegenden Fall die passende ist. ♦

5.2 Gruppenentscheidungen mit Hilfe von Abstimmungsregeln

Bei Delegation der Entscheidung an eine Gruppe können die Mitglieder z. B. die Weisung erhalten, aus der Menge der gegebenen Alternativen diejenige mit dem höchsten Gewinnerwartungswert auszuwählen. Dabei kann man davon ausgehen, daß jedes Gruppenmitglied zu Beginn mehr oder weniger präzise Vorstellungen von seiner Präferenzordnung hat und in der Regel diese individuellen Präferenzordnungen voneinander abweichen. Unterschiedliche Präferenzen können daraus resultieren, daß Individuen sich an verschiedenen Zielgrößen orientieren oder die Zielgrößen anders gewichten. Selbst für den Fall, daß Gruppenmitglieder nur ein Ziel verfolgen, treten fast immer unterschiedliche Präferenzordnungen auf, da Menschen verschiedene Risikoeinstellungen und Informationsstrukturen haben.

Im Rahmen des Informations- und Interaktionsprozesses können vielfältige Maßnahmen zur Beeinflussung der individuellen Präferenzordnungen der Gruppenmitglieder ergriffen werden, sei es beispielsweise durch zusätzliche Informationen oder sogar durch handfeste Einwirkung auf einzelne Mitglieder. Am Ende dieses Prozesses existieren jedoch normalerweise weiterhin unterschiedliche individuelle Präferenzordnungen, so daß die Gruppe vor der Aufgabe der Bestimmung der Gruppenpräferenzordnung steht oder - was für die Praxis von größerer Bedeutung ist - die Gruppe auf der Basis der individuellen Präferenzen die beste Handlungsalternative auswählen muß.

Formal scheint die endgültige Auswahl einer Alternative in der Gruppenentscheidung identisch zu sein mit dem Problem der Entscheidung bei mehreren Zielen. Würde man die Präferenz jedes Gruppenmitglieds als je ein Zielkriterium interpretieren, ließen sich eventuell die Lösungsansätze aus dem Kapitel 5 direkt übertragen. Problematisch ist diese Übertragung allerdings dann, wenn die Stärke der Präferenz eines Gruppenmitglieds mit der eines anderen Gruppenmitglieds

5.2 Gruppentscheidungen mit Hilfe von Abstimmungsregeln

der Präferenz eines Gruppenmitglieds mit der eines anderen Gruppenmitglieds verglichen werden muß, da interpersonelle, d. h. kardinale Wertevergleiche, im Rahmen von ordinalen Präferenzaussagen nicht akzeptiert werden können.

Methoden, die ordinale Präferenzen von Gruppenmitgliedern zu einer ordinalen Gruppenpräferenzordnung aggregieren, werden als **Abstimmungsregeln** bezeichnet. Die bekanntesten Abstimmungsregeln werden im folgenden dargestellt und analysiert, vgl. auch [LAUX 1998, S. 417-422], [MEYER 1999, S. 138-142].

Ist das Präferenzordnungsprofil einer Gruppe gegeben, hängt die endgültige Auswahl einer Handlungsalternative von der gewählten Abstimmungsregel ab. Wir unterstellen dabei, daß sich die Gruppenmitglieder nicht „strategisch" verhalten, d. h. diese das Verhalten anderer Mitglieder nicht zu antizipieren versuchen, um das Abstimmungsergebnis im Sinne der eigenen Präferenzen zu beeinflussen.

Die strengste Abstimmungsregel ist das **Einstimmigkeitskriterium**. Es beinhaltet, daß jedes Mitglied eine Stimme erhält und die Alternative gewählt wird, die die Stimmen sämtlicher Mitglieder erhält. Eine Entscheidung kommt demnach nur dann zustande, wenn sich alle Mitglieder auf eine Alternative einigen können. Insbesondere bei rasch zu treffenden Entscheidungen ist es in der Regel illusorisch, einstimmige Urteile erzielen zu wollen.

Um dem Dilemma einer einstimmigen Abstimmung zu entrinnen, gibt es die Möglichkeit der **Mehrheitsentscheidungen**.

Dabei kann z. B. nach der **Methode der absoluten Mehrheit** vorgegangen werden, bei der jedes Mitglied eine Stimme erhält, und die Alternative ausgewählt wird, auf die mehr als 50% der Stimmen entfallen.

Analog bietet die **Methode der einfachen Mehrheit** die Möglichkeit, bei Abgabe einer Stimme pro Mitglied schlicht die Alternative mit den meisten Stimmen auszuwählen. Erhalten mehr als eine Alternative die gleiche maximale Stimmenzahl, so bleiben diese zunächst gleichberechtigt nebeneinander stehen und es muß über das weitere Auswahlprozedere von der Gruppe befunden werden.

Im Fall der Methode der absoluten Mehrheit kann es vorkommen, daß keine Alternative über die Hälfte der Stimmen bekommt. Um trotzdem eine Auswahlentscheidung treffen zu können, kann dann in einem zweiten Wahlgang eine einfache Abstimmung zwischen den beiden Alternativen mit den meisten Stimmen aus dem ersten Wahlgang durchgeführt werden. Die Methode der absoluten Mehrheit zuzüglich dieser beschriebenen Erweiterung wird als **Double Election** bezeichnet und findet in Deutschland beispielsweise bei der Bürgermeisterdirektwahl Anwendung.

Im Gegensatz zu den bisher beschriebenen Abstimmungsregeln geht beim **Borda-Kriterium** die gesamte Präferenzordnung der Gruppenmitglieder in die Entscheidung mit ein. Die Borda-Regel repräsentiert ein Punktbewertungsverfahren, bei dem jeder Wähler der Alternative, die auf dem letzten Platz seiner individuellen

Präferenzordnung steht, einen Punkt gibt, derjenigen Alternative, die auf dem vorletzten Platz steht, zwei Punkt usw.. Bei n Alternativen erhält auf diese Weise die Alternative, die auf den ersten Platz der individuellen Präferenzordnung gesetzt wurde, n Punkte. Die Alternative mit der höchsten Summe von Punkten über alle Gruppenmitglieder gilt als gewählt. Das Borda-Kriterium ist indifferent gegen eine lineare Punktetransformation, d. h. eine lineare Änderung der Punktezuordnung zu den Rängen verändert die kollektive Rangordnung nicht.

Eine ganz grundverschiedene Abstimmungsregel stellt das **Kriterium des paarweisen Vergleichs** dar, das auch **Mehrheitsregel** (im K.o.-System) genannt wird. Bei dieser Regel werden Alternativen der Reihe nach paarweise zur Abstimmung mit einfacher Mehrheit gegenübergestellt. Die Reihenfolge des Paarvergleichs kann dabei etwa durch einen Vorsitzenden der Gruppe oder nach dem Zufallsprinzip aufgestellt werden. Eine geschlagene Alternative scheidet aus und kann nicht wieder im Paarvergleich antreten. Die verbleibende Alternative wird nun der nächsten Alternative gegenübergestellt. Dieser Abstimmungsprozeß wird so lange fortgesetzt, bis alle Alternativen an dem paarweisen Vergleich teilgenommen haben. Die Alternative, die die letzte Abstimmung gewonnen hat, ist von der Gruppe gewählt.

In diesem Zusammenhang läßt sich eine sogenannte CONDORCET-Alternative definieren. Dies ist eine Alternative, die im Vergleich mit jeder anderen Handlungsalternative immer die Mehrheit erhält. Existiert eine CONDORCET-Alternative in einer Entscheidungsituation, so wird diese beim Kriterium des paarweisen Vergleichs zwingend ausgewählt, unabhängig davon, zu welchem Zeitpunkt sie in die Abstimmung aufgenommen wird. Liegt keine CONDORCET-Alternative vor, so hängt das Wahlergebnis von der Reihenfolge der Handlungsalternativen im Paarvergleich ab.

< 5.5 > In einem großen Transportunternehmen wurde ein 9-köpfiges Entscheidungsgremium gebildet, um über das neu zu beschaffende Standardmodell des Fuhrparks zu entscheiden. Zur Auswahl stehen 6 verschiedene LKW-Modelle. Die Präferenzordnungen der einzelnen Gremiumsmitglieder m_1 bis m_9 sind in der folgenden Tabelle wiedergegeben, wobei die verschiedenen LKW-Alternativen durch Buchstaben von A bis F gekennzeichnet sind.

	m_1	m_2	m_3	m_4	m_5	m_6	m_7	m_8	m_9
1.	A	A	A	A	D	D	F	F	F
2.	B	C	B	F	B	B	B	B	E
3.	C	D	D	E	E	F	D	D	D
4.	D	E	E	C	C	C	E	E	C
5.	E	F	C	B	F	E	C	C	B
6.	F	B	F	D	A	A	A	A	A

Tab. 5.2: Präferenzprofil der Gremiumsmitglieder

Welches LKW-Modell wird gewählt bei Anwendung

a. der Einstimmigkeitsregel,

b. der einfachen und der absoluten Mehrheit,

c. dem Double Election-Verfahren,

d. dem Borda-Kriterium,

e. der Methode des paarweisen Vergleichs?

<u>Lösung:</u>

a. und b. Nach der Einstimmigkeitsregel und der Methode der absoluten Mehrheit gibt es keine Alternative, die die erforderlichen Bedingungen für die Auswahl erfüllt.

b.	einfache Mehrheit:	A
c.	Double Election:	F
d.	Borda-Kriterium:	D
e.	Methode des paarweisen Vergleichs:	F
	(AB), (BC), (BD), (BE), (BF)	(keine CONDORCET-Alternative)

♦

Neben der hier beschriebenen Auswahl an prominenten Abstimmungsregeln bietet die Literatur und auch die Praxis zahlreiche weitere Abstimmungsregeln an. Die bisherigen Ausführungen in Zusammenhang mit dem Beispiel < 5.5 > reichen allerdings aus, die mit dem Einsatz von Abstimmungsregeln verbundenen Schwierigkeiten zu verdeutlichen. Einerseits liefert nicht jede Abstimmungsregel zwangsläufig ein Wahlergebnis bzw. eine eindeutige Auswahl. Andererseits läßt sich mit manchen Regeln lediglich eine Alternative auswählen, während mit anderen sogar eine Gruppenpräferenzordnung aufgestellt werden kann.

Darüber hinaus wurde der maßgebliche Einfluß der Abstimmungsregel auf das Abstimmungsergebnis deutlich: In Beispiel < 5.5 > lieferten 4 unterschiedliche Abstimmungsregeln 3 verschiedene Wahlergebnisse, wobei wiederum die gewählte Alternative beim paarweisen Vergleich davon abhing, in welcher Reihenfolge über die Alternativen abgestimmt wurde. Abgesehen davon, daß man bei Kenntnis des Präferenzordnungsprofils einer Gruppe durch Auswahl der geeigneten Abstimmungsregel ein bestimmtes Wahlergebnis provozieren kann, stellt sich in diesem Zusammenhang die Frage, welche der Abstimmungsregeln, denn eigentlich die „richtige" bzw. welche Abstimmung im Sinne der angemessenen Berücksichtigung der Interessen der Gruppenmitglieder als „gerecht" anzusehen ist. Im folgenden Abschnitt wird versucht, dieses Problem zu präzisieren und eine zufriedenstellende Lösung zu finden.

5.3 Das Problem einer gerechten Aggregation individueller Präferenzen

Wie bereits aufgezeigt, existieren für praktische Gruppenentscheidungsprobleme in Form der Abstimmungsregeln eine große Zahl von Aggregationsmechanismen. In der weiteren Betrachtung wird davon ausgegangen, daß sich die Aufgabe eines Entscheidungsgremiums nicht nur darauf beschränkt, eine beste Alternative zu bestimmen, sondern die Vielfalt der individuellen Präferenzordnungen zu einer einzigen Gruppenpräferenzordnung aggregiert werden soll.

Inwieweit nun Aggregationsmechanismen die Präferenzen aller Mitglieder adäquat einbeziehen und damit als „gerecht" bezeichnet werden können, soll im folgenden daran gemessen werden, ob sie bestimmten, allgemein als gerecht anerkannten Anforderungen gleichzeitig genügen.

Kenneth J. ARROW [1951] hat diese axiomatische Vorgehensweise in die Theorie der Gruppenentscheidung eingeführt. Er ging davon aus, daß jedes Gruppenmitglied eine (ordinale) vollständige, transitive Präferenzordnung besitzt und damit auch die Gruppenpräferenz vollständig und transitiv sein sollte. Eine **Aggregationsfunktion** bzw. eine **Sozialwahlfunktion** ist damit zu sehen als eine mathematische Funktion, die jeder möglichen Kombination individueller Präferenzordnungen genau eine kollektive Präferenzordnung zuweist. Das nachfolgend dargestellte Anforderungssystem geht auf ARROW zurück, vgl. [EISENFÜHR;WEBER 1994, S. 313ff.]:

Anforderung 1 (Uneingeschränkter Definitionsbereich)
Jedes logisch mögliche Präferenzordnungsprofil gehört zum Definitionsbereich der Sozialwahlfunktion.

5.3 Das Problem einer gerechten Aggregation inividueller Präferenzen

Anforderung 2 (Unabhängigkeit von irrelevanten Alternativen)
Die Gruppenpräferenzordnung hinsichtlich zweier Alternativen a und b darf nur durch die individuellen Präferenzen bezüglich a_1 und a_2 bedingt werden und darf nicht von weiteren Alternativen abhängen. Führt z. B. eine Abstimmungsregel dazu, daß die Gruppe Alternative a_1 gegenüber Alternative a_2 präferiert, so muß dies auch gelten, wenn eine beliebige weitere Alternative im Rahmen der Gruppenentscheidung zusätzlich eingeführt wird und die individuellen Präferenzen bezüglich a_1 und a_2 konstant geblieben sind.

Anforderung 3 (PARETO-Bedingung)
Präferieren alle Mitglieder eine Alternative gegenüber einer anderen Alternative, so muß diese Alternative auch in der kollektiven Präferenzordnung der anderen Alternative vorgezogen werden.

Anforderung 4 (Diktaturverbot)
Ein Aggregationsmechanismus darf nicht so definiert sein, daß die Gruppe immer dann eine Alternative a_1 gegenüber Alternative a_2 vorziehen muß, wenn ein bestimmtes Gruppenmitglied Alternative a_1 gegenüber Alternative a_2 präferiert.

Auf den ersten Blick erscheinen die formulierten Bedingungen akzeptabel und relativ einfach, so daß man davon ausgehen würde, daß zumindest einige Aggregationsmechanismen dem Axiomensystem von ARROW genügen.

Greift man aber z. B. die Mehrheitsregel heraus, die die Gruppenpräferenzordnung über Präferenzentscheidungen im Paarvergleich ermittelt und zu den in der Praxis am häufigsten angewandten Methoden zur Lösung von Gruppenentscheidungen gehört, so läßt sich zeigen, daß die entstehende Präferenzordnung nicht für **jedes** Präferenzordnungsprofil transitiv ist. Damit wird der Paarvergleich zu einem ungeeigneten Aggregationsmechanismus im Sinne der Anforderungen von Arrow degradiert.

< 5.6 > Eine Gruppe von drei Gesellschaftern einer GmbH soll aus den drei Bewerbern a_1, a_2, a_3 den Geschäftsführer für ihre Gesellschaft auswählen. Gegeben sei folgendes Präferenzordnungsprofil, für das die kollektive Präferenzordnung mit Hilfe der Mehrheitsregel bestimmt werden soll.

$$\begin{pmatrix} a_1 & a_2 & a_3 \\ P_1 & P_2 & P_3 \\ a_2 & a_3 & a_1 \\ P_1 & P_2 & P_3 \\ a_3 & a_1 & a_2 \end{pmatrix}$$

Lösung:
$a_1 \succ a_2$, $a_2 \succ a_3$, $a_3 \succ a_1$ → Widerspruch!

d. h. die Mehrheitsentscheidung aus transitiven individuellen Präferenzordnungen führt zu einer intransitiven kollektiven Präferenzordnung. Dieses Phänomen wird auch als **Wahlparadoxon** bezeichnet. ♦

ARROW selber versuchte einen Aggregationsmechanismus zu konstruieren, der seine allgemeinen Anforderungen erfüllt und daher als „gerecht" bezeichnet werden kann. Arrow scheiterte aber bei seinem Vorhaben und begründete sein Unmöglichkeitstheorem, (zum Beweis vgl. [SCHNEEWEIß 1991, S. 254-258]):

Unmöglichkeitstheorem von ARROW

Existieren mindestens zwei Gruppenmitglieder und drei Handlungsalternativen, so gibt es keinen Aggregationsmechanismus, der alle vier Bedingungen gleichzeitig erfüllt.[1]

Kein Problem der Aggregation ergibt sich für die Fälle, daß eine Gruppe nur aus einem Mitglied besteht oder nur eine Alternative zur Wahl steht, weswegen diese irrelevant für das Unmöglichkeitstheorem sind. Erst wenn mehr als zwei Gruppenmitglieder und zwei Alternativen betrachtet werden, ergibt sich ein kollektives Entscheidungsproblem, bei welchem es allerdings gelingt die Anforderungen miteinander zu vereinbaren. Ein Aggregationsmechanismus, der dem Axiomensystem in einem solchen Fall genügt, ist die Mehrheitsregel.

Sucht man trotz ARROW's recht deprimierender Erkenntnis nach einer Möglichkeit, mittels Aggregation Gruppenpräferenzordnungen zu bestimmen, bleibt eigentlich nur die Möglichkeit, entweder auf eine oder mehrere Forderungen zu verzichten oder die Forderungen zu modifizieren. Ein umfassender Überblick über Modifizierungen der Axiome findet sich beispielsweise in [BAMBERG/COENENBERG 2000, S. 261-269] und [LAUX 1998, S. 452-458].

Betrachtet man Anforderung 1, die den universellen Definitionsbereich betrifft, so stellt man fest, daß es sich hierbei um ein eher „technisches" Axiom handelt, dessen Modifikation keine substantielle Auswirkung auf den Inhalt eines einmal gewählten Gerechtigkeitsbegriffs hat, sondern eher eine nachprüfbare Einschränkung der Anwendbarkeit des Aggregationsmechanismus bewirkt. Da bei vielen Gruppen eine gewisse „Ähnlichkeit" zwischen den Präferenzordnungen der Mitglieder – z. B. bedingt durch den durchlaufenen Informations- und Interaktionsprozess – zu erwarten ist, spricht einiges dafür, die Forderung nach dem universellen Definitionsbereich einzuschränken. Man versucht also, gänzlich uneinheitliche Präferenzordnungsprofile auszuschließen, um einen Ansatzpunkt für eine ein- bzw. mehrheitliche Beurteilung durch die Gruppe zu erzielen.

---

[1] Ursprünglich zeigte Arrow dies nur für drei Alternativen, Julian BLAU [1972] aber führte den erweiterten Beweis.

5.3 Das Problem einer gerechten Aggregation inividueller Präferenzen

Eingipfelbedingung

Eine derartige, viel beachtete Modifikation, die das Unmöglichkeitstheorem umgeht, ist die auf BLACK [1958] zurückgehende Eingipfelbedingung (singlepeakedness condition). Damit wird versucht für einen gerechten Aggregationsmechanismus im Sinne der Anforderungen von ARROW ein Mindestmaß an Homogenität in der Gruppe bezüglich der Reihung der Alternativen zu verlangen. Die erforderliche Homogenität liegt vor, wenn mindestens eine Anordnung der Aktionen auf der Abszisse eines Koordinatensystems derart existiert, daß die in Ordinatenrichtung aufgetragenen Präferenzen aller Gruppenmitglieder bezüglich der Alternativen jeweils nur ein einziges (lokales) Maximum aufweisen.

Läßt sich eine einzige Anordnung aufzeigen, durch welche die geforderte Homogenität belegt wird, kann auf die weitere Untersuchung des speziellen Präferenzordnungsprofils verzichtet werden. Demgegenüber erfüllt ein Präferenzordnungsprofil erst dann die Eingipfelbedingung **nicht**, nachdem alle möglichen Anordnungen der Alternativen untersucht worden sind.

< 5.7 > Gegeben sei folgendes Präferenzordnungsprofil einer Gruppe mit drei Mitgliedern und drei zur Auswahl stehenden Alternativen. Genügt dieses Präferenzordnungsprofil der Eingipfelbedingung?

$$\begin{pmatrix} a_1 & a_3 & a_2 \\ P_1 & P_2 & P_3 \\ a_2 & a_2 & a_3 \\ P_1 & P_2 & P_3 \\ a_3 & a_1 & a_1 \end{pmatrix}$$

Lösung:

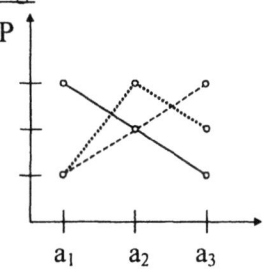

Die Eingipfelbedingung ist erfüllt,
$a_2 \succ a_3 \succ a_1$.

♦

< 5.8 > Gegeben sei folgendes Präferenzordnungsprofil einer Gruppe mit drei Mitgliedern und drei zur Auswahl stehenden Alternativen. Genügt dieses Präferenzordnungsprofil der Eingipfelbedingung?

$$\begin{pmatrix} a_1 & a_2 & a_3 \\ P_1 & P_2 & P_3 \\ a_2 & a_3 & a_1 \\ P_1 & P_2 & P_3 \\ a_3 & a_1 & a_2 \end{pmatrix}$$

Lösung:

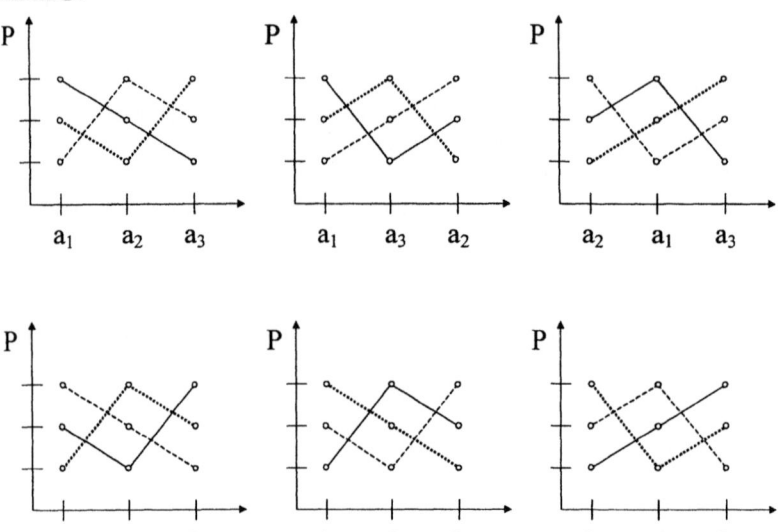

Bei Überprüfung aller sechs möglichen Anordnungen ergibt sich, daß in jeder möglichen Anordnung die Präferenzen mindestens eines Gruppenmitglieds mehr als ein lokales Maximum aufweisen. Die Eingipfelbedingung ist daher bei diesem Präferenzordnungsprofil nicht erfüllt. ♦

Die Konsequenz aus der Erfüllung der Eingipfelbedinung mündet nun in ergänzter Form in ein Theorem, das einen Aggregationsmechanismus bestimmt, der den modifizierten Anforderungen entspricht und damit als "gerecht" anzusehen ist.

Theorem von Black

Ist die Anzahl der Mitglieder der Gruppe ungerade und erfüllt das Präferenzordnungsprofil die Eingipfelbedingung, so ist der Mehrheitsentscheid ein Aggregationsmechanismus, der den übrigen Anforderungen ARROW's gleichzeitig genügt.

Dieser Satz verdeutlicht, daß die wesentliche Schwachstelle der ARROWschen Axiome in der Forderung liegt, daß die kollektive Entscheidung für alle denkbaren individuellen Präferenzordnungen zu einer transitiven Gruppenpräferenzordnung

5.3 Das Problem einer gerechten Aggregation inividueller Präferenzen

führen muß. Diese Bedingung ist auch die kritische Stelle weiterer prominenter Unmöglichkeitssätze, vgl. u. a. [SEN 1964], [MAY 1952; 1953].

Der Ansatz von GOODMAN und MARKOWITZ

GOODMAN und MARKOWITZ [1952] sind der Ansicht, daß die 2. Bedingung von ARROW bei realen Entscheidungen nicht immer "irrelevant" sein muß.

< 5.9 > Als Beispiel betrachten sie die Situation, daß ein Gastgeber sich entscheiden muß, ob er entweder Kaffee oder Tee serviert.

Er weiß, daß der Gast A Kaffee und der Gast B Tee präferiert. Danach müßte die soziale Wohlfahrtsfunktion Kaffee und Tee den gleichen Rang zuweisen.

Der Gastgeber hat aber weitere Informationen über die Rangvorstellung seiner Gäste.

A: Kaffee ≻ Tee ≻ Kakao ≻ Milch

B: Tee ≻ Kaffee, Kakao ≻ Kaffee, Milch ≻ Kaffee, Tomatensaft ≻ Kaffee,

Wasser ≻ Kaffee

Da der Gastgeber weiß, daß der Gast B viele Getränke dem Kaffee vorzieht, wird er sich dafür entscheiden, Tee zu servieren. Obwohl die Alternativen Kakao, Milch, etc. irrelevant sind in dem Sinne, daß sie nicht serviert werden, sagen sie aber doch etwas über die Strenge der Präferenz aus und beeinflussen die Entscheidung des Gastgebers. ◆

GOODMAN und MARKOWITZ betrachten nun die folgende Aufgabenstellung:

Gegeben seien K Wähler 1, 2, 3, ..., K, von denen jeder L_k "**Ermessensniveaus**" (level of discretion) hat. Anders ausgedrückt, die Nutzenfunktion jeder Person k, k = 1, ..., K, kann nur endliche Zahlen, die Zahlen 1, 2, ..., L_k als Funktionswert annehmen. Mit d_{ki} sei das Ermessens-Niveau bezeichnet, das die Person k der Alternative i zuordnet; k = 1 , ...K, i = 1, ..., n; d_{ki} = 1, ... L_k .

Dabei seien die Ermessens-Niveaus so geordnet, daß mit wachsendem Ermessens-Niveau die Präferenzintensität steigt.

Mit r_{ki} werde der Rang der Alternative a_i bezeichnet, den der Wähler k ihr gegeben hat. Dabei müssen die Informationen d_{ki} berücksichtigt werden. Der Einfachheit halber wird normalerweise r_{ki} = d_{ki} gesetzt. Die soziale Wohlfahrtfunktion ist dann nach GOODMAN und MARKOWITZ

$$u(i) = \sum_{k=1}^{K} r_{ki} . \qquad (5.2)$$

Diese soziale Nutzenfunktion genügt den folgenden 3 Bedingungen:

Bedingung 1 (Pareto-Optimalität), vgl. Anforderung 3 von ARROW

Bedingung 2 (Symmetrie)
Die soziale Ordnung bleibt unverändert, wenn Zeilen der Matrix $\mathbf{R} = (r_{ki})$ ausgetauscht werden.

Bedingung 3
Die soziale Ordnung zwischen zwei Alternativen a_i und a_j bleibt unverändert, wenn der Wähler k die Rangwerte r_{ki} und r_{kj} durch $r_{ki}+c$ und $r_{kj}+c$ ersetzt.

Dabei ist c eine natürliche Zahl für die gilt:
$$1 \leq r_{ki} + c \leq \max_{k}\{L_k\} \text{ für alle i}.$$

Wenn die Bedingung 2 entfällt, so soll nach GOODMAN und MARKOWITZ die soziale Wohlfahrtsfunktion die Form

$$u(i) = \sum_{k=1}^{K} w_k r_{ki} \qquad (5.3)$$

annehmen, wobei die w_k positive konstante Gewichte sind, die die Bedeutung der einzelnen Personen widerspiegeln.

< 5.10 > Eine aus 9 Personen zusammengesetzte Gruppe soll die Alternativen a_1, a_2 und a_3 bewerten. Dabei wählen:

- 3 Personen wählen die Ordnung $a_1 \succ a_2 \succ a_3$
- 3 Personen wählen die Ordnung $a_2 \succ a_3 \succ a_1$
- 3 Personen wählen die Ordnung $a_3 \succ a_1 \succ a_2$

Bei Anwendung der Mehrheitsregel würde diese Situation nicht zu einer transitiven kollektiven Präferenzordnung führen, wie im analogen Beispiel < 5.10 > ist der Fall des Wahlparadoxon gegeben.

Hier wollen wir aber zusätzlich annehmen, daß die einzelnen Personen die folgenden Ermessensniveaus auswählen:

5.3 Das Problem einer gerechten Aggregation inividueller Präferenzen

Person	Alternative		
	a_1	a_2	a_3
1	4	6	5
2	10	12	11
3	3	2	1
4	8	10	9
5	7	5	3
6	6	3	9
7	10	8	6
8	4	1	7
9	8	5	11

Tab. 5.3: Ermessensniveaus der Personen

$$u(a_1) = \sum_{k=1}^{9} r_{k1} = 4 + 10 + 3 + 8 + 7 + 6 + 10 + 4 + 8 = 60$$

$$u(a_2) = \sum_{k=1}^{9} r_{k2} = 6 + 12 + 2 + 10 + 5 + 3 + 8 + 1 + 5 = 52$$

$$u(a_3) = \sum_{k=1}^{9} r_{k3} = 5 + 11 + 1 + 9 + 3 + 9 + 6 + 7 + 11 = 62$$

Mit dem symmetrischen Ansatz von GOODMAN und MARKOWITZ ergibt sich somit die soziale Präferenzordnung $a_3 \succ a_1 \succ a_2$.

Daß sich diese Rangordnung ergibt, ist darauf zurückzuführen, daß die Abstände zwischen den Rangwerten (Ermessensniveaus) unterschiedlich groß ist. Bei den Personen mit der Ordnung $a_3 \succ a_1 \succ a_2$ beträgt der Abstand jeweils 3 Einheiten und bei den Personen mit der Ordnung $a_1 \succ a_2 \succ a_3$ zweimal 2 Einheiten und einmal 1 Einheit. Bei den Personen mit der Ordnung $a_2 \succ a_3 \succ a_1$ beträgt der Abstand zwischen den Rangwerten lediglich 1 Einheit. ♦

Durch Änderung der Abstände zwischen den Rangwerten läßt sich die soziale Präferenzordnung manipulieren. Um die bevorzugte Alternative in der sozialen Präferenzordnung weiter nach oben zu schieben sollte man die anderen Alternativen mit bedeutend niedrigeren Niveauwerten versehen.

< **5.11** > Das Beispiel < 5.10 > werde nun so abgeändert, daß die Personen 1, 2 und 4 ihre Bewertunng wie folgt abändern:

Person	Alternative		
	a_1	a_2	a_3
1	1	6	2
2	2	12	4
4	3	10	5

Tab. 5.4: Ermessensniveaus der Personen 1, 2, 4

Mit der Formel (5.2) ergeben sich dann die folgenden sozialen Wohlfahrtswerte:

$$u(a_1) = \sum_{k=1}^{9} r_{k1} = 1+2+3+3+7+6+10+4+8 = 44$$

$$u(a_2) = \sum_{k=1}^{9} r_{k2} = 6+12+2+10+5+3+8+1+5 = 52$$

$$u(a_3) = \sum_{k=1}^{9} r_{k3} = 2+3+1+5+3+9+6+7+11 = 47$$

und somit die soziale Präferenzordnung $a_2 \succ a_3 \succ a_1$ ♦

Wie die Beispiele zeigen, ist eine praktische Umsetzung des Vorschlags von GOODMAN und MARKOWITZ nur schwer möglich, da es keinen vernünftigen Weg zur Festlegung der Ermessensniveaus gibt. Bedenklich ist auch, daß die maximale Anzahl der Niveaus für die einzelnen Wähler unterschiedlich sein darf. Mit der Höhe des Niveaus steigt aber das Gewicht der Alternativen in der sozialen Nutzenfunktion.

5.4 Mehrheitsregel auf der Basis von Fuzzy-Mengen

Bei der klassischen Mehrheitsregel werden bei Präferenzvergleichen zwischen Alternativen nur die Ausprägungen "wird vorgezogen", "wird nicht vorgezogen" oder "sind gleichwertig" zugelassen. Präferenzintensitäten (Präferenzabstände) spielen dabei keine Rolle.

J.M. BLIN und A.B. WHINSTON [1974] schlagen nun vor, die Intensität der Präferenzurteile mittels Zugehörigkeitswerten zu definieren. Sei K die Anzahl der Gruppenmitglieder und sei $k(A_n, A_j)$ die Anzahl der Personen dieser Gruppe, die die Alternative A_n der Alternativen A_j vorziehen, so läßt sich das **Übereinstimmungsniveau** der Gruppe bzgl. der Präferenzaussage $A_n \succ A_j$ definieren als

$$f_R(A_n, A_j) = \frac{k(A_n, A_j)}{K} \qquad (5.4)$$

Weiter gilt entsprechend: $f_R(A_j, A_n) = \frac{k(A_j, A_n)}{K} = 1 - f_R(A_n, A_j)$.

< 5.12 > Ein 10-köpfiges Team soll aus 3 zur Auswahl stehenden LKW-Modellen das neu zu beschaffende Standardmodell für den Fuhrpark auswählen. Die LKW-Alternativen werden mit A, B und C gekennzeichnet. Die Teammitglieder tragen in der nachfolgenden Tabelle die Nummern K1, K2,..., K10.

Sei nun das folgende Präferenzordnungsprofil gegeben:

Rang	K1	K2	K3	K4	K5	K6	K7	K8	K9	K10
1	A	B	A	B	A	B	B	B	A	B
2	B	C	B	C	C	C	A	A	C	A
3	C	A	C	A	B	A	C	C	B	C

Tab. 5.5: Präferenzordnungsprofil

Daraus ergibt sich die Abstimmungsmatrix in Tab. 5.6:

	A	B	C
A		4 : 6	7 : 3
B	6 : 4		8 : 2
C	3 : 7	2 : 8	

Tab. 5.6: Abstimmungsmatrix

Mittels der Formel (5.4) lassen sich daraus die in Tab. 5.7 angegebenen Übereinstimmungsniveaus berechnen:

	A	B	C
A		0,4	0,7
B	0,6		0,8
C	0,3	0,2	

Tab. 5.7: Matrix der Übereinstimmungsnivau ♦

Um aus diesen Fuzzy-Präferenzrelationen zu einer (scharfen) Gruppenpräferenzordnung zu gelangen, empfehlen BLIN und WHINSTON diejenige Gruppenpräferenzordnung Q als optimal anzusehen, bei der die Summe der Übereinstimmungsniveaus aller geordneten Alternativenpaare maximal ist:

$$\sum_{(n,j) \in J_Q} f_R(A_n, A_j) \tag{5.5}$$

wobei die Menge J_Q definiert ist als $J_Q = \{(n, j) \,|\, (A_n, A_j) \text{ kompatibel mit } Q\}$.

Zur Ermittlung der Präferenzordnung schlagen die Autoren die folgende Vorgehensweise vor:

Schritt 1: In der Matrix der Übereinstimmungsniveaus wird das Alternativenpaar mit dem höchsten Zugehörigkeitsgrad gesucht. Dann werden aus der Menge aller logisch möglichen Präferenzordnungen diejenigen in der Menge M_1 zusammengefaßt, die mit diesem Paar im Einklang stehen.

Schritt 2: Dann wird das Alternativenpaar mit dem zweithöchsten Zugehörigkeitsgrad gesucht und aus der Menge M_1 die Präferenzordnungen ausgewählt und zur Menge M_2 zusammengefaßt, welche auch zu diesem Alternativenpaar kompatibel sind.

Schritt 3: Diese Prozedur wird schrittweise solange fortgesetzt, bis nur eine Präferenzordnung übrig bleibt. Diese ist dann die Gruppenpräferenzordnung. Sie weist die höchste Summe an Übereinstimmungsniveaus auf.

Sonderfall: Treten auf einer Stufe m mehrere Alternativenpaare mit m-höchstem Übereinstimmungsnivaus auf, so ist zunächst zu prüfen, ob es in der Menge M_{m-1} genau eine Präferenzordnung gibt, die mit all diesen Paaren im Einklang steht. Diese ist dann die Gruppenpräferenzordnung. Sind mehrere Elemente aus M_{m-1} mit den zusätzlichen Paaren kompatibel, so ist das Verfahren mit diesen Elementen fortzusetzen, die nun die Menge M_m bilden.

5.4 Mehrheitsregel auf der Basis von Fuzzy-Mengen

Steht keine Präferenzordnung aus M_{m-1} mit allen Paaren im Einklang, so sind aus der Menge M_{m-1} diejenigen Teilmengen M_m^h auszuwählen, die mit den einzelnen Alternativenpaaren kompatibel sind. Sei N_m die Anzahl der Paare mit der m-höchsten Übereinstimmungsindex, so sind die nichtleeren Durchschnitte über ($N_m - 1$) dieser Mengen M_m^h zu bilden.

i. Ist nun genau einer dieser Durchschnitte nichtleer, so ist mit dieser Menge M_m als weiterzuarbeiten.

ii. Existieren mehrere nichtleere Schnittmengen, so ist das Verfahren für jede dieser Mengen getrennt fortzusetzen, bis jeweils nur noch eine Präferenzordnung übrig bleibt. Diese Ordnungen werden dann mit der Summe der Übereinstimmungsniveaus bewertet und das als Gruppenpräferenz ausgewählt, das die höchste Bewertungszahl hat.

iii. Sind alle diese Durchschnitte leer, so sind die nichtleeren Durchschnitte über ($N_m - 2$) der Mengen M_m^h heranzuziehen und entsprechend zu i. und ii. zu verfahren.

Diese Methode wird anhand der nachfolgenden Beispiele verdeutlicht.

< 5.12 > In Beispiel < 5.11 > ist (B , C) das Alternativenpaar mit dem höchsten Zugehörigkeitsgrad $f_R(B,C) = 0,8$. Mit diesem Paar sind aus der Menge aller logisch möglichen Präferenzordnungen die Rangordnungen der Menge
$M_1 = \{(A, B, C), (B, A, C), (B, C, A)\}$ kompatibel.

Das Alternativenpaar mit dem zweithöchsten Zugehörigkeitsgrad ist (A , C) mit $f_R(A, C) = 0,7$. Damit gilt: $M_2 = \{(A, B, C), (B, A, C)\}$.

Das Paar mit dem dritthöchsten Zugehörigkeitsgrad ist (B , A) mit $f_R(B, A) = 0,6$.

Da $M_3 = \{(B, A, C)\}$ nur ein Element aufweist ist die Gruppenpräferenzordnung gleich: $B \succ A \succ C$.

Diese Gruppenpräferenzordnung weist auch die höchste Summe der Übereintimmungsniveaus auf, wie die nachfolgende Tabelle aller logisch möglichen Präferenzordnungen zeigt:

Präferenzordnung	Summe der Zugehörigkeitswerte
A ≻ B ≻ C	0,4 + 0,7 + 0,8 = 1,9
A ≻ C ≻ B	0,7 + 0,4 + 0,2 = 1,3
B ≻ A ≻ C	**0,6 + 0,8 + 0,7 = 2,1**
B ≻ C ≻ A	0,8 + 0,6 + 0,3 = 1,7
C ≻ A ≻ B	0,3 + 0,2 + 0,4 = 0,9
C ≻ B ≻ A	0,2 + 0,3 + 0,6 = 1,1

Tab. 5.8: Summe der Übereinstimmungsniveaus ♦

< 5.13 > Das 10-köpfige Team soll nun aus 4 zur Auswahl stehenden LKW-Modellen das neu zu beschaffende Standardmodell für den Fuhrpark auswählen. Die LKW-Alternativen werden mit A, B, C und D gekennzeichnet. Die Teammitglieder tragen in der nachfolgenden Tabelle die Nummern K1, K2,..., K10.

Sei nun das folgende Präferenzordnungsprofil gegeben:

Rang	K1	K2	K3	K4	K5	K6	K7	K8	K9	K10
1	A	D	D	D	A	C	D	D	A	D
2	B	C	C	C	B	A	A	A	D	A
3	D	A	A	A	D	B	C	C	C	B
4	C	B	B	B	C	D	B	B	B	C

Tab. 5.9: Präferenzordnungsprofil

Daraus ergibt sich die Abstimmungsmatrix in Tab. 5.10:

	A	B	C	D
A		10 : 0	6 : 4	4 : 6
B	0 : 10		3 : 7	3 : 7
C	4 : 6	7 : 3		1 : 9
D	6 : 4	7 : 3	9 : 1	

Tab. 5.10: Abstimmungsmatrix

Mittels der Formel (5.4) lassen sich daraus die in Tab. 5.11 angegebenen Übereinstimmungsniveaus berechnen:

5.4 Mehrheitsregel auf der Basis von Fuzzy-Mengen

	A	B	C	D
A		1	0,6	0,4
B	0		0,3	0,3
C	0,4	0,7		0,1
D	0,6	0,7	0,9	

Tab. 5.11: Matrix der Übereinstimmungsnivaus ♦

(A, B) ist das Alternativenpaar mit dem höchsten Zugehörigkeitsgrad $f_R(A, B) = 1$. Mit diesem Paar sind zwölf Präferenzordnungen kompatibel:

M_1 = {(A, B, C, D), (A, B, D, C), (A, C, B, D), (A, C, D, B), (A, D, B, C), (A, D, C, B), (C, A, B, D), (C, A, D, B), (C, D, A, B), (D, A, B, C), (D, A, C, B), (D, C, A, B)}

Das Alternativenpaar mit dem zweithöchsten Zugehörigkeitsgrad ist (D, C) mit $f_R(D, C) = 0,9$. Damit gilt:

M_2 = {(A, B, D, C), (A, D, B, C), (A, D, C, B), (D, A, B, C), (D, A, C, B), (D, C, A, B)}

Es existieren nun 2 Paare mit dem dritthöchsten Zugehörigkeitsgrad 0,7. Dies sind die Paare (C, B) und (D, B).
Aus M_2 stehen 3 Präferenzordnungen mit diesen Paaren im Einklang:

M_3 = {(A, D, C, B), (D, A, C, B), (D, C, A, B)}

Den vierthöchsten Zugehörigkeitsgrad 0,6 besitzen die Paare (A, C) und (D, A).

Da nur eine Präferenzordnung aus M_3 mit diesen Paaren kompatibel ist, lautet die Gruppenpräferenzordnung

D ≻ A ≻ C ≻ B.

Die Summe der Übereinstimmungsniveaus dieser Gruppenpräferenzordnung ist gleich

$f_R(D, A) + f_R(D, C) + f_R(D, B) + f_R(A, C) + f_R(A, B) + f_R(C, B)$

= 0,6 + 0,9 + 0,7 + 0,6 + 1 + 0,7 = 4,5 ♦

Kritisch ist anzumerken, daß das Verfahren von BLIN und WHINSTON mit zunehmender Alternativenzahl umständlicher zu handhaben ist. Andererseits muß aber positiv vermerkt werden, daß es auch bei intransitiven Präferenzordnungsprofilen zu einer Gruppenpräferenzordnung führt.

5.5 Gruppenentscheidungen mit multiplikativem AHP

In den bisherigen Ansätzen zur Lösung von Gruppenentscheidungen sind Machtstrukturen, die in der Praxis innerhalb einer Gruppe vorliegen können, kaum thematisiert worden. Gerade in politischen Entscheidungsfindungsprozessen läßt sich jedoch beobachten, daß Mitglieder Gewichte in Proportion zu der Größe der Organisation, die sie vertreten, zugeordnet bekommen und damit Alternativen, die von den mächtigen Mitgliedern nur gering unterstützt werden, kaum Realisierungschancen haben. Ein Beispiel, bei dem gegebenen Machtstrukturen Rechnung getragen wird, ist der Bundesrat, im dem den einzelnen Länder Stimmen in Abhängigkeit ihrer Bevölkerungsanzahl zugeteilt werden.

Im folgenden wollen wir daher einen von J. BARZILAI und F.A. LOOTSMA [1997] entwickelten Ansatz darstellen, der auf einer "multiplikativen" Variante des Analytic Hierarchy Process von Saaty basiert, vgl. Kapitel 4.5, und darüber hinaus Machtstrukturen innerhalb eines Entscheidungsgremiums berücksichtigt. Zugrunde gelegt sind Entscheidungsprobleme, die sowohl mehrere Alternativen, mehrere Bewertungskriterien als auch mehrere Entscheider berücksichtigen und damit dreistufig aufgebaut sind. Für den einzelnen Entscheider wird dessen Präferenzordnung in Bezug auf eine Mehrzielentscheidung im Sinne von SAATY ermittelt, mit dem Unterschied, daß zur Berechnung des Gewichtevektors und der relativen Teilnutzen nicht der Eigenvektor zum größten Eigenwert der Paarvergleichsmatrix verwendet wird, sondern das geometrische Mittel der Spaltenvektoren. Die individuellen Bewertungen werden dann mit Hilfe eines gewichteten geometrischen Mittels aggregiert und anhand dieser Werte eine Gruppenrangordnung der Alternativen bestimmt. Jedes Gruppenmitglied erhält einen Gewichtungsfaktor gemäß seiner möglichst objektiv bestimmbaren Machtposition. BARZILAI; LOOTSMA sprechen in diesem Zusammenhang von der Zuordnung von "power coefficients", wir werden im weiteren den Begriff Macht-Koeffizienten verwenden.

Bestimmung der relativen Teilnutzenwerte

Abgesehen von dem Gruppenentscheidungsaspekt verläuft der mulitplikative AHP in Analogie zu SAATY's AHP. Auf unterster Ebene muß zur Bestimmung der Teilnutzenwerte der betrachteten Kriterien zuerst jedes Gruppenmitglied d Paarvergleichsmatrizen aufstellen. Jeweils zwei Stimuli S_n und S_k, d. h. zwei Alternativen A_j und A_k, werden bezüglich eines speziellen Kriteriums, miteinander verglichen.

Die Gruppenmitglieder stellen die Paarvergleichsmatrizen gemäß ihrer Präferenzen auf und formulieren dabei ihre Präferenzaussagen $\delta_{nk}(c,d)$, wobei die

5.5 Gruppenentscheidungen mit multiplikativem AHP

Argumente c und d darauf hinweisen, daß diese Bewertung von den einzelnen Personen d und den Zielen c abhängen:

$\delta_{nk}(c, d)$	VERBALE BEWERTUNGEN
-8	**Sehr starke** Präferenz zugunsten von S_k
-6	**Starke** Präferenz zugunsten von S_k
-4	**Deutliche** Präferenz zugunsten von S_k
-2	**Schwache** Präferenz zugunsten von S_k
0	**Indifferenz** zwischen S_n und S_k
+2	**Schwache** Präferenz zugunsten von S_n
+4	**Deutliche** Präferenz zugunsten von S_n
+6	**Starke** Präferenz zugunsten von S_n
+8	**Sehr starke** Präferenz zugunsten von S_n
(Analog zur Bewertungsskala von SAATY können Zwischenwerte verteilt werden, wenn zwischen zwei benachbarten Urteilen ein Kompromiß getroffen werden soll.)	

Tab. 5.12: Punkteskala von BARZILAI; LOOTSMA für die Paarvergleiche

Diese Bewertungen werden dann in Abhängigkeit von dem Skalierungsparameter γ in Ausgleichsraten (Substitutionsraten) transformiert:

$$r_{nk}(c,d) = \exp(\gamma \cdot \delta_{nk}(c,d))$$

Dieser exponentielle Ansatz für die Substitutionsraten eignet sich rechnerisch besonders gut für eine geometrische Mittelbildung, wie sie von BARZILAI; LOOTSMA für die Bildung von relativen Teilnutzenwerten, Zielgewichten und Machtkoeffizienten vorgeschlagen wird.

Als plausibler Wert wird von BARZILAI und LOOTSMA zur Bestimmung der Teilnutzen γ = ln2 vorgeschlagen. Damit wird im Vergleich zu SAATY's Skala eine relative Präferenz unterstellt, die konkaver verläuft, was in der Praxis z. B. denkbar ist bei Lautstärke oder Helligkeitseinschätzungen. Die gewählte logarithmische Skalierung entspricht nach Ansicht dieser Autoren derartigen Präferenzverläufen besser und ist darüber hinaus rechnerisch einfach zu handhaben.

Wird das geometrischen Mittel über die Zeilen der N×N-Paarvergleichsmatrix $\mathbf{R}_{nk}(c,d) = (r_{nk}(c,d))$ gebildet werden, so läßt sich die Matrix der Teilnutzenwerte der Alternativen bezüglich der Zielkriterien ermitteln und formal darstellen als

$$S_n(c,d) = \left(\prod_{k=1}^{N} r_{nk}(c,d) \right)^{\frac{1}{N}}. \tag{5.6}$$

N ist die Anzahl der Alternativen.

< 5.14 > Zur Verdeutlichung der Vorgehensweise betrachten wir nochmals die Paarvergleichsmatrix bezüglich des Preises aus Beispiel < 4.22 >. Setzen wir diese nach dem Bewertungsschema von BARZILAI; LOOTSMA um, so erhalten wir die Paarvergleichsmatrix in Tab. 5.14 als Ausgangspunkt:

SAATY	A1	A2	A3
A1	1	$\frac{1}{5}$	$\frac{1}{3}$
A2	5	1	2
A3	3	$\frac{1}{2}$	1

Tab. 5.13: Substitutionsraten

BARZILAI/ LOOTSMA	A1	A2	A3
A1	0	-4	-2
A2	4	0	2
A3	2	-2	0

Tab. 5.14: Punktebewertung

Transformiert ergibt sich dann mit $\gamma = \ln 2$

	A1	A2	A3
A1	1	$\frac{1}{16}$	$\frac{1}{4}$
A2	16	1	4
A3	4	$\frac{1}{4}$	1

Tab. 5.15: Substitutionsraten

5.5 Gruppenentscheidungen mit multiplikativem AHP

Als Teilnutzen der Alternativen bezüglich des Kriteriums "Preis" ergeben sich dann nach BARZILAI; LOOTSMA die folgenden Werte

A1: $S_1 = \sqrt[3]{1 \cdot \frac{1}{16} \cdot \frac{1}{4}} = 0{,}15625$ bzw. normiert $S_1^{norm.} = 0{,}030303$

A2: $S_2 = \sqrt[3]{16 \cdot 1 \cdot 4} = 4$ $\qquad\qquad\qquad S_2^{norm.} = 0{,}775757$

A3: $S_3 = \sqrt[3]{4 \cdot \frac{1}{4} \cdot 1} = 1$ $\qquad\qquad\qquad S_3^{norm.} = 0{,}193940$

Im Vergleich zu den relativen Teilnutzen nach SAATY, die bei (0,1094, 0,5816, 0,3090) lagen, ergeben sich jetzt Werte, die im Intervall stärker auseinander gezogen sind. Dies resultiert aus dem gewählten Bewertungsmaßstab, der durch die Transformation $r_{nk} = e^{\ln 2 \cdot \delta_{nk}} = 2^{\delta_{nk}}$ dazu führt, daß die besseren Werte relativ stärker und die schlechteren deutlich geringer beurteilt werden. Die Frage, welche dieser Teilnutzenzuordnungen eher den Vorstellungen des zugrunde gelegten Entscheiders entsprechen, kann objektiv nicht beurteilt werden. ♦

Bestimmung der relativen Zielgewichte

Zur Bestimmung der Gewichte der Zielkriterien geht man parallel vor: Wiederum muß jedes Gruppenmitglied eine Paarvergleichsmatrix benennen, in der dieses Mal jedes Ziel hinsichtlich seiner Bedeutung jedem anderen gegenübergestellt wird. Gearbeitet wird mit der oben dargestellten Bewertungsskala, die nun hinsichtlich der Bedeutung der Kriterien interpretiert wird. Auch die Transformation in Substitutionsraten erfolgt analog, lediglich der Skalierungsparameter wird hier gleich $\gamma = \ln \sqrt{2}$ gesetzt, was nach BARZILAI und LOOTSMA dem Sachverhalt angemessener ist, [1997, S. 162]. Die weitere Vorgehensweise besteht in der Bestimmung des geometrischen Zeilenmittels,

$$\overline{w}_c(d) = \left(\prod_{k=1}^{C} r_{ck}(d) \right)^{\frac{1}{C}} \quad , \text{ wenn C die Anzahl der Ziele darstellt.} \qquad (5.7)$$

Durch die (additive) Normierung

$$w_c(d) = \frac{\overline{w}_c(d)}{\sum_{c=1}^{C} \overline{w}_c(d)} \qquad (5.8)$$

erhält man dann für jedes Gruppenmitglied das Gewicht des Zielkriteriums c.

Die Aggregation der relativen Teilnutzenwerte erfolgt mit Hilfe eines gewichteten geometrischen Mittels gemäß

$$\hat{S}_n(d) = \prod_{c=1}^{C} S_n^{w_c}(d) = \left(\prod_{c=1}^{C} \prod_{k=1}^{N} r_{nk}^{w_c}(c,d) \right)^{\frac{1}{N}}. \quad (5.9)$$

Auf diese Weise sind – vergleichbar den Berechnungen von SAATY in Kapitel 4.5 – die relativen Gesamtnutzenwerte der Alternativen aus Sicht eines Gruppenmitgliedes d und dessen individuelle Rangordnung bestimmt.

< 5.15 > Orientieren wir uns zur Illustration des eben dargestellten Sachverhaltes an Beispiel < 4.13 > und greifen auf die Paarvergleichsmatrix der Tab. 4.11 zurück, die in BARZILAI;LOOTSMA'S Schema der folgenden Matrix entspricht:

	Design	Motorleistung	AUSSTATTUNG
Design	0	-6	-1
Motorleistung	6	0	2
Ausstattung	1	-2	0

Tab. 5.16: Punktbewertung

Transformiert mit dem Skalierungsparameter $\gamma = \ln \sqrt{2}$ ergibt sich eine Matrix der Substitutionsraten, die sich von denen der SAATY'schen Ausgangsmatrix kaum unterscheiden:

	Design	Motorleistung	Ausstattung
Design	1	0,125	0,7071
Motorleistung	8	1	2
Ausstattung	1,4142	0,5	1

Tab. 5.17: Substitutionsraten

Die Gewichte ergeben sich dann als

$\overline{w}_1 = \sqrt[3]{1 \cdot 0{,}125 \cdot 0{,}7071} = 0{,}44545$ bzw. normiert $w_1 = 0{,}11552$

$\overline{w}_2 = \sqrt[3]{8 \cdot 1 \cdot 2} = 2{,}51984$ $w_2 = 0{,}65345$

$\overline{w}_3 = \sqrt[3]{1{,}4142 \cdot 0{,}5 \cdot 1} = 0{.}89089$ $w_3 = 0{,}23103$

5.5 Gruppenentscheidungen mit multiplikativem AHP

Nach SAATY ergab sich in Beispiel < 4.13 > ein Gewichtevektor von (0,1025, 0,6816, 0,2158), der dem oben berechneten sehr ähnlich ist. ♦

Bestimmung der relativen Macht-Koeffizienten

Da wir in diesem Kapitel vorrangig Gruppenentscheidungen betrachten, muß dieser Aspekt nun noch Berücksichtigung finden: Vorausgesetzt in einem Gruppenentscheidungsprozess existieren keine einfach meßbaren, eindimensionalen Indikatoren für die Festlegung der Machtverhältnisse innerhalb der Gruppe, dann läßt sich die prinzipielle Vorgehensweise des multiplikativen AHP auch auf die Bestimmung der Macht-Koeffizienten übertragen. Diese Koeffizienten entsprechen in ihrer mathematischen Ermittlung der Berechnung der Gewichte, lediglich die Bewertungsskala ist in Hinblick auf relative Machtabstufungen auszulegen. BARZILAI und LOOTSMA favorisieren dabei wieder einen Progressionsfaktor $\gamma = \ln \sqrt{2}$. Die entsprechende Berechnung erfolgt gemäß

$$\bar{p}_d = \left(\prod_{k=1}^{D} r_{dk} \right)^{\frac{1}{D}} \tag{5.10}$$

Durch Normierung ergeben sich die Macht-Koeffizienten

$$p_d = \frac{\bar{p}_d}{\sum_{d=1}^{D} \bar{p}_d} \tag{5.11}$$

Zur Ermittlung einer Gruppenrangordnung ist nun das geometrische Mittel aus den individuellen Alternativenbewertungen gewichtet mit den Machtkoeffizienten folgendermaßen zu bilden:

$$\hat{\hat{S}}_n = \prod_{d=1}^{D} \hat{S}_n^{p_d} = \left(\prod_{d=1}^{D} \prod_{c=1}^{C} \prod_{k=1}^{N} r_{nk}^{w_c \cdot p_d}(c,d) \right)^{\frac{1}{N}}. \tag{5.12}$$

< 5.16 > Das Ehepaar Lieschen und Peter Müller will nun gemeinsam mit Lieschen's Schwiegermutter Gisela Müller, die bei ihnen wohnt, eine Autobewertung vornehmen. Zur Auswahl stehen 3 Autoalternativen, die hinsichtlich der Kriterien Design, Motorleistung und Ausstattung bewertet werden sollen. Dabei sind zuerst die relativen Teilnutzenwerte zu bestimmen, wobei Peter, Lieschen und Gisela (der Einfachheit halber) übereinstimmen hinsichtlich der Aufstellung der benötigten Paarvergleichsmatrizen:

Design

	A1	A2	A3
A1	0	-4	-2
A2	4	0	2
A3	2	-2	0

Tab. 5.18: Punktbewertung

	A1	A2	A3
A1	1	0,0625	0,25
A2	16	1	4
A3	4	0,25	1

Tab. 5.19: Substitutionsraten

$\Rightarrow$ S(Design) = (0,156; 4; 1)

Motorleistung

	A1	A2	A3
A1	0	0	4
A2	0	0	3
A3	-4	-3	0

Tab. 5.20: Punktbewertung

	A1	A2	A3
A1	1	1	16
A2	1	1	8
A3	0,0625	0,125	1

Tab. 5.21: Substitutionsraten

$\Rightarrow$ S(Motorleistung) = (2,520; 2; 0,198)

Ausstattung

	A1	A2	A3
A1	0	2	-1
A2	-2	0	-4
A3	1	4	0

Tab. 5.22: Punktbewertung

	A1	A2	A3
A1	1	4	0,5
A2	0,25	1	0,0625
A3	2	16	1

Tab. 5.23: Substitutionsraten

$\Rightarrow$ S(Ausstattung) = (1,259; 0,25; 3,175)

Teilnutzenmatrix

	Design	Motorleistung	Ausstattung
A1	0,156	2,520	1,259
A2	4	2	0,25
A3	1	0,198	3,175

Tab. 5.24: Teilnutzenmatrix

5.5 Gruppenentscheidungen mit multiplikativem AHP

Die persönliche Gewichtung der Zielkriterien muß jeder für sich über die Formulierung von Paarvergleichsmatrizen ermitteln:

Peter Müller

	Design	Motor-leistung	Aus-stattung
Design	0	-6	-1
Motorleistung	6	0	2
Ausstattung	1	-2	0

	Design	Motor-leistung	Aus-stattung
Design	1	0,125	0,7071
Motorleistung	8	1	2
Ausstattung	1,4142	0,5	1

Tab. 5.25: Punktbewertung   *Tab. 5.26: Substitutionsraten*

$\Rightarrow$ w(Peter) = (0,116; 0,654; 0,230)

Lieschen Müller

	Design	Motor-leistung	Aus-stattung
Design	0	6	4
Motorleistung	-6	0	-2
Ausstattung	-4	2	0

	Design	Motor-leistung	Aus-stattung
Design	1	8	4
Motorleistung	0,125	1	0,5
Ausstattung	0,25	2	1

Tab. 5.27: Punktbewertung   *Tab. 5.28: Substitutionsraten*

$\Rightarrow$ w(Lieschen) = (0,727; 0,091; 0,182)

Gisela Müller

	Design	Motor-leistung	Aus-stattung
Design	0	-4	-8
Motorleistung	4	0	-4
Ausstattung	8	4	0

	Design	Motor-leistung	Aus-stattung
Design	1	0,25	0,0625
Motorleistung	4	1	0,25
Ausstattung	16	4	1

Tab. 5.29: Punktbewertung   *Tab. 5.30: Substitutionsraten*

$\Rightarrow$ w(Gisela) = (0,048; 0,190; 0,762)

Gesamtnutzen der Alternativen

	Peter	Lieschen	Gisela
A1	1,556	0,294	1,299
A2	1,344	2,267	0,424
A3	0,452	1,065	1,773

Tab. 5.31: Gesamtnutzenmatrix

Nehmen wir nun an, daß sich die Drei auf eine gemeinsame Einschätzung der relativen Machtkonstellation einigen konnten, die in folgender Matrix zusammengefaßt ist:

	p_P	p_L	p_G
p_P	0	6	-4
p_L	-6	0	-2
p_G	4	2	0

	p_P	p_L	p_G
p_P	1	8	0,25
p_L	0,125	1	0,5
p_G	4	2	1

Tab. 5.32: Punktbewertung *Tab. 5.33: Substitutionsraten*

$\Rightarrow p(P, L, G) = (0,345;\ 0,109;\ 0,546)$

Aggregiert man nun die Gesamtnutzenwerte unter Berücksichtigung der Macht-Koeffizienten, so erhält man:

A1: $1,556^{0,345} \cdot 0,294^{0,109} \cdot 1,299^{0,546} = 1,176$

A2: $1,344^{0,345} \cdot 2,267^{0,109} \cdot 0,424^{0,546} = 0,758$

A3: $0,452^{0,345} \cdot 1,065^{0,109} \cdot 1,773^{0,546} = 1,047$

Die Familie Müller bewertet damit das Auto 1 am höchsten. ♦

Zusammenfassend bleibt festzuhalten, daß das multiplikative AHP von BARZILAI; LOOTSMA eine Möglichkeit eröffnet auf der Basis der individuellen Alternativenbewertungen unter Beachtung unterschiedlicher Machtpositionen eine Gruppenpräferenzordnung zu ermitteln.

Hinsichtlich der Transformation der individuellen Präferenzen bleibt anzumerken, daß diese Aussagen, die mit Hilfe der vorgegebenen Bewertungsskala zwischen –8 und 8 klassifiziert werden und damit ordinalen Charakter aufweisen, aus theoretischer Sicht nicht in der vorgeschlagenen Art transformiert werden dürfen. Das für

Potenzen bzw. Logarithmen geforderte Verhältnisskalenniveau der Inputdaten ist hier sicher nicht gewährleistet. Davon abgesehen kann objektiv nicht überprüft werden, welche Wahl des Skalierungsparameters γ den Vorstellungen des Entscheiders am besten entspricht. Die vorgeschlagenen Werte γ = $\ln\sqrt{2}$ bzw. γ = ln2 scheinen genau so plausibel wie viele andere. Die Daten werden auf diese Weise zwar formal auf Kardinalskalenniveau getrimmt, offen bleibt jedoch, ob die unterschiedliche Behandlung von kleinen und großen Werten einer inhaltlichen Interpretation Stand hält.

5.6 Ein Fuzzy-Logik basierter Ansatz zur Lösung von Gruppenentscheidungen

Gruppenentscheidungen werden im allgemeinen in 2 Stufen getroffen. Zunächst bestimmt jedes Gruppenmitglied eine persönliche Rangfolge der Aktionen. Im nächsten Schritt wird dann versucht, unter angemessener Berücksichtigung der individuellen Präferenzordnungen, die kollektive Präferenzordnung zu bestimmen und/oder zumindest eine im Sinne der Gruppenbewertung "optimale" Alternative auszuweisen.

Wie in den Abschnitten 5.1 bis 5.5 dargelegt weisen die in der Literatur vorgeschlagenen Wege zur Bildung von Gruppenpräferenzen alle mehr oder weniger gravierende Nachteile auf. Hierbei sind nicht nur die verschiedenen Unmöglichkeitstheoreme zu beachten, sondern darüber hinaus ist man in der Realität bei solchen Entscheidungsprozessen mit dem Problem konfrontiert, daß Individuen häufig ihre Präferenzen nicht exakt quantifizieren können, sondern eine verbale und damit ungenaue Beschreibung ihrer Einschätzung vorziehen.

Bei dieser Informationslage können klassische (scharfe) Ansätze der Gruppenentscheidungstheorie nicht eingesetzt werden, da sie präzise Präferenzangaben verlangen.
Die Fuzzy Set Theorie dagegen bietet die Möglichkeit unscharfe Informationen zu modellieren und es existieren bereits eine Vielzahl von Modellen, die auf der Basis von Fuzzy Sets und/oder linguistischen Variablen Gruppenentscheidungen unter Berücksichtigung der individuellen Präferenzen unterstützen, vgl. den **Übersichtsartikel** von J. KACPRZYK und H. NURMI [1998].

Die bisherigen Fuzzy-Ansätze verarbeiten Fuzzy-Präferenzrelationen als Eingabedaten und ermitteln damit Bewertungen in Form von linguistischen Variablen. Eine solche Vorgehensweise ist wenig überzeugend, da anstelle der ungenauen individuellen Präferenzvorstellungen lediglich scharfe Zugehörigkeitswerte treten und die eigentliche Unschärfeproblematik nicht adäquat gelöst wird. Darüber hinaus ist unserer Meinung nach auch die extensive Verwendung von Gewichtungsoperatoren bedenklich, da die subjektiv bestimmten Größen meist nicht kardinal-skaliert vorliegen und die Wahl der Gewichte selten fundiert ist.

5.6.1 Linguistische Variable zur Formulierung individueller Präferenzen

Aufgrund der genannten Kritikpunkte an den bisherigen Fuzzy-Ansätzen soll hier ein grundsätzlich anderer Fuzzy-Ansatz vorgestellt werden. Statt einer Ermittlung der individuellen Präferenzen über Paarvergleiche soll versucht werden, die Präferenzen durch eine individuelle Bewertung jeder einzelnen Alternative zu bestimmen. Die individuellen Einschätzungen in Hinblick auf die Alternativen werden durch linguistische Variablen mit den Kategorien "deutlich abgelehnt", "abgelehnt", "indifferent", "präferiert" und "deutlich präferiert " beschrieben. Die Zugehörigkeitsfunktionen dieser Kategorien müssen sehr sorgfältig modelliert werden, da ihre Ausgestaltung wesentlichen Einfluß auf die Gruppenentscheidung nimmt. Da jedoch nicht erwartet werden kann, daß diese Aufgabe ohne weiteres von den Gruppenmitgliedern zu bewältigen ist, empfiehlt es sich, die linguistische Variable den Mitgliedern vorzulegen; ein einfaches Beispiel ist Abb. 5.1.

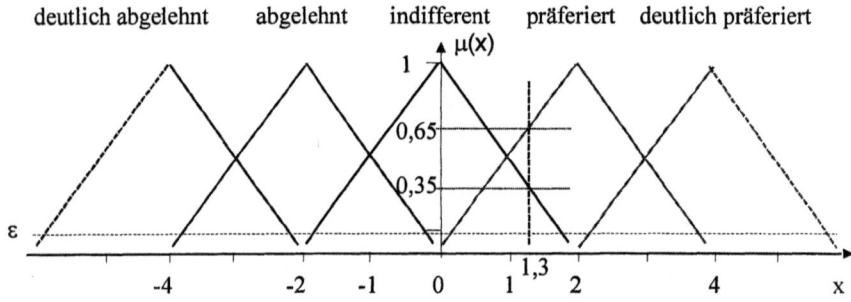

Abb. 5.1: Linguistische Variable "Individuelle Präferenz"

Bei der Spezifikation der linguistischen Variablen ist es unserer Ansicht nach ausreichend mit Fuzzy-Zahlen oder Fuzzy-Intervallen des LR-Typs zu arbeiten. Obwohl wir generell Referenzfunktionen des s-Typs bevorzugen, da sich diese in empirischen Überprüfungen bewährt haben, wurden der Einfachheit halber in Abb. 5.1 lineare Referenzfunktionen verwendet. Da der Verlauf der Zugehörigkeitsfunktionen im Bereich sehr kleiner Zugehörigkeitswerte besonders schwierig zu spezifizieren ist, wurden, um Fehler zu vermeiden, alle Zugehörigkeitswerte unterhalb einer Untergrenze ε vernachlässigt. In obiger Abbildung wurde die Untergrenze bei ε = 0,05 festgelegt.

5.6 Ein Fuzzy-Logik basierter Ansatz zur Lösung von Gruppenentscheidungen

Im folgenden werden die Gruppenmitglieder gebeten, ihren Präferenzvorstellungen in Bezug auf eine Alternative mit Hilfe einer Bewertungsskala [–4, 4] Ausdruck zu verleihen. Dabei steht die linke Intervallgrenze "–4" für die komplette Ablehnung einer Alternative und die rechte Intervallgrenze "4" kennzeichnet einen deutlichen Favoriten. Ein zugewiesener Wert von "0" verdeutlicht die Indifferenz/Unentschiedenheit des Individuums, vgl. Abb. 5.1.

Die scharfen Präferenzwerte der Gruppenmitglieder werden dann entsprechend der linguistischen Variable fuzzifiziert.

< 5.17 > Für eine scharfe Bewertung x = 1,3 erhält man die fuzzifizierte Angabe
$(\mu_{dab}(1,3), \mu_{ab}(1,3), \mu_{ind}(1,3), \mu_{pr}(1,3), \mu_{dpr}(1,3)) = (0; 0; 0,35; 0,65; 0)$. ♦

Diese Zugehörigkeitswerte bezeichnet man als Erfüllungsgrad (Degree of Fulfillment DOF) der einzelnen Klassen.

Die fuzzifizierte scharfe Präferenzeinschätzung x = 1,3 läßt sich - beispielsweise unter Verwendung der Max-Prod-Inferenz - hervorragend visualisieren, vgl. Abb. 5.2. Wie erkennbar, illustriert diese Darstellung der Fuzzy-Bewertung die reale individuelle Präferenzbewertung eines Individuums sehr realistisch und ausdrucksstark.

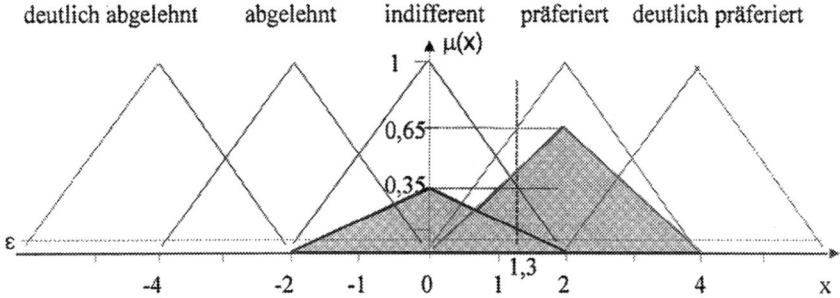

Abb. 5.2: Fuzzy Bewertung eines Gruppenmitglieds für x = 1,3

5.6.2 Aggregation der individuellen Präferenzen

Wir gehen also davon aus, daß jedes Gruppenmitglied i seiner individuellen Präferenz bezüglich einer Alternative $s_j \in S$ Ausdruck verleiht, indem es – wie bereits beschrieben – eine Zahl $x_j^i - x^i(s_j) \in [-4, 4]$ zuordnet. Diese scharfen Werte x_j^i sind entsprechend der linguistischen Variable aus Abb. 5.1 zu fuzzifizieren, wodurch wir einen unscharfen Bewertungsvektor

$$\widetilde{X}_j^i = (\mu_{dobj}(x_j^i); \mu_{obj}(x_j^i); \mu_{ind}(x_j^i); \mu_{pr}(x_j^i); \mu_{dpr}(x_j^i)), \quad I = 1, 2, ..., m$$

erhalten.

Notwendigerweise besteht der nächste Schritt darin, für jede Alternative s_j, $j = 1, 2, .., n$, die individuellen Präferenzen zu einer kollektiven Präferenz durch Berechnung der gewichteten Summe der DOFs zu aggregieren. In demokratischen Gruppen werden die Gewichte aller Individuen normalerweise gleich sein; selbstverständlich können aber auch andere Gewichte zugrunde gelegt werden. Beispielsweise wird bei Eigentümerversammlungen von Wohnungsbesitzern in einem Mehrparteienhaus die Stimmenanzahl häufig in Abhängigkeit der Quadratmeter der Wohnungen bestimmt.

Der eben beschriebene Aggregationsschritt soll anhand des nachfolgenden Beispiels verdeutlicht werden:

< **5.18** > Wir betrachten ein Entscheidungsgremium bestehend aus vier Personen, die eine Alternative A1 bewertet haben:

$$[x_1^1, x_1^2, x_1^3, x_1^4] = [1,3;\ 2,8;\ -0,5;\ -3,4]$$

Diese scharfen Präferenzwerte lassen sich mit Hilfe der linguistischen Variablen Abb. 5.1 fuzzifizieren und wir erhalten

$$(\mu_{dab}(1,3);\ \mu_{ab}(1,3);\ \mu_{ind}(1,3);\ \mu_{pr}(1,3);\ \mu_{dpr}(1,3)) = (0;\ 0;\ 0,35;\ 0,65;\ 0).$$

$$(\mu_{dab}(2.8);\ \mu_{ab}(2.8);\ \mu_{ind}(2.8);\ \mu_{pr}(2.8);\ \mu_{dpr}(2.8)) = (0;\ 0;\ 0;\ 0,6;\ 0,4).$$

$$(\mu_{dab}(-0,5);\ \mu_{ab}(-0,5);\ \mu_{ind}(-0,5);\ \mu_{pr}(-0,5);\ \mu_{dpr}(-0,5))$$
$$= (0;\ 0,25;\ 0,75;\ 0;\ 0).$$

$$(\mu_{dab}(-3,4);\ \mu_{ab}(-3,4);\ \mu_{ind}(-3,4);\ \mu_{pr}(-3,4);\ \mu_{dpr}(-3,4)) = (0,7;\ 0,3;\ 0;\ 0;\ 0).$$

Daraus ergibt sich dann die Fuzzy-Gruppenbewertung

$$(\mu_{dobj}(s_1);\ \mu_{obj}(s_1);\ \mu_{ind}(s_1);\ \mu_{pr}(s_1);\ \mu_{dpr}(s_1))$$
$$= (0,175;\ 0,1375;\ 0,275;\ 0,3125;\ 0,1).$$

Die Gruppenpräferenz in Bezug auf eine Alternative s_j wird somit durch eine Fuzzy-Menge beschrieben, vgl. Abb. 5.3. Der entscheidende Vorteil besteht darin, daß sich die linguistische Bewertung auch von Laien gut nachvollziehen und interpretieren läßt, da sie mehr Information offeriert. Offensichtlich ist s_1 kein Favorit, dennoch ist festzuhalten, daß in der Gruppeneinschätzung die Bewertungen "präferiert" und "indifferent" vorherrschen. ◆

Prinzipieller Vorteil der Darstellung einer Gruppenpräferenz mit Fuzzy-Mengen besteht darin, daß zwar die verschiedenen individuellen Präferenzen noch erkennbar sind, aber gleichzeitig die Gruppeneinschätzung anschaulich vermittelt wird.

5.6 Ein Fuzzy-Logik basierter Ansatz zur Lösung von Gruppenentscheidungen

Unter anderem wird insbesondere in der grafischen Darstellung gut sichtbar, ob ein maßgeblicher Teil der Gruppe gegen eine Alternative eingestellt ist.
Eine Präferenzaussage in Form eines Fuzzy Sets besticht darüber hinaus dadurch, daß keine Bewertung auf Kardinalskalenniveau erfolgt.

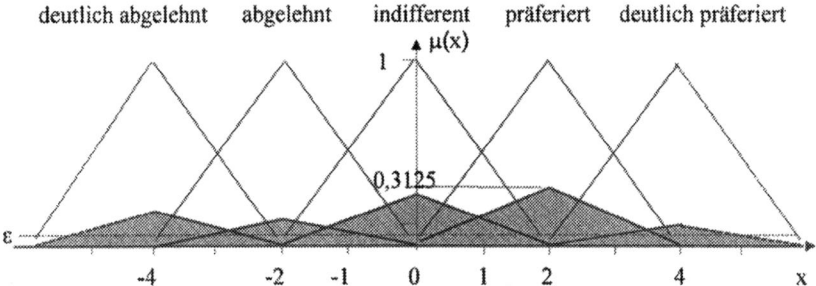

Abb. 5.3: Fuzzy-Bewertung von s_1 einer Vierergruppe

< 5.19 > Um die Bedeutung dieses Fuzzy-Ansatzes noch klarer herauszuarbeiten, betrachten wir nochmals das Vierergremium, das nun noch eine weitere Alternative A2 beurteilt hat:

$$[x_2^1, x_2^2, x_2^3, x_2^4] = [1,3; 2,8,; -1,95; -1,95]$$

Im Vergleich zu den Bewertungen von s_1 haben lediglich das dritte und vierte Gruppenmitglied abweichende Bewertungen formuliert: Die scharfe Beurteilung $x_2^3 = -1.95$ entspricht der folgenden Fuzzy-Bewertung unter Berücksichtigung der linguistischen Variable aus Abb. 5.1:

$$(\mu_{dobj}(-1,95); \mu_{obj}(-1,95); \mu_{ind}(-1,95); \mu_{pr}(-1,95); \mu_{dpr}(-1,95))$$
$$= (0; 0,975; 0,005; 0; 0).$$

Für die Gruppenbewertung erhalten wir dann

$$(\mu_{dobj}(s_2); \mu_{obj}(s_2); \mu_{ind}(s_2); \mu_{pr}(s_2); \mu_{dpr}(s_2))$$
$$= (0; 0,4875; 0,1; 0,3125; 0,1),$$

die in Abb. 5.4 veranschaulicht ist.

Deutlich zu erkennen ist, daß "abgelehnt" vor "präferiert" die ausschlaggebende Bewertungskategorie darstellt. Gruppenmitglied 3 hat s_2 einen Wert zugeordnet, der die Kategorie "abgelehnt" unterstützt, und gleichzeitig hat Mitglied 4 die Indifferenz zugunsten des DOF von "abgelehnt" reduziert. Im Vergleich zu s_1 repräsentiert s_2 damit eine kontroverser zu diskutierende Alternative.

Dieser Unterschied in der Gruppenbewertung von s_1 und s_2 läßt sich mit Hilfe der Fuzzy-Mengen zum Ausdruck bringen, obwohl die Summe der scharfen Ausgangsbewertungen unverändert geblieben ist:

$$x_2^3 + x_2^4 = 2 \cdot (-1{,}95) = x_1^3 + x_1^4 = -0{,}5 - 3{,}4 \,.$$

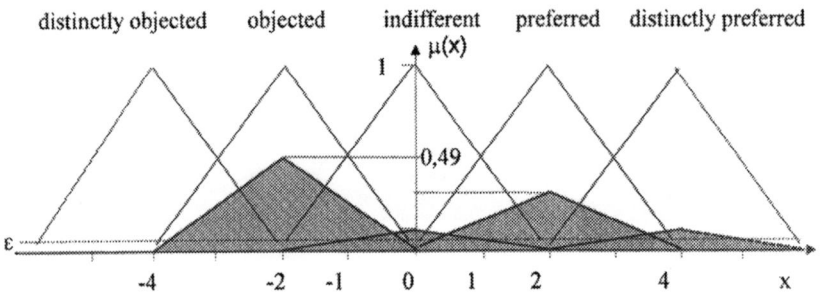

Abb. 5.4: Fuzzy-Bewertung von s_2 einer Vierergruppe ♦

Für den Fall, daß scharfe Gruppenpräferenzen gefordert werden, so lassen sich die linguistischen (Gruppen-)Bewertungen ohne weiteres auf einen scharfen Wert komprimieren. Die Anwendung von Defuzzifizierungsansätzen, vgl. Abschnitt 5.6.3, ist allerdings mit dem Nachteil verbunden, daß Information verloren geht.

5.6.3 Gruppenpräferenzordnungen

Eine Gruppenpräferenzordnung für die Alternativen läßt sich durch die Anwendung von Fuzzy-Präferenzordnungsverfahren bestimmen, vgl. BORTOLAN; DEGANI [1985], CHEN; HWANG [1992], ROMMELFANGER [1986]. Viele dieser Verfahren sind allerdings nicht trennscharf genug, so daß sich gegebenenfalls nur Präferenzcluster bestimmen lassen oder die beste Lösung angegeben werden kann.

Bei Bedarf läßt sich die linguistische Gruppenpräferenz auch ohne weiteres mit Hilfe von Defuzzifikationsmethoden in scharfe Größen umsetzen. Es ließe sich so eine kollektive Präferenzordnung bestimmen, wobei – wie erwähnt - auf diese Weise Information unberücksichtigt bleibt.

Da die Auswahl des Defuzzifizierungsansatzes das Ergebnis beeinflußt, muß abgewogen werden, welche Methode den Rangordnungsprozess am geeignetesten unterstützt. Das Schwerpunktverfahren (Center of Gravity Method, CGM) beispielsweise bewertet extreme Größen stärker als das Flächenhalbierungsverfahren (Center of Area Method). Eine einfache Näherung des Schwerpunktverfahrens kann folgendermaßen aussehen:

$$CGM(s_j) = -4 \cdot \mu_{dab}(s_j) - 2 \cdot \mu_{ab}(s_j) + 0 \cdot \mu_{ind}(s_j) + 2 \cdot \mu_{pr}(s_j) + 4 \cdot \mu_{dpr}(s_j)\,.$$

5.6 Ein Fuzzy-Logik basierter Ansatz zur Lösung von Gruppenentscheidungen

< **5.20** > Für Beispiel < 5.18 > und < 5.19 > würde man die gleichen Bewertungen

CGM(s_1) = CGM(s_2) = 0,05

erhalten und offensichtlich wesentliche Inhalte einbüßen. ◆

Mit Hilfe des Beispiels < 5.20 > ist offensichtlich geworden, daß die scharfen CGM–Werte nur eine erste Orientierung liefern können. Insbesondere CGM-Werte in der Nähe von 0 können eine Aggregation sehr unterschiedlicher individueller Präferenzen darstellen, wie durch zwei beispielhafte Fuzzy-Gruppenbewertungen mit CGMs ≈ 0 in Abb. 5.5 und 5.6 illustriert wird. Abb. 5.5 veranschaulicht eine Gruppe mit extremen Positionen, Abb. 5.6 eine eher unentschlossene Gruppe.

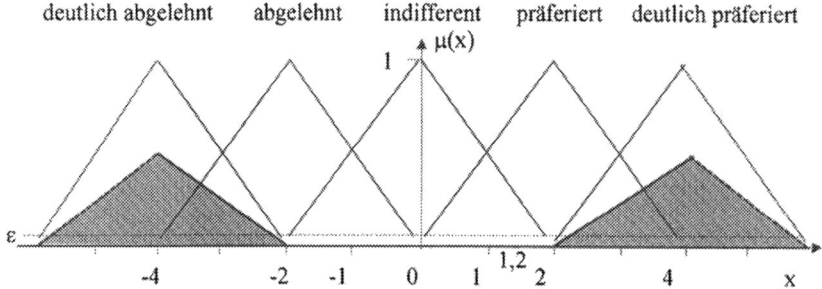

Abb. 5.5: Fuzzy-Bewertung einer Gruppe mit extremen Positionen

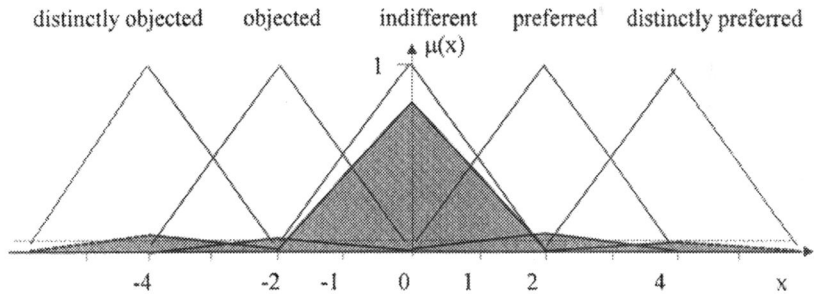

Abb. 5.6: Fuzzy-Bewertung einer unentschlossenen Gruppe

Unserer Ansicht nach liegt die wesentliche Bedeutung der Defuzzifizierung in der **Unterstützung des Rangordnungsprozesses**. Sinnvoll ist daher die Installation einer automatischen Vorselektion; unterschiedliche Kriterien sind denkbar:

- Die Gruppe kann einen Mindestwert festlegen, den Alternativen erfüllen müssen, um weiter in der Diskussion zu bleiben.

- Alternativen, deren DOF in der Klasse "entschieden abgelehnt" größer ist als eine vereinbarte Grenze, können eliminiert werden.
- Des weiteren läßt sich durch eine weitere linguistische Bewertung das Präferenzverhalten der Gruppe in einer dem zugrunde gelegten Ansatz passenden Form beschreiben, da die Alternativen nicht in eine strenge Ordnung gebracht werden müssen.

Einen Vorschlag für eine linguistische Variable, die die Präferenz der Gruppe widerspiegeln kann, findet sich in Abb. 5.7.

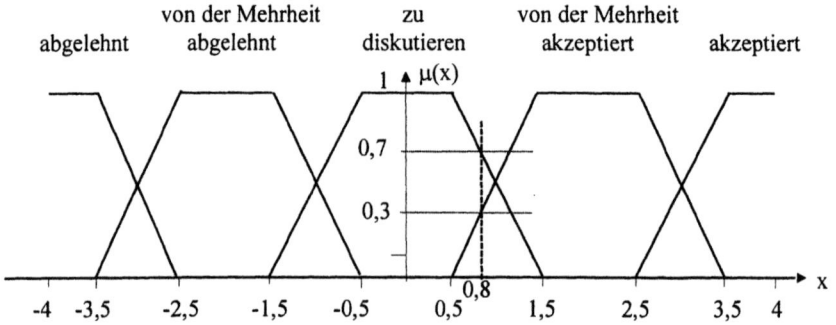

Abb. 5.7: Linguistische Variable "Gruppenpräferenz"

< **5.21** > Eine Alternative mit dem scharfen $CGM(s_3) = 0,8$ ließe sich dann beschreiben als eine Alternative, die es sich zu diskutieren lohnt, da eine Akzeptanz durch die Mehrheit erkennbar scheint. ◆

Aufgaben

5.1 In dem großen Telekommunikationsunternehmen Mobil-Dom soll ein Werbeauftrag an eine von 6 Werbeagenturen (A - F) vergeben werden. Ein Entscheidungsgremium bestehend aus 9 Personen ($m_1 - m_9$) soll die geeignete Agentur auswählen. Die Präferenzordnungen der einzelnen Mitglieder sind in der folgenden Tabelle wiedergegeben.

	m_1	m_2	m_3	m_4	m_5	m_6	m_7	m_8	m_9
1.	B	B	A	F	D	C	A	A	A
2.	A	A	E	E	E	D	E	D	F
3.	D	C	B	B	B	F	C	B	D
4.	F	E	C	A	A	B	B	C	C
5.	C	F	F	C	F	A	D	F	B
6.	E	D	D	D	C	E	F	E	E

Welche Agentur wird gewählt bei Anwendung

a. der Einstimmigkeitsregel,

b. der einfachen und der absoluten Mehrheit,

c. dem Double Election-Verfahren,

d. dem Borda-Kriterium,

e. der Methode des paarweisen Vergleichs?

Existiert eine Condorcet-Alternative? (Wenn ja, benennen Sie diese.)

5.2 Gegeben sei folgendes Präferenzordnungsprofil einer Gruppe mit drei Mitgliedern und vier zur Auswahl stehenden Alternativen. Genügt dieses Präferenzordnungsprofil der Eingipfelbedingung?

$$\begin{pmatrix} a & b & c \\ P_1 & P_2 & P_3 \\ c & d & d \\ P_1 & P_2 & P_3 \\ d & c & b \\ P_1 & P_2 & P_3 \\ b & a & a \end{pmatrix}$$

5.3 Das 10-köpfiges Gremium soll nun aus 4 zur Auswahl stehenden Workstation-Modelle das neu zu beschaffende Standardmodell für den Konzern auswählen. Die Workstations-Alternativen werden mit A, B, C und D gekennzeichnet. Die Teammitglieder tragen in der nachfolgenden Tabelle die Nummern K1, K2,..., K10.

Bestimmen Sie für das folgende Präferenzordnungsprofil mittels des Verfahrens von BLIN und WHINSTON die Gruppenpräferenzordnung.

Rang	K1	K2	K3	K4	K5	K6	K7	K8	K9	K10
1	B	D	D	D	A	C	D	B	A	D
2	A	A	C	C	B	A	A	A	D	B
3	D	C	B	A	D	B	C	C	C	A
4	C	B	A	B	C	D	B	D	B	C

Lösungen zu den Übungsaufgaben

Lösungen zu den Aufgaben des 1. Kapitels

1.2 Es gibt 9 Alternativen.

Lösungen zu den Aufgaben des 2. Kapitels

2.1 a. Alternativen a_1 und a_2 werden von den Alternativen a_3 und a_4 dominiert.

  b. a_5 ist gewinnmaximal.

  c. a_3 ist gewinnmaximal.

2.2 a. $\tilde{A} \oplus \tilde{B} = (14; 3{,}5; 5)_{LR}$, $\quad -\tilde{B} = (-6; 2; \tfrac{3}{2})_{RL}$, $\quad \tilde{A} \ominus \tilde{C} = (6; 3; 3{,}5)_{LR}$

  $3\tilde{A} = (24; 6; 9)_{LR}$, $\quad -2\tilde{B} = (-12; 4; 3)_{RL}$,

  $\tilde{A} \otimes \tilde{B} \overset{I}{=} (48; 24; 34)_{LR} \qquad \tilde{A} \oslash \tilde{C} \overset{I}{=} (4; 3; 2{,}5)_{LR}$

  $\phantom{\tilde{A} \otimes \tilde{B}} \overset{II}{=} (48; 21; 40)_{LR} \qquad \phantom{\tilde{A} \oslash \tilde{C}} \overset{II}{=} (4; 2; \tfrac{10}{3})_{LR}$

  $\tilde{B}^{-1} \overset{I}{=} (\tfrac{1}{6}; \tfrac{1}{18}; \tfrac{1}{24})_{RL}$

  $\phantom{\tilde{B}^{-1}} \overset{II}{=} (\tfrac{1}{6}; \tfrac{1}{24}; \tfrac{1}{18})_{RL}$

  b. $\tilde{A} \oplus \tilde{B} = (16, 4, 4)_{LR}$, $\quad -\tilde{B} = (-4, 1, 1)_{RL}$, $\quad \tilde{A} \ominus \tilde{C} = (9, 5, 4)_{LR}$,

  $3\tilde{A} = (36, 9, 9)_{LR}$, $\quad -2\tilde{B} = (-8, 2, 2)_{RL}$

$$\tilde{A} \otimes \tilde{B} \overset{I}{=} (48; 24; 24)_{LR} \qquad \tilde{A} \oslash \tilde{C} \overset{I}{=} (4; \tfrac{11}{3}; \tfrac{7}{3})_{LR}$$

$$\overset{II}{=} (48; 21; 27)_{LR} \qquad \overset{II}{=} (4; \tfrac{11}{5}; \tfrac{7}{2})_{LR}$$

$$\tilde{B}^{-1} \overset{I}{=} (\tfrac{1}{4}; \tfrac{1}{16}; \tfrac{1}{16})_{RL}$$

$$\overset{II}{=} (\tfrac{1}{4}; \tfrac{1}{20}; \tfrac{1}{12})_{RL}$$

2.3 a. $\tilde{M} \oplus \tilde{N} = (14; 15,3; 17; 20; 22,5; 25)^{\varepsilon,\lambda}$

$\tilde{N} \ominus \tilde{M} = (3; 4,5; 6; 9; 11,7; 14)^{\varepsilon,\lambda}$

$\tilde{M} \otimes \tilde{N} = (40; 47,3; 60; 84; 104; 126)^{\varepsilon,\lambda}$

$\tilde{N} \oslash \tilde{N} = (\tfrac{10}{7}; \tfrac{22}{13}; 2; \tfrac{14}{5}; 3,72; 4,5)^{\varepsilon,\lambda}$

b. $\tilde{M} \oplus \tilde{N} = (12; 14,5; 16; 17; 19; 21)^{\varepsilon,\lambda}$

$\tilde{N} \ominus \tilde{M} = (5; 8; 10; 11; 12,5; 14)^{\varepsilon,\lambda}$

$\tilde{M} \otimes \tilde{N} = (20; 30; 39; 42; 60; 80)^{\varepsilon,\lambda}$

$\tilde{N} \oslash \tilde{N} = (2; 3; \tfrac{13}{3}; \tfrac{14}{3}; 6; 8)^{\varepsilon,\lambda}$

2.4 b. $\rho = \varepsilon \qquad \tilde{E}_3 \succ_\rho \tilde{E}_1, \quad \tilde{E}_4 \succ_\rho \tilde{E}_1, \quad \tilde{E}_5 \succ_\rho \tilde{E}_1 \quad \tilde{E}_3 \succ_\rho \tilde{E}_2,$

$\tilde{E}_4 \succ_\rho \tilde{E}_2 \quad \tilde{E}_5 \succ_\rho \tilde{E}_2$

$\rho = \lambda \qquad \tilde{E}_4 \succ_\rho \tilde{E}_3$

$\rho = 1 \qquad \tilde{E}_2 \succ_\rho \tilde{E}_1, \quad \tilde{E}_4 \succ_\rho \tilde{E}_5 \succ_\rho \tilde{E}_3$

$\varepsilon \qquad \tilde{E}_2 \succ_\varepsilon \tilde{E}_1, \quad \tilde{E}_5 \succ_\varepsilon \tilde{E}_3$

Niveau-Ebenen-Verfahren

$\hat{X}_1 = 3,82 \qquad \hat{X}_2 = 4,82 \qquad \hat{X}_3 = 8,75 \qquad \hat{X}_4 = 13 \qquad \hat{X}_5 = 10,75$

$\mu_R(a_1) = \dfrac{3,82}{18-3} = 0,25; \qquad \mu_R(a_2) = 0,32; \qquad \mu_R(a_3) = 0,58;$

$\mu_R(a_4) = 0,87; \qquad \mu_R(a_5) = 0,72$

Lösungen zu den Aufgaben des 3. Kapitels

3.1 **a.** a_4

b.
Maximin	$a_3 = 3$		
Maximax	$a_1 = 7$,	$a_2 = 7$,	$a_5 = 7$
Hurwicz	$a_1 = 5$,	$a_2 = 5$,	$a_5 = 5$
Laplace	$a_3 = 4,8$		
Savage-Niehans	$a_3 = 2$		

c. $\delta^* = \frac{1}{2}$

d. $p_1 = p_4 = \frac{1}{8}$ $\quad p_2 = p_3 = p_5 = \frac{1}{4}$

µ-Prinzip $\quad a_3 = 4,5$

(µ, σ)-Prinzip $\quad a_1 = 5,55$

3.2 **a.** Maximin-Regel $(x_1, x_2) = (0; 350)$

b. Maximax-Regel $(x_1, x_2) = (1.500; 0)$

c. Hurwicz-Regel $(x_1, x_2) = (1.200; 150)$

3.3 **a.**
Maximin	a_3
Maximax	a_4
Hurwicz	a_4
Laplace	a_2
Savage-Niehans	a_1

b Nutzenerwartungswert $\quad a_3$

3.4 $w = 0,75$

3.5 **a.** HH ist risikoneutral; KK ist in [0, 100] risikofreudig und in]100, 200] risikoavers.

b. Beide Unternehmer entscheiden sich zugunsten von Produkt A.

c. HH entscheidet sich weiterhin für Produkt A, KK führt Produkt B ein.

3.6 Von der Einführung des neuen Produkts wird abgesehen.

3.7 **a.** s = 8

b. s = 8

c. $u_{JB}(x) = 2\,u_{BB}(x) + 2$

3.8 **a.** $E(a_2) = 63{,}58$

b. (1) Für $x \in [0{,}4;\ 10]$ ist der Entscheider risikofreudig eingestellt.
(2) Für $x \in\ ]10;\ 19]$ ist der Entscheider risikoneutral eingestellt.
(3) Für $x > 19$ ist der Entscheider risikoscheu eingestellt.

c. i. $\tilde{E}_1^A = (50{,}75;\ 54{,}70;\ 58{,}65;\ 61{,}89;\ 65{,}84;\ 69{,}79)$

$\tilde{E}_2^A = (55{,}912;\ 58{,}90;\ 61{,}89;\ 65{,}27;\ 68{,}26;\ 71{,}24)$

$\tilde{E}_3^A = (52{,}24;\ 56{,}72;\ 61{,}20;\ 64{,}46;\ 68{,}93;\ 73{,}41)$

c. ii. $\tilde{E}_1^P = (51{,}38;\ 55{,}12;\ 58{,}86;\ 61{,}68;\ 65{,}42;\ 69{,}16)$

$\tilde{E}_2^P = (55{,}99;\ 58{,}95;\ 61{,}91;\ 65{,}25;\ 68{,}21;\ 71{,}17)$

$\tilde{E}_3^P = (55{,}14;\ 58{,}52;\ 61{,}90;\ 63{,}75;\ 67{,}13;\ 70{,}51)$

3.9 $r(x) = -\dfrac{1}{x^3 + x}$, $r(1) = -\dfrac{1}{2}$, $r(10) = -\dfrac{1}{1.010}$, $r(100) = -\dfrac{1}{1.000.100}$

Der Entscheider ist risikofreudig eingestellt; dabei ist das Maß seiner Risikofreude jedoch abnehmend und nähert sich für wachsende x-Werte risikoneutralem Verhalten.

3.10 a. $\tilde{E}_1^A = (37{,}20;\ 47{,}30;\ 60{,}90;\ 75{,}90;\ 95{,}70;\ 110{,}40)$ (von a_4 dominiert)

$\tilde{E}_2^A = (55{,}70;\ 64{,}05;\ 76{,}70;\ 85{,}40;\ 97{,}30;\ 107{,}55)$

$\tilde{E}_3^A = (49{,}20;\ 60{,}60;\ 70{,}65;\ 78{,}40;\ 91{,}40;\ 105{,}00)$ (von a_2 dominiert)

$\tilde{E}_4^A = (49{,}30;\ 63{,}00;\ 75{,}20;\ 89{,}00;\ 100{,}80;\ 119{,}10)$

b. Es werden nur die Alternativen a_2 und a_4 betrachtet.

$\tilde{E}_2^P = (55{,}9;\ 64{,}2;\ 76{,}3;\ 85{,}6;\ 95{,}7;\ 103{,}65)$

$\tilde{E}_4^P = (49{,}7;\ 63;\ 74{,}2;\ 89{,}8;\ 99{,}7;\ 115{,}5)$

3.11 $E(a_1) = (8{,}47;\ 8{,}86;\ 9{,}38;\ 9{,}88;\ 10{,}28;\ 10{,}61)$

$E(a_2) = (10{,}84;\ 11{,}04;\ 11{,}29;\ 11{,}66;\ 11{,}90;\ 12{,}13)$

$E(a_3) = (8;\ 8{,}81;\ 9{,}33;\ 9{,}90;\ 10{,}39;\ 10{,}78)$

Der Entscheider wird a_2 wählen. Es ist keine Aussage zwischen a_1 und a_3 möglich.

Hodges-Lehmann-Regel I mit $\lambda = 0{,}5$:

$\Phi(a_1) = (6{,}47;\ 6{,}93;\ 7{,}65;\ 8{,}30;\ 8{,}85;\ 9{,}18)$

$\Phi(a_2) = (10{,}67;\ 10{,}88;\ 11{,}12;\ 11{,}42;\ 11{,}65;\ 11{,}88)$

$\Phi(a_3) = (4;\ 5{,}53;\ 6{,}25;\ 6{,}89;\ 7{,}70;\ 8{,}35)$

$\Rightarrow\quad a_2 \succ a_1 \succ a_3$

3.12 a. Harry sollte das Manuskript nicht veröffentlichen.

b. Da $W(U^*) \approx 6.400 > K = 6.000$ lohnt es sich für Harry, die Stellungnahme einzuholen.

Lösungen zu den Aufgaben des 4. Kapitels

4.1 a. Punkt E

b. Punkt C

c. Punkte C + D + E

d. Punkt D

e. $G = -\frac{1}{5}U + \frac{2}{5}Z$; $\Rightarrow$ Punkt D

4.2 a. a_5 ist ineffizient.

b. i. Zielunterdrückung: a_3, a_4

ii. lexikographische Ordnung: a_3

iii. Anspruchsniveau: a_1

c. $W(z_1) = 0{,}18 \quad\quad W(z_2) = 0{,}24 \quad\quad W(z_3) = 0{,}18$

$W(z_4) = 0{,}04 \quad\quad W(z_5) = 0{,}24 \quad\quad W(z_6) = 0{,}12$

$E(a_1) = 4{,}78 \quad\quad E(a_2) = 6{,}22 \quad\quad E(a_3) = 8{,}3$

$E(a_4) = 7{,}84 \quad\quad E(a_5) = 4{,}18$

d. h. a_3 ist die optimale Alternative

4.3. $a_1 : 4{,}35$

$a_2 : 4{,}1$

$a_3 : 3{,}95$

$a_4 : 4{,}4$

$a_5 : 3{,}3$

$\Rightarrow$ Alternative 5

4.4 a. A ist eine konsistent Matrix mit den Eigenwerten
$\lambda_1 = 3$ und $\lambda_2 = \lambda_3 = 0$.

Als normierten Gewichtungsvektor erhält man somit $\vec{x}' = (\frac{4}{13}; \frac{1}{13}; \frac{8}{13})$

b. $KW(B) = \frac{0{,}0429}{0{,}58} \approx 0{,}0740 \leq 0{,}1$

B kann als ausreichend konsistent angesehen werden.

$$(B - 3{,}0858 \cdot E) \cdot \vec{x} = \begin{pmatrix} -2{,}0858 & 5 & 4 \\ \frac{1}{5} & -2{,}0858 & \frac{1}{3} \\ \frac{1}{4} & 3 & -2{,}0858 \end{pmatrix} \cdot \vec{x} = \vec{0}$$

$$\Rightarrow \vec{x} = \begin{pmatrix} 2{,}9876 \\ 0{,}4463 \\ 1 \end{pmatrix} \cdot t, \quad t \in \mathbb{R} \quad \text{bzw. normiert:} \quad \vec{x} = \begin{pmatrix} 0{,}6738 \\ 0{,}1007 \\ 0{,}2255 \end{pmatrix} \cdot \tau, \quad \tau \in \mathbb{R}$$

4.5 a. Normiert man die Spaltenvektoren der Paarvergleichsmatrix mit den Spaltensummen $(\sigma_1^*, \sigma_2^*, \sigma_3^*) = (1{,}445 \, , \, 14 \, , \, 4{,}254)$, so erhält man:

	Größe	Entfernung	Lärm
Größe	(0,692;0,692;0,692; 0,692;0,692;0,692)	$(\frac{1}{2}; \frac{4}{7}; \frac{17}{28}; \frac{19}{28}; \frac{5}{7}; \frac{11}{14})$	(0,470;0,568;0,705; 0,705;0,823;0,940)
Ent-fernung	(0,063;0,069;0,073; 0,081;0,087;0,099)	$(\frac{1}{14}; \frac{1}{14}; \frac{1}{14}; \frac{1}{14}; \frac{1}{14}; \frac{1}{14})$	(0,039;0,047;0,052; 0,067;0,078;0,094)
Lärm	(0,173;0,231;0,231; 0,231;0,277;0,346)	$(\frac{5}{28}; \frac{3}{14}; \frac{7}{28}; \frac{9}{28}; \frac{5}{14}; \frac{3}{7})$	(0,235;0,235;0,235; 0,235;0,235;0,235)

Mit σ_j^* normierte Paarvergleichsmatrix mit Fuzzy-Intervallen

Daraus ergibt sich durch Bildung des arithmetischen Mittels der Fuzzy-Gewichtevektor:

Größe	$(0{,}554; 0{,}610; 0{,}668; 0{,}692; 0{,}743; 0{,}806)^{\varepsilon,\lambda}$
Entfernung	$(0{,}058; 0{,}062; 0{,}065; 0{,}073; 0{,}079; 0{,}088)^{\varepsilon,\lambda}$
Lärm	$(0{,}196; 0{,}227; 0{,}238; 0{,}262; 0{,}290; 0{,}337)^{\varepsilon,\lambda}$

Fuzzy-Gewichtungsvektor $\tilde{g}^*$

b.

Wohnung	Gesamtnutzen
A	$(5{,}990; 6{,}642; 7{,}2218; 7{,}517; 8{,}089; 8{,}822)^{\varepsilon,\lambda}$
B	$(1{,}884; 2{,}080; 2{,}224; 2{,}376; 2{,}566; 2{,}829)^{\varepsilon,\lambda}$
C	$(2{,}434; 2{,}894; 2{,}940; 3{,}196; 3{,}511; 4{,}015)^{\varepsilon,\lambda}$
D	$(3{,}486; 3{,}950; 4{,}187; 4{,}443; 4{,}817; 5{,}349)^{\varepsilon,\lambda}$

Gesamtnutzen $\tilde{u}_k$ der einzelnen Wohnungen

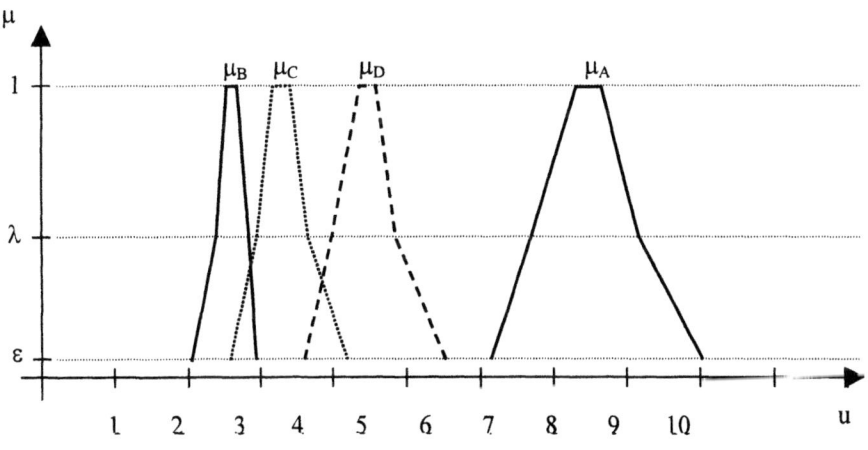

Gesamtnutzen $\tilde{u}_k$ der einzelnen Wohnungen

4.6 Zugehörigkeitswerte (niedrig, mittel, hoch) der einzelnen Kennzahlenausprägungen:

	Gesamtkapitalrentabilität	Umsatzrentabilität
Unternehmen A	(0; 0,8; 0,2)	$(\frac{1}{3}; \frac{2}{3}; 0)$
Unternehmen B	(0,25; 0,75; 0)	(0; 0; 1)

Unternehmen A: $DOF_{Regel\ 4}$ (m, n) $= \frac{1}{3}$ schlecht

$DOF_{Regel\ 5}$ (m, h) $= \frac{2}{3}$ mittel

$DOF_{Regel\ 7}$ (h, n) $= 0,2$ mittel
$DOF_{Regel\ 8}$ (h, h) $= 0,2$ gut

$\Rightarrow$ DOF (mittel) $= 1 - (1 - 0,2) \cdot (1 - \frac{2}{3}) = 0,733$

Unternehmen B: $DOF_{Regel\ 3}$ (n, h) $= 0,25$ mittel
$DOF_{Regel\ 6}$ (m, h) $= 0,75$ mittel

DOF (mittel) $= 1 - (1 - 0,25) \cdot (1 - 0,75) = 0,8125$

4.7 Zugehörigkeitswerte (niedrig, mittel, hoch) der einzelnen Kennzahlenausprägungen

	EK-Quote	EK-Qualität	Anlagendeckungsgrad
Unternehmen A	(0,6; 0,4; 0)	(0; 0; 1)	(0; 0,5; 0,5)
Unternehmen B	(0; 0; 1)	(0; 1; 0)	(0; 1; 0)
Unternehmen C	$(0; \frac{3}{7}; \frac{4}{7})$	(0,6; 0,4; 0)	(1; 0; 0)

i. Unternehmen A: $DOF_{Regel\ 8}$ (n, h, m) $= 0,5$ mittel
$DOF_{Regel\ 9}$ (n, h, h) $= 0,5$ mittel
$DOF_{Regel\ 17}$ (m, h, m) $= 0,4$ mittel$^+$
$DOF_{Regel\ 18}$ (m, h, h) $= 0,4$ mittel$^+$

$\Rightarrow$ DOF (mittel) $= 1 - (1 - 0,5) \cdot (1 - 0,5) = 0,75$
DOF (mittel$^+$) $= 1 - (1 - 0,4) \cdot (1 - 0,4) = 0,64$

ii. **Unternehmen B:** $DOF_{Regel\ 23}$ (h, m, m) = 1   mittel⁺

iii. **Unternehmen C:** $DOF_{Regel\ 10}$ (m, n, n) = $\frac{3}{7}$ schlecht⁻

$DOF_{Regel\ 13}$ (m, m, n) = 0,4   schlecht

$DOF_{Regel\ 19}$ (h, n, n) = $\frac{4}{7}$ schlecht⁺

$DOF_{Regel\ 22}$ (h, m, n) = 0,4   mittel⁺

Lösungen zu den Aufgaben des 5. Kapitels

5.1. a. Keine Entscheidung möglich.

b. Keine Entscheidung möglich.

c. A(4)

d. A(42) ≻ B(36) ≻ D(29) ≻ C(28) ≻ E(27) ~ F(27)

e. (AB) (BC) (BD) (BE) (BF) ⇒ B ($\hat{=}$ Condorcet Alternative)

5.2 Die Eingipfelbedingung ist erfüllt, c ≻ d ≻ b ≻ a

5.3 Aus dem Präferenzordnungsprofil läßt sich folgende Abstimmungsmatrix herleiten.

	A	B	C	D
A		6 : 4	7 : 3	6 : 4
B	4 : 6		4 : 6	4 : 6
C	3 : 7	6 : 4		2 : 8
D	4 : 6	6 : 4	8 : 2	

Mittels der Formel (5.4) ergeben sich daraus die Übereinstimmungsniveaus:

	A	B	C	D
A		0,6	0,7	0,6
B	0,4		0,4	0,4
C	0,3	0,6		0,2
D	0,4	0,6	0,8	

(D, C) ist das Alternativenpaar mit dem höchsten Zugehörigkeitsgrad $f_R(D, C) = 0{,}8$. Mit diesem Paar sind zwölf Präferenzordnungen kompatibel:

$M_1 = \{$(D, C, A, B), (D, C, B, A), (D, A, B, C), (D, A, C, B), (D, B, A, C),
(D, B, C, A), (A, D, C, B), (A, D, B, C), (A, B, D, C), (B, D, C, A),
(B, D, A, C), (B, A, D, C)$\}$

Das Alternativenpaar mit dem zweithöchsten Zugehörigkeitsgrad ist (A, C) mit $f_R(A, C) = 0{,}7$. Damit gilt:

$M_2 = \{$(D, A, B, C), (D, A, C, B), (D, B, A, C), (A, D, C, B),
(A, D, B, C), (A, B, D, C), (B, D, A, C), (B, A, D, C)$\}$

Es existieren nun 4 Paare mit dem dritthöchsten Zugehörigkeitsgrad 0,6. Dies sind die Paare (A, B), (A, D), (C, B) und (D, B).

Aus M_2 stehen 1 Präferenzordnung mit diesen Paaren im Einklang:

$M_3 = \{$(A, D, C, B)$\}$

Somit lautet die Gruppenpräferenzordnung:

A ≻ D ≻ C ≻ B.

Die Summe der Übereinstimmungsniveaus dieser Gruppenpräferenzordnung ist gleich

$f_R(A, D) + f_R(A, C) + f_R(A, B) + f_R(D, C) + f_R(D, B) + f_R(C, B)$
$= 0{,}6 + 0{,}7 + 0{,}6 + 0{,}8 + 0{,}6 + 0{,}6 = 3{,}9$

ANHANG: Grundlagen der Fuzzy-Mengen-Theorie

Zur Einführung des Begriffs "unscharfe Menge" gehen wir von der klassischen Definition einer Menge im Sinne von CANTOR aus:

"Unter einer Menge verstehen wir jede Zusammenfassung von bestimmten wohl unterschiedenen Objekten unserer Anschauung oder unseres Denkens zu einem Ganzen".

Die klassische Menge ist scharf abgegrenzt. Für ein beliebiges Objekt a gilt entweder $a \in A$ oder $a \notin A$, ganz im Sinne der zweiwertigen Logik, die nur Wahr-Falsch-Aussagen zuläßt. Diese harte Abgrenzung einer Menge, im Englischen spricht man daher auch von "crisp sets", bereitet bei der Anwendung auf reale Problemstellungen oft große Schwierigkeiten. Betrachten wir hierzu das folgende Beispiel:

< A.1 > Aus der Menge der bei einem großen Familientreffen anwesenden Personen ist die Teilmenge A der "jüngeren Männer" auszuwählen. Wenn irgendein Anwesender diese Teilmenge A auswählen sollte, so fiele es ihm zumeist nicht schwer, einige Personen direkt als Elemente von A zu benennen und andere als nicht zu dieser Gruppe gehörend auszuschließen. Es blieben aber auch Grenzfälle, deren Zugehörigkeit zu A strittig ist. ♦

Einem Vorschlag von ZADEH [1965] folgend, kann man nun für jedes Element x einer Grundmenge X den Grad der Zugehörigkeit zu einer unscharf beschriebenen Teilmenge $\tilde{A}$ durch die Zuordnung einer reellen Zahl $\mu_A(x)$ ausdrücken. Dabei ist es üblich, den Wertebereich der Bewertungsfunktion μ_A auf das abgeschlossene Intervall [0, 1] zu beschränken und den Funktionswert 0 den Objekten zuzuordnen, die nach Ansicht des Urteilenden die gewünschte Eigenschaft mit Sicherheit nicht aufweisen.

Definition A.1:

Ist X eine Menge von Objekten, die hinsichtlich einer unscharfen Aussage zu bewerten sind, so heißt

$$\tilde{A} = \{(x, \mu_A(x)) | x \in X\} \qquad \text{mit} \qquad \mu_A : X \to [0, 1]$$

eine **Fuzzy-Menge** oder **unscharfe Menge** auf X (**fuzzy set** in X). Die Bewertungsfunktion μ_A wird **Zugehörigkeitsfunktion** (**membership function**), **charakteristische Funktion** oder **Kompatibilitätsfunktion** genannt.

Die Verwendung einer numerischen Skala, hier des Intervalls [0, 1] erlaubt eine einfache und übersichtliche Darstellung der Zugehörigkeitsgrade. Um aber Fehlinterpretationen zu vermeiden, ist zu beachten, daß diese Zugehörigkeitswerte stets Ausdruck der subjektiven Einschätzung von Individuen oder von Gruppen sind. Im Beispiel < A.1 > wird eine 30-jährige Frau höchstwahrscheinlich andere Zugehörigkeitsgrade festlegen als ein 80-jähriger Mann. Die Zugehörigkeitswerte hängen darüber hinaus auch von der Grundmenge X ab.

Offensichtlich kommt in den Zugehörigkeitswerten eine "Ordnung" der Objekte der Grundmenge X zum Ausdruck. Die unscharfe (Teil-)Menge $\tilde{A}$ wird durch das beschreibende Prädikat induziert.

< A.2 > Die Abb. A.1 zeigt eine Zugehörigkeitsfunktion für die Fuzzy-Menge "Junge Männer", die von ZIMMERMANN und ZYSNO [1982] durch empirische Beobachtungen ermittelt wurde, vgl. auch [ZIMMERMANN 1987, S. 211].

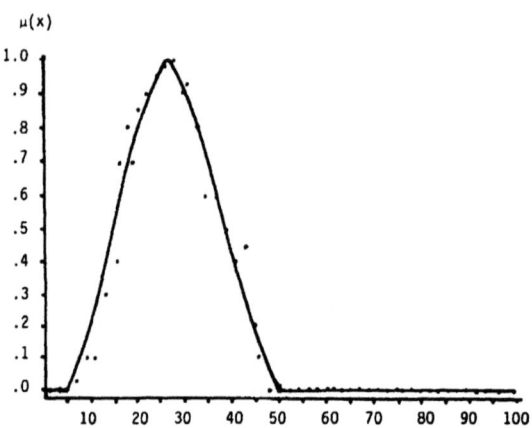

Abb. A.1: Fuzzy-Menge "Junge Männer"

< A.3 > Die Fuzzy-Menge "ungefähr gleich 8" auf X = **R** läßt sich u.a. modellieren durch

$$\tilde{A} = \{(x, \mu_A(x)) \in \mathbf{R}^2 \mid \mu_A(x) = (1 + (x - 8)^2)^{-1}\},$$

aber auch durch

$$\tilde{B} = \{(x, \mu_B(x)) \in \mathbf{R}^2\} \quad \text{mit} \quad \mu_B(x) = \begin{cases} \frac{x - 6{,}5}{1{,}5} & \text{für } 6{,}5 \leq x < 8 \\ \frac{10 - x}{2} & \text{für } 8 \leq x \leq 10 \\ 0 & \text{sonst} \end{cases}$$

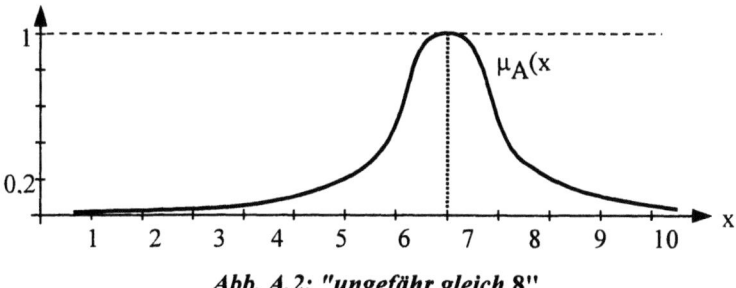

Abb. A.2: "ungefähr gleich 8"

Die Theorie unscharfer Mengen bietet zwar die Möglichkeit, Abstufungen in der Zugehörigkeit zu einer Menge beliebig genau zu beschreiben, in praktischen Anwendungsfällen ist dies aber kaum und auch dann nur mit beträchtlichem Aufwand möglich. Die benutzten Funktionen sind daher als mehr oder minder gute Darstellungsformen der subjektiven Vorstellung anzusehen. Bei der Modellierung benutzt man daher zumeist einfache Funktionsformen, wie stückweise lineare Funktionen, bei denen wenige festgelegte Punkte durch Geradenstücke verbunden werden, oder Funktionen, die durch wenige Parameter beschrieben werden, wie dies bei Fuzzy-Zahlen des L-R-Typs ist.

Interpretiert man, wie in Beispiel < A.2 > die Bewertungsskala [0, 1] so, daß Objekte mit dem Zugehörigkeitswert 1 mit Sicherheit zu der gesuchten Menge gehören, so läßt sich zeigen, daß das ZADEHsche Konzept einer unscharfen Menge eine Erweiterung des klassischen Mengenbegriffs im CANTORschen Sinne ist. Beschränkt man nämlich die Wertemenge der Zugehörigkeitsfunktion auf die zweielementige Menge $\{0, 1\}$, so entspricht die unscharfe Teilmenge

$$\tilde{A} = \{(x, \mu_A(x)) \mid x \in X\} \quad \text{mit} \quad \mu_A : X \to \{0, 1\}$$

der Teilmenge $A = \{x \in X \mid \mu_A(x) = 1\} \subseteq X$ im klassischen Sinn.

Zur Unterscheidung von Fuzzy-Mengen werden in der englischsprachigen Literatur Mengen im CANTORschen Sinn als **crip sets** bezeichnet.

Zur Beschreibung einer klassischen Menge werden üblicherweise nur die Objekte mit dem Zugehörigkeitsgrad 1, die sogenannten Elemente dieser Menge, herangezogen. Das analoge Vorgehen bei unscharfen Mengen führt zur Definition der stützenden Menge.

Definition A.2:
Die **stützende Menge** supp($\tilde{A}$) einer unscharfen Menge $\tilde{A}$ ist
$$\text{supp}(\tilde{A}) = \{x \in X \mid \mu_A(x) > 0\}.$$

supp($\tilde{A}$) ist eine klassische Teilmenge von X.

Nach Definition A.1 bildet die Zugehörigkeitsfunktion μ_A eine unscharfe Menge $\tilde{A}$ **in** das Intervall [0, 1] und nicht notwendig **auf** das Intervall [0, 1] ab. Da aber in vielen Anwendungen unscharfe Mengen nur sinnvoll sind, wenn die auftretenden Zugehörigkeitsfunktionen die gleiche Wertemenge besitzen, normalisiert man meistens die unscharfen Mengen gemäß der nachfolgenden Definition.

Definition A.3:

Die **Höhe** einer unscharfen Menge $\tilde{A}$ (**height** of $\tilde{A}$) ist die kleinste obere Grenze von μ_A auf X, d.h.

$$\text{hgt}(\tilde{A}) = \sup_{x \in X} \mu_A(x).$$

Hat eine unscharfe Menge $\tilde{A}$ die Eigenschaft $\text{hgt}(\tilde{A}) = 1$, so heißt $\tilde{A}$ **normalisiert (normalized)**.

Offensichtlich kann eine nichtleere unscharfe Menge $\tilde{A}$ immer dadurch normalisiert werden, daß man ihre Zugehörigkeitsfunktion $\mu_A(x)$ durch

$\sup_{x \in X} \mu_A(x)$ dividiert.

In Verallgemeinerung des Begriffes einer stützenden Menge ist es manchmal nützlich, weitere gewöhnliche Teilmengen der Grundmenge X zu definieren, deren Elemente dadurch charakterisiert sind, daß ihr Zugehörigkeitswert zur Menge $\tilde{A}$ nicht kleiner als ein vorgegebenes Niveau $\alpha \in [0, 1]$ ist.

Definition A.4:

Für eine unscharfe Menge $\tilde{A}$ und eine reelle Zahl $\alpha \in [0, 1]$ bezeichnet man die gewöhnliche Menge $A_\alpha = \{x \in X \mid \mu_A(x) \geq \alpha\}$ als α-**Niveau-Menge** (α-**level set**) oder α-**Schnitt** (α-**cut**) von $\tilde{A}$.

Die Menge $A_{\overline{\alpha}} = \{x \in X \mid \mu_A(x) > \alpha\}$ heißt dann **strenge α-Niveau-Menge (strong α-level set)**.

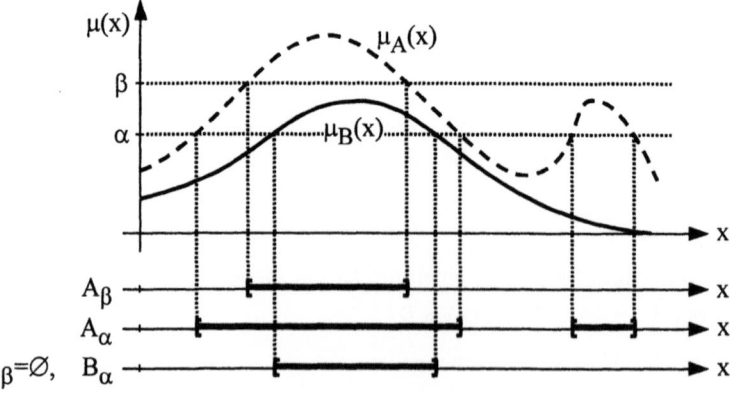

Abb. A.3: α-Niveau-Mengen

Auch der Begriff "konvexe Menge" läßt sich auf unscharfe Mengen übertragen.

Definition A.5:
Eine unscharfe Menge $\tilde{A} = \{(x, \mu_A(x)) \mid x \in X\}$ auf einer konvexen Menge X heißt **konvex**, wenn
$$\mu_A(\lambda \cdot x_1 + (1-\lambda) \cdot x_2) \geq \text{Min}(\mu_A(x_1), \mu_A(x_2)) \quad \forall\, x_1, x_2 \in X \quad \forall\, \lambda \in [0, 1].$$

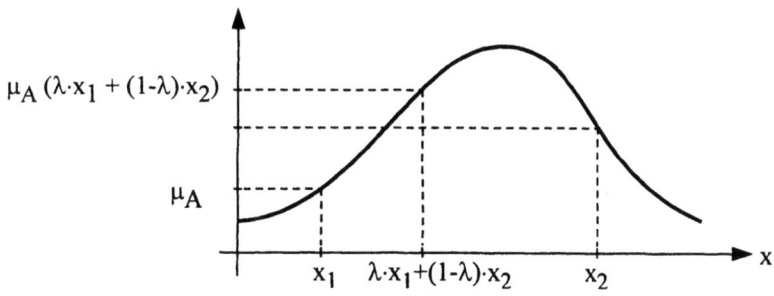

Abb. A.4: Konvexe, unscharfe Menge

Bemerkung:
Wie Abb. A.4 zeigt, impliziert die Eigenschaft, eine konvexe unscharfe Menge zu sein, **nicht**, daß die Zugehörigkeitsfunktion $\mu_A(x)$ eine konvexe Funktion ist.

Offensichtlich ist eine unscharfe Menge $\tilde{A}$ genau dann konvex, wenn alle ihre α-Niveau-Mengen konvexe klassische Mengen sind. Ist $X \subseteq \mathbf{R}$, so stellen **konvexe** α-Schnitte Intervalle dar. In Abb. A.4 ist $\tilde{B}$ eine konvexe unscharfe Menge, während $\tilde{A}$ nicht konvex ist, da u.a. die eingezeichnete Menge A_α aus nicht zusammenhängenden Intervallen besteht.

Für die Anwendung von großer Bedeutung ist der Begriff Fuzzy-Zahl und Fuzzy-Intervall:

Definition A.6:
Eine konvexe, normalisierte unscharfe Menge $\tilde{A}$ auf der Menge der reellen Zahlen $\mathbf{R}$ wird **Fuzzy-Zahl (fuzzy number)** genannt, wenn

i. **genau eine** reelle Zahl x_0 existiert mit $\mu_A(x_0) = 1$ und

ii. μ_A stückweise stetig ist.

Die Stelle x_0 heißt dann **Gipfelpunkt** von $\tilde{A}$ (**mean value** of $\tilde{A}$).

Eine Fuzzy-Zahl $\tilde{A}$ heißt **positiv**, und man schreibt $\tilde{A} > 0$, wenn $\mu_A(x) = 0 \quad \forall\, x \leq 0$.

Eine Fuzzy-Zahl $\tilde{A}$ heißt **negativ**, und man schreibt $\tilde{A} < 0$, wenn $\mu_A(x) = 0 \quad \forall\, x \geq 0$.

< A.4 > Die unscharfe Menge $\tilde{A}$ auf **R** mit der Zugehörigkeitsfunktion

$$\mu_A(x) = \begin{cases} \frac{x-1}{2} & \text{für } x \in [1, 3] \\ \frac{6-x}{3} & \text{für } x \in]3, 6] \\ 0 & \text{sonst} \end{cases}$$

ist eine positive Fuzzy-Zahl "ungefähr 3".

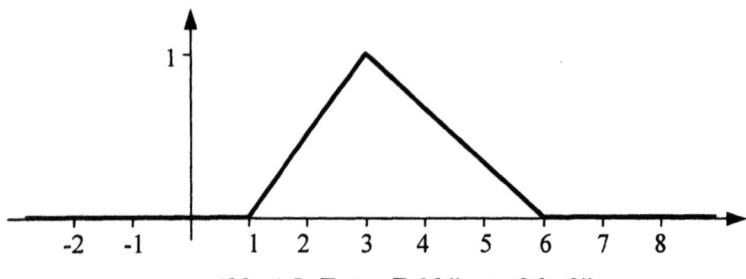

Abb. A.5: Fuzzy-Zahl "ungefähr 3"

Definition A.7:
Eine konvexe, normalisierte unscharfe Menge $\tilde{A}$ auf **R** wird als **Fuzzy-Intervall** (**fuzzy interval** oder **flat fuzzy number**) bezeichnet, wenn

    i. mehr als eine reelle Zahl existiert mit $\mu_A(x) = 1$ und

    ii. μ_A stückweise stetig ist.

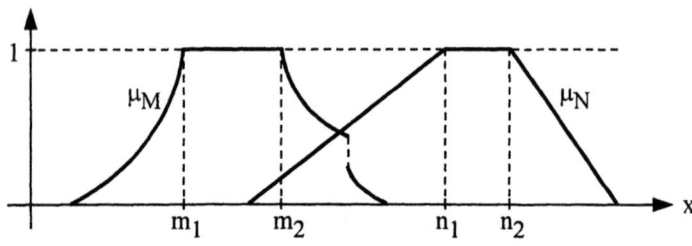

Abb. A.6: Fuzzy-Intervalle

Die in Abb. A.6 dargestellten Zugehörigkeitsfunktionen beschreiben Fuzzy-Intervalle. Aufgrund des Kurvenverlaufs von μ_N wird $\tilde{N}$ als **trapezförmige** Fuzzy-Menge bezeichnet.

Wie bei reellen Zahlen und reellen Intervallen besteht auch bei Fuzzy-Zahlen und Fuzzy-Intervallen die Möglichkeit arithmetische Operationen durchzuführen. Die Operationen basieren auf dem Erweiterungsprinzip von ZADEH.

Anhang

Definition A.8:

Gegeben seien das cartesische Produkt $X = X_1 \times \cdots \times X_n$ klassischer Mengen X_i und n unscharfe Mengen $\widetilde{A}_i = \{(x_i, \mu_{A_i}(x)) \mid x_i \in X_i\}$, $i = 1, ..., n$.

Als **cartesisches Produkt** von $\widetilde{A}_1, ..., \widetilde{A}_n$, geschrieben $\widetilde{A}_1 \times \cdots \times A_n$, bezeichnet man dann die unscharfe Menge auf $X = X_1 \times \cdots \times X_n$ mit der Zugehörigkeitsfunktion

$$\mu_{A_1 \times \cdots \times A_n}(x_1, ..., x_n) = \text{Min}(\mu_{A_1}(x_1), ..., \mu_{A_n}(x_n)).$$

Definition A.9:

Gegeben seien
  i. die klassischen Mengen $X_1, ..., X_n, Y$,
  ii. n unscharfe Mengen $\widetilde{A}_i$ auf X_i, $i = 1, ..., n$,
  iii. eine Abbildung $g: X_1 \times ... \times X_n \to Y$
  $(x_1, ..., x_n) \to y = g(x_1, ..., x_n)$.

Nach dem **Erweiterungsprinzip (extension principle)** von ZADEH wird dann durch die Abbildung g eine unscharfe Bildmenge $\widetilde{B}$ auf Y induziert mit der Zugehörigkeitsfunktion

$$\mu_B(y) = \begin{cases} \underset{(x_1,...,x_n) \in g^{-1}(y)}{\text{Sup}} \text{Min}(\mu_{A_1}(x_1), ..., \mu_{A_n}(x_n)) & \text{falls } g^{-1}(y) \neq \emptyset \\ 0 & \text{sonst} \end{cases}$$

wobei $g^{-1}(y)$ die Urbildmenge von y symbolisiert.

Die Ausführung arithmetischer Operationen wird besonders einfach, wenn Fuzzy-Zahlen oder Fuzzy-Intervalle des L-R-Typs vorliegen.

Definition A.10:

Eine Funktion L: $[0, +\infty[\to [0, 1]$ heißt **Referenzfunktion** von Fuzzy-Zahlen, wenn sie den folgenden Bedingungen genügt:
  i. $L(0) = 1$
  ii. L ist nicht steigend in $[0, +\infty[$.

< A.5 > Beliebte Referenzfunktionen sind:
  a. $L(u) = \text{Max}(0, 1 - u^\delta)$ mit $\delta > 0$
  b. $L(u) = \dfrac{1}{1 + u^\delta}$ mit $\delta > 0$
  c. $L(u) = e^{-u^\delta}$ mit $\delta > 0$

Definition A.11:
Eine Fuzzy-Zahl $\tilde{M}$ heißt **L-R-Fuzzy-Zahl**, wenn sich ihre Zugehörigkeitsfunktion mit geeigneten Referenzfunktionen L und R darstellen läßt als

$$\mu_M(x) = \begin{cases} L(\frac{m-x}{\alpha}) & \text{für} \quad x \leq m, \quad \alpha > 0 \\ R(\frac{x-m}{\beta}) & \text{für} \quad x > m, \quad \beta > 0 \end{cases}$$

Der eindeutig bestimmte Wert m mit $\mu_M(m) = 1 = L(0)$ ist der **Gipfelpunkt** der Fuzzy-Zahl. Die Größen α und β werden linke bzw. rechte **Spannweite** von $\tilde{M}$ genannt. Für $\alpha = \beta = 0$ ist $\tilde{M}$ vereinbarungsgemäß eine normale reelle Zahl. Andererseits wird $\tilde{M}$ mit wachsenden Ausdehnungen α oder β immer unschärfer.

Für eine L-R-Fuzzy-Zahl wollen wir die verkürzte Notation $\tilde{M} = (m; \alpha; \beta)_{LR}$ verwenden.

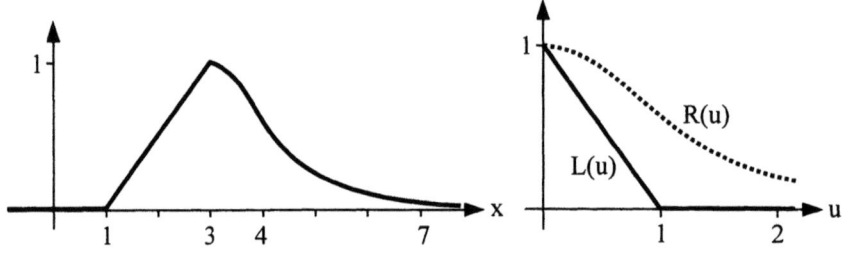

Abb. A.7a: $\tilde{M} = (3; 2; 1)_{LR}$ **Abb. A.7b:** $L(u) = \text{Max}(0, 1-u)$

$$R(u) = \frac{1}{1+u^2}$$

$(m; \alpha; \beta)_{LR} \oplus (n; \gamma; \delta)_{LR} = (m+n; \alpha+\gamma; \beta+\delta)_{LR}$ **Erweiterte Addition**

$-\tilde{N} = -(n; \gamma; \delta)_{LR} = (-n; \delta; \gamma)_{RL}$ **Negation** von $\tilde{N}$

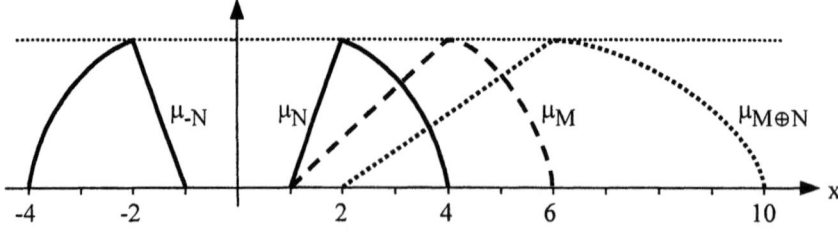

Abb. A.8: Erweiterte Addition und Negation

$(m; \alpha; \beta)_{LR} \ominus (n; \gamma; \delta)_{RL} = (m - n; \alpha + \delta; \beta + \gamma)_{LR}$ **Erweiterte Subtraktion**

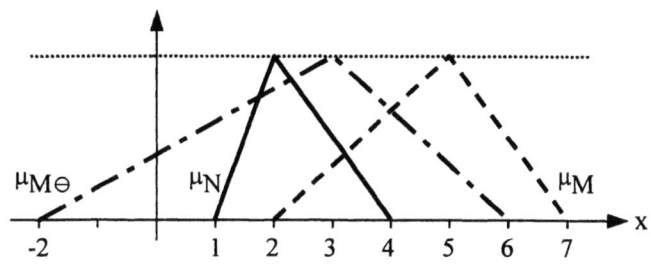

Abb. A.9: Erweiterte Subtraktion

$(m; \alpha; \beta)_{LR} \odot (n; \gamma; \delta)_{LR} \approx (mn; m\gamma + n\alpha; m\delta + n\beta)_{LR}$ **Erweiterte Multiplikation I**

$(m; \alpha; \beta)_{LR} \odot (n; \gamma; \delta)_{LR} \approx (mn; m\gamma + n\alpha - \alpha\gamma; m\delta + n\beta + \beta\delta)_{LR}$
Erweiterte Multiplikation II

Für die Fuzzy-Zahlen $\tilde{M} = (2; 1; 2)_{LR}$ und $\tilde{N} = (4; 2; 2)_{LR}$ mit $L(u) = R(u) = \text{Max}(0, 1-u)$ hat das Produkt $\tilde{M} \odot \tilde{N}$ die Näherungswerte $(8; 8; 12)_{LR}$ mit Formel I und $(8; 6; 16)_{LR}$ mit Formel II, vgl. Abb. A.10:

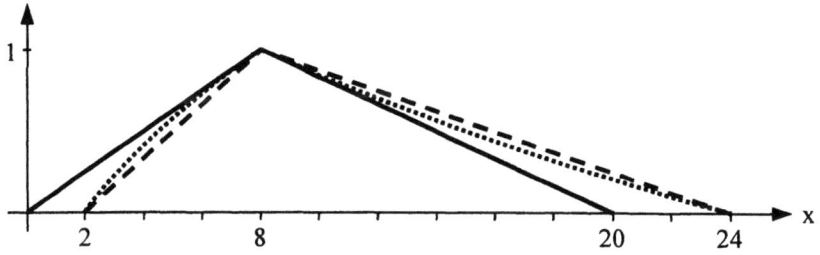

Abb. A.10: $\tilde{M} \odot \tilde{N}$ ···· *exakt,* —— *mit Formel I,* - - - - *mit Formel II*

$\lambda \cdot (m; \alpha; \beta)_{LR} = (\lambda m; \lambda\alpha; \lambda\beta)_{LR}$ für $\lambda > 0, \quad \lambda \in \mathbf{R}$
Multiplikation mit einem Skalar

$\lambda \cdot (m; \alpha; \beta)_{LR} = (\lambda m; -\lambda\beta; -\lambda\alpha)_{RL}$ für $\lambda < 0, \lambda \in \mathbf{R}$
Multiplikation mit einem Skalar

$\tilde{M}^{-1} = (m, \alpha, \beta)_{LR}^{-1} \approx (m^{-1}, \dfrac{\beta}{m^2}, \dfrac{\alpha}{m^2})_{RL}$ **Inverse** von $\tilde{M}$ **(Formel I)**

$$\tilde{M}^{-1} \approx (\frac{1}{m}; \frac{\beta}{m(m+\beta)}; \frac{\alpha}{m(m-\alpha)})_{RL} \quad \textbf{Inverse von } \tilde{M} \text{ (Formel II)}$$

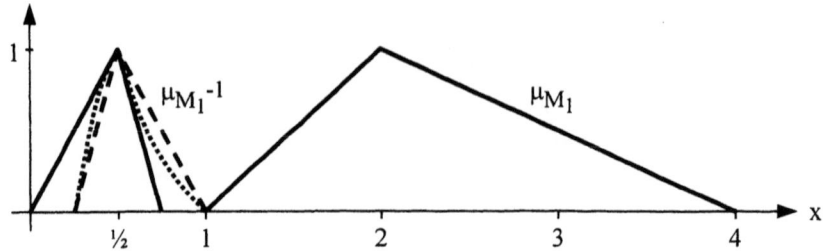

Abb. A.11: *ZGF von* $\tilde{M} = (2; 1; 2)_{LR}$ *mit* $L(u) = R(u) = Max(0, 1-u)$
und von $\tilde{M}^{-1}$ ···· *exakt,* — *mit Formel I,* - - - - *mit Formel II*

$$(n; \gamma; \delta)_{LR} \oslash (m; \alpha; \beta)_{RL} \approx (\frac{n}{m}; \frac{n\beta + m\gamma}{m^2}; \frac{n\alpha + m\delta}{m^2})_{LR} \quad \textbf{\textit{Erweiterte Division I}}$$

$$(n; \gamma; \delta)_{LR} \oslash (m; \alpha; \beta)_{RL} \approx (\frac{n}{m}; \frac{n\beta + m\gamma}{m(m+\beta)}; \frac{n\alpha + m\delta}{m(m-\alpha)})_{LR} \quad \textbf{\textit{Erweiterte Division II}}$$

Für die Fuzzy-Zahlen $\tilde{N} = (4; 2; 2)_{LR}$ und $\tilde{M} = (2; 1; 2)_{RL}$ mit $L(u) = R(u) = Max(0, 1-u)$ hat der Quotient $\tilde{M} \oslash \tilde{N}$ die Näherungswerte $(2; 3; 2)_{LR}$ mit Formel I und $(2; 1,5; 4)_{LR}$ mit Formel II, vgl. Abb. A.12:

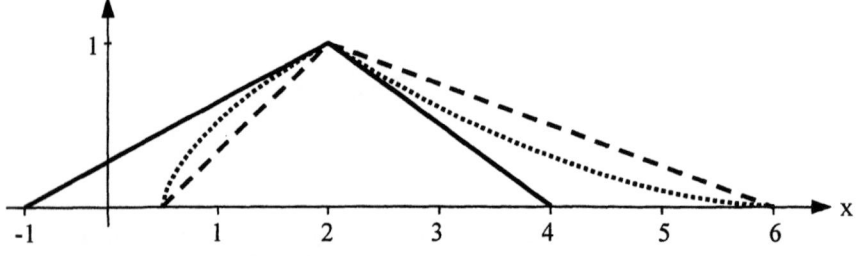

Abb. A.12: *ZGF von* $\tilde{N} \oslash \tilde{M}$ ···· *exakt,* — *mit Formel I,* - - - - *mitFormel II*

Definition A.12:

Ein Fuzzy-Intervall M heißt **L-R-Fuzzy-Intervall**, wenn sich seine Zugehörigkeitsfunktion mit geeigneten Referenzfunktionen L und R darstellen läßt als

$$\mu_M(x) = \begin{cases} L(\frac{m_1 - x}{\alpha}) & \text{für} \quad x \leq m_1 \\ 1 & \text{für} \quad m_1 < x \leq m_2 \\ R(\frac{x - m_2}{\beta}) & \text{für} \quad m_2 < x \end{cases}$$

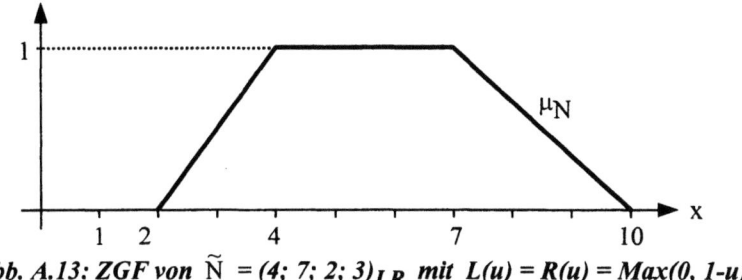

Abb. A.13: *ZGF von* $\tilde{N} = (4; 7; 2; 3)_{LR}$ *mit* $L(u) = R(u) = Max(0, 1-u)$

$(a;b;\alpha;\beta)_{LR} \oplus (c;d;\gamma;\delta)_{LR} = (a + c;b + d;a + \gamma;b + \delta)_{LR}$

$(a;b;\alpha;\beta)_{LR} \odot (c;d;\gamma;\delta)_{LR} \approx (a \cdot c;b \cdot d;a\gamma + c\alpha;b\delta + d\beta)_{LR}$

$(a;b;\alpha;\beta)_{LR} \odot (c;d;\gamma;\delta)_{LR} \approx (a \cdot c;b \cdot d;a\gamma + c\alpha - \alpha\gamma;b\delta + d\beta + \beta\delta)_{LR}$

Noch einfacher durchzuführen und bei der Multiplikation und Division auch exakter ist die Durchführung der arithmetischen Operationen für Fuzzy-Zahlen und Fuzzy-Intervalle des ε-λ-Typs.

Wie in Kapitel 2 genauer ausgeführt basieren diese auf drei ausgewählten Zugehörigkeitsniveaus ε, λ, 1 und den zugehörigen Niveau-Mengen $[\underline{x}_i^{\varepsilon}, \overline{x}_i^{\varepsilon}], [\underline{x}_i^{\lambda}, \overline{x}_i^{\lambda}], [\underline{x}_i^{1}, \overline{x}_i^{1}]$ und haben eine stückweise lineare Zugehörigkeitsfunktion. Fuzzy-Intervalle des ε-λ-Typs werden symbolisiert als $(\underline{x}_i^{\varepsilon}, \underline{x}_i^{\lambda}, \underline{x}_i^{1}, \overline{x}_i^{1}, \overline{x}_i^{\lambda}, \overline{x}_i^{\varepsilon})^{\varepsilon,\lambda}$.

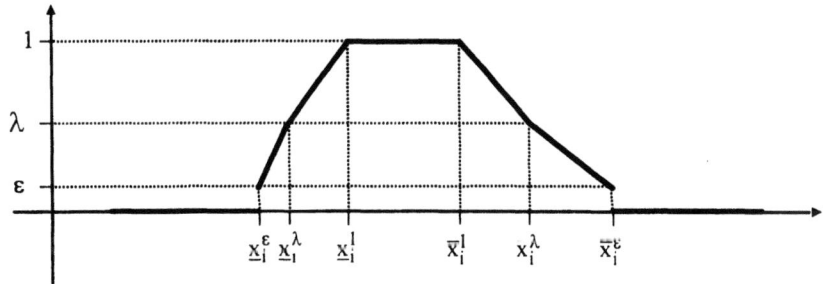

Abb. A.14: $\tilde{X}_i = (\underline{x}_i^{\varepsilon}, \underline{x}_i^{\lambda}, \underline{x}_i^{1}, \overline{x}_i^{1}, \overline{x}_i^{\lambda}, \overline{x}_i^{\varepsilon})^{\varepsilon,\lambda}$

Bei Fuzzy-Intervalle des ε-λ-Typs führen die arithmetischen Operationen wiederum zu Intervallen des gleichen Typs:

$$(\underline{a}^\varepsilon, \underline{a}^\lambda, \underline{a}^1, \overline{a}^1, \overline{a}^\lambda, \overline{a}^\varepsilon)^{\varepsilon,\lambda} \oplus (\underline{b}^\varepsilon, \underline{b}^\lambda, \underline{b}^1, \overline{b}^1, \overline{b}^\lambda, \overline{b}^\varepsilon)^{\varepsilon,\lambda}$$
$$= (\underline{a}^\varepsilon + \underline{b}^\varepsilon, \underline{a}^\lambda + \underline{b}^\lambda, \underline{a}^1 + \underline{b}^1, \overline{a}^1 + \overline{b}^1, \overline{a}^\lambda + \overline{b}^\lambda, \overline{a}^\varepsilon + \overline{b}^\varepsilon)^{\varepsilon,\lambda}$$

$$(\underline{a}^\varepsilon, \underline{a}^\lambda, \underline{a}^1, \overline{a}^1, \overline{a}^\lambda, \overline{a}^\varepsilon)^{\varepsilon,\lambda} \ominus (\underline{b}^\varepsilon, \underline{b}^\lambda, \underline{b}^1, \overline{b}^1, \overline{b}^\lambda, \overline{b}^\varepsilon)^{\varepsilon,\lambda}$$
$$= (\underline{a}^\varepsilon - \overline{b}^\varepsilon, \underline{a}^\lambda - \overline{b}^\lambda, \underline{a}^1 - \overline{b}^1, \overline{a}^1 - \underline{b}^1, \overline{a}^\lambda - \underline{b}^\lambda, \overline{a}^\varepsilon - \underline{b}^\varepsilon)^{\varepsilon,\lambda}$$

$$(\underline{a}^\varepsilon, \underline{a}^\lambda, \underline{a}^1, \overline{a}^1, \overline{a}^\lambda, \overline{a}^\varepsilon)^{\varepsilon,\lambda} \otimes (\underline{b}^\varepsilon, \underline{b}^\lambda, \underline{b}^1, \overline{b}^1, \overline{b}^\lambda, \overline{b}^\varepsilon)^{\varepsilon,\lambda}$$
$$= (\underline{a}^\varepsilon \cdot \underline{b}^\varepsilon, \underline{a}^\lambda \cdot \underline{b}^\lambda, \underline{a}^1 \cdot \underline{b}^1, \overline{a}^1 \cdot \overline{b}^1, \overline{a}^\lambda \cdot \overline{b}^\lambda, \overline{a}^\varepsilon \cdot \overline{b}^\varepsilon)^{\varepsilon,\lambda}$$

$$(\underline{a}^\varepsilon, \underline{a}^\lambda, \underline{a}^1, \overline{a}^1, \overline{a}^\lambda, \overline{a}^\varepsilon)^{\varepsilon,\lambda} \oslash (\underline{b}^\varepsilon, \underline{b}^\lambda, \underline{b}^1, \overline{b}^1, \overline{b}^\lambda, \overline{b}^\varepsilon)^{\varepsilon,\lambda}$$
$$= (\underline{a}^\varepsilon : \overline{b}^\varepsilon, \underline{a}^\lambda : \overline{b}^\lambda, \underline{a}^1 : \overline{b}^1, \overline{a}^1 : \underline{b}^1, \overline{a}^\lambda : \underline{b}^\lambda, \overline{a}^\varepsilon : \underline{b}^\varepsilon)^{\varepsilon,\lambda}$$

Literaturverzeichnis

ALBACH, H (1959) Wirtschaftlichkeitsrechnung bei unsicheren Erwartungen. Köln-Opladen

ALLAIS, M (1953) Le comportement de l'homme rationnel devant le risque: Critique des postulats et axiomes de l'école Américaine. Econometrica 21, 503-543

ARROW, KJ (1951) Alternative Approaches to the Theory of Choice in Risk-Taking Situations. Econometrica 19, 404-437

ARROW, KJ (1963) Social Choice and Individual Values. 2nd edition, New Haven

ARROW, KJ (1970) Essays in the theory of risk-bearing. Amsterdam-London

BAGUS, T (1992) Wissensbasierte Bonitätsanalyse für das Firmenkundengeschäft der Kreditinstitute. Verlag Peter Lang, Frankfurt am Main

BAMBERG, G; COENENBERG, AG (2000) Betriebswirtschaftliche Entscheidungslehre. 10. Aufl., Verlag Franz Vahlen, München

BARZILAI, J; LOOTSMA, FA (1997) Power Relations and Group Aggregation in the Multiplicative AHP and SMART. Journal of Multi-Criteria Decision Analysis 6, 155-165

BECKER, GM; DEGROOT, MH; MARSCHAK, J (1963) An experimental study of some stochastic models for wagers. Behavioral Science 8, 199-202

BECKER, J (1993) Marketing-Konzeption: Grundlagen des strategischen Marketing-Managements. Vahlen Verlag, München

BERNOULLI, D (1738) Specimen theoriae novae de mensura sortis. Comentarii Academiae Scientiarum Imperialis Petropolitanae 5, 175-192, engl. Übers. in Econometrica 22, 23-36, 1954, dt. Übers. Von L. Kruschwitz und P. Kruschwitz: Entwurf einer neuen Theorie zur Bewertung von Lotterien. Die Betriebswirtschaft 56, 1996, 733-742

BIDLINGMAIER, J (1964) Unternehmerziele und Unternehmerstrategien. Wiesbaden

BIDLINGMAIER, J (1968) Unternehmerische Zielkonflikte und Ansätze zu ihrer Lösung. ZfB 38, 149-176

BITZ, M (1981) Entscheidungstheorie. Verlag Franz Vahlen, München

BLACK, D (1958) The Theory of Committees and Elections. Cambridge

BLAU, JH (1972) A direct proof of Arrow's theorem. Econometrica 40, 61-67

BLIN, JM (1974) Fuzzyrelations in group decision theory. Journal of Cybernetics 4, 17-22

BRIM, OG; GLASS, DC; LAVIN, DE; GOODMAN, N (1962) Personality and decision processes. Studies in the Social Psychology of Thinking. Stanford Cal., 9f

BLIN, JM; WHINSTON, AB (1974) Fuzzy sets and social choice. Journal of Cybernetics 3, 28-36

BORTOLAN, G; DEGANI, R (1985) Ranking Fuzzy Subsets. FSS 15, 1-19

BRANDSTÄTTER, H; GAHLEN, B (Hrsg.) (1975) Entscheidungsforschung: Bericht über ein interdisziplinäres Symposium. Ottobeuren, 1974, Tübingen, Mohr

BUCKLEY, JJ (1985) Fuzzy decision-making with data: Applications to statistics. FSS 16, 139–147

BUCKLEY, JJ (1985) Fuzzy hierarchical analysis. FSS 17, 233–247

BUSSE V. COLBE, W (1964) Die Planung der Betriebsgrösse. Gabler Verlag, Wiesbaden

CHARNES, A; COOPER, WW (1961) Management models and industrial applications of linear programming. New York

CHARNES, A; COOPER, WW; IJIRI, Y (1963) Break-even-budgeting and programming to goals. Journal of Accounting Research, 16-43

CHEN SJ, HWANG CL (1992) Fuzzy Multiple Attribute Decision Making. Springer Verlag, Heidelberg

CHENG CH, MON DL (1994) Evaluating Weapon System by Analytical Hierarchy Process based on Fuzzy Scales. FSS 63, 1–10

CHMIELEWICZ, K (1970) Die Formalstruktur der Entscheidung. ZfB 40, 239-268

COLE, TD (1970) How to obtain probability estimates in capital expenditure evaluations. A practical approach, Management Accounting 52, 61-64

COLSON, G; ZELENY, M (1980) Uncertain prospects ranking and portfolio analysis under the conditions of partial information. Königstein/Ts.: Hain; Cambridge (Massachusetts), Oelgeschlager, Gunn and Hain

CYERT, RM; MARCH, JG (1963) A behavioral theory of the firm. Englewood Cliffs

DAVIDSON, D; SIEGEL, S; SUPPES, P (1957) Decision making. An experimental approach, Stanford

DEBREU, G (1954) Representation of a Preference Ordering by a Numerical Function. In: Decision Processes. Thrall, RM; Coombs, CH; Davis, RL (eds.), New York, 159-165

De Groot, MH (1970) Optimal statistical decisions. New York

DINKELBACH, W (1969) Entscheidungen bei mehrfacher Zielsetzung und die Problematik der Zielgewichtung. In: Unternehmerische Planung und Entscheidung. Hrsg. von Busse von Colbe, W und Meyer-Dohm, P, Bielefeld, 55-70

DINKELBACH, W (1970) La Problematica de los Objectivos Empresariales. Boletin de Estudios Economicos, XXV, 691-707

DINKELBACH, W (1982) Entscheidungsmodelle. Walter de Gruyter, Berlin

DODD, FJ, DONEGAN, HA, MCMASTER, TBM (1995) Inverse inconsistency in analytic hierarchies. European Journal of Operations Research 80, 86-93

DYCKHOFF, H (1988) Zeitpräferenz. ZfbF 40, 989-1008

EDWARDS, W (1953) Experiments on economic decision-making in gambling situation. Econometrica 21, 349-350, (abstract)

EICKEMEIER, S; ROMMELFANGER, H (2000) A new method for group decision making based on fuzzy logic. In: Ruan, D; Ait Abderrahim, H; D'Hondt, P; Kerre, EE (2000) Intelligent Techniques and soft computing in nuclear science and engineering. World Scientific, Singapore, 164-171

EICKEMEIER, S; ROMMELFANGER, H (2001) Fuzzy utility value analysis and fuzzy analytic hierarchy process. Proceeding of EUROFUSE Workshop on Preference Modelling and Applications. Granada, 139-146

EISENFÜHR, F; WEBER, M (1994) Rationales Entscheiden. 2. Aufl., Springer Verlag, Berlin, Heidelberg

ELLSBERG, D (1961) Risk, ambiguity and the Savage axioms. Quartal Journal of Economics 75, 643-669

ENGELS, W (1962) Betriebswirtschaftliche Bewertungslehre im Licht der Entscheidungstheorie. Köln-Opladen

FANDEL, G (1972) Optimale Entscheidungen bei mehrfacher Zielsetzung. Berlin, Heidelberg, New York

FANDEL, G (1979) Zur Theorie der Optimierung bei mehrfachen Zielsetzungen. ZfB 49, 449-470

FANDEL, G; GAL, T (Hrsg.) (1980) Multiple Criteria Decision Making – Theory and Application. Berlin

FARRAR, DE (1962) The investment decision under uncertainty. Englewood Cliffs

FINETTI, B de (1934) La prévision: Ses lois logiques, ses sources subjectives. Ann. Inst. Henri Pointcarré 7, 1-68

FISHBURN, PC (1964) Decision and value theory. New York et al.

FISHBURN, PC (1967) Bounded expected utility. Annals of Mathematical Statistics 38, 1054-1060

FISHBURN, PC (1970) Utility Theory for Decision Making. Wiley, New York

FRANKE, G; HAX, H (1988) Finanzwirtschaft der Unternehmung und Kapitalmarkt. Berlin, Springer

FRENCH, S (1984) Fuzzy decision analysis: Some criticisms. In: TIMS/Studies in the Management Sciences 20, 29-44

FRENCH, S (1986) Decision theory. Chichester

FRENCH, S (1988) Decision theory – An Introduction to the Mathematics of Rationality. New York

FRESE, E (1971) Heuristische Entscheidungsstrategien der Unternehmensführung. ZfbF 23, 283-307

FRIEDMAN, M; SAVAGE, LJ (1948) The utility analysis of choices involving risk. Journal of Political Economy 56, 279-304

FRIEDMAN, M; SAVAGE, LJ (1952) The expected-utility hypothesis and the measurability of utility. J. Pol. Econometrica 60, 463-474

GÄFGEN, G (1968) Theorie der wirtschaftlichen Entscheidung: Untersuchungen z. Logik u. ökonom. Bedeutung d. rationalen Handelns. Tübingen, Mohr (Siebeck)

GAL, T; GEHRING, H (1981) Betriebswirtschaftliche Planungs- und Entscheidungstechniken. Walter de Gruyter, Berlin

GÖPPEL, H (1980) Neuere Entwicklungen in der betriebswirtschaftlichen Kapitaltheorie. In Henn, R; Schips, B; Stähly, P (Hrsg.), Quantitative Wirtschafts- und Unternehmensforschung. Berlin et al., 363-377

GRAYSON, C (1960) Decisions under uncertainty. Boston

GRÜN, O (1973) Das Lernverhalten in Entscheidungsprozessen der Unternehmung (Empirische Theorie der Unternehmung, Bd. 2). Tübingen, Mohr

GÜLLICH, HP (1997) Entwicklung eines Fuzzy-Expertensystems zur Bonitätsbeurteilung von Kreditverträgen für Automobilbanken. Gabler Verlag, Wiesbaden

HAMEL, W (1974) Zieländerungen im Entscheidungsprozess (Empirische Theorie der Unternehmung, Bd. 6). Tübingen, Mohr

HAUSCHILDT, J (1977) Entscheidungsziele: Zielbildung in innovativen Entscheidungsprozessen. Theoretische Ansätze und empirische Prüfung. Tübingen

HEINEN, E (1962) Die Zielfunktion der Unternehmung. In: Zur Theorie der Unternehmung. Festschrift zum 65. Geburtstag von E. Gutenberg, hrsg. von Koch, H, Wiesbaden, 9-71

HEINEN, E (1969) Zum Wissenschaftsprogramm der entscheidungsorientierten Betriebswirtschaftslehre, ZfB 39, 207-220

HEINEN, E (1971): Grundlagen betriebswirtschaftlicher Entscheidungen - Das Zielsystem der Unternehmung. 2. Aufl., Wiesbaden

HERSHEY, JC; KUNREUTHER, HC; SCHOEMAKER, PJH (1982) Sources of bias in assessment procedures for utility functions. Management Science, vol.28, 936-954

HERSTEIN, JN; MILNOR, JW (1953) An axiomatic approach to measurable utility. Econometrica 21, 291-297

HURWICZ, L (1951) Optimality criteria for decision making under ignorance. Cowles Commission discussion paper, Statistics, No. 370

HWANG, CL; MASUD, ASM (1979) Multiple Objective Decision Making-Methods and Applications. Springer Verlag, Berlin, Heidelberg

IJIRI, Y (1965) Management goals and accounting for control. Amsterdam

ISERMANN, H (1979) Strukturierung von Entscheidungsprozessen bei mehrfacher Zielsetzung, Operations Research Spektrum 1, 3-26

JÖHR, WA (1949) Das Problem der Wirtschaftsordnung. In: Individuum und Gesellschaft. Festschrift zur Fünfzigjahrfeier der Handels-Hochschule St. Gallen, St. Gallen, 231-262

KACPRZYK, J.; FEDERIZZI, M. (Eds.) (1988) Combining fuzzy imprecision with probabilistic uncertainty in decision making. Springer Verlag, Berlin Heidelberg New York

KACPRZYK, J; NURMI H (1998) Group decision making under Fuzziness. In: SLOWINSKI, R.: Fuzzy Sets in Decision Analysis, Operations Research and Statistic. Volume of „The Handbook of Fuzzy Sets", Kluwer Academic Publishers, Boston, 1998

KAHLE, E (1993) Betriebliche Entscheidungen. 3. Aufl., Vahlen Verlag, München

KAHNEMANN, D; TVERSKY, A (1979) Prospect theory: An analysis of decisions under risk. Econometrica 47, 263-291

KEENEY, RL; RAIFFA, H (1976) Decisions with Multiple Objective Preferences and Value Tradeoffs. Wiley, New York

KEIL, R (1996) Strategieentwicklung bei qualitativen Zielen. Verlag Wissenschaft & Praxis, Sternenfels - Berlin

KICKERT, WJM (1980) Organisation of Decision-Making. North-Holland Publishing Company, Amsterdam

KIRSCH, W (1970) Entscheidungsprozesse. 1. Bd., Verhaltenswissenschaftliche Ansätze der Entscheidungstheorie, Gabler Verlag, Wiesbaden

KIRSCH, W (1971a) Entscheidungsprozesse. 2. Bd., Informationsverarbeitungstheorie des Entscheidungsverhaltens, Gabler Verlag, Wiesbaden

KIRSCH, W (1971b) Entscheidungsprozesse. 3. Bd., Entscheidungen in Organisationen, Gabler Verlag, Wiesbaden

KIVIJÄRVI H; KORHONEN P; WALLENIUS J (1986) Operations Research and its practice in Finland, Interfaces 16, 53-59

KNIGHT, FH (1921) Risk, uncertainty, and profit. Boston, New York, reprinted Chicago, 1957

KOCH, H (1960) Zur Diskussion in der Ungewißheitstheorie. ZfbF 12, 49-75

KOFLER, E; MENGES, G (1976) Entscheidungen bei unvollständiger Information. Springer Verlag, Berlin Heidelberg New York

KÖRTH, H (1969) Zur Berücksichtigung mehrerer Zielfunktionen bei der Optimierung von Produktionsplänen. In: Mathematik und Wirtschaft. 6. Bd., Berlin, 184-201

KRAMER, G (1967) Entscheidungsproblem, Entscheidungskriterien bei völliger Ungewißheit und Chernoffsches Axiomensystem. Metrika 11/12, 15-38

KRELLE, W (1961) Preistheorie. Tübingen, Zürich

KRELLE, W (1968) Präferenz- und Entscheidungstheorie. Unter Mitarb. von Dieter Coenen, Tübingen, Mohr (Siebeck)

KUHNT, W (1975) Die Zielkonzeption der mittelständischen Einzelunternehmer. Göttingen 1975

KUPSCH, PU (1973) Das Risiko im Entscheidungsprozeß. Gabler Verlag, Wiesbaden

LAARHOVE, PLM van, Pedrycz W (1983) A Fuzzy Extension of Saaty's Priority Theory. FSS 11, 229–241

LAUX, H (1993) Entscheidungstheorie II - Erweiterung und Vertiefung. 3. Aufl., Springer Verlag, Berlin, Heidelberg

LAUX, H (1998) Entscheidungstheorie – Grundlagen. 4. Aufl., Springer Verlag, Berlin, Heidelberg

LILIEN, G (1987) MS/OR: A mid-life crises. Interfaces 17, 53-59

LUCE, RD; RAIFFA, H (1957) Games and decisions. 7. Aufl., 1967, New York et al.

LUCKAN, E (1970) Grundlagen der betrieblichen Wachstumsplanung. Wiesbaden

MAG, W (1976) Mehrfachziele, Zielbeziehungen und Zielkonfliktlösungen. Wirtschaftswissenschaftliches Studium 5, 49-55

MARCH, JG; SIMON HA (1958) Organizations. Wiley New York

MARKOWITZ, HM (1959) Portfolio selection. New York et al.

MARSCHAK, J (1950) Rational behavior, uncertain prospects, and measurable utility. Econometrica 18, 111-141

MAY, KO (1952) A Set of Independent Necessary and Sufficient Conditions for Simple Majority Decisions. Econometrica 20, 680-684

MAY, KO (1953) A Note on the Complete Independence of the Conditions for Simple Majority Decisions. Econometrica 21, 172-173

MAY, KO (1954) Intransitivity, Utility and the Aggregation of Preference Patterns. Econometrica 22, 1-19

MEFFERT, H (1986) Marketing - Grundlagen der Absatzpolitik, 7. Aufl. Gabler-Verlag, Wiesbaden

MELLWIG, W (1972) Anpassungsfähigkeit und Ungewißheitstheorie. Zur Berücksichtigung der Elastizität des Handelns in der Unternehmenstheorie. Verlag Mohr, Tübingen

MENGER, K (1934) Das Unsicherheitsmoment in der Wertlehre: Betrachtungen im Anschluß an das sog. Petersburger Spiel. Zeitschrift für Nationalökonomie 5, 459-485

MEYER, R (1999) Entscheidungstheorie. Wiesbaden

MEYER ZU SELHAUSEN, H (1989) *Repositioning OR's Products in the Market.* Interfaces 19, 79-87

MOSTELLER, F; NOGEE, P (1951) Non-cooperative games. Annals of Mathematics 54, 286-295

MÜLLER, C (1996) Entwicklung eines wissensbasierten Systems zur Unterstützung der Analytischen Prüfungshandlungen im Rahmen der Jahresabschlußprüfung. Peter Lang Verlag, Frankfurt am Main

MUS, G (1975) Zielkombinationen – Erscheinungsformen und Entscheidungsmaximen. Frankfurt, Zürich

NEUMANN, J v (1928) Zur Theorie der Gesellschaftsspiele, Mathematische Annalen 100, 295-320

NEUMANN, J v; MORGENSTERN, O (1944) Theory of games and economic behavior. Princeton, deutsche Ausgabe: Spieltheorie und wirtschaftliches Verhalten. Würzburg, 1961

NIEHANS, J (1948) Zur Preisbildung bei ungewissen Erwartungen. Schweizerische Zeitschrift für Volksw. u. Stat. 84, 433-456

PFOHL, H-C (1977) Problemorientierte Entscheidungsfindung in Organisationen. Berlin, New York

POPPER, KR (1964) Vermutungen und Widerlegungen: Das Wachstum der wissenschaftlichen Erkenntnis [Übers. von Gretl Albert ...]. Tübingen, Mohr

PRATT, JW (1964) Risk aversion in the small and in the large. Econometrica 32, 122-136

RAMIK, J (1999) Multicriteria decision making - AHP (in tschechischer Sprache). Silesian University Press, OPF SU, Karvina

RAMIK, J; RIMANEK, J. (1985) Inequality between fuzzy numbers and its use in fuzzy optimization. FSS 16, 123-138

RAMSEY, FP (1931) The foundations of mathematics and other logic essays. London

RÖDDER, W; ZIMMERMANN, HJ (1977) Analyse, Beschreibung und Optimierung von unscharf formulierten Problemen. Zeitschrift für Operations Research 21, 1-18

ROMMELFANGER, H (1984) Entscheidungsmodelle mit Fuzzy-Nutzen. Operations Research Proceedings 1983, 559-567

ROMMELFANGER, H (1986) Rangordnungsverfahren für unscharfe Mengen. OR-Spektrum 8, 219-228

ROMMELFANGER, H (1994) Fuzzy Decision Support-Systeme - Entscheiden bei Unschärfe. 2. Aufl., Springer Verlag, Berlin, Heidelberg

ROMMELFANGER, H (1996) Linear Programming and Applications. European Journal of Operational Research 92, 512 - 727

ROMMELFANGER, H (1999) Fuzzy Logic Based Systems for Checking Credit Solvency of Small Business Firms. In: Soft Computing in Financial Engineering. R. A. Ribeiro ... (eds.), Physica-Verlag, Heidelberg, New York

ROMMELFANGER, H; UNTERHARNSCHEIDT, D (1986) Entwicklung einer Hierarchie gewichteter Bonitätskriterien für mittelständische Unternehmen. Österreichisches Bank-Archiv 33, 419-437

RUDOLPH, B (1979) Kapitalkosten bei unsicheren Erwartungen. Berlin et al.

SAATY, TL (1978) Exploring the Interface between Hierarchies, Multiple Objectives and Fuzzy Sets. FSS 1, 57 – 68

SAATY, TL (1980) The Analytic Hierarchy Process. McGraw-Hill, New York

SAATY TL (1995) Decision Making for Leaders. RWS Publications, Pittsburgh

SALINGER, E (1993) Betriebswirtschaftliche Entscheidungstheorie. 3. Aufl., Oldenbourg Verlag, München, Wien

SAMUELSON, PA (1952) Probability, utility, and the independence axiom. Econometrica 20, 670-678

SAVAGE, LJ (1951) The theory of statistical decision. Journal of the American Statistical Association. 46, 55-67

SAVAGE, LJ (1954) The foundations of statistics. New York et al.

SCHAUENBERG, B (1978) Zur Logik kollektiver Entscheidungen. Gabler Verlag, Wiesbaden

SCHAUENBERG, B (1990) Dreiecksdiagramme in der Diskussion um die Erwartungsnutzentheorie. ZfbF 42, 135-151

SCHEFFELS, R (1996) Fuzzy Logik in der Jahresabschlußprüfung - Entwicklung eines wissensbasierten Systems zur Analyse der Vermögens-, Finanz- und Ertragslage. Deutscher Universitätsverlag, Wiesbaden

SCHLAIFER, R (1961) Introduction to statistics for business decisions. New York et al.

SCHMIDT, RB (1969) Wirtschaftslehre der Unternehmung. Poeschel, Stuttgart

SCHMIDT-SUDHOFF, U (1967) Unternehmerziele und unternehmerisches Zielsystem. Wiesbaden

SCHNEEWEIß, H (1963) Nutzenaxiomatik und Theorie des Messens. In: Statistische Hefte 4, 178-220

SCHNEEWEIß, H (1967) Entscheidungskriterien bei Risiko. Berlin, Heidelberg, New York

SCHNEEWEIß, C (1991) Planung – 1. Systematische und entscheidungstheoretische Grundlagen. Springer Verlag, Berlin

SCHNEIDER, D (1979) Meßbarkeitsstufen subjektiver Wahrscheinlichkeiten als Erscheinungsformen der Ungewißheit. ZfbF 31, 89-122

SCHNEIDER, D (1995) Informations- und Entscheidungstheorie. Oldenbourg-Verlag, München, Wien,

SCHWARZE, J (1990) Netzplantechnik – Eine Einführung in das Projektmanagement. Verlag Neue Wirtschaftsbriefe, Herne, Berlin

SELCHERT, F (1992) Einführung in die Betriebswirtschaftslehre, 4. Aufl., Oldenbourg, München

SEN, AK (1964) Preferences, Votes and the Transitivity of Majority Decisions. The Review of Economic Studies 31, 163-165

SHAFER, G (1976) A mathematical theory of evidence. New Jersey

SHARPE, WF (1970) Portfolio theory and capital markets. New York

SIEGEL, S (1960) Level of aspiration and decision making. in: Brayfield, AH (Ed.) Decision and Choice, New York, 113 - 126

SIMON, H.A (1945) Administrative behaviour. Free Press, New York

SIMON, HA (1955) A behavioral model of rational choice. Quartely Journal of Economics 69, 99-118

SIMON, HA (1957) Models of Man, Wiley New York, London

SIMON, HA (1960) The new science of management decision. New York

TANAKA, H; ASAI, K (1984a) Fuzzy linear programming with fuzzy numbers. FSS 13, 1-10

TANAKA, H; ASAI, K (1984b) Fuzzy solution in fuzzy linear programming problems. IEEE Transactions on systems, man, and cybernetics, SMC-14, 325-328

TANAKA, H; Ichihashi, K.; ASAI, K (1984a) A value of information in FLP problems via sensitivity analysis. FSS 18, 119-129

TINGLEY, GA. (1987) Can MS/OR sell itself well enough? Interfaces 17, 41-52

TUNG, SL, TANG, SL (1998) A comparison of the Saaty's AHP and modified AHP for right and left eigenvector inconsistency. European Journal of Operations Research 106, 123-128

URBAN, M (1998) Fuzzy-Konzepte für Just in Time-Produktion und Beschaffung. Europäische Hochschulschriften, Verlag Peter Lang, Frankfurt am Main

WALD, A (1945) Statistical decision functions wich minimize maximum risk, Annals of Mathematics 46, 265-280

WALD, A (1950) Statistical decision functions. New York et al.

WHALEN, T (1984) Decision making under uncertainty with various assumptions about available information. IEEE Transactions on Systems, Man and Cybernetics 14, 888-900

WEBER, M (1983) Entscheidungen bei Mehrfachzielen. Wiesbaden

WEBER, M (1985) Entscheidungen bei Mehrfachzielen und unvollständiger Information. ZfbF 37, 311-331

WEBER, M (1990) Risikoentscheidungskalküle in der Finanzierungstheorie. Poeschel

WILHELM, J (1983) Finanztitelmärkte und Unternehmensfinanzierung. Berlin et al.

WITTE, E (1968a) Die Organisation komplexer Entscheidungsverläufe – ein Forschungsbericht. ZfbF, 581-599

WITTE, E (1968b) Phasen-Theorem und Organisation komplexer Entscheidungsverläufe. ZfbF 20, 625-647

WITTE, E (1971) Das Informationsverhalten in Informationssystemen – die These von der unvollkommenen Informationsnachfrage. In: Management-Informationssysteme. Hrsg. von Grochla, E und Szyperski, N, Wiesbaden, 831-842

WITTE, E (1977) Entscheidungstheorie: Texte u. Analysen. Alfred L. Thimm (Hrsg.), Gabler Verlag (Moderne Lehrtexte Wirtschaftswissenschaften; Bd. 16), Wiesbaden

WITTE, E (Hrsg.) (1972) Das Informationsverhalten in Entscheidungsprozessen. [Mitarb.: J. Hauschildt u. a.], Tübingen, Mohr, (Die Einheit der Gesellschaftswissenschaften, Bd. 13) (Empirische Theorie der Unternehmung, Bd. 1)

WITTMANN, W (1959) Unternehmung und unvollkommene Information. Köln-Opladen

YAARI, ME (1969) Some remarks on measures of risk aversion and on their uses. Journal of Economic Theory 1, 315-329

YAGER, RR (1979) Possibilistic decision making. IEEE Transactions on Systems, Man and Cybernetics 9,

ZADEH, LA (1965) Fuzzy sets, information and control 8. 338-353

ZANAKIS, StH; SOLOMON, A; WISHART, N; DUBLISH, S (1998) Multi-attribute decision making: A simulation comparison of select methods. European Journal of Operations Research 107, 507-529

ZANGEMEISTER, C (1971) Nutzwertanalyse in der Systemtechnik. 2. Aufl., München

ZANGEMEISTER, C (1972) Nutzwertanalyse. In: Tumm GW (ed) Die neuen Methoden der Entscheidungsfindung. Verlag Moderne Industrie, München, 264–285

ZIMMERMANN, HJ (1971) Einführung in die Grundlagen des Operations Research, München

ZIMMERMANN, HJ (1987) Fuzzy sets, decision making and expert systems. Kluwer Academic Publisher, Boston

ZIMMERMANN, HJ; ZYSNO, P (1983) Decisions and evaluations by hierarchical aggregation of information. FSS 10, 243-266

ZIMMERMANN, W (1977) Planungsrechnung und Entscheidungstechnik: Operations-Research-Verfahren. Vieweg, Braunschweig

EJOR..... European Journal of Operational Research
FSS.... Fuzzy Sets and Systems
ZfbF.. Zeitschrift für betriebswirtschaftliche Forschung
ZfB.... Zeitschrift für Betriebswirtschaft

Stichwortverzeichnis

Abstimmungsregeln 195 ff
Abstimmungsmatrix 207
Absolutskala 23
Addition, erweiterte 39
Aggregation, regelbasierte 173
-, der Unterziele 175
Aggregationsfunktion 198
Aktion
-, dominante 50
-, dominierte 49
-, effiziente 50
-, undominierte 50
Alternative
-, effiziente 136, 144
-, PARETO-optimale 136, 144
Alternativenmenge 18
-, Bewertung der 19
Aktionenbewertung 20
Aktionenraum 18
-, der Gruppe 192
Aktionsfeld 12
Analytic Hierarchy Process (AHP) 153
Anspruchsniveau 16, 28
- anpassung 29f
Arithmetische Operationen 39
ARROW, Axiomensystem von 199
ARROW-PRATT-Maß 88-90

BAYESsche Formel 114
BERNOULLI-Nutzen 74, 78
BERNOULLI-Prinzip 72, 81, 91 ff
Bewertungsfunktion 20
BLACK, Theorem von 202
Borda-Kriterium 195

Center of Gravity Method (CGM) 227
CONDORCET-Alternative 196

Defuzzifizierungsansatz 226
Degree of Fulfillment (DOF) 181, 224
Diktaturverbot 199
Double Election 195

Eingipfelbedingung 201
Einstimmigkeitskriterium 195
Eintrittswahrscheinlichkeiten 107
Entscheider
-, risikofreudiger 76
-, risikoscheuer 76
Entscheidung 1
-, Gruppen- 191 ff
-, Kollektiv- 191 ff
-, Mehrpersonen- 191 ff
Entscheidungsmodelle
-, deterministische 25
-, einstufige 26
-, mehrstufige 26
-, stochastische 25
-, Klassifikation der 25
Entscheidungstheorie 2
-, normative 2
-, präskriptive 2
Entscheidungsfeld 12
Entscheidungsraum 18
Entscheidungsregel 55
-, additive 154
Erfüllungsgrad 224
Ergebnisse
-, befriedigende 28
-, unbefriedigende 28

Ergebnisfunktion 12, 21
Ergebnisvektor 47
Ermessensniveau 203ff
Erwarteter Wert
- der vollkommenen Information 112
Erwartungsnutzen 114
- mit Information 115, 121
Erwartungswert 64f
- des Gewinns 69
- eines Durchschnittsgewinns 67
ε-Präferenz 42f, 56

Flächenhalbierungsverfahren 227
Funktion, charakteristische 36
Fuzzy
- AHP 163
- Bewertung 224ff
- Controller 180
- Ergebnis 91
- Erwartungswert 118
- Gewinn 93
- Gewinnerwartungswert 96ff
- Gruppenbewertung 225
- Größe 38
- Intervall 48
- Intervall vom LR-Typ 223
- Intervall vom ε-λ-Typ 39
- Nutzenerwartungswert 93
- Nutzenwert 93
- Mengen-Theorie 14, 38
- Wahrscheinlichkeiten 95

Gewinn 48
-, Durchschnitts- 65
- matrix 48
Goal-Programming 147
GOSSENsches Gesetz 71
Gruppenentscheidung 191-230
- mit multiplikativem AHP 212ff
-, Fuzzy-Logik basierter Ansatz der 222
Gruppenpräferenz mit Fuzzy-Mengen 225
Gruppenpräferenzordnung 192

HODGES-LEHMANN-Regel I 103f
- mit Fuzzy-Nutzenwerten 104
HODGES-LEHMANN-Regel II 105
Homo oeconomicus 2
HURWICZ-Regel 52

Indifferenzkurven 32
Information
- vollkommene 112
-, Wert der 112
-, Wert der zusätzlichen 122
-, zusätzliche 125
Informationsbeschaffung 114
Informationssystem
-, unvollkommenes 108f, 114
-, vollkommenes 108

JENSENsche Ungleichung 86

Kardinalskala 23
Kick Out-Bedingungen 139
K.O.-Kriterien 139
Kompatibilitätsfunktion
Komplementarität zwischen Zielen 142
Konkurrenzbeziehung zwischen Zielen 17
Konsistenzindex 155
Konsistenzwert 155
Kriterium des paarweisen Vergleichs 196

LAPLACE-Regel 54
Lexikographische Ordnung 138
Likelihoods 114
Linguistische Variable 223

Machtkoeffizient 212, 217f
Maximax-Regel 52
Maximin-Regel 51
Maximierungsregel 16
Max-Min-Inferenz 182
Max-Prod-Inferenz 182
Mehrheitsentscheidung 195
Mehrheitsregel 196, 199
Menge
-, Fuzzy- 35
-, klassische 35
-, unscharfe 35
Methode der absoluten Mehrheit 195
Methode der einfachen Mehrheit 195
Minimierungsregel 16
Minimumoperator 181
Mittelwert 65
Modell 10
Monotonieprinzip 84
Multi-Attributive Nutzentheorie 158

Stichwortverzeichnis

μ-Regel 32
μ-σ-Regel 32
μ-σ-Kriterium 67

Niveau-Ebenen-Verfahren 43, 56
Normalverteilung 30
Nutzenfunktion 21, 28ff, 40
-, lineare 85
-, konkave 87
-, konvexe 86
-, ordinale 22, 28
-, kardinale 22
-, partielle 160
Nutzenunabhängigkeit 141

Opportunitätskosten
- matrix 54
- funktion 23

Paarvergleichsmatrix 216
PARETO-Bedingung 199
PARETO-Optimalität 144
Punktebewertung 214
Präferenz
-, Höhen- 16
-, Arten- 16
-, Zeit- 16
Präferenzen von Gruppenmitgliedern 192
Präferenzordungsprofil 193, 207
Präferenzrelation 16
-, Fuzzy- 222
Präferenzunabhängigkeit 141
Prinzip, das ordinale 82
Prinzip der vollkommenen Alternativenstellung 18
Prinzip des unzureichenden Grundes 54
ρ-Präferenz 41f, 56

Quasi-Entscheidung 2

Random Index 155
Rationalität
-, beschränkte 5
-, formale 2
-, objektive 3
-, subjektive 3
Rangordnung zwischen Fuzzy-Größen 43
Rationalismus, kritischer 4

Realmodell 12
Reduktionsprinzip 84
Regretfunktion 148
Risikoaversion 87
-, absolute 89
-, lokale 89
Risikofreude 86
Risikoprämie 88
Risikoscheu 87
Risikosituation 24, 63
-, mit Fuzzy-Wahrscheinlichkeiten 24
-, mit Linearer Partieller Information 24
-, mit Glaubens- und Plausibilitätsfunkt. 24
-, mit Möglichkeiten (Possibilities) 24
Risikosympatie 86

Satisfizierungskonzept 5
Satz der totalen Wahrscheinlichkeit 115
SAVAGE-NIEHANS-Regel
Schadensfunktion 23
Schwerpunktverfahren 227
Sicherheitsäquivalent 74
Sicherheitssituation 24
Sozialwahlfunktion 198
Standardabweichung 67
-, des Gewinns 69
Stetigkeitsaxiom 82
St. Petersburger Spiel 71
Substitutionsaxiom 83
-, nach LUCE/RAIFFA 83
Substitutionsraten 213
Subtraktion, erweiterte 59
Strukturgleichheit 10
Strukturähnlichkeit 10

Teilnutzenwerte 97
-, relative 157, 212
Transformationsprinzip 136
Transitivität 22, 82, 84
Transitivitätsprinzip 84

Übereinstimmungsniveaus 207ff
-, Matrix der 208
-, Summe der 210
Umwelt
- faktor 47
- zustand 23, 47

Unabhängigkeit
  von irrelevanten Alternativen 98, 199
Ungewißheitssituation 49, 111
Unmöglichkeitstheorem von ARROW 200

Verhältnisskala 23
Verlustfunktion 23
Verteilung
-, a priori 114
-, a posteriori 114
Vollständigkeit 21, 82

Wahlparadoxon 200
Wahrscheinlichkeiten 63
-, bedingte 107, 114
-, objektive 63
-, subjektive 63
WALD-Regel 51

Ziel
- beziehungen 17
- bildungsprozeß 15
- gewichte 216
- harmonie 142
- indifferenz 142
- inhalt 16
- konflikt 142
- neutralität 142
- suche 15
- system 12
- unterdrückung 95
Zugehörigkeitsfunktion 36, 38
-, stückweise lineare 39
Zugehörigkeitsgrad 38
Zustandsraum 12, 24

Erfolgreich im Marketing

R. Olbrich

Marketing

Eine Einführung in die marktorientierte Unternehmensführung

Das Buch führt in komprimierter und verständlicher Form in die wichtigsten Planungsprozesse des Marketing ein. Es vermittelt in besonderer Weise ein klares Grundverständnis der Marketing-Lehre. Aufgrund seiner übersichtlichen Schwerpunktlegung auf die wesentlichen marktorientierten Planungsprozesse ist es außerdem vorzüglich für die berufsbegleitende Weiterbildung und die unternehmerische Praxis geeignet.

2001. XVIII, 307 S. 51 Abb. Geb.
DM 69,-; sFr 61,-ISBN 3-540-67881-6

U. Koppelmann

Produktmarketing

Entscheidungsgrundlagen für Produktmanager

Produktinnovationen sind ein wichtiger Schlüssel zum Überleben von Unternehmen. Dieses Buch zeigt dem Leser einen systematischen Weg, wie ein Produkt entwickelt, vermarktet, gepflegt und eliminiert werden kann. Dargestellt wird die Verhaltensanalyse als Grundlage von Produktmarketingentscheidungen sowie Markt-, Produktgestaltungs-, Produktvermarktungs- und Anpassungsanalyse.

6., überarb. u. erw. Aufl. 2001. XVI, 693 S., mit 274 Übersichten. Brosch.
DM 69,-; sFr 61,- ISBN 3-540-67147-1

D. Ahlert, S. Borchert

Prozessmanagement im vertikalen Marketing

Efficient Consumer Response (ECR) in Konsumgüternetzen

Verstärkte Kundenorientierung erfordert eine zunehmend engere Kooperation zwischen den Akteuren der Wertschöpfungskette. Das Buch vermittelt direkt umsetzbares Praxiswissen für ein effizientes, kundenorientiertes Management der stufenübergreifenden Marketingprozesse. Hier erhalten Entscheider das Know-how für die erfolgreiche Gestaltung und Umsetzung von ECR-Kooperationen.

2000. XIX, 354 S. 146 Abb. Geb.
DM 98,-; sFr 86,50 ISBN 3-540-67692-9

I. Kloss (Ed.)

Advertising Worldwide

Advertising Conditions in Selected Countries

Each company expanding its activities to foreign countries and advertising its products faces the question of how to do it. The book starts with an overview on the impact of culture and offers comprehensive information on advertising conditions in Australia, Belgium, Finland, France, Germany, India, Japan, Russia, South Africa, Taiwan, and the USA. Written by specialists from these countries.

2001. X, 292 pp. 38 figs., 83 tabs. Hardcover
***DM 98,-**; sFr 86,50 ISBN 3-540-67713-5

*Suggested retail price

Springer · Kundenservice
Haberstr. 7 · 69126 Heidelberg
Tel.: (0 62 21) 345 - 217/-218
Fax: (0 62 21) 345 - 229
e-mail: orders@springer.de

Preisänderungen und Irrtümer vorbehalten. d&p · 7588/MNT/SF

Lehrbücher für Ihr Studium

K.V. Auer

Externe Rechnungslegung

Eine fallstudienorientierte Einführung in den Einzel- und Konzernabschluss sowie die Analyse auf Basis von US-GAAP, IAS und HGB

Das Buch vermittelt die zentralen Grundlagen der externen Rechnungslegung, die sich vor allem mit den in Jahresabschluß und Geschäftsbericht veröffentlichten Informationen befasst. Auf Basis der Fallstudie werden auch die Gemeinsamkeiten und Unterschiede zwischen dem HGB und den US-amerikanischen Normen (US-GAAP) sowie den internationalen Normen (IAS) diskutiert.

2000. XXVIII, 605 S. 77 Abb., 315 Tab. (Springer-Lehrbuch) Brosch. **DM 65,90**; sFr 58,-; ab 1. Jan. 2002: € 32,95
ISBN 3-540-67763-1

T. Ellinger, G. Beuermann, R. Leisten

Operations Research

Eine Einführung

Das vorliegende Buch liefert eine Einführung in das Gebiet des OR und ist primär für Studenten nichtmathematischer Fachrichtungen, insbesondere für Wirtschaftswissenschaftler gedacht. Dem Praktiker werden die Ausführungen helfen, Möglichkeiten und Grenzen des praktischen Einsatzes von OR-Verfahren zu beurteilen. Durch die anschauliche, leicht verständliche und durch viele Grafiken unterstützte Darstellung soll der mathematisch weniger geübte Leser angesprochen werden.

5., durchges. Aufl. 2001. XII, 280 S. 98 Abb., 104 Tab. Brosch. **DM 39,90**; sFr 36,-; ab 1. Jan. 2002: € 19,95
ISBN 3-540-41050-3

A. Oehler, M. Unser

Finanzwirtschaftliches Risikomanagement

Dieses Lehrbuch bietet eine umfassende Einführung in das finanzwirtschaftliche Risikomanagement. Die Darstellung der konzeptionellen Grundlagen umfaßt neben einer entscheidungstheoretisch fundierten Betrachtung des Risikomanagements auch institutionelle Aspekte des Risikomanagements in Unternehmen. Die Messung, Bewertung und Steuerung von Marktrisiken und Ausfallrisiken bilden die beiden Schwerpunkte des Buches. Den Abschluß bilden Portfoliomodelle und die intensive Nutzung von Kreditderivaten.

2001. XIV, 453 S. 148 Abb. (Springer-Lehrbuch) Brosch. **DM 59,90**; sFr 53,-; ab 1. Jan. 2002: € 29,95
ISBN 3-540-67766-6

J. Bloech, R. Bogaschewsky, U. Götze, F. Roland

Einführung in die Produktion

Zur Vermittlung eines Überblicks werden die verschiedenartigen Problemstellungen des Produktionsbereichs in einen Gesamtrahmen eingeordnet. Auf einige ausgewählte Problembereiche der Produktion wird ausführlich eingegangen. Aufgaben und Lösungen schaffen Übungsmöglichkeiten.

4. Aufl. 2001. XIX, 440 S. 102 Abb., 9 Tab. Brosch. **DM 49,90**; sFr 45,-; ab 1. Jan. 2002: € 24,95
ISBN 3-7908-1398-2

Springer · Kundenservice · Haberstr. 7 · 69126 Heidelberg
Tel.: (0 62 21) 345 - 217/-218 · Fax: (0 62 21) 345 - 229
e-mail: orders@springer.de

Die €-Preise für Bücher sind gültig in Deutschland und enthalten 7% MwSt. Preisänderungen und Irrtümer vorbehalten. d&p · 7630/SF

MIX
Papier aus verantwortungsvollen Quellen
Paper from responsible sources
FSC® C105338

If you have any concerns about our products,
you can contact us on
ProductSafety@springernature.com

In case Publisher is established outside the EU,
the EU authorized representative is:
**Springer Nature Customer Service Center GmbH
Europaplatz 3, 69115 Heidelberg, Germany**

Printed by Libri Plureos GmbH
in Hamburg, Germany